Bernd Kast 지음 | 안미란 · 최정순 옮김

Fertigkeit Schreiben
쓰기 교수법

한국독일어교육학회 기획총서 4

쓰기 교수법

초판 1쇄 인쇄 2007년 5월 10일
초판 1쇄 발행 2007년 5월 15일

저자 Bernd Kast | **역자** 안미란/최정순

발 행 인 김진수
발 행 처 **한국문화사**
등록번호 2-1276호(1991.11.9)
주   소 서울시 성동구 성수1가2동 656-1683 두앤캔빌딩 502호
전   화 02-464-7708
팩   스 02-499-0846
홈페이지 www.hankookmunhwasa.co.kr
e - mail hkm77@korea.com

값 20,000원

ISBN 978-89-5726-438-6 94750
ISBN 978-89-5726-434-8 (세트)

> 이 도서의 국립중앙도서관 출판시도서목록(CIP)은 e-CIP 홈페이지
> (http://www.nl.go.kr/cip.php)에서 이용하실 수 있습니다.
> (CIP제어번호: CIP2007000672)

한국독일어교육학회 기획총서 ④
기획·편집 / 김한란

쓰기 교수법

지음 Bernd Kast
옮김 안미란 / 최정순

한국문화사

Bernd Kast

Fertigkeit Schreiben

Fernstudieneinheit 12

Fernstudienprojekt
zur Fort- und Weiterbildung
im Bereich Germanistik
und Deutsch als Fremdsprache

Teilbereich Deutsch als Fremdsprache

Kassel·München·Tübingen

LANGENSCHEIDT
Berlin · München · Wien · Zürich · New York

© 1999 Goethe-Institut, München
ISBN 3-468-49666-4

이 한국어판 번역서의 저작권은
Goethe-Institut와의 독점계약으로 한국독일어교육학회 기획총서간행위원회에 있습니다.
저작권법에 의해 한국 내에서 보호를 받으므로 무단 전재와 복제를 금합니다.

Korean Translation Copyright © Sonderredaktionsausschuss der KGDaF 2007

『한국독일어교육학회 기획총서 발간』에 붙여

　한국독일어교육학회가 1995년 창립되어 실로 짧은 시간에 우리나라 독일어 교육계에서 매우 중요한 학회로서 위치를 굳힘과 동시에 국제적으로도 인정받을 수 있는 저력있는 학회로서 성장하고 있는 점은 여러 회원들의 꾸준한 노력의 결과이며 그 노고에 깊이 감사드린다. 외국어로서의 독일어 교육 현장에서는 급격한 변화가 일어나고 있으며 우리 학회도 이 시대의 변화에 적응하기 위하여 매년 국제학술심포지엄을 통해 국내외 학자와의 교류 및 국제학회와의 공동작업을 하고 있다. 또한 국내학술대회는 우리회원들의 연구 발표의 장이며 동시에 회원간의 활발한 학술 교류의 장으로 자리매김하고 있다. 아울러 우리학회가 발행하는 학회지『외국어로서의 독일어 Deutsch als Fremdsprache in Korea』은 한국학술진흥재단 정식 '등재학술지'로서 매년 2회씩 발행되고 있다.

　이러한 과정에서 독일어 교육 현장에는 실제 적용 가능한 교재, 교수학습 자료가 더욱 필요하게 되었고 이에 부응하기 위하여 우리학회에서는 기획총서를 간행하게 되었다. 2003년 8월에 한국독일어교육학회 '기획총서기금'이 마련되었고 2003년 11월에 회원들의 외국어로서의 독일어 교육에 대한 연구 활동을 진작시키고, 그 학문적 성과를 널리 알려 국내 외국어 교육의 발전에 기여하고자 '한국독일어교육학회 기획총서 간행위원회'를 구성하였다. 이로써 현재까지 제7차에 걸친 기획총서 공모를 통하여 현장에서 필요한 실 자료들과 회원들의 연구결과를 여기 시리즈로 발간하게 되었다.

기획총서의 제1권 『언어 학습·교수·평가를 위한 유럽공통참조기준』은 여러 학회회원의 공동 번역으로 이루어졌기에 더욱더 값진 작업이며, 21세기 다문화, 다언어주의 시대의 우리나라 외국어교육에 그 기여도가 크리라 기대한다.

본 총서의 제2권부터 제11권까지는 독일의 Fernstudieneinheit (Fernstudienprojekt des DIFF, der GhK und des DI) 중 외국어로서의 독일어 교육 현장에서 실제 적용 가능하고, 꼭 필요한 기본서를 번역 출간하게 되었다. 우리의 노력이 외국어 교수·학습에 중요한 기초를 닦아 주리라 확신하며 차후에는 여러 회원들의 연구결과 및 저서도 기획총서로 발간할 수 있기를 기대한다.

아울러 이 번역작업이 가능하도록 도움을 주신 유럽평의회(Council of Europe), Goethe-Institut에 감사한다.

각고의 노력과 끊임없는 열정으로 번역에 매진해 주신 역자들께 심심한 감사의 마음을 전하며, 인문학이 어려운 상황임에도 불구하고 기획총서 발간을 흔쾌히 허락해 주신 한국문화사에 감사드린다.

기획·편집 책임자
김 한란
(한국독일어교육학회 기획총서 간행위원장)

머리말

저자의 머리말이 있는데 역자가 머리말을 하나 더 쓰는 것은 필요 없는 혹을 하나 더 붙이는 일이 아닌가 싶다. 그러므로 내용에 관한 소개는 저자의 머리말을 참고하기 바라며, 여기에는 다만 한국어판 번역의 사용자들을 위해 몇 마디를 적는 것으로 하겠다.

외국어 교육에서 말하기와 듣기, 읽기가 특히 강조된 적은 있어도 쓰기가 중심이 된 적은 없는 것 같다. 쓰기는 특별히 배울 필요가 없어서, 말을 할 수 있으면 그대로 쓰면 된다거나, 많이 읽으면 글도 쓸 수 있다거나, '글재주'는 타고 나는 것이라는 생각이 지배적이지 않은가 한다.

그랬던 만큼 쓰기를 가르치는 방법에 대해서도 참고할 수 있는 서적이 별로 없었고, 학부의 쓰기 교수법 수업을 위해서도 교재를 구하기가 어려웠다. 이런 상황에서 이 책이 상당히 실용적이고 읽기 쉽다고 생각하여 번역하게 되었다.

이 책의 저자인 Bernd Kast는 쓰기도 가르쳐질 수 있다고 말하며, 쓰기 과정의 여러 부분들, 즉 글쓰기를 준비하고, 단어들로 문장을 구성하고, 문단들로 문장을 구성하고, 쓴 글을 다듬는 각각의 단계를 집중적으로 연습하기 위한 여러 활동들을 소개한다. 독자들은 이 책을 다음과 같은 두 목적으로 사용할 수 있을 것이라고 생각한다.

-**교수법 교재로**: 이 책은 원래 독일어를 외국어로서 가르치는 교사들을 위해서 개발된 원격교육 교재 시리즈의 한 권이

다. 그런 만큼 교수법을 아주 쉽고 실제적으로 다루고 있는데, 언어교육을 전공하는 학부 학생들의 수업에서 교재로 사용할 수도 있겠고 다른 종류의 교사 교육을 위해서도 적절할 것 같다. 책에는 혼자나 그룹에서 해볼 수 있는 과제들이 많이 들어 있고 답안이 제시되어 있어서, 스스로 자신의 수업에 대해서 생각해 볼 기회가 된다. 또한 중간 중간 "둘러 가기"라는 난에서 이론적인 배경 설명을 제공하고 있다.

- 교사들이 사용할 수 있다: 이 책에서는 많은 활동들을 수업 절차와 함께 소개하고 있으므로, 교사들은 이 책을 자료집으로 사용할 수도 있다. 원래 원격 교재로 개발된 만큼, 혼자 읽고 공부하기에도 적절하다.

끝으로, 여기에 예문들은 독일어로 되어 있지만 대부분의 내용은 다른 외국어 교육에도 적용될 수 있음을 밝혀 둔다. 독일어 예문의 번역은 한국독일어교육학회의 홈페이지(http://daf.german.or.kr)에 제공될 것이다.

독자들이 필요로 하는 내용을 이 책에서 찾을 수 있기를 바란다.

2007년 5월
역자들

Einleitung

서문

'하나, 둘, 셋, 넷, 다섯, 여섯, 일곱. 학교에 가면 쓰기를 배우지요...'

이렇게 시작하는 아이들 노래가 있다.

학교에서는 글을 쓴다. 의사소통 중심의 외국어수업*에서도, 글을 쓰기는 마찬가지이다. (80년대 중반, 90년대 초반 이후) 외국어 수업에서의 쓰기가 교과교육론에서 다시 관심의 대상이 되기 시작한 이래로, 마음이 끌리고 많은 성찰을 거친 쓰기 연습들을 다루고 있는 교재나 쓰기 기능에 대한 저서들이 많아졌다. 그럼에도 불구하고, 쓰기학습이 **어떻게 체계적으로** 조직될 수 있는가에 대한 논의는 아직까지 별로 찾아볼 수가 없다.

이 책은 위에서 제기한 문제를 해결하는 데 도움을 주고자 한다.

제1장에서 우리는 독자들로 하여금 쓰기와 관련된 **새로운 경험**을 좀 하게 만들려고 한다. 그때 우리는 여러분 자신이 글을 쓰면서, 또 교실에서 쓰기 연습을 하며 쌓은 경험을 출발점으로 삼는다. 이 장의 마지막에서는 쓰기 교수법의 발달사를 개략적으로 소개할 것이다.

양이 많고 또 여러 부분들로 구성되어 있는 **제2장**에서는 여러 유형의 연습을 소개하는데, 이 연습을 이용해서 여러분은 시작단계부터 쓰기를 체계적으로 수업에 포함시키고 계속 발전시킬 수 있을 것이다. 실제로 실험 삼아 해 보게 될 수많은 예제에서 여러분은 어떻게 학생들이 쓰기 능력*을 키워 나가고 꾸준히 향상시키는가를 알게 될 것이다. 이 외에도, 2.4장에서는 이 책에서 우리가 소개하고 있는 쓰기 모델의 교수법적인 기초를 소개하기 위해 이론적인 부분을 끼워 넣기도 하였다.

제3장에서 우리는 학습자들이 쓰기를 할 때 저지르는 오류를 다룬다. 이 책에서는 오류수정 자체에 관심을 두는 것이 아니라, 학급에서의 공동 작업을 통해서 오류가 포함된 글을 다듬고 (편집하고) 전체적으로 더 나은 결과에 도달하는 방법에 강조점을 둔다. 오류수정에 대해서는 『Fehler und Fehlerkorrektur』[1]이라는 교재를 보기를 권한다. 독일어를 공부하는 학급 간의 이메일 교환이나 인터넷을 통해 짝과 함께 외국어 배우기에 대해서는 『Computer im Deutschunterricht』라는 교재에서 찾아볼 수 있다.

이 책을 끝까지 공부하고 나면 여러분은 독일어 수업에서 쓰기를 가르치기 위한 주요한 연습방법들을 알게 될 것이고, 쓰기 연구에 관해 현재 이루어지고 있는 논의에 대한 정보를 얻을 것이며, 이런 연구결과들이 어떻게 다양하고 동기를 유발하며 두려움을 없애는 효과적인 쓰기 수업에 이용될

---

[1] 이 책은 독일어교육학회 기획총서(제 2권) 『외국어 학습자의 오류 다루기』라는 책으로 한국에서 출판되었다. (역자 주)

수 있는가를 여기 예로 들어 있는 수많은 연습에서 스스로 해 보게 될 것이다. 그런 쓰기 수업에서 학습자들은 잘 쓴 글이란 어떤 것인가 만이 아니라 거기에 도달하기 위해서는 어떤 단계들이 글쓰기에 도움이 되는가도 배움으로써, 스스로 글을 더 잘 쓰게 되었음을 경험하게 된다.

교사들은 쓰기를 어떻게 생각하는가?

전문서적에서나 교사들 사이에서 쓰기 기능* 만큼이나 이론이 분분한 기능도 없다. 듣기와 말하기에 대해서는 이론의 여지가 별로 없으며, 이들은 의사소통 중심의 교재*에서는 언제나 핵심이 된다. 그래서 『Themen 1』의 교사용 교재에 의하면 "본 교재에서 기능 교육의 중심은 … 두 가지 구두 기능인 말하기와 듣기에 두지만" 동시에 이 책은 "체계적인 읽기 지문도 포함하고 있다"(Gerdes 외 1984, 13). 쓰기 능력은 80년대에 나온 첫 세대 의사소통 중심 교재에서 부수적인 역할 밖에 하지 못했다. 1장에서 우리는 여러 교재에서 쓰기가 어떤 역할을 하는가를 볼 것이다.

하지만 우리는 먼저, 여러분이 독일어 수업에서의 쓰기에 대해서 어떻게 생각하는지, 그리고 여러분이 일차적으로는 초급*에서의 쓰기를 다루고 있는 이 책에 어떤 자세로 접근하는지를 묻고 싶다.

그래서 여러분에게 다음의 질문에 대답하라고 요청하고자 한다.

과제 1

> 📝 여러분은 독일어 수업에서 쓰기 기능의 향상이 얼마나 가치가 있다고 생각하는가? 다음 대답 중 한 가지에 표시하시오.
> ☐ 아주 중요하다
> ☐ 꽤 중요하다
> ☐ 조금 중요하다
> ☐ 아주 조금 중요하다
> ☐ 전혀 중요하지 않다

오랜 동안 외국어 수업에서 쓰기의 역할에 관심을 가졌던 Rainer Bohn은 1982년과 1983년에 바이마르에서 방학 중에 열린 국제 독문학 코스에서 24개국에서 온 독일어교사 324명에게 이 질문을 했다. 교사들은 다양한 유형의 학교, 서로 다른 교육 분야에서 온 사람들이었다.

과제 2

📝 **설문 조사의 결과**
몇 명의 교사들이 어떤 대답을 했을 것이라고 생각하는가?

조금 중요하다고 쓴 사람은	☐ 117 명	☐ 57 명	☐ 18 명
아주 조금 중요하다고 쓴 사람은	☐ 53 명	☐ 32 명	☐ 9 명
전혀 중요하지 않다고 쓴 사람은	☐ 31 명	☐ 22 명	☐ 4 명

이 질문에 대한 대답을 보고 놀랐는가? 여러분의 대답이 설문의 결과와 일치하는가?

교사들이 이렇게 대체로 쓰기에 대해 부정적으로 생각하는 원인이 무엇이라고 생각하는가? 지금 생각나는 것 몇 가지를 적어 보시오.

과제 3

📝 교사들이 외국어 수업에서 쓰기에 대해 부정적으로 생각하는 원인은 이런 것일 수 있겠다.

1 _____
　_____
2 _____
　_____
3 _____
　_____

Rainer Bohn은 설문조사에 참가한 사람들로부터 다음과 같은 이유를 들었다.

- "의사소통 중심의 외국어수업*에서는 무엇보다도 말하기와 듣고 이해하기가 요구됩니다.
- 쓰기는 전문가들에게만 중요해요.
- 쓰기능력을 개발하기 위해 연습에 쓸 자료가 없어요.
- 쓰기는 시간낭비입니다.
- 쓰기는 혼자서도 거의 다 배울 수 있어요."

(Bohn 1987, 233)

여러분이 적었던 것들과 이 이유들 사이에 공통점이 있는가? 거기에다가 쓰기교수에 대한 교사들의 비판적인 관점을 지지하는 "권위자"들도 꽤 있다. 쓰기 기능은 외국어 수업에서 별로 중요하지 않다는 의견이 반영된 지침, 교육과정, 다른 중요한 출판물들이 아직까지도 나오고 있다. 그렇다고 이 주장들에 더 설득력이 생기는 것은 아니다. 우리는 뒤에서 이런 저서들을 접하게 될 것이다.

다시 한 번 우리 자신의 실제 수업에 대해 생각해 보자.

 과제 4

여러분이 언제 학습자들에게 쓰기 과제를 주는지, 그때 쓰기를 어떻게 연습하게 하는지, 그리고 이 활동들이 시험과 어떻게 관련이 있는지를 적어 보시오.

언제? (학년)	어떤 과제?	연습은 어떻게?
1 (독일어를 학습하는) 첫 해 중간에	편지에서의 호칭과 인사말	유도된 연습, 빈칸 채우기
2		
3		
4		
5		

시험 규정(과의 관련):

1 독일어 기초학력 증명시험, 시험 과제: 사적인 편지 쓰기.
2 _____
3 _____
4 _____
5 _____

여러분이 위 과제의 표에 적은 쓰기 과제가 (또는 그 중 일부가) 여러분이 사용하는 독일어 교재에도 들어 있는가?

이제부터 우리는 여러분이 사용하고 있는 독일어 교재의 쓰기과제를 분석하게 하려고 한다. 먼저 우리는 시중에 널리 퍼져 있는 교재 몇 개를 보고 다음과 같은 질문을 할 것이다. 쓰기가 어떤 역할을 하는가? 어떤 연습이 있는가? 여러분이 수업에서 사용하는 연습과 같은 유형인가?

01

Die Rolle des Schreibens in verschiedenen Lehrwerken

교재에서 쓰기는 어떤 역할을 하는가?

1.1 쓰기는 목표인가 아니면 다른 목적을 위한 도구인가?

3페이지에서 이미 소개한 교재인 『Themen 1』의 학습목표: 기능들이라는 부분에서 저자들은 수업 중에 하는 쓰기에 관해 다음과 같은 중요한 구별을 한다.

"a) 여러 형태의 쓰기활동 중 어떤 부분에서는 쓰기 자체가 목표이다. 예를 들어서, 내가 지금 편지를 쓴다면 내 행위의 목표는 내가 누구에게 보내려고 하는 바로 그 편지를 쓰는 것이다.
b) 쓰기가 다른 목적의 도구일 뿐인 쓰기활동도 있다. 예를 들어서 문법 연습이 그렇다. 여기서는 어떤 특정한 문법 구조를 연습하는 것이 목표이다."

(Gerdes 외 1984, 13)

하지만 목표기능인 쓰기와 도구기능인 쓰기를 구별하지 않는 교재들과 수업자료들이 많고, 연습문제의 지시문도 대개 이러한 구별 없이 "Schreiben Sie!"(쓰시오.)일 때가 많다. 외국어 수업에서 쓰기 능력*을 기르기 위해서는, 목표로서의 쓰기*와 도구로서의 쓰기*를 분명히 구별해야 한다. 다음 과제에서 이 점이 분명히 드러난다.

과제 5

1. 9~10쪽의 연습 1~5를 해 보시오. 이 연습들은 『Themen neu 1』, 연습책의 1과와 『Die Suche 1』, 연습책 23과(이 두 교재 모두 성인을 대상으로 하고 있다), 그리고 『Sowieso 1』(청소년용 교재), 연습 책 2과와 17과에서 나온 것이다.

2. 이 연습들 중에 어떤 것들이 "목표로서의 쓰기", 어떤 것들이 "도구로서의 쓰기"의 범주에 속하나? (혹시 혼합형태도 있나?)
   a) 맞는 것에 표시하시오.
   b) 이 연습들의 목표는 무엇인가?

	연습 1	연습 2	연습 3	연습 4	연습 5
목표로서의 쓰기 (목표기능)					
연습의 목표는:					
다른 목적을 이루기 위한 도구로써의 쓰기 (도구기능)					
연습의 목표는:					

연습 ① **연습 ②**

15. Schreiben Sie ein Telefongespräch.

> Oh, Entschuldigung.
> Hallo? Wer ist da, bitte?
> Lehmann? Ist da nicht 77 65 43?
> Lehmann. Nein, meine Nummer ist 77 35 43.
> Bitte, bitte. Macht nichts.

○ *Lehmann.*
□ _____
□ _____
○ _____
□ _____
○ _____
□ _____

16. Wer ist das? Schreiben Sie.

a) Klaus-Maria Brandauer, Wien
b) Christa Wolf, Berlin
c) Hannelore und Helmut Kohl, Oggersheim
d) Kurt Masur, Leipzig
e) Katharina Witt, Chemnitz
f) Friedensreich Hundertwasser, Wien

a) *Das ist Klaus-Maria Brandauer. Er wohnt in*
b) _____

[출처] Bock 외(1992), 11/12

연습 ③

4 Einladungsbrief

Iris macht eine Geburtstagsparty. Sie schreibt eine Einladung an ihre Freundin Sabrina. Schreibe den Brief. Es gibt mehrere Möglichkeiten.

> Liebe Sabrina,
> nächsten Samstag feiere ich meinen Geburtstag.
> 1 Tschüs, Deine Iris.
> 2 Dazu lade ich Dich herzlich ein.
> 3 Bitte antworte bald.
> 4 Um 11 Uhr hören wir auf.
> 5 Klaus, Dieter, Marco, Claudia, Sabine und Stefanie kommen auch.
> 6 Zuerst machen wir Spiele.
> 7 Die Party beginnt um sechs Uhr.
> 8 Dann tanzen wir.

[출처] Funk 외(1994), 8

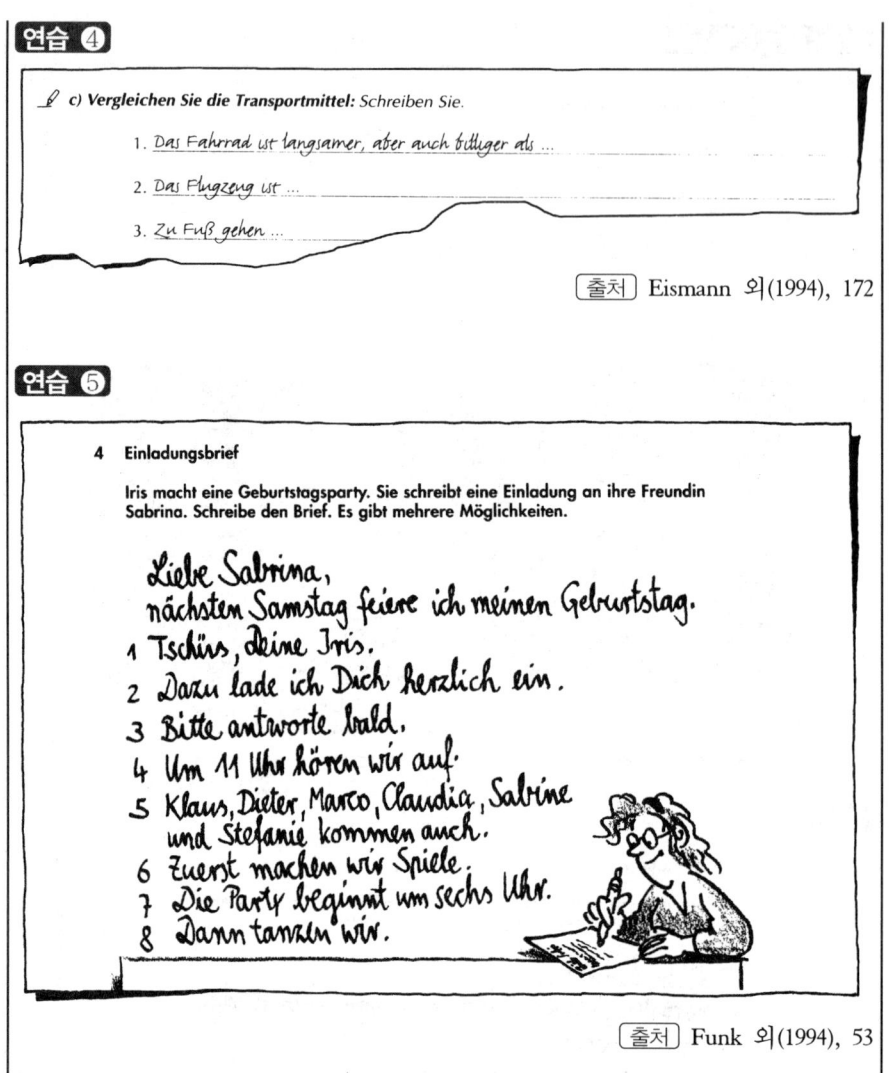

이 다섯 가지의 연습은 목표가 서로 다르다.

연습 1 전화 대화를 쓰십시오는 학습자들이 학습내용을 이해했는지, 그리고 질문에 대한 맞는 대답을 찾을 수 있는지를 확인하기 위한 연습이다. 짝을 맞추고 질문과 대답을 옮겼으면서 학습자들은 대화의 구조를 재생산하고 맞춤법을 연습한다. 이 연습에서의 일차적인 목표는 구어에서 숙달해야 할 부분을 문어로 연습하는 것이다. 따라서 목표는 쓰기 능력이 아니라 말하기 능력이다.

연습 2 이 사람은 누구입니까?는 목표가 다르다. 이 연습은 사람에 대한 간략한 소개이다. 이미 수업 중에 도입이 되었던 구조들을 다시 한 번 써 봄으로써 연습을 하게 되는데, 이때 특히 인칭대명사에 주의를 기울여야 한다. 첫 번째 문장과 두 번째 문장은 서로 관련이 있다. 인칭대명사가 사람의 이름을 대신함으로써 두 문장의 관계가 긴밀해진다. 여기서는 구어 산출에 필요한 것들을 문어를 통해 연습한다(맞춤법, 서술, 텍스트 내에서 대용어*의 기능을 하는 대명사). 그러므로 이 쓰기연습은 텍스트 산출로의 첫 단계이다.

연습 3 글쓰기는 말하자면 편지쓰기(독일어로 하는 편지 친구와의 서신교환)의 사전연습이다. 자신의 이름과 사는 곳을 소개하고 자신에 대해 이야기를 조금 한다(취미).

연습 4 교통수단을 서로 비교하십시오는 문법연습이다. 이 연습의 목표는 비교형을 익히고 강화하고 반복하는 것이다. 쓰기는 그저 목적을 위한 도구이다.

연습 5 초대장은 목표로 하는 기능이 쓰기인 듯한 인상을 준다. 하지만 여기서는 편지를 쓰는 것이 아니다. 사실 이 연습은 독해 연습이며, 낱낱의 문장들을 논리적인 순서로 배열해야 한다. 이번 과에서 호칭과 작별인사 표현이 도입되었고, 그것과 지금 편지를 쓰는 과제와의 관계는 이제 학습자들이 연습문제의 문장 1은 편지에서의 작별인사임을 알아보아야 한다는 데 있다.

[연습 2]와 [연습 3]은 (이것들은 각각 그 교재의 1과와 2과에서 나왔다) 초급의 처음 몇 주간에도 텍스트를 구성하는 쓰기연습을 단계적으로 시작할 수 있음을 보여 준다. [연습 5]는 쓰기―여기서는 편지 쓰기―기능을 기르는 단계화된 연습구조에서 분명히 중요한 위치를 차지한다. 편지는

텍스트이고, 텍스트 내용의 논리적 구성에 대해 이렇게 수용적이고 산출적으로 하는 연습 또한 가능하다. 『Sowieso』의 1권에는 앞에서 인용된 연습 다음에 쓰기를 목표기능으로 하는 산출적인 연습이 뒤따라오지 않는다.

과제 6

> 다음을 생각해 보시오. 여러분의 학습자들이 현재나 미래에 독일어로 글을 쓰게 될 (목표기능으로서의 쓰기) 실제적 상황*이 있겠는가? 여러분의 독일어 학습자들에게 쓰기가 다른 목적을 위한 수단이기만 한 글쓰기 상황도 상상할 수 있겠는가?
>
> **다음의 표에 써 넣어 보시오.**
>
> | 실제적 쓰기 상황 ||
> |---|---|
> | 목표로서의 쓰기 | 다른 목적을 위한 도구로서의 쓰기 |
> | | |

이제 여러분이 사용하고 있는 교재를 보시오. 그 책의 쓰기 과제는 어떤가? 학습자들이 무언가를 쓰도록 하는 과제는 분명히 많을 것이다. 이것들은 어떤 종류의 쓰기인가? 어떤 다른 목적을 위한 도구인가, 아니면 쓰기 자체가 목표인가? (여기서 우리는 특히 초급의 쓰기에서의 연습을 살펴본다.)

과제 7

> 이제 여러분의 교재에 실린 쓰기연습을 보시오. 그리고 통계를 내 보시오. (그 비율을 추측하는 것만으로도 충분하다.)
>
> **1** 쓰기가 다른 목적을 위한 도구이기만 한 과제가 몇 개인가? 그 목적은 무엇인가?
>   수: _____   비율: _____

2 목표기능, 즉 학습자가 목표어로 특정한 양식을 작성하거나 여러 단락(문장)으로 구성된 하나의 텍스트를 (편지, 짧은 전달사항도 되지만 다른 한편으로는 이야기나 동화 같은 다른 종류의 글도) 구성하는 능력으로서의 쓰기에 관련된 과제는 얼마나 되는가?
수: _____ 비율: _____

3 부분적인 기능*을 연습하는 과제도 있는가? (부분적인 기능은 예를 들면 대명사와 접속사*를 올바르게 사용하기, 문장을 서로 어울리게 연결하기, 정확한 어순, 정확한 시제 사용, 여러 가지 여러 가지 종류*의 글쓰기, 다양한 표현, 적절한 언어사용역*의 사용 등이 있을 수 있다.)
수: _____ 비율: _____

우리는 여러분의 교재에 쓰기가 다른 목적을 위한 도구인 연습이 많이 들어 있고, 쓰기 기능은 드문 경우에만 목표기능일 것이라고 추측하는데, 실제로 그런가? 그렇지 않을 수도 있다는 예를 인도네시아에서 출간된 청소년들을 위한 교재의 예에서 보이겠다. Eva-Maria Marbun의 『Kontakte Deutsch』(1993)의 1권에는 첫 해가 끝날 무렵에는 학습자들이 독자적으로 편지를 쓸 수 있도록 하려는 일련의 연습들이 1과에서 3과에 걸쳐 있다.

이 책에서는 이러한 일련의 연습들 중 몇 부분 밖에는 제시할 수가 없다. 이 연습들은 양면에 걸친 텍스트와 그림의 콜라주로 시작되고, 이 페이지들이 그 다음에 이어지는 연습들을 위한 기반이 된다.

과제 8

14~18페이지에 인용된 『Kontakte Deutsch 1』의 단계화된 연습을 분석하시오. 표 1에 각각의 연습유형과 연습목표와 그 연습에서 요구되는 쓰기를 적으시오.

	연습 유형	연습의 목표	쓰기
연습 1			
연습 2			
연습 4			
연습 5			
연습 7			
연습 17			
연습 23			

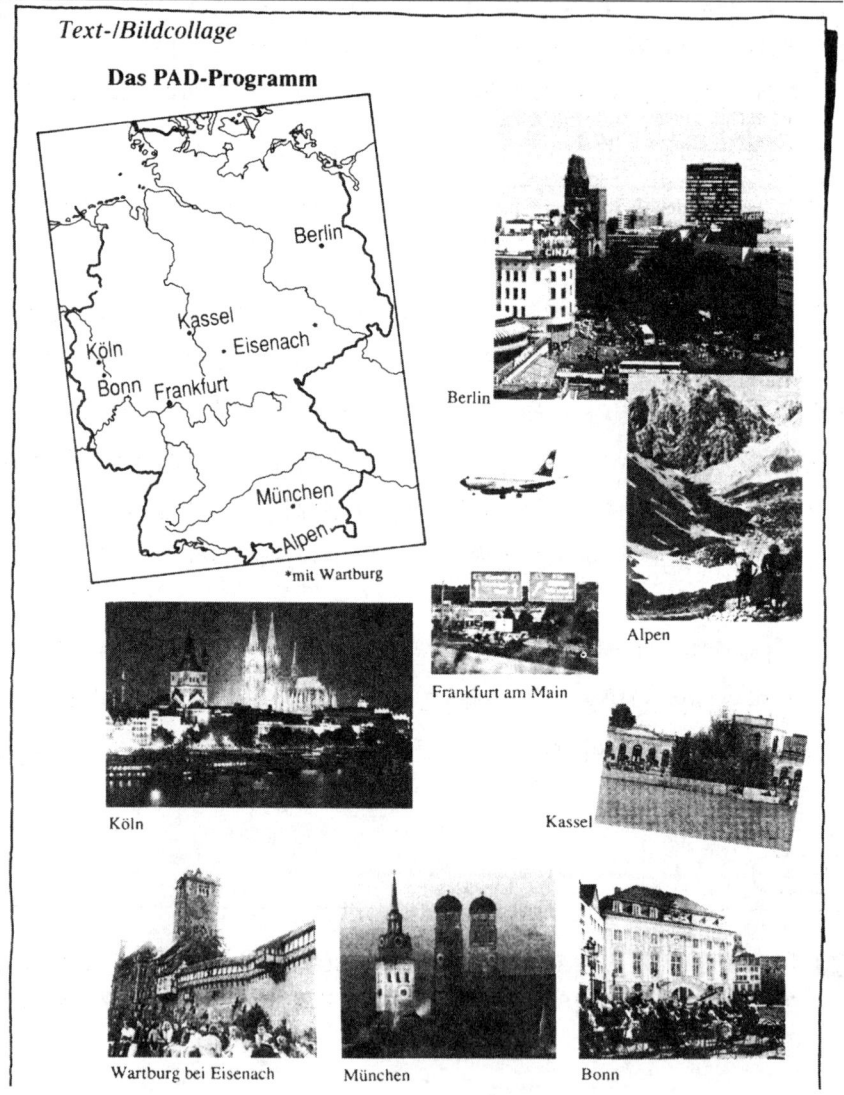

PAD
PÄDAGOGISCHER AUSTAUSCHDIENST

Nassestr. 8
D-53113 Bonn

Bonn, den 25. März

Liebe Freunde,

Ihr fliegt am 5. Juni (Dienstag) nach Frankfurt.

Ich bin am Flughafen. Wir fahren zusammen nach Bonn. Ihr seid dort 5 Tage. Wir besichtigen die Stadt und machen Fahrten, z.B. nach Köln.

Wir fahren am Montag, am 11. Juni, weiter nach Kassel. Wir bleiben dort 16 Tage. Ihr besucht Schulen, lernt dort Deutsch, und wir machen zusammen Exkursionen. Wir besichtigen z.B. die Wartburg bei Eisenach.

Wir besuchen vom 27. Juni (Mittwoch) bis 2. Juli (Montag) Berlin. Wir besichtigen dort das Schloß, das Brandenburger Tor, und wir besuchen Museen.

Wir sind zum Schluß noch 4 Tage in München und machen eine Bergtour in die Alpen.

Ihr wohnt in Deutschland bei Familien und in Jugendhotels.

Ihr fliegt am 6. Juli nach Jakarta zurück.

Gute Fahrt - und viel Spaß!

Horst Straiß
Horst Straiß

fliegen	bepergian naik pesawat terbang
fahren	bepergian naik kendaraan
bleiben	tinggal
besichtigen	meninjau
lernen	belajar
besuchen	mengunjungi
zusammen	bersama
Freunde	teman-teman
5 Tage	5 hari
die Stadt	kota
Museen	museum-museum
Familien	keluarga-keluarga
Jugendhotels	hotel-hotel untuk remaja

출처 Marbun 외(1993), 18/19

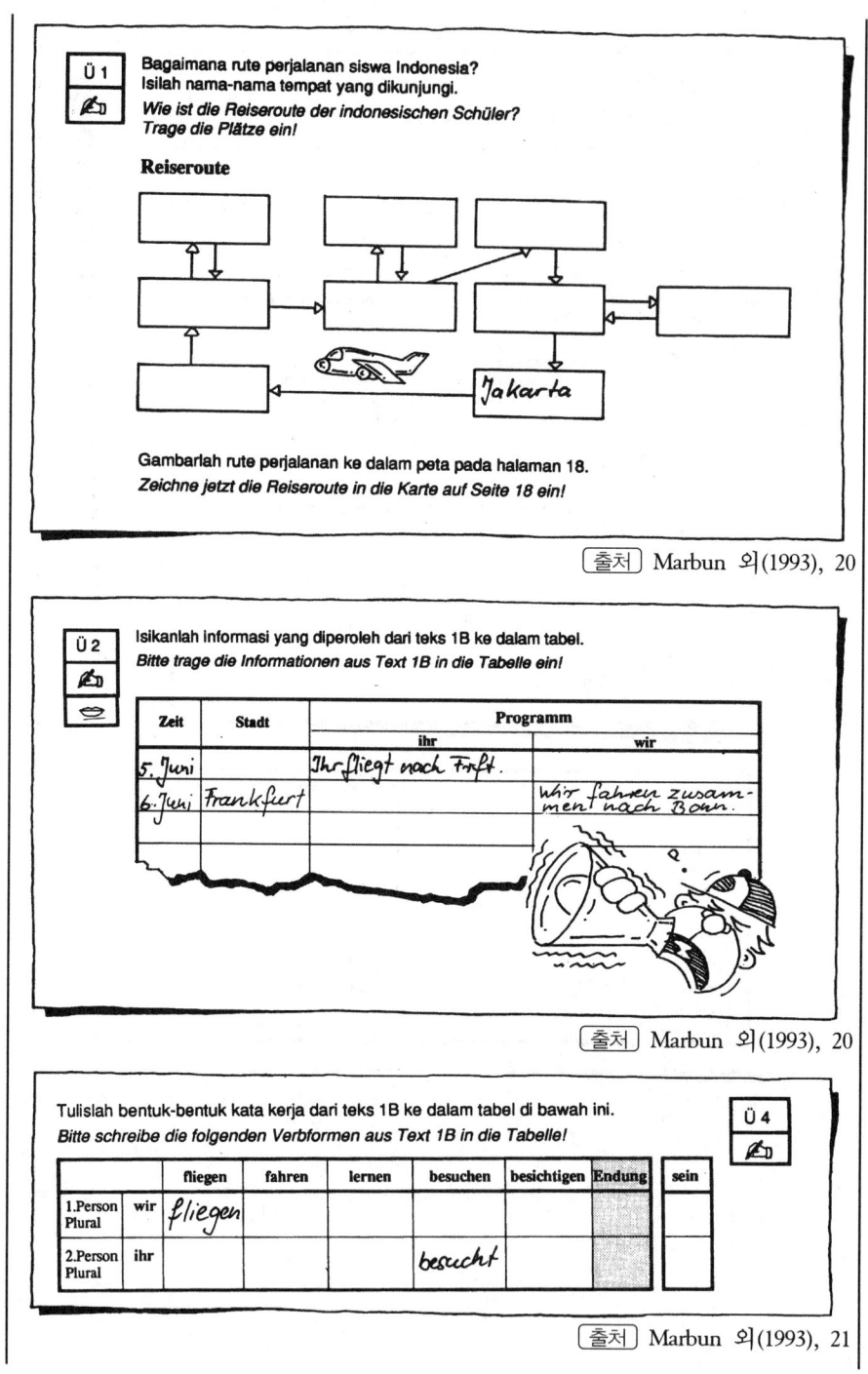

Sempurnakanlah!
Was fehlt?

Ü 5

- Sagt mal, was macht ihr in Bonn?
◊ Wir _besichtigen_ die Stadt
  und _____ Fahrten.
- Und in Kassel?
◊ Wir _____ dort 16 Tage,
  Schulen und _____ Deutsch.
- _____ ihr auch nach Berlin?
◊ Ja.
- Was macht ihr dort?
  _____ ihr das Brandenburger Tor?
◊ Ja, natürlich.
- _____ ihr auch in München?
◊ Ja, zum Schluß. Wir _____ eine
  Bergtour in die Alpen.
- Und dann? _____ ihr dann wieder
  nach Jakarta zurück?
◊ Ja, am 6. Juli.

fahrt *seid* *bleiben* *machen* *besichtigt* *fliegt* *besichtigen* *besuchen* *machen* *lernen*

출처 Marbun 외(1993), 21

Ü 7

Sempurnakanlah! Pergunakanlah teks 1B.
Bitte ergänze! Die Informationen im Text 1B helfen dir.

• _Wann fliegt ihr nach Deutschland_?
◊ Am 5. Juni.
• _____?
◊ Nach Bonn.
• _____?
◊ Wir besichtigen die Stadt.
• _____?
◊ Bei Familien.
• _____?
◊ 16 Tage.
• _____?
◊ Ja. Am 6. Juli.

Wo wohnt ihr?
Wann fliegt ihr nach Deutschland?
Fliegt ihr dann nach Indonesien zurück?
Wohin fahrt ihr?
Was macht ihr in Bonn?
Wie lange bleibt ihr in Kassel?

Fragesatz mit Fragewort	Wo	wohnt ihr in Kassel?	◊ Bei Familien.
	Wie lange	seid ihr in Kassel?	◊ Vom 11. bis 26. Juni.
Fragesatz	Fahrt	ihr dann nach Berlin?	◊ Ja, natürlich.
	Bleibt	ihr bis 6. Juli dort?	◊ Nein.

출처 Marbun 외(1993), 22

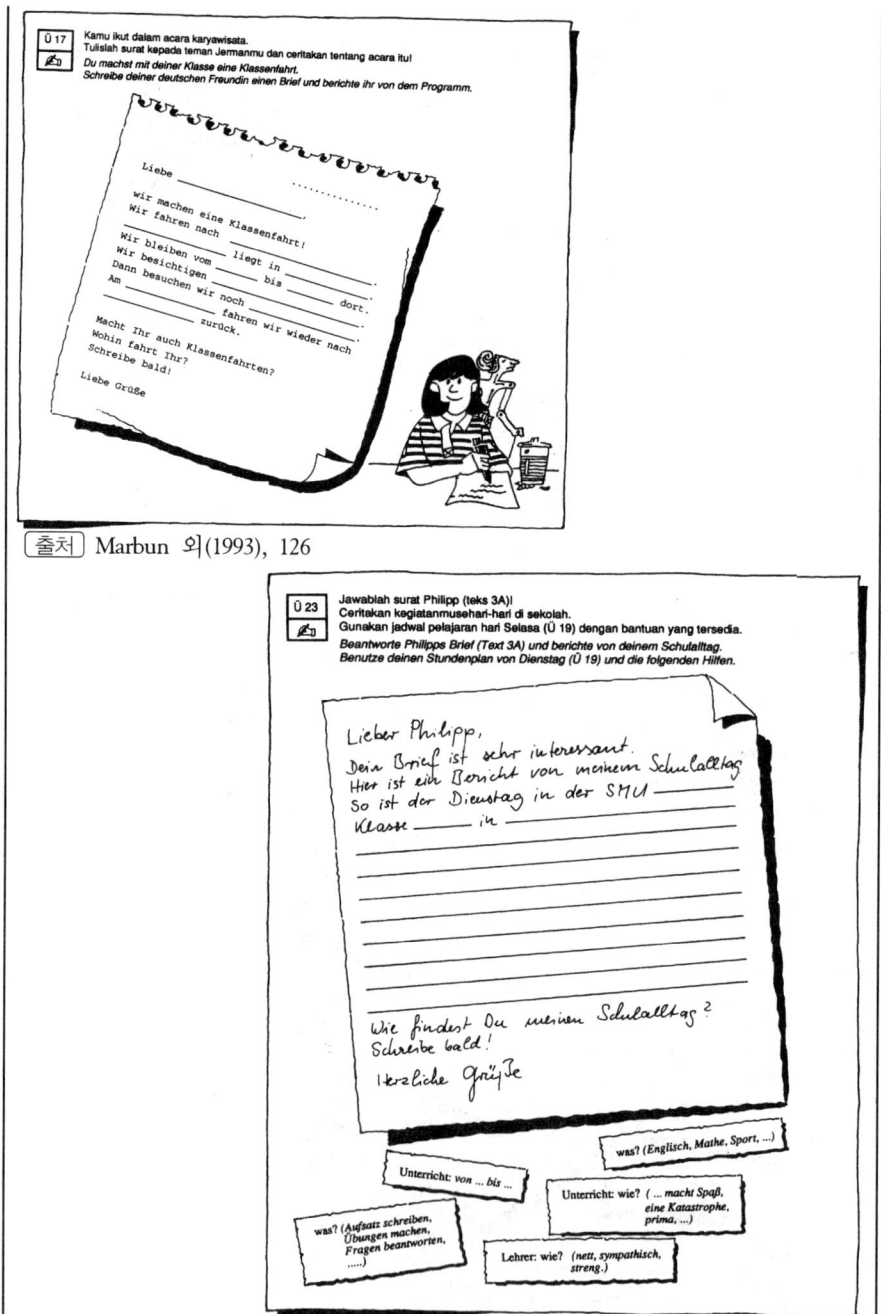

여러분은 『Kontakte Deutsch』에 나오는 일련의 연습들을 해 보았고 표 A에 써 넣었다. 이제 이어서 [과제 9]를 해 보시오.

 과제 9

a) 어떤 연습에서 쓰기가 목표이고 어떤 연습에서 다른 목적을 위한 도구인지를 생각해 보시오. 쓰기가 목표인 동시에 도구라고 할 수 있는 연습은 어떤 것이 있는가?

쓰기는

	도구	무엇을 위한?	목표	어떤 목표?
연습 1				
연습 2				
연습 4				
연습 5				
연습 7				
연습 17				
연습 23				

b) 『Kontakte Deutsch』에서 나온 연습들(14~18쪽)과 『Themen neu 1』에서 나온 [연습 2](9쪽), 그리고 『Sowieso』에서 나온 [연습 3]과 [연습 5](9~10쪽)를 비교해 보시오.
 - 무슨 차이가 있는가?
 - 청소년들이 어떤 유형의 과제와 자신들을 가장 잘 동일시할 수 있을까? 왜?
 - 목표로서의 쓰기를 연습하는 데에 어떤 과제가 가장 적합하다고 생각하는가?
 - 이 질문에 대한 대답을 도표 C에 써 보시오.

	Themen 연습 2	Sowieso 연습 3+연습 5	Kontakte Deutsch
차이			
청소년들에게 적합			
쓰기 기능을 기르는 데에 (특히) 적합			

교재에서의 쓰기의 역할에 대해 생각을 했던 처음 시작점으로 되돌아가서 쓰기의 역할에 대한 이론적인 성찰을 해 보자. 『Themen 1』 초판(1983)에서 목표로서의 쓰기는 주변적인 역할만을 했고, 게다가 특정 대상 집단만을 위해서만 중요했다. "… 학습자들, 예를 들어 대학생들에게는 독일어를 쓸 수 있다는 점도 목표가 될 수 있다. 그래서 연습책에서는 목표로서의 쓰기를 연습하기 위한 과제도 제공한다(Gerdes 외 1984, 13). 9년 뒤인 1993년에 나온 『Themen neu 1』의 교사용 교재에는 이런 말이 있다.

> Schreiben
> Der Fertigkeit Schreiben kommt in „Themen neu" erhöhte Bedeutung zu. Das zeigt sich nicht nur in den Aufgaben zur schriftlichen Textproduktion (zunächst meist in Form von Paralleltexten zu vorgegebenen Modellen), sondern auch in vorbereitenden Übungen zu einzelne Textstrukturen.

출처 Aufderstraße 외(1993a), 6

『Themen neu』에서는 쓰기의 "비중이 높아진" 반면 다른 성인용 독일어 교재인 『Sprachbrücke』에서는 처음부터 목표로서의 쓰기 기능을 성장시키기 위해 순서가 짜여져 있고 그에 맞추어 다양한 종류의 쓰기 연습이 제공된다. 그래서 『Sprachbrücke I』 8~15과의 연습 책 머리말에서는 다음과 같이 말하고 있다(Abel 외 1989).

> Für die Entwicklung von Schreibfertigkeiten findet man Aufgaben zur Rechtschreibung, zum gelenkten Schreiben (Struktur- und Transformationsübungen im Rahmen grammatischer Lernziele), zum Textaufbau, zum Schreiben nach Modellen (z. B. Gedichte variieren, Briefe, Rezepte, landeskundliche Informationstexte schreiben) und zur freien Textproduktion.
>
> Eine wichtige Rolle spielt auch in diesem Arbeitsheft die Rubrik **Ihr Text/Ihre Meinung!** Hier werden die Lernenden dazu aufgefordert, im Rahmen des interkulturellen Vergleichs, parallel zu Texten und Informationen im Lehrbuch, Informationen über ihr Land zusammenzustellen, über Sitten und Bräuche in ihrem Land oder über sich selbst zu schreiben.

[출처] Abel 외(1989), 4

이 인용을 보면 『Sprachbrücke』에서 편지 쓰기만이 아니라 다른 글의 종류, 그리고 자유롭고 창조적인 글쓰기*까지를 연습함을 알 수 있다. 중요한 점은 쓰기기능이 장기간에 걸쳐 단계적으로 발달된다는 사실이며, 그러려면 유도된 쓰기 과제가 계속해서 필요하다.

앞에서 언급한 교재 『Sowieso 1』의 1995년에 출간된 교사용 교재에는 다음과 같은 언급도 있다.

> **3. Texte schreiben**
> Die zweite produktive Fertigkeit, das Schreiben, spielt im 1. Band notwendigerweise noch eine untergeordnete Rolle. Schreiben dient zunächst fast ausschließlich dem Zweck des Spracherwerbs. Das heißt, die Schüler schreiben, um das graphische System und die Orthographie des Deutschen zu erlernen, bzw. zur Unterstützung des Vokabellernens und der Grammatikarbeit. Dennoch gibt es auch in Band 1 schon einige Aufgaben, die das kommunikative Schreiben (Schreiben, um etwas mitzuteilen) trainieren.
> In *sowieso 2* wird das kommunikative bzw. kreative Schreiben dann eine erheblich größere Rolle spielen.

[출처] Funk/Koenig(1995), 10

초급 교재의 1권에서 (산출적인) 쓰기가 "아직은 부차적인 역할을 할 수밖에 없다"는 저자들의 견해에 대한 반증은 『Kontakte Deutsch』만이 아니다 (멀리 떨어진 나라에서는 중요한 학습 목표인 편지 쓰기). 이 다음 장들에서 우리가 설명하는 것들도 쓰기는 원칙적으로 독일어를 배우는 첫 해에도 이미 중요한 구실을 할 수 있음을 보여 줄 것이다.

1.1장에서 인용된 교재들에는 80년대 중반과 90년대 후반에 걸쳐 점점 커진 독일어 수업에서의 쓰기의 중요성을 반영하려는 여러 가지 시도들이 있다. 그 이후로 외국어 수업에서 쓰기의 역할을 새로 정의한 출판물들이

많이 있었고, 그 중 일부는 "쓰기의 재발견"이라는 표현까지도 쓰고 있다. 『Fremdsprache Deutsch』지의 1권/1989년 호에서는 주제로 쓰기를 선택한 까닭을 다음과 같이 설명한다.

> - Die Sprachwissenschaft hat sich stärker mit den Unterschieden zwischen gesprochener und geschriebener Sprache beschäftigt (so liefert z. B. die DUDEN-Grammatik erstmals in der Neuauflage von 1984 ein eigenes Kapitel zu diesen Unterschieden).
> - Die Kultur- und Literaturwissenschaft hat begonnen zu untersuchen, wie weit bestimmte Textformen kulturgeprägt sind, so daß Schreibenlernen in der Fremdsprache auch das Erlernen neuer kultureller Ausdrucksmöglichkeiten erfordert.
> - Die Lernpsychologie hat begonnen, den Prozeß des Schreibens genauer zu untersuchen und Schreibmodelle zu entwickeln, die Grundlage für eine gezielte Schreibförderung sein können.
> - Nicht zuletzt haben sich die Kommunikationsbedürfnisse verändert: Das durch Telefon und Fernsehen verdrängte Schreiben wird durch Computer und Telefax wieder zu einem modernen Kommunikationsmedium.

출처 Krumm(1989), 5

이렇게 초급 교재에서의 쓰기의 과거와 현재를 간략하게 (그리고 물론 불완전하게) 돌아보고 이제 1.2장에서는 왜 학습자들이 외국어로서의 독일어 수업에서 쓰기능력을 배양해야 하는가 하는 근본적인 질문에 대한 깊이 있는 대답을 몇 가지 찾아보고자 한다.

1.2 쓰기를 왜 가르치는가? 산출물이 중요한가, 과정이 중요한가?

1.1장에서 여러분이 가지고 있는 교재를 분석해 보았을 때, 쓰기는 많은 경우에 전혀 다른 목표를 위한 수단이라는 점을 알 수 있었다. 그럴 수도 있는 일이다. 하지만 아주 이상한 질문 하나를 던지고자 한다.

외국어 수업에서 쓰기라는 기능을 목표로 삼는 것이 정당한가? 학교를 떠난 학생들은 도대체 언제 또 외국어로 글을 쓸 일이 있을까?

과제 10

> 기억을 더듬어 보시오. 학교를 졸업한 다음에, 가르치기 위해서가 아니고 (여러분의 학생이 모두 다 교사가 된다고 생각할 수야 없으니까!) 다른 목적으로 외국어로 글을 쓴 일이 있는가? 무엇을 썼는가?

연구자들은 다양한 유형의 학교의 졸업생에게 이런 질문을 했다. 외국어가 무엇에 필요한지를 네덜란드에서 폭넓게 조사했던 결과를 간략하게 소개하겠다(네이메겐의 응용사회학연구소 IST-behoefdenonderzoek).

이 조사에서는 독일어, 영어, 프랑스어를 학교에서 배웠던 사람들에게 학교를 졸업한 이후 그 언어의 사용에 대해 물었는데, 24가지의 언어사용상황을 제시했다. 질문은 이런 것이었다. "얼마나 자주 프랑스어, 독일어, 영어를 자주 사용하며 어떤 상황에서 사용하십니까?" 여기서는 쓰기에 관련된 결과들을 도표로 간단하게 정리하려고 한다.

표 설명
학생 10명 중 지금:　　　　　　　빈도:
1 = 1명 이하　　　　　　　　　　I = 아주 가끔
2 = 2, 3명　　　　　　　　　　　II = 1년에 한 번이나 몇 번
3 = 4~6　　　　　　　　　　　　III = 한 달에 한 번이나 몇 번
4 = 7~8　　　　　　　　　　　　IV = 종종
5 = 9명 이상

	쓰기		
	프랑스어	독일어	영어
형식적인 편지	2, I	3, II	3, II
비공식적인 편지	2, I	2, I	3, II
서식, 전보 등	2, I	2, I	3, II
보고서, 기사, 회의록 등	1, I	1, I	2, II

이 도표를 보면, 응답자의 상당수가 형식적인 편지를 쓴다. 이는 네덜란드와 독일의 밀접한 (특히 경제적인) 관계, 또 독일 사람 중에 네덜란드어를 하는 사람이 거의 없다는 점과 상관이 있을 것이다.

얼마나 자주 취미로 읽기(추리소설, 잡지 등: 4, III), 일상 회화(5, III) 또는 텔레비전이나 라디오 방송 듣기(5, IV) 등을 했는가 하는 질문에 대한 대답과 이 질문의 대답을 비교해 보면, 쓰기가 비교적 덜 중요한 역할을 하고 있

음이 드러난다. 다른 많은 연구들도 이 점을 증명한다.

그럼에도 불구하고 이 책에서 독일어 수업에서의 쓰기에 관심을 기울이는 데에는 몇 가지 중요한 이유들이 있다. 여기서는 그 이유 몇 가지를 다루겠다.

A. 의사소통의 필요 때문에 하는 쓰기

외국어 교육에서의 쓰기에는 의사소통적인 중요성, 즉 정보를 전달한다는 점에서의 중요성은 별로 없다. 그 중요성은 다음과 같은 영역으로 제한된다.

- 형식적인 편지(정보를 얻기 위해서): 출판사, 서점, 관광안내소, 호텔, 유스호스텔, 캠핑장 등등
- 비형식적인 편지와 카드: 엽서, 편지쓰기
- 서식 쓰기: 신상(호텔 체크인 등등), 전보
- 제 3 자에게 보내는 짧은 메시지

따라서 의사소통 중심의 외국어 수업에서 쓰기는 실제적 상황*에 별로 근거를 둘 수가 없다. 오히려 다른 관점을 고려해야 한다.

B. 수업에 필요해서 하는 쓰기

외국어 교사로서 여러분은, 쓰기가 의사소통에는 별로 안 필요하지만 수업에서 자주 무언가를 쓴다는 사실을 알 것이다. 이런 영역에서 쓰기를 하게 된다.

- 숙제
- 시험
- 메모 (나중에 말을 하기 위해), 핵심어 정리, 자료와 아이디어 수집
- 단어와 문법 연습
- 개별화*

숙제를 하고 연습과 시험을 하기 위해 쓰기를 한다는 점은 말할 나위도 없다. 개별화에 대해서는 좀 더 설명이 필요하다.

수업에서는 예를 들어 다음과 같은 점에서 개별화를 할 수 있다.

- 속도 (누구는 빠르고 누구는 느리다)
- 수준 (다른 학생보다 더 나은 학생들이 있다)
- 관심 (학습자들은 서로 다른 관심을 가지고 있다. 같은 주제, 예를 들어 '내 취미'에 대해서도 그렇다.)
- 교수법적인 작업형태 (모든 작업방식이 모든 학습자들에게 똑같이 효율적이지는 않다. 서로 다른 학습유형*이 존재한다.)

 과제 11

> 그런 개별화가 쓰기의 역할에 어떤 영향을 미칠까?
> 쓰기를 통해 어떻게 개별화를 할 수 있을까?
>
> • 속도: • 관심:
> • 수준: • 작업형태:

개별화에 관해서는 이 책에서 더 자주 이야기할 것이다. 거기에는 충분한 이유가 있다. 실험결과에 따르면 글을 쓰는 유형은 서로 매우 다르고 외국어 학습자들은 글을 쓸 때 다양한 전략을 사용하기 때문이다(Krings 1992, 72 참조).

C. 학습심리학적인 필요성 때문에 하는 쓰기

여기서는 다음과 같은 점들을 생각해 볼 수 있다.

- 듣기, 읽기, (쓰기)에서 글자의 모양이 하는 역할
- 동기화의 문제

- 기능 통합: 쓰기는 다른 기능에 도움이 된다. 즉 부수적인 기능을 하고, 또 반대로 다른 기능들도 쓰기에 도움이 된다.

마지막에 말한 관점은 좀 더 자세하게 다루어야 한다. (신경체계의 기능을 연구하는) 신경생리학의 연구결과에 의하면, 대뇌 피질에는 개별적으로 "일하는" 각 기능영역이 있는 것이 아니며, 각각의 영역들 간에 많은 의사소통이 이루어진다. 듣기, 말하기, 읽기, 쓰기 활동은 서로 긴밀하게 연결되어 있으며 서로 도움을 준다. 그러므로

▶ 말하기 와 쓰기 의 관계:
   이 두 기능에서는 어떤 내용이 만들어지며, 언어적인 도구가 선택되고 단어가 문장으로 연결된다. 글을 쓰는 사람도 이 글자에서 어떤 발음이 나오는지를 의식한다. 글을 쓰면서 특히 초기에는 동시에 속으로 말을 하기 때문이다.

▶ 읽기 와 쓰기 의 관계:
   쓰기를 통해 익힌 글자 모양은 읽을 때 더 빨리 지각이 되며, 글을 읽을 때 글자의 모양이 각인된다.

쓰기를 할 때는 여러 감각기관이 활성화된다.

- 시각(무엇을 쓰는지를 본다)
- 청각(음, 음소*는 그것을 나타내는 글자, 자소*과 연결된다)
- 말하는 운동신경(쓰는 사람은 자신이 쓰는 것을 내면적으로 발음한다)
- 운동신경(손의 움직임)

여러 기관이 활동에 참여하기 때문에, "대부분의 사람들은 새로운 정보를 적을 기회가 있으면 훨씬 기억을 잘 한다."(Müller 1989, 35; Krück 1982, 391). 손과 손가락으로도 기억을 한다는 말이다. 많은 문화권에서 이런 주장을 할 수가 있는데, 특히 가장 널리 퍼진 기억유형, 즉 기억에 "시각-문자운동신경"을 이용하는 기억 유형*을 사용하는 문화에서 그렇다. 구술

의 전통이 강한 문화에서는 다를 지도 모르는데, 그런 경우에는 수업을 다르게 해야 한다.

D. 정신 활동을 조직하기 위한 쓰기

"정신 활동을 조직한다" — 이 말은 대단하게 들릴 수 있고, 학습자들에게 무리한 요구라고 여러분이 생각할 지도 모른다. 하지만 이 말은 그저 쓰기가 생각을 발전시키는 일, 질서체계와 밀접하게 연결되어 있다는 말이다(Krumm 1986, 6 참조). 쓰기는 아직 체계화 되지 않은 "혼돈상태의" 사고를 정리하고 조직하는 데에 도움이 된다.

1.2.1에서는 쓰기의 이런 측면을 다루고, 이어서 1.2.2에서는 초급 수업을 위한 수업의 예시를 통해 더 구체화시킬 것이다.

과제 12

이제 외국어 수업에서 쓰기를 해야 하는 이유를 네 가지 적어 보시오.

1 _____
2 _____
3 _____
4 _____

여러분은 지금까지 무슨 이유 때문에 학생들과 쓰기를 연습했는가?

1.2.1 과정으로서의 쓰기*: 알고 있는 것을 전달할 뿐 아니라 모르는 것을 발견한다

우리는 한편으로는 전달하려는 메시지 중심이며 산출물 중심의 활동으로서의 쓰기(산출물로서의 쓰기)와 다른 한편으로는 단계적인 글의 생성으로서의 쓰기(과정으로서의 쓰기)에 대해 먼저 몇 가지를 생각해 보려고 한다. 우리는 이 주제에 대해 말은 한 유명한 독일 작가 Heinrich von Kleist 의 말을 인용하고자 한다.

과제 13

이 장을 읽으면서 여기서 제시되는 요점들을 다음의 도식에 짧은 말로 적어 보시오.

	산출물로서의 쓰기	과정으로서의 쓰기
글의 종류		
목표		
특징		

의사소통 중심의 접근법*에서는 언어를—그러니까 쓰기도—사회적인 행위*로 이해한다. 화용론*에서 쓰기는 정보를 전달하기 위한 절차로 여겨진다. 한 사람이 다른 사람에게 (또는 사람들에게) 무엇인가를 전달한다. 이런 순차적인 과정의 중심에는 쓰기의 **산출물**인 정보가 놓여 있다.

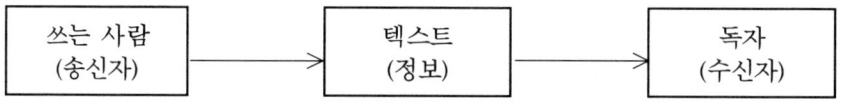

그러니까 글은 특정한 기능을 가진 산출물을 얻기 위해 쓰는 것이다. 우리가

- 업무용 편지를 쓰는 것은… (항의를 하기 위해서이다)
- 쇼핑리스트를 쓰는 것은… (아무것도 잊어버리지 않기 위해서이다)
- 시험 답안지를 쓰는 것은… (학점을 받기 위해서이다)
- 신문 기사를 쓰는 것은… (읽는 사람에게 정보를 주기 위해서이다)
- 연애편지를 쓰는 것은… (애정을 표시하기 위해서이다)

이런 경우 "쓰기의 기능은… 산출물에 들어 있다. 산출물을 잃어버린다면… 쓰는 데 들인 모든 노력이 무의미해질 것이다."(Portmann 1991, 189).

쓰기의 이런 메시지와 산출물 중심적인 면은 물론 중요하다. 하지만 산출을 쓰기의 전부로 여겨서는 안 된다. 쓰기에는 다른 과제, 글을 쓰는 **과정**에 포함된 과제도 있다.

▶ 전에 일기를 쓴 적이 있거나 지금 쓰는가? 그때 무언가를 잊지 않기 위해 기록하는 것이 중요한가, 쓰는 일 자체가 중요한가? 일기를 누가 읽는 일이 얼마나 자주 있는가? 누가 읽는가? 대개는 쓰는 사람 외에는 독자가 없는 것이 보통이다!

▶ 학교에 다닐 때 강의를 듣거나 전공서적을 보면서 메모를 했었는가? 그때는 아마 들은 것을 구조화하고 이해를 돕고 확인하려는 의도였으리라. 이 책을 공부할 때 글로 쓰면서 푸는 과제들도 같은 목적을 가지고 있다.

▶ 메모를 하다가 다시 버리는 일이 얼마나 많은가. 이들은 생겨나는 순간 기능을 이미 충족시켰다.

이런 경우 쓰기의 과정이 중요하다. 그런데 **글을 쓸 때** 대체 무슨 일이 벌어지는 것일까?

이 질문에 대한 대답은 작가 Heinrich von Kleist(1777-1811)가 그의 유명한 논문 **이야기** 중의 **점차적인 사고의 형성**에 적었던 성찰 몇 가지를 관찰하려고 한다. 거기 실린 생각들 중에는 쓰기에 적용할 수 있는 점들이 좀 있다. Kleist는 "입맛은 먹다 보면 생긴다"는 프랑스 속담을 들어 말하며 이 경험적인 원칙을 "생각은 이야기를 하다 보면 생긴다"라고 고쳐 말한다.

그리고는 부연설명을 한다. 그는 자신이 무슨 말을 하려고 하는지 "어떤 희미한 생각" 밖에 없을 때가 있는데, 그때 그는 이 생각이 자신이 하는 말과 "어딘가 저 멀리 관계가 좀 있다"고 한다. 그럴 때 그가 용기를 내어 누구하고거나 ("반드시 머리가 좋은 사람일 필요도 없는데") 그 생각에 대해서 이야기를 하면, 대화상대자에게서 제안이나 대답을 기대하지 않더라도 "혼돈스러운 생각이 아주 명징해진다". 이때는 아이디어가 성장할 수 있도록 시간을 버는 것이 중요하다. 아이디어는 이성이 제공하는 도구를 이용하여 만드는 것이다. Kleist의 용어에서 이야기(Reden)는 말하기(Sprechen) 이상인데, 그는 이 표현을 La Fontaine이 우화에 대해 한 말인 "위기에 빠진 시작으로부터의 점차적인 사고의 형성"에 관련지어 사용하는 것이다. 쓰기도 이야기이고, 이야기는 아이디어와 사고의 산출이며, 클라이스트의 표현으로는 "이야기란 정말로 소리 내어 하는 생각", 겉으로 표현된, 듣고 읽을 수 있게 만들어진 생각이다.

Kleist의 성찰은 우리의 주제를 정확하게 표현하는 데에 도움이 된다. 먹다 보면 입맛이 생기듯이, 아이디어는 쓰다 보면 생긴다. Kleist의 정신을 그대로 계승한 현대의 저자 Hermann Burger는 『Die allmähliche verfertigung der Idee beim Schreiben』이라는 그의 책에서 "아이디어가 어디에서 오는가? … 종이에 적다 보면 생겨난다."라고 적었다(Burger 1986, 25).

글을 쓸 때 (말을 할 때도) 우리는 언제나 이 경험을 한다. 사고와 아이디어, 통찰과 지식은 처음부터 완성되어 있지 않고, 쓰는 중에 생겨나고 무르익는다. 쓰기는 인식의 획득이다. 쓰기의 특별한 특징 두 가지가 이때 도움이 된다.

▶ **생각과 감정을 객관적으로 접근할 수 있는 대상으로 만든다**
종이(아니면 컴퓨터)에 쓴 것은 눈앞에 보이고 가까움(내가 하려던 말이 바로 저것이다)과 거리(아직 정확한 표현을 못 찾았다)를 느낄 수 있다. 자신의 행동을 감각을 통해 인지하면 영향이 없을 수가 없다.

▶ **흐름을 느리게 만든다**
생각은 빨리 지나간다. "반짝한다"고 말하지 않는가. 그래서 생각은 기록해야 한다. 외국어로 말하기는 내용 때문에든 언어 때문에든 어렵기 마련이다. 글로 쓰면 생각하고 정리하고 스쳐가는 생각을 잡아둘 시간이 생긴다.

정보의 교환은 쓰기의 과제 중 한 가지일 뿐이고, 그리 중요한 것도 아니라는 것이 오늘날의 쓰기에 관한 모든 연구와 생각들의 공통적인 결과이다.

"문어는 오히려 정신적인 활동을 구성하는 데에 결정적으로 중요한데, 이런 구성은 물질적인 도움이 없이는 실현이 불가능하거나 매우 어렵다."

(Giese 1979, 88)

("물질적인 도움"란 종이와 필기구를 사용하는 문자화 과정을 일컫는 것이다.)

"과정으로서의 글쓰기"는 정보를 전달하기 위한 선형적인 과정이 아니고 동심원적 과정*이다. 글을 쓰는 사람은 빙빙 돌듯이 움직이며 자신이 표현하고자 하는 바에 좀 더 다가가려고 노력하고 이를 정리하고 조직하려고 노력한다.

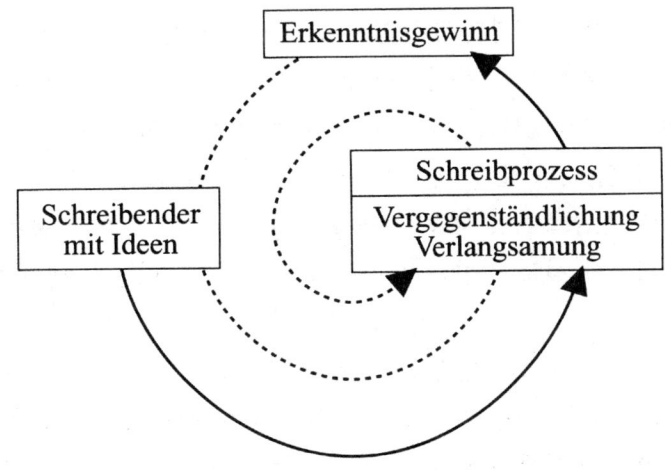

이런 성찰이 외국어로서의 독일어 수업에 어떤 결과를 가져올까? 이런 질문이 우리를 수업현장으로 이끈다.

1.2.2 단어에서 문장으로, 문장에서 텍스트로

1.2.1.장에서 제시된 성찰을 수업현장에 적용할 때 생겨나는 첫 번째 질문은, 외국어 수업에서 학습자들이 자신들의 아이디어와 생각을 이런 동심원적 과정에서 만들어 내고 문자로 기록할 수 있게 하면서도 이들에게 언어적으로 과중한 부담을 주지 않기 위해서는 어떻게 방법적, 교수법적으로 접근해야 할까 하는 것이다.

단어에서 문장으로, 문장에서 텍스트로는 앞에서 말한 Kleist의 성찰에 근거한 방법적, 교수법적 개념을 간단하게 표현하는 말이다. **단어에서 문장으로, 문장에서 텍스트로**라는 개념은 이 책에서 우리가 여러분과 함께 만들어 내고 다듬으려는 다양한 형태의 연습을 위한 바탕이 된다. 이 개념은 독일어학습자들이 점차로 더 나은 텍스트를 만들어 나가고 보다 더 복잡한 구조를 가진 텍스트를 쓰는 데 필요한 부분적인 능력을 쌓아 나가는 데 도움이 된다.

텍스트는 문장, 주문장과 부문장으로 구성되어 있다. 외국어로서의 독일어로 글을 쓸 때 중요한 문법적인 문제 중 하나는 다양한 접속사를 사용했을 때의 주문장과 부문장의 동사의 위치이다. 수업에서는 이 문법적인 문제를 대개 첫 해나 둘째 해에서 여러 단계에 걸쳐 다룬다. 그런데, 지식의 향상(새로운 접속사를 배우기)와 쓰기의 향상(텍스트에 사용)이 계속되는 학습과정에서 서로 결합되기 위해서는 이 일을 어떻게 해야 할까?

우리의 수업 안에서는 연습 14에 실린 *"Er hat..."*의 표가 교수활동의 기반이 된다. 이 표를 사용해서 우리는 서로 다른 접속사가 쓰였을 때 주문장과 부문장이 어떻게 사용되는지를 모델로서 다룰 수 있다. 점점 커지고 확장되는 표를 수업에서 어떻게 사용하는지를 여러분이 스스로 해 볼 수 있도록 우리는 여러분이 [과제 14]를 해 보고 거기 주어진 표를 채워 보기를 권한다. 그러고 나서 우리는 각각의 단계와 그 의미에 대해 함께 생각해 볼 것이다. 마지막에서 우리는 이 표를 수업에 활용하는 데 관해서 몇 가지 사항을 제안할 것이다.[2]

과제 14

34-35페이지의 단계 1-4를 따라가며 이 표를 채우시오.

	주문장	접속사	
1a			er hat ...
예문:			
1b	er hat ...		hat er ...
예문:			
2	er hat ...		er ... hat
예문:			

칠레 청소년들을 위한 독일어 교재 『Wegweiser』(Grau 외 1991)에서 나온 예로 시작을 해 보자. 학습자들이 자신들과 동일시할 인물로서 남부 독일에서 홈스테이를 하며 독일의 일상을 경험하는 칠레 학생이 있다. 5과에는 학습자들이 산출에 사용해야 할 접속사가 처음 나오는데, 다음과 같이 도입이 된다.

---

[2] 독일어에서는 어떤 접속사가 쓰였는가, 그리고 주문장과 부문장의 배열 순서에 따라 문장 내에서 주어와 동사의 위치가 결정된다(정치, 도치 또는 후치). 이 연습에서는 접속사로 시작하는 문장이 두 번째 문장일 때 주어와 동사의 위치에 따라 접속사를 세 무리로 분류하고 그 접속사들을 각각 하나의 표에 예문과 함께 적는다. (역자 주)

I. 접속사

In Geislingen ist es toll 가이슬링엔은 좋다	und 그리고	meine Gastfamilie ist sehr nett. 우리 집주인 가족은 아주 친절하다.
Wir haben 5 Stunden Deutsch, 하루에 독일어는 다섯 시간이다.	aber 그렇지만	wir haben kein Spanisch. 스페인어는 없다.
Ich kenne jetzt alle Hits, 나는 유행가를 다 안다.	denn 왜냐하면	ich gehe oft in die Disko. 디스코텍에 자주 가기 때문이다.
문장 1	+	문장 2

und, aber, denn(그리고, 그렇지만, 왜냐하면)은 접속사이다. 이들은 ("접속사") 문장 1과 문장 2를 연결한다.

(Grau 외 1991, 46)

1. 예문에서 접속사를 찾아내서 앞의 표의 1a 줄에 있는 정해진 칸에 쓰시오

2. 그 표의 정해진 자리에 예문 셋 중 하나를 쓰시오.

다음 번 접속사 연습은 다음과 같은 식일 수도 있다.

II. 접속사

Wir waren fünf Stunden in der Stadt. 우리는 시내에 다섯 시간이나 있었	Deshalb 기 때문에	bin ich jetzt müde. 지금 피곤하다.
Ich muss noch meine Hausaufgabe machen. 아직 숙제를 해야 하	Dann 고 그 다음에	gehe ich ins Bett. 잘 것이다.
Ich habe schon viele Freunde. 나는 벌써 친구가 많	Trotzdem 지만	habe ich nachts Heimweh. 밤에는 집생각이 난다.
문장 1	+	문장 2

3. 이 접속사들과 예문들을 앞의 표의 정해진 자리에 써 넣으시오.

표의 마지막 줄에 들어갈 접속사를 마저 정리하면 이렇다.

III. 접속사

Er blieb ein Jahr länger in Geislingen, 그는 가이슬링에 1년 더 머물렀다.	weil ...기 때문에	es ihm dort gut gefiel. 그곳이 마음에 들었(기 때문에)
Seine Familie besuchte ihn dort in den Ferien, 그의 가족이 방학에 그를 방문했다.	obwohl ...지만	die Reise sehr teuer war. 여행은 돈이 많이 들었(지만)
Sie freuen sich, 그들은 기뻐했다.	dass ...다고	er so gut Deutsch gelernt hatte. 그가 독일어를 잘 배웠(다고)
문장 1	+	문장 2

4. 이 접속사들과 예문들을 앞의 표에 써 넣으시오.

이제 칸을 채운 표를 함께 보며 학생들이 여기서 무엇을 배우는가를 보자.

여기서 무엇을 어떻게 학습하는가?

- 1a, 1b, 2 각 줄은 문장에서 나타나는 형태가 서로 다른 세 무리의 접속사들을 보여 준다. (주문장과 부문장, 도치*가 일어나는 문장과 일어나지 않는 문장.)
- 1a에는 주문장을 주어와 동사가 도치되는 부문장과 연결하는 접속사들을 정리했다: er hat ... und er hat ... / er hat ... aber er hat .... 학생들은 접속사를 이런 형태로 공부해야 한다는 뜻이다.
- 1b에는 주문장을 부문장과 연결하는 접속사들이 모아졌다: er hat ..., deshalb hat er .... 이 접속사들도 이런 형태로 공부한다.
- 2에는 주문장을 부문장과 연결하는 접속사들이 모여 있다. 이때는 부문장에서 동사의 정동사형*이 문장의 마지막에 온다. 학생들은 그 구조를 익힌다: er hat ..., weil er ... (kein Geld) hat.

정리를 해 보자. 수업의 여러 단계를 거치며 학습자들은 "Er hat ... 표"를 채워 나간다. 그러면서 다음과 같은 문형의 모형을 배운다.

- Er hat ... **und** er hat ...   그는 ... 했다. 그리고 ... 했다.
- Er hat ..., **deshalb** hat er ...   그는 ... 했기 때문에 ... 했다.
- Er hat ..., **weil** er ... hat.   그가 ... 한 것은 ... 때문이다.

수업에 이 표를 이용하는 데 관한 제안

1. "Er hat ... 표"를 A4크기로 준다. 학습자들이 첫 번째 지시를 쉽게 따라오게 하기 위해 첫 번째 예문을 미리 써서 주는 것이 좋다. 학습자들에게 이 표는 오랜 기간 동안 사용할 것이며 다른 접속사들을 위해서 자리가 많이 필요하다고 말해 둔다.

   이 표를 큰 종이에 그리고는 점차적으로 채워 나갈 수도 있다. 이 벽보는 교실에 걸 수 있고 학습자들은 글을 쓰면서 이것을 "컨닝페이퍼"로 이용할 수 있다.

2. 접속사의 개요를 위해 교재에 실린 예문들을 사용한다.

3. 이 접속사들이 교재에 나오면 그때 이 표를 사용한다.

4. 용어:
   우리의 의도를 독자에게 빨리 이해시키기 위해서 우리는 이 표에 두 가지 문법용어를 넣었다(**주문장과 접속사**). 학생들이 **접속사, 종속, 도치가 일어나는 주문장, 부문장**이 무슨 뜻인지를 이해해야 한다고 생각한다면 이런 용어들을 그에 해당하는 위치에 쓸 수도 있다. 하지만 예문들도 있고, 전달하고자 하는 바를 이 표가 눈에 들어오게 보여 주기 때문에, 이런 문법용어를 하나도 사용하지 않을 수도 있다. 우리 생각에는 **접속사**라는 개념을 꽤 일찍 도입하는 것이 효과적이다. 나중에 어순 상의 어떤 규칙들에 대한 약호로 사용할 수 있기 때문이다.

5. 표를 가지고 작업을 할 때 다음과 같은 점들이 중요하다.
   - 접속사들은 하나씩 도입이 되어야 한다. 산출에 사용해야 하는 접속사들만을 다룬다. 수업이 얼마나 집중적인가에 따라 이 과정은 몇 달 몇 년이 걸릴 수도 있다.

- 접속사들은 짤막한 문맥에서 익혀야 한다: 그리고 … '그리고 그들은 아주 친절하다', '그 다음 그는 그것을 샀다', '그는 돈이 있기 때문에' 등등.
- 형태적인 측면 외에 접속사들의 의미도 밝혀야 한다. 독일어와 모어를 대비하는 것이 가장 좋다.

6. 학습자들에게 처음에는 (어쩌면 나중에도 여러 번 자주) 이 표를 텍스트를 산출할 때 사용하도록 기회를 주라 (1번 참조).

"Er hat … 표"는 여러 해에 걸친 독일어 수업에서 새로운 접속사로 언제나 확장시킬 수 있다. 예를 들어서 한 번 실험해 보시오.

 과제 15

> 다음은 여러분이 이미 알고 있는 접속사들이다. 이들을 "Er hat … 표"의 적당한 곳에 써 넣으시오.
>
> *als, also, bevor, da, damit, dann, darum, (so) dass, deswegen, doch, ehe, jedoch, nachdem, ob, oder, sondern, wie, was, während, wenn, womit*

학생들과 여기까지 공부했고 제일 중요한 접속사들이 이미 표에 들어 있다면, 기억을 돕기에 도움을 주기 위해 "W-접속사"(weil, wenn, wie, während, wenn, womit)의 W를 다른 색깔로 표시하게 할 수도 있다. "W-접속사" 다음에는 언제나 부문장이 온다.

끝으로 한 가지를 분명히 밝히자면, "Er hat … 표"을 통해서는 **단계적으로 언어지식***이 축적되고 체계화되는데, 이 지식은 글을 쓸 때 언제나 바로 **언어행위**로 실현될 수 있다. 이렇게 해서 문법에는 의사소통상의 기능이 생기고, 산출적인 언어행위를 위한 **사용규칙***이 된다.

"Er hat ... 표"가 산출적인 언어행위, 즉 텍스트 산출에 도움이 되는지는 다음 작업 단계에서 소개될 것이다.

"불량청소년들"과 접속사들

이 수업 안에는 이런 제목을 붙일 수 있을 것이다. 그런데—아마 여러분도 이렇게 물으리라—'불량청소년들'하고 접속사들은 대체 무슨 관계가 있을까? 아니면, 좀 덜 모호하게 표현하자면, 접속사의 표가 어떻게 과정으로서의 쓰기에 기여할 수 있을까?

'불량청소년들'은 실험을 위한 출발점, 시발점이 되는 "자극 문장"에 속한다. 이 실험에 참여해서 [과제 16]에 제시된 단계들을 따라오기 바란다. 종이 두세 장을 꺼내어 사이에 사이사이에 빈칸을 넉넉히 두면서 쓴다. (상상력에는 공간이 필요하다!) 이 실험이 끝나고 나면, 우리는 이 진행방식을 돌아보며 몇 가지 생각을 할 것이다.

과제 16

✏️ 우리의 "자극 문장"은 "중형 오토바이를 탄 불량청소년들"이다.

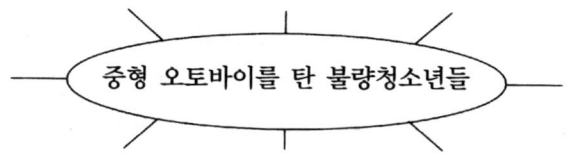

1 이것을 보고 무슨 생각이 나는가? 연상망*("단어 고슴도치")에서처럼 단어를 모아보고 그 단어들을 바로 주제별로 모아 보시오. 서로 관련이 있는 단어들을 선으로, "단어 다발*"로 엮어 보시오.

2 이제 그 단어와 단어 다발들로 문장 성분들이나 짧고 간단한 문장을 써 보시오.

3 이제 그 문장들을 순서대로 정리해 보시오. 의미 있는 순서를 만들도록 해 보시오. 말하고자 하는 바를 더 분명하게 표현하기 위해서는 2번에서 나왔던 문장들을 지우거나 변화시키거나 새로운 문장을 첨가할 수도 있다.

4 이야기를 더 할 수 있거나 하고 싶은 측면을 몇 가지 선택하시오. 설명을 찾아보고 보충하고 더 꾸며 보시오. 지면의 테두리, 행간에 더 써 넣으시오.

5 그 내용에 대해 더 아는 것이 무엇이 있는가? (아니면, 상상력을 더 발휘하시오.) 주장을 더 펼쳐 보고 자세하게 설명을 하고 표현을 더 정확하게 해 보시오. 지면의 테두리와 사이사이 공간에 더 써 넣으시오.

6 칸을 다 채워 넣은 "Er hat ... 표"(해답 307~308페이지에 있는 접속사표)를 보고 문장과 보충설명을 서로 연결시키고 관계를 표현하고 시간의 흐름에 따라 정리하는 등등을 해 보시오. 이제 여러분의 이야기를 쓰는 것이다.

여러분은 각각의 단계를 거쳤고 ― 어쩌면 ― 여러분의 원고를 해답에 실린 우리의 대답과 비교했을 수도 있다. 거기서 여러분은, 우리가 여러분에게 원고의 "뒤죽박죽인" 단계를 보여 주기도 꺼리지 않을 때도 있다는 것을 확인할 수 있다. 그 단계에서 여러분의 원고도 아마 꽤 비슷하게 생겼었으리라. 4.와 5.에 대해서 이야기할 때 그 문제를 더 다루겠다.

실제 수업을 염두에 두고 이 진행방식에 덧붙이는 말

1. 우리는 아이디어(=단어)를 모으고 주제에 다가가고 어휘장을 만들어낼 수 있는 "자극 문장" 하나에서 시작했다. 이 첫 번째 "자극"은 물론 단어 하나("자극 단어"), 사진, 그림, 물건, 소리나 음악에서 나올 수도 있다.

이 책에서 앞으로 우리는 이런 수단 몇 가지를 더 접하게 될 것이다 (2.1.2와 2.5 참조).

수업에서는 이런 "자극"을 칠판에 쓸 수도 있고 OHP로 비출 수도 있다. 학생들에게는 연상되는 것을 공책에 쓰게 할 수도 있고 학생들이 큰 소리로 말하게 하고 철판에 쓸 수도 있다. 학습자들이 이제 겨우 연상망이나 주제에 따른 단어 다발을 이용하는 작업 방법을 익히는 단계라면 나중 방법이 더 추천할 만하다.

2. 이제는 주문장 몇 개를 만든다. 칠판에 수집한 연상을 가지고 작업을 할 때라면 이 단계와 이 다음 단계를 짝 활동으로 할 수도 있다.

3. 그 주문장의 내용상의 질서(순서)를 결정한다. 이때 이미 글의 뼈대, 이야기, 줄거리가 생겨난다.

4.와 5.

뼈대에는 "살"이 생긴다. 사고는 심화되고 근거가 따라오고 문장으로 표현이 된다. 원고는 점점 더 "알록달록"해진다. 정말로 그렇다. 이 단계에서는 수업에서 색연필로 작업을 하게 할 수 있다. 그렇게 하면 텍스트가 여러 방향으로 "성장"하는 것, "과정으로서의 쓰기"가 글자 그대로 "눈에 보인다". 원고가 "알록달록"하고 보충되는 부분이 세분화될수록 그만큼 더 좋다.

6. 이제는 접속사 표에 따라 주문장들은 서로 연결되고, 내용적인 관계가 분명해진다. 하나의 전체로 이어서 글을 다시 쓴다. 이때 앞 단계들의 요소들을 다시 수용할 수도 있다. 물론 지금도 첨가와 삭제, 수정이 가능하다.

여러분은 여기서 보인 절차를 여러 가지 주제와 "자극"을 이용하여 수업에서 몇 차례 단계별로 진행을 해야 할 것이다. (여러분은 학생들이 이들에게 "자극을 주는" 그림, 단어들, 어구를 수업에 가지고 오도록 요청할 수도 있다.) 이런 방식의 작업은 "Er hat ... 표"에 처음 몇 접속사가 모이고 나면 꽤 초기에도 시작할 수 있다.

처음에는, 쓰기 과정이 드러나고 텍스트의 형성이 아주 의식적으로 이루어지도록 하기 위해 단계 1~6의 순서를 지키는 것이 중요하다. 이 절차를 몇 번 연습을 했으면 학습자들은 4단계와 5단계에서 이미 접속사를 사용하기 시작할 것이다(…, "왜냐하면" 직업이 없기 때문에; 아주 친절하기는 하다. "그렇지만" …). 그 다음 6단계에서는 글을 더 "가다듬는다".

이 절차가 갖는 의미는 분명하다. 학습자들은 복잡한 통사구조와 텍스트를 접해야 하는 대신 글을 쓰면서 이것을 스스로 만들어낸다. 이들은 자신들에게 친숙한 토막들을 집짓기 블록처럼 사용해서 새로운 것을 만들어낸다. 친숙한 블록과 건축부품을 가지로 새로운 글을 만드는 것이다. 결과가 완전하지는 않지만, 학습자들에게는 과중한 부담이 되지 않기 때문에 이들이 계속 글을 만들어 내도록 용기를 준다. 이들은 우선 자신들이 쓰기를 원하는 것(그리고 쓸 수 있는 것)을 쓰고 자신들이 아는 표현 도구를 사용한다. 이렇게 해서 생겨난 글은 "편집"하고 다듬게 된다(3.2장 참조).

지금까지의 성찰에서 드러난 바로는 외국어로 글쓰기에는 전달 이상의 기능이 있으며 또한 단순한 작업도구 이상이다. 글을 쓸 때에는 새로운 것이 생겨나며, 학생들은 외국어로 사고의 집을 세우고는 이것을 한 단계 한 단계 꾸며 나간다. 텍스트라는 건물은 글을 쓰는 사람과 아주 깊은 관계가 있으며, 그의 인격의 많은 부분, 그의 아이디어와 사고와 상상과 소망과 꿈과 희망과 유머와 진지함을 드러낸다. 그러므로 쓰기 교수법에서는 개인적인 쓰기*라는 말을 한다. 즉 쓰기는 글을 쓰는 사람에게 자신을 표현할 기회를 주고 자신과 다른 사람에게 **자신**에 대해 이야기할 기회를 준다. 그는 글을 쓰며 자신의 정체성과 대면하게 된다. 이때 언어적인 가능성이 제한되어 있다면, 더 단순하게 표현하게 되고 복합성을 중요한 것, 표현 가능한 범위 내로 제한할 수밖에 없다. 이런 관점에서 보면 외국어로 쓰기에서 일차적으로 중요한 것은 산출물로서의 텍스트가 아니라 글을 쓰는 학생과 생성과정 중의 텍스트이다.

2장에서 외국어로 쓰기를 다양한 방법으로 (더) 개발하는 쓰기 연습의 유형론을 다루기 전에, 우리는 여러분에게 지난 40년간의 외국어 쓰기 교육의 몇 가지 관점들에 대한 개관을 보이려고 한다. 이 개관은 여러분이 여러 교재에서 발견하는 쓰기과제들과 이 책의 제안들을 더 잘 이해하는 데에 도움이 될 것이다.

1.2.3 쓰기 교수법의 세 가지 관점: 외국어 쓰기 교수법의 주요한 발전경향

다음에 보이는 서술은 쓰기 교수법에 관한 Paul Portmann(1991, 373-387)의 방대한 저서를 바탕으로 한다. Portmann은 쓰기 교수법의 세 가지 관점을 서로 구별하는데, 지시적인 접근법, 텍스트언어학적인접근법, 과정 중심의 접근법이다. 이 세 관점은 지난 40년간의 쓰기 교수법의 발전을 (그리고 부분적으로는 외국어 교수법 전체의 발전을) 특징짓는다.

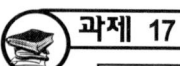
과제 17

> 이 장의 내용을 읽으며 쓰기 교수법의 세 가지 관점의 가장 중요한 특징들을 다음 표에 적어 보시오.
>
> | | 지시적인 접근법 | 텍스트언어학적 접근법 | 과정 중심의 접근법 |
> | --- | --- | --- | --- |
> | 특징 | | | |
> | 강점 | | | |
> | 약점 | | | |

지시 위주의 접근법*

글을 쓰는 과정을 **많이 통제**하고, 어떻게 글을 쓸 것인가를 미리 **정해주어 유도**하는 접근법이다. 여기서는 가장 영향이 많았던 접근법, 즉 미국의 외국어 교수법 전문가인 Wilga Rivers의 접근법에 초점을 맞추려고 한다. 그 접근법에서는 쓰기 능력에 도달하게 하는 학습 영역을 네 가지로 구분했다. 하나는 notation, 즉 말소리와 문자를 서로 대응시키는 것이고, 또 하나는 spelling, 즉 맞춤법이다. Writing practice에는 복제로서의 쓰기(주어진 것을 베끼기)와 복제적이고 생산적인 쓰기(선택할 부분이 있는 복제)가 포함되고, 끝으로 가장 폭이 넓은 composition, 즉 자유로운 작문이 있지만, 이에 대해서는 별로 말을 하지 않았다. 아르헨티나에서 나온 『Deutsch 1』에서 연습을 두 가지 예로 들어 이 접근법을 설명하겠다.

과제 18

다음 표를 이용하여 연습 1과 2의 쓰기과제의 특징을 찾고 이들을 평가하시오.

	연습 1	연습 2
여기서 연습하는 것은:		
쓰기 과제의 종류		
이 과제는 　아주 의미가 있다 　꽤 의미가 있다 이유:		

연습 ①

BEWERBUNG um ein Sprachkursstipendium des Goethe-Instituts in der Bundesrepublik Deutschland

GOETHE-INSTITUT
Ref. 51 · Postfach 20 10 09
D 8000 München 2

1. Familienname　　　　　　　　　　　Vorname
Geburtsdatum　　　Geburtsort
Staatsangehörigkeit　　　　　　　　　　□ männlich　□ weiblich
Anschrift (mit Telefon-Nr.)
derzeitiger Beruf　　　　　　　　　　Berufsziel

Für Deutschlehrer: Ich unterrichte Deutsch seit　　□ an einer Schule　□ an einer Universität　□ an einer PH
2. **Deutschkenntnisse:**
Meine Deutschkenntnisse habe ich erworben bei
　　　　　　　　　　　　　　　　abgelegte Prüfungen

출처: Heck-Sahl/Mühlenweg(1990), 147

연습 ②

```
Lieb____  _____,
ich heiße_____.
Ich bin_____ Jahre_____ und_____cm
_____.
Ich habe_____ _____ und_____
_____.(Bruder / Schwester)
Wir wohnen in_____.
```

출처 Heck-Sahl/Mühlenweg(1990), 122

여러분은 교재에서 이런 연습이나 다른 비슷한 연습을 찾을 수 있을 것이다. Paul Portmann(1991)이 쓰기를 주제로 하는 그의 광범위한 저서에서 하는 질문은 그런데 이런 연습이 어떻게 자유로운 글쓰기로 넘어갈 수 있는가이다.

> "이런 연습들이나 여기 제안된 다른 연습들이 그런 이행을 해낼 수 있다고 상상하기란 힘들다. 쓰기 능력은 이런 쓰기연습을 한다고 생겨나는 것이 아니라 말하기의 발달에서 나오는 결과라는 지적을 몇 사람이 했다."
>
> (Portmann 1991, 377)

그리고 읽기의 발달에서도 나온다고 보충할 수 있을 것이다. 말하기와 쓰기의 관계에 대해서는 2.6.1에서 편지쓰기라는 주제에서 더 이야기하겠다.

오직 지시적이기 하기만 한 방식으로 쓰기에 접근한다면 쓰기연습이 단순히 주어진 구조를 변형시키거나 채워 넣는 작업만으로 제한될 수 있다는 단점이 있다. 전체로서의 글, 텍스트들의 특징, 글이 생겨나는 과정은 시야 내로 들어오지 못한다. 그러나 이런 "지시적인" 연습들은 쓰기 학습의 한 단계로서 충분히 가치가 있다. 그래서 여기서 보인 교재 『Deutsch 1』의 [연습 2]는 이 과의 끝에 실린 자유로운 글쓰기 연습의 전 단계가 된다.

텍스트언어학적인 접근법*

Anita Pincas(1982)의 글들이 이 접근법을 대표한다. 여기서는 **무엇이 텍스트가** (단순한 문장들의 집합이 아니라) **텍스트이게 만드는가 하는 질문** 중심이 된다. 누가 읽을 글인가? 이 글은 무엇을 목적으로 하는가? (독자와 목적에 관한 질문) 어떤 논증 방식이 중요한가 (어떻게를 묻는 질문)? 어떻게 대명사들이 서로 연결되어 있는가? 논리적인 관계는 어떻게 짜여 있는가? 글의 설계도는 어떤 것인가? 어느 관점에서 글이 쓰였는가? 텍스트언어학적인 접근법은 의사소통 중심의 접근법과 밀접한 관계에 있다 (**누가 어떻게, 누구를 위해 쓰는가?**).

잘 알려진 의사소통 중심의 교재인 『Deutsch aktiv Neu I』(van Eunen 외 1989)에서 나온 구체적인 연습을 예를 들어 살펴보자. 여기서는 앞에서 말한 것들(대명사의 연결, 지시구조)을 다루고 있다.

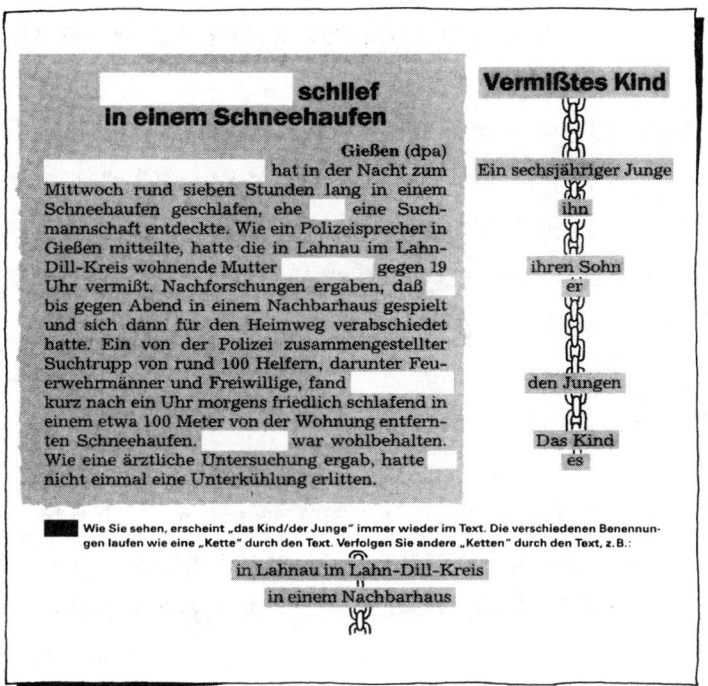

출처 van Eunen 외(1989), 14

주어진 예문을 바탕으로 텍스트성과 텍스트 구성에 대한 지식을 획득하는데, 그 지식은 텍스트를 이해하는 데에 기초가 되는 동시에 텍스트 산출하는 기반이 된다. 쓰기 교수법의 텍스트 언어학적 접근법에서는 텍스트를 구성하는 이런 요소들을 찾아내고 텍스트 산출과 관련하여 따로 연습한다. 거기에는 예를 들어 앞에서 예로 보인 글에서처럼 문장의 범위를 넘어서는 연결, 대명사와 명사의 연결, 글의 양식, 글의 설계도, 논리적인 연결 (접속사), 논증의 양식, 언어사용역, 글 쓰는 사람과 독자의 관계 등이 속한다.

앞으로 이 책에서는 (특히 2.2에서) 텍스트를 구성하는 이런 요소들을 학생들이 글에서 연습할 수 있는 과제들을 보일 것이다.

과정 중심의 접근법

과정 중심의 접근법은 90년대에 일차적으로는 모어 수업에서 관심거리가 되었지만 이제는 외국어 수업에서의 쓰기를 위해서도 제안이 되고 있다.

과정 중심의 접근법의 여러 측면에 대해서는 이 책에서 계속 논의가 될 것이다. 과정 중심의 쓰기가 외국어로서의 독일어 교육에서 어떻게 실현될 수 있는가 하는 예를 여러분은 1.2.2.에서 **단어에서 문장으로, 문장에서 텍스트로**라는 표제어 아래에서 이미 접했다. 여기서는 이 접근법의 가장 중요한 몇 특성에 대해서만 말하겠다.

Paul Portmann(1991)을 인용하면, 과정 중심의 접근법에서

"쓰기는 … 부분적인 기능들과 부분적인 구조를 따로 떼어내어 연습하게 만드는, 주의 깊게 계획된 일련의 연습들의 마지막에 오는 것이 아니다. 오히려 글을 쓴다는 것 자체가 이 모든 노력의 이유이고 중심이 된다."

(Portmann 1991, 385)

구체적으로 수업에 적용시키면 이 말은

- ▶ 쓰기는 여러 가지 부분적인 기능의 총합이 아니고
- ▶ 여러 작업과정의 (성공적인) 조직을 요구하며
- ▶ (내용과 언어에 대한) 기존의 지식을 이상적으로 활용해야 하고
- ▶ (좋은) 텍스트를 만들어 내는 것이 목적이다.

이는 생산물 중심에서 과정과 쓰는 사람 중심으로의 패러다임의 변화*라고 할 수 있는데, 이런 변화는 수용 교수법과 수용미학*에서 이미 일어났던 변화이며, 산출물에서 과정, 동시에 그 글을 쓰는 사람에게로 시각을 돌리는 일이다. 이를 **글 쓰는 사람의 발견**이라고 말할 수도 있을 것이다.

과정 중심의 접근법에서는 독일어 학습자가 오랜 동안 재생산을 연습하고 산출을 연습한 다음에야 그가 자기자신의 글을 쓸 수 있다고 믿는 것이 아니다. 과정 중심의 접근법에서는 **자기자신의 글 쓰기가 처음부터 쓰기 연습의 중심이다.**

쓰기 과정에서는 텍스트의 준비와 계획, 그리고 "편집", 즉 텍스트를 계속 검사해 보고 고치는 것도 중요한 단계들이다. 과정 중심의 쓰기는 가르치는 사람이 "오류"를 처벌하는 데에서 벗어나 학습자에 의한 "텍스트의 점차적인 형성"을 지향해야 하고 학습자들이 독자적으로 개별적인 "오류"를 처리할 수 있도록 만들어야 하는 것이기도 하다. **오류를 다루는 법과 텍스트를 편집하고 다듬기**는 3장에서 다룬다.

2.2에서 보이게 될 것처럼, 과정 중심의 쓰기라고 해서 부분적인 (어휘, 언어, 특정한 글의 종류에 관계된*) 기능들을 연습하지 않는 것은 아니다. 이런 형태의 연습들은 기존의 지식을 확장하고 쓰기 과정을 더 투명하게 만들고 쓰기 자체를 최적화하는 데에 도움이 된다.

02

Versuch einer Typologie von Schreibübungen

쓰기 연습의 유형론

이 장에서는 다음과 같은 쓰기 능력을 길러 주는 연습들을 소개한다.

➤ **의사소통적이고 화용적인** 능력, 즉 실제적인 의사소통 상황에 관한 기능 (편지, 무엇을 준비하기 위한 메모, 요약 등)
➤ 무의식적인 것을 **의식화하는 능력**
➤ **창조적인** 능력

여기에는 다섯 가지 연습 영역이 있다.

1. 글쓰기를 준비하는 연습
2. 글을 만들어 나가는 연습
3. 글을 조직하는 연습
4. 자유롭고 창조적인 글쓰기
5. 의사소통을 위한 글쓰기

이런 분류를 오해하면 안 된다. 어떤 영역에 속하는 연습인지 분명하게 분류할 수 없을 때도 있고, 또 이 배열을 보고 이것이 난이도 순서이며 연습하는 순서라고 생각해서도 안 된다. 강조되는 부분이 다르더라도, 원칙적으로는 모든 학습단계에서 다섯 가지 영역 모두가 중요하다. 자유로운 쓰기나 의사소통을 위한 쓰기가 연습으로 하는 쓰기보다 더 어렵지도 않으며, 그 반대 역시 아니다. 이 다섯 영역은 각각의 단계에서 서로 의존하고 있으며 서로 보완한다. 그러므로 수업의 아주 초기 단계에서도 편지 친구와 편지를 쓰는 것과 같은 의사소통을 위한 글쓰기가 시작하는 경우를 발견할 수 있다. 반대로, 텍스트 쓰기를 준비하고 글을 만들어 나가고 조직하는 전반적인 연습은 학생들로 하여금 점점 더 내용이 풍부하고 더 '잘 쓴 편지'를 쓰도록 도와준다. 창조적인 글쓰기를 위한 연습(2.5. 참조)은 독일어를 배우는 첫 해에도 이미 제공될 수 있다.

2.1 준비하는 연습: 어휘와 아이디어의 망

이 단계에서는 아직 글을 만들어 내지 않고, 글을 쓸 준비를 할 뿐이다. 이 연습들은

▶ 어떻게 텍스트 산출에 데 필요한 어휘를 준비하고 확장하고 연습할 수 있는지,
▶ 어떻게 기존의 지식을 활성화할 수 있는지,
▶ 어떻게 맞춤법과 문장부호 사용을 연습할 수 있는지를 보여 준다.

어휘를 확장하고 기존의 지식을 활성화하는 일 — 이런 일들은 본격적인 쓰기가 시작되기 이전의 일이다. 물론 이때도 무언가를 쓰기는 하지만 이것은 준비일 뿐이다(앞 장을 기억하시오. 목적을 위한 도구이다!). 이 다음 장(2.2)에서야 텍스트의 산출이 다루어진다.

이 장에서 (그리고 이어지는 장들에서) 소개되는 대부분의 연습은 짝 활동이나 소그룹 활동을 위한 것들이다. 그렇게 함으로써 독일어학습자들은 처음부터 글쓰기는 외롭게 혼자 하는 활동이 아니고 다른 사람들과 협력하며 하는 활동이라는 것을 경험하게 된다. (그룹에서 글쓰기에 대해서는 이 책의 2.5.4에서 한 장을 할애한다.)

2.1.1 어휘 확장과 어휘의 세분화

여러분은 아마 어휘가 언어에서 가장 중요하다는 말에 동의할 것이다. 단어가 없이는 언어가 없고 쓰기도 없다. 어쩔 수 없는 경우라면 문법을 포기할 수는 있겠지만 어휘는 버릴 수 없다. 어휘가 부족하면 쓰기 과정에 크게 방해가 된다. 외국어로 글을 쓰는 과정을 연구한 실험들의 결과에 따르면, 글을 쓰는 중에 생기는 문제의 절반 정도는 넓은 의미로 보아 어휘로 인한 것이다(반대로, 문법으로 인한 문제는 아주 적다. Krings(1992, 58) 참조). 글쓰기를 준비하는 모든 단계의 활동의 영역에서 어휘 연습을 강조해야 한다고 이런 결과들이 말한다.

우리는 우선 어휘를 활성화하고 확장하기 위한 연습으로 게임의 성격을 띤 비교적 단순한 연습들에서 시작할 것이다. 이런 연습은 무엇보다도 글쓰기에 대한 거리낌을 극복하도록 도와준다. 그 다음에는 준비 단계의 한층 더 복잡한 어휘 연습 방법에 대해서 이야기하겠다.

어휘를 연습하는 방법은 무수히 많다. 이점은 교재들만 봐도 알 수 있지만, 특히 교재에 딸린 연습책들에 실린 상상력이 풍부한 연습과 또 "어휘와 관련된 여러 가지" 게임을 하는 게임집을 보면 더욱 더 분명하게 드러난다(예를 들면 Bohn/Schreiter 1989, Spier 1981, Ur/Wright 1995). 『Probleme der Wortschatzarbeit』에서 Bohn은 의미 있는 어휘연습을 선택하는 기준을 모아 놓았다(특히 3장에). 이 책에서는 쓰기를 준비하는 데 특별히 적합한, 글로 쓰면서 할 수 있는 연습 몇 가지만을 소개하려고 한다.

A. 글쓰기에 대한 두려움을 없애는 단순한 연습

다음의 연습들을 가능하다면 한 명이나 여러 명의 동료들과 함께 해 보시오.

말끝 이어가기

한 단어를 미리 준다. 마지막 글자가 다음 단어의 첫 글자가 된다.

Haus → Sonne → Ei → Insel → Liebe → E...

고양이 → 이불 → 불꽃 → 꽃씨 → 씨...

연습의 진행 순서 :

학습자들은 두 명이나 세 명씩 함께 연습을 하는데 모두들 종이를 한 장씩 가지고 있다. 각자가 주어진 단어인 *Haus* 뒤에 그 단어의 마지막 철자인 *s*로 시작하는 (또는 대문자 *S*로 시작하는) 단어를 생각해서 하나씩 쓰고는 종이를 옆 사람에게 준다. 옆 사람은 다시 마지막 단어의 마지막 철자로 시작하는 단어를 쓴다. 계속 그렇게 한다.

변형 :

이 연습은 여러 가지로 변형이 가능하다. 대개는 모든 품사를 다 쓰게 하는 것이 좋다. '글쓰기의 준비'라는 성격을 강조한다면, (이미 수업 시간에 / 교재에서 다룬) 특정한 주제에 관련된 단어만 쓸 수 있다고 제한을 주고 그 주제에 대해 나중에 글을 쓸 수 있다.

과제 19

다음에 예를 든 연습의 a)와 b)를 이용해서 앞에서 말한 것처럼 주제에 따른 연습을 해 보고 c)를 완성하시오.

3 Wörter-Schlangen

a) Schule
Schreibe die Wörterschlange weiter

```
BLEISTIFT
      I
      N
      T U R N E N
      E       N
              G
              L
              I
              S
              C
              H
```

Das kannst du auch mit deiner Nachbarin/deinem Nachbarn spielen.

b) Freizeit
Suche zu jedem Buchstaben ein Wort, das zum Thema „Freizeit" paßt. Du kannst auch im Lexikon Wörter suchen.

F _____   F _____
A _____   A _____
H _____   H _____
R _____   R _____
R _____   E _____
A _____   N _____
D _____

c) Suche 7-10 Wörter aus und schreibe eine Schul-oder eine Freizeitgeschichte, in der diese Wörter vorkommen.

출처 Neuner(1992) 3번에 따라

다음에서는 텍스트 산출을 준비하기 위한, 주제에 따른 어휘연습을 더 다루겠다.

문장 이어나가기

단어가 하나 주어져 있다. 예를 들어서 *Ein* ('어느')…

그 다음 사람이 거기 이어지는 단어를 하나 쓴다. *Ein Lehrer* ('어느 선생님이')… 그 다음에는 무슨 단어가 올까?

연습의 진행 순서:

이 연습은 짝 활동으로 할 수도 소그룹 활동으로 할 수도 있다(한 그룹에 5~6명까지). 주의할 점은 각각의 학습자가 모두 종이 한 장씩을 가지고 시작하고 그 종이가 옆으로 계속 움직인다는 것이다(이에 관해서는 혼자서 쓰기 또는 그룹에서 쓰기?라는 주제에 관한 2.5.3 참조).

단어로 문장 만들기

하나의 단어, 예를 들면 *Mond*('달')가 주어져 있다. 이 단어의 글자들을 이용해서 문장을 만들어야 하는데, 새 문장의 단어들은 주어진 단어의 글자 하나 하나로 시작해야 한다. 예를 들면 *Mein Onkel nimmt Döner.*('우리 삼촌은 되너(=되너 케밥. 독일에서 흔히들 먹는 터키 음식)를 먹는다.') 아니면 *Muss Otto nicht dirigieren?*('오토가 지휘 안 해도 돼?')

과제 20

✎ "und" "Blumen"이라는 단어의 글자로 문장을 만들어 보시오.

und:	u_____	n_____	d_____
Blumen:	B_____	l_____	u_____
	m_____	e_____	n_____

내 이름에 들어 있는 글자들

여러분의 이름으로 다음 연습을 해 보시오.

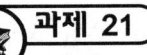 과제 21

> ✎ 자신의 성과 이름을 대문자로 세로로 쓴다. 그리고는 각각의 글자에 자신에게 어울리는 단어, 자신의 성격을 나타내는 단어, 자신의 마음에 드는 단어나 자신과 동일시 할 수 있는 단어를 찾는다. 이 단어들은 가로로 쓴다.
> 내 이름은 …

내 이름으로 예를 들면 다음과 같다.

내 이름… **B**rille   (안경을 쓰니까)
           Enzensberger (내가 좋아하는 작가)
           Reisen   (여행을 좋아하니까)
           Neugierig   (호기심이 많다)
           Donostia   (바스크 지역의 이 도시에서 좋은 추억이 있다)
           –   이 단어들은 내 것이다.

어린이들을 위한 글쓰기 교실에서 이런 연습을 하는 Renate Welsh는 이렇게 말한다.

> "내 생각에, 자기 이름의 철자를 자신에게 어울리는 개념으로 쓰는 것은 이미 어느 정도 자기 자신에 대한 사고이며 주위를 향해 전달되는 메시지이다." (Welsh 1988, 66)

변형:
1. 학습자들은 글자의 순서를 바꾸어 놓고는 그것이 누구의 이름인지 알아맞히기를 할 수 있다.
2. 이름의 철자는 단어의 중간에 들어 있을 수도 있다.
3. 다른 단어를 가지고 이 연습을 한다면 학습자들은 어떤 주제에 대해 개인적으로나 그룹에서 연상되는 단어들을 찾을 수도 있다.

예:

hell<u>b</u>lau	(내가 제일 좋아하는 하늘색)
Ni<u>e</u>tsche	(나는 니체가 좋다)
Ma<u>r</u>athon	(마라톤이 뭐 별로 잘 되지는 않지만)
We<u>i</u>n	(포도주 마시기를 좋아한다)
Ha<u>n</u>dy	(휴대 전화는 필요 없다)

F	<u>F</u>isch	(물고기)
e	M<u>e</u>er	(바다)
r	<u>r</u>uhig	(조용한)
i	L<u>i</u>ebe	(사랑)
e	<u>E</u>ltern	(부모님)
n	<u>n</u>ervös	(초조한)

이런 연습은 짧은 글을 쓰도록 동기를 부여할 수도 있다(2.5장 창조적인 글쓰기 참조).

B. 글쓰기를 준비하기 위한, 특정한 주제에 관련된 어휘 연습

글을 쓸 재료가 될 어휘를 활성화하고 확장하는 것은 글쓰기를 준비하기 위한 중요한 활동이다. 동시에 이 활동은 단순한 어휘연습 이상의 것이다. 단어를 회상하고 다시 써 보고 새로 발견하다 보면 새로운 아이디어가 생겨나고 사고가 조직되며, 나중에 쓸 글의 내용과 구조가 생겨나기 시작한다. 어느 부분의 어휘가 부족하다면, 질문을 하면서 채워 나갈 수 있다.

글쓰기를 준비하기 위한 이런 종류의 어휘 연습은 언제나 짝 활동이나 그룹 활동으로 하는 것이 좋고, 연상을 하는 활동은(2.1.2장이나 2.5장 참조) 학급 전체 활동으로 하는 것이 좋다. 이런 방법을 통해서 얻은 모든 어휘는 학습자들 모두가 누구나 이용할 수 있게 된다.

다음에서 우리는 여러 교재에서 나온 "발견물들", 즉 교재에서 찾아낸 여러 유형의 어휘 연습들 중에서 텍스트 산출을 위한 준비에 적합하다고 생각되는 것들을 제시하려고 한다.

여러 연구에 따르면 어린 학생들은 자기 자신, 자신들과 다른 사람들의 관계, 자신들의 생활환경에 대해 쓰기를 좋아한다고 한다. 이 사실을 설명하기는 쉬운데, 왜냐하면 학생들은 다른 지식에 의존하지 않고 자신들이 이미 알고 있는 것들에 대해 쓰면 되기 때문이다.

그렇기 때문에 '우리 가족(과 친척), 내 취미, 내 방, 우리 집, …'을 예로 살펴보자.

첫 번째 예: 가족

Langenscheidt 출판사에서 나온 『MEMO』(Häublein 외 1995)는 중급/고급 학습자들이 집중적으로 어휘를 연습하게 하는 책이다. 각각의 장은 서로 다른 주제를 다루고 있는데, 2장의 주제는 '가족, 개인적인 관계'이다. 거기에서는 가족과 친척들의 명칭에 대한 알아보기 쉬운 도식이 있다. (친척은 학습자들이 집단에서 가족의 개념을 어떻게 규정하는가에 따라 "가족" 구성원이 될 수도 있다.) 우리는 책에 실린 명칭 중에서 반 이상을 지웠다. (여러분도 학급의 학습단계에 따라 그림을 단순화하거나 다른 그림을 사용할 수도 있다. 중요한 것은 '가족'의 구조가 제시되었다는 점이다.) 학습자들은 '우리 가족'에 대해 글을 쓰기 전에 짝끼리 또는 소그룹으로 앉아서 이 도표의 빈 칸을 채운다.

과제 22

✎ 다음을 생각해 보시오.

1 이런 도표를 이용해서 하는 작업과 가족 명칭을 무질서하게 수집하거나 (즉 학생들이 생각나는 것을 큰소리로 말해서) 아니면 연상표를 그리는 것의 차이는 무엇인가?

2 빈칸이 있는 도표의 장점은 무엇인가?

3 짝 활동이나 그룹 활동에서는 무엇을 하는가?

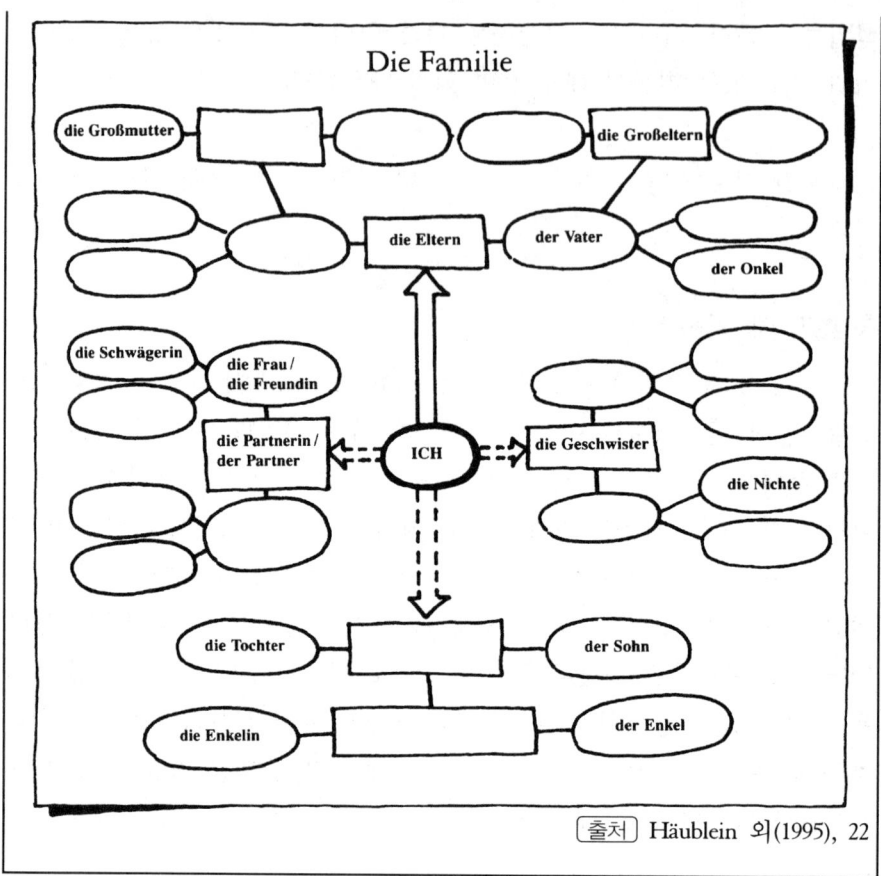

출처 Häublein 외(1995), 22

두 번째 예: '취미'

 과제 23

✏️ 편지 같은 글을 쓸 때, 어떻게 학생들에게 "내 취미"라는 주제에 대해 (또는 부분적인 주제에 대해) 준비를 시킬 것인가? 아니면 어떻게 해 보았는가?

그림을 보고 하는 연습*을 찾을 수 있는 교재가 많다. 판토마임을 사용하는 것도 생각해 볼만하다. 모두가 자신의 취미를 판토마임으로 표현하고 다른 사람들은 추측을 하며, 필요한 경우에는 사전을 이용해서 독일어 단어를 찾는다.

세 번째 예: '내 방 / 우리 집'

이 주제에 관해서도 교재에서 그림, 또는 그림을 이용하는 어휘 연습을 찾을 수 있고, 그 연습들로 어휘를 다시 기억해 내고 확장할 수 있다.

앞에서 말한 교재 『MEMO』의 제안이 우리 마음에 들었다. 가구 판매점 (이케아) 상품 목록의 차례를 가지고 하는 작업이다.

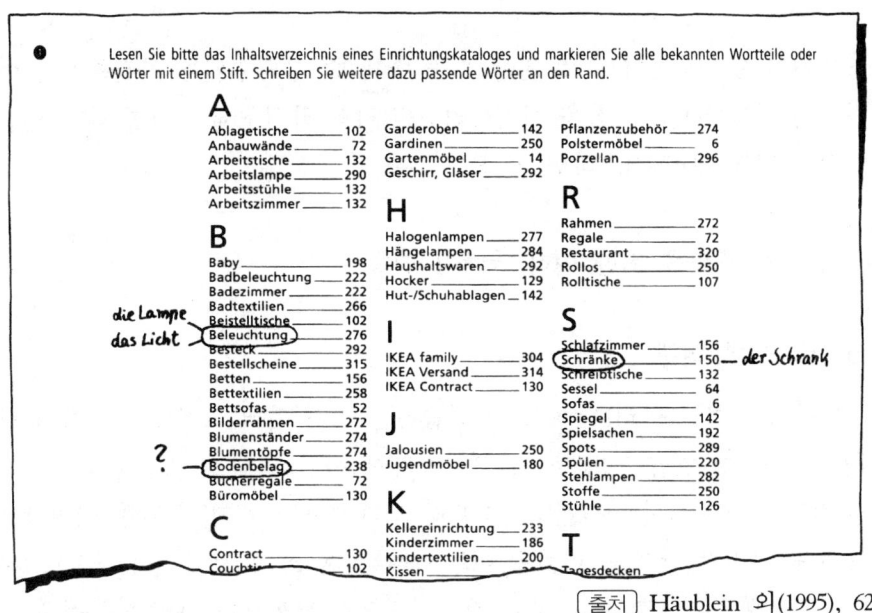

출처 Häublein 외(1995), 62

준비 단계에서 개별적인 어휘 단위의 활성화 이상을 하기를 원하고, 어휘를 문맥과 구조 안에서 도입하고 학습시키고 싶다면, 필요한 언어적인 도구가 이미 들어가 있는 글로 작업을 할 수도 있다.

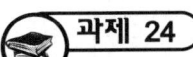

과제 24

학습자들이 "우리 집"이라는 주제에 관해 글쓰기를 준비할 때 다음의 글을 어떻게 이용할 수 있을까? 학생들을 위한 과제를 써 보시오.

> Was braucht der Mensch zum Wohnen? Er braucht ein Dach überm Kopf. Er braucht ferner einen Stuhl zum Sitzen (und einen für den Besuch), einen Tisch zum Essen, Schreiben, Spielen und Arbeiten. Er braucht ein Bett zum Schlafen und einen Schrank für die Siebensachen. Schließlich muss er noch einen Platz finden für die Dinge, die ihm lieb sind und etwas von ihm erzählen. Und so braucht er nach und nach immer mehr, und was er hat, wird immer teurer und schwerer. Der Stuhl wird zum Sessel, breit und bunt, und bildet bald eine Familie, die Couchgarnitur. Der Schrank geht in die Breite und wird zur Schrankwand.
>
> Und schon wohnt der Mensch nicht nur, sondern er repräsentiert mit seiner Wohnung. Seht, das ist mein Reich, das bin ich, so weit habe ich es gebracht! Unterdessen ist das Mobiliar so voluminös und zahlreich geworden, die Wohnung dabei immer enger, so dass nun ganz deutlich wird: In dieser Versammlung von wohnlichen Sachen ist einer zu viel – der Mensch.

출처: Vorderwülbecke/Vorderwülbecke(1996), 16

독일어 학습자들이 글로 써야 하는 주제 중 상당수에는 하위주제가 여럿 포함되어 있다. 이 점을 배려하려면 각각의 하위주제에 관한 작은 연습 여러 가지를 미리 제공하면 된다.

C. 글쓰기 준비를 위한 여러 단계의 연습

예: '휴가/방학/여행'

다음에 보이는 여러 단계로 된 연습은 우리가 여러 교재에서 모아서 만든 것이다. 이 연습은 '교통수단'과 '날씨'에 관한 그림을 보고 하는 두 개의 간단한 연습에서 시작하고, 그 다음 단계에서는 '휴가'에 관한 어휘장을 다룬다. 마지막 단계는 '머릿속 여행'인데, 글을 쓰기 전에 정신적으로 '여행/휴가' 체험을 느껴 보고 모든 감각기관으로 느껴보게 하려는 목적을 가지고 있다. 텍스트 산출에서는 여기서 구체적으로 연습한 것과 내적으로 느끼고 경험한 것들이 함께 섞일 수 있다.

과제 25

독일어 학습자의 위치에 처했다고 생각해 보고 여러 단계로 된 다음의 연습을 해 보시오. 마지막 단계에서 어떤 느낌을 받는가? 좋은 글을 쓸 준비가 되었다고 느끼는가?

a) 그림을 보고 하는 연습
   - 교통수단: 크로스워드 퍼즐

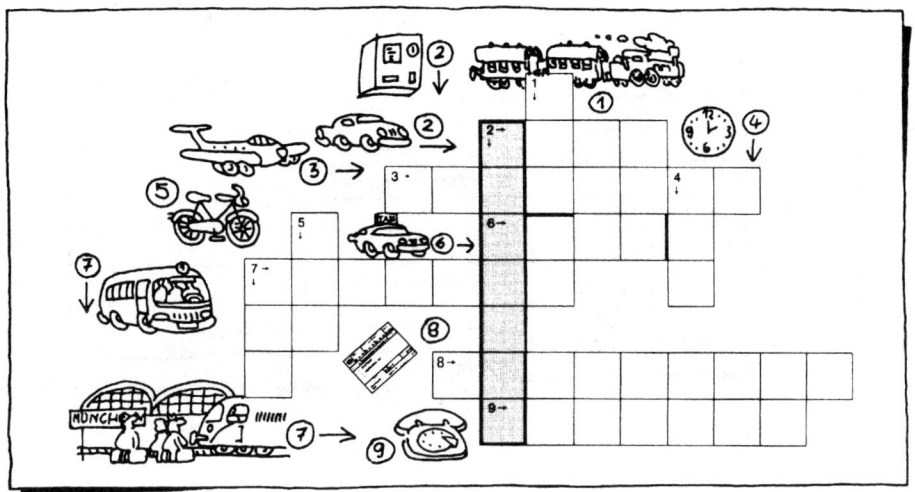

[출처] Vorderwülbecke/Vorderwülbecke(1995), 123

("교통수단"이라는 주제에서는 시간, 발권기, 전화도 중요하다.)
   - 날씨를 나타내는 형용사

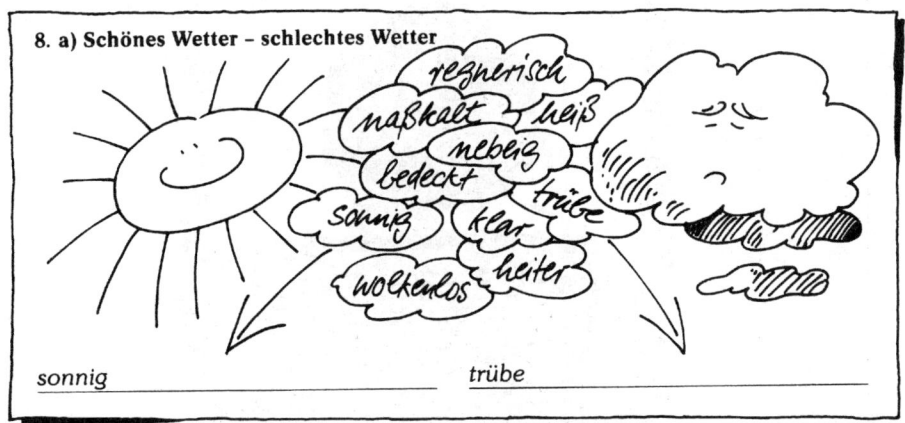

[출처] Vorderwülbecke/Vorderwülbecke(1989), 9

b) 적당한 명사, 동사, 형용사를 채워 넣으세요.

b) Bitte ergänzen Sie die entsprechenden Nomen, Verben oder Adjektive:

	Nomen	Verben	Adjektive
1.	e Reise, -n		
2.			erholsam
3.			gemütlich
4.		faulenzen	
5.		sich entspannen	
6.	r, Besuch, -e		
7.	r, Sport, –		
8.		spazierengehen	
9.	e Wanderung, -en		
10.	e Unterhaltung, -en		

출처 Vorderwülbecke/Vorderwülbecke(1989), 50

c) "머릿속 여행"

"머릿속 여행"이라는 아이디어는 앞에서 말한 교재 『MEMO』에서 나왔다.

Machen Sie eine „Reise im Kopf": Schließen Sie die Augen, entspannen Sie sich. Sie sitzen unter diesem Baum auf einer blühenden Wiese. Es ist Frühling. Sie hören, Sie riechen, Sie fühlen. In Gedanken beginnen Sie jetzt Ihre Urlaubsreise.

Notieren Sie, was Sie auf der Reise erlebt haben:

출처 Häublein 외(1995), 85

'여행'이라는 주제를 다룰 때에는 '짐싸기 게임'도 어휘 확장에 좋다. "나는 가방을 싸는데 …을 넣는다(Ich packe meinen Koffer und packe ein...)." 학생들은 앞의 학생들이 말한 사물을 반복하고 거기에 한 가지를 더 말한다.

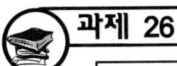

> 텍스트 산출을 위해 여러 단계로 된 긴 연습을 이용하는 것을 어떻게 생각하는가? [과제 25]에 있는 것 같은 연습을 어떻게 학급에서 조직하겠는가?

여기서 보인 많은 연습들은 어느 교재의 특정한 문맥에서 나온 것들이다. 이 예들은 글쓰기를 준비하기 위한 어휘연습이 얼마나 다양하고 변화가 많을 수 있는가를 보여 준다. 연습의 유형과 내용은 구체적인 수업 상황에 맞추어 당연히 수정해야 한다. 그 뿐만이 아니다. 수업 상황과 수준에 따라서는, 글쓰기를 준비하기 위한 어휘연습을 학생들 스스로가 준비해야 할 수도 있어야 한다. 그런 경우를 위해서 몇 가지 제언을 하고자 한다.

지금까지 보인 연습들은 개별적인 단어들을 기억에서 불러내게 하기 위한 것이었다(유일한 예외는 '산다'는 주제에 관한 글이었다). 하지만 대부분의 글들은 개별적인 단어가 아니라 여러 단어의, 즉 서로 어울리는 명사와 동사, 어떤 명사에 어울리는 형용사 등의 (적절한) 조합으로 만들어진다. 여기서 우리가 말하려고 하는 것은 "자연스러운", 즉 그 언어에서 흔히 보이는 조합이다('연어'*라고도 한다). 예를 들면 독일어에서는 *Kuchen essen* '케이크를 먹는다'라고 하지만 *Kuchen speisen* '케이크를 식사한다'라고 하지 않고, *Suppe essen* '수프를 먹는다'고 하지만 *Suppe trinken* '수프를 마신다'고 하지는 않는다. (맑은 국물이라면 혹시 마실 지도 모르겠다. 일본어에서는 "국을 마신다"는 것이 일반적인 표현이다. 국에서 건더기만 젓가락으로 먹고 국 자체는 마신다). 다른 예로는, 독일어에서는 코가 작거나 가늘 수는 있어도('kleine, schmale Nase') 낮거나 좁을 수는('niedrige, enge Nase') 없다.

다음에 예를 들어 보이는 연습들에서는 단어들 간의 관계를 다룬다.

단어들의 "일반적인" 조합

이 과제들은 혼자, 짝을 지어, 또는 세 명이 그룹을 만들어 할 수 있다. 하지만 여러분이 먼저 해 보시오.

 과제 27

a) 서로 어울리는 명사와 동사의 결합을 10가지 정도 찾아보시오(필요하다면 전치사까지 포함하여).
 - "음식 준비와 요리"라는 주제에 대해서
   ... 작게 썰다   ... 준비하다   ... 끓이다
   ... 삶다   ... 굽다   ... 양념하다
   식탁을 ...

b) 『Themen neu 2』의 연습책에서는 "자동차"에 대해 다음과 같은 연습이 있다.

> **9. Was kann man nicht sagen?**
>
> a) Ich muß meinen Wagen | waschen.
>   tanken.
>   baden.
>   abholen.
>   parken.
>
> b) Der Tank ist | kaputt.
>   schwierig.
>   leer.
>   voll.
>   groß.
>
> c) Ich finde, der Motor läuft | zu langsam.
>   sehr gut.
>   nicht richtig.
>   zu schwierig.
>   sehr laut.
>
> d) Ist der Wagen | preiswert?
>   blau?
>   fertig?
>   blond?
>   neu?
>
> e) Das Auto | verliert | Öl.
>   braucht
>   hat genug
>   verbraucht
>   nimmt
>
> f) Mit diesem Auto können Sie | gut laufen.
>   schnell fahren.
>   gut parken.

출처: Aufderstraße 외(1993b), 44

c) "외모"에 관한 어휘 연습
  1. 묘사를 읽고 화살표로 그림에 연결하세요.

blondes, gewelltes Haar
eine kleine Nase
schmale Lippen
ein offener Mund
schöne, weiße Zähne
dunkle, sanfte Augen
lange, glatte Haare
helle, gepflegte Haut
runde, volle Lippen
ein erotischer Blick
ein eher spitzes Kinn
eine hohe, glatte Stirn
ein schmaler Hals
…

출처 Häublein 외(1995), 12

  2. 반대로 표현해 보세요.

- 작고 뾰죽한 코
- 귀엽고 작은 코
- 예쁘고 흰 이
- 어둡고 부드러운 눈
- 뚫어 보는 듯한 눈빛
…

- 가늘고 숱이 적은 머리
- 깨끗한 피부
- 움푹 들어간 볼
- 뾰죽한 턱
- 좁은 어깨
…

"단어들의 자연스러운 조합"에 관한 주제별 어휘 연습은 Heiko Bock과 Jutta Müller의 『Grundwortschatz Deutsch』(1990)에서 찾을 수 있고, "단어들의 자연스러운 조합"에 대한 정보는 사전에도 실려 있지만 빠진 것들이 있다. 우리는 『Langenscheidts Großörterbuch Deutsch als Fremdsprache』에서 샘플 조사를 해 보았는데, Auge('눈'), Haar('머리')가 어떤 형용사와 쓰이는 지는 좀 찾을 수 있었지만 Nase('코')에 대해서는 찾을 수 없었다. Nase('코')와 Haar('머리'), 그리고 다른 단어들과 함께 쓰이는 말들은 『Wahrig: Deutsches Wörterbuch』에서 찾을 수 있었다. 그러니까, 때에 따라서는 여러 자료를 사용하는 것이 좋다고 말할 수 있다.

앞에서 말한 사전들에서 예를 좀 보이겠다.

Aug·ap·fel der; der kugelförmige Teil des Auges, der in der Augenhöhle liegt: *Die Lider schützen die Augäpfel* ‖ ↑ Abb. unter **Auge** ‖ ID *j-n / etw. wie seinen A. hüten* auf j-n / etw. besonders gut aufpassen
Au·ge das; -s, -n; **1** das Organ, mit dem Menschen u. Tiere sehen ⟨glänzende, leuchtende, strahlende, sanfte, traurige, blutunterlaufene, tiefliegende, tränende Augen; mit den Augen zwinkern; sich die Augen reiben⟩: *ein Kind mit braunen Augen; Er ist auf einem A. blind; Sie schämte sich so, daß sie ihm nicht in die Augen sehen konnte* ‖ K-: **Augen-, -arzt, -braue, -farbe, -klinik, -leiden, -lid, -muskel, -optiker, -tropfen 2** *nur Pl*; die Punkte auf einer Seite

graues *usw* H.; j-m / sich ein H. ausreißen; sich die Haare an den Beinen, unter den Achseln rasieren⟩ ‖ K-: **Haar-, -ausfall, -büschel, -wuchs, -wurzel** ‖ -K: **Achsel-, Bart-, Brust-, Kopf-; Flaum-; Scham-; Schwanz- 2** das H. / die Haare Kollekt; alle Haare (1) auf dem Kopf e-s Menschen ⟨dünnes, feines, glattes, krauses, lockiges, strähniges, schütteres, volles H. (haben); die Haare fallen / hängen j-m ins Gesicht / in die Augen / in die Stirn / gehen j-m aus; das H. / die Haare lang, kurz, offen, in der Mitte / seitlich gescheitelt tragen; das H. / die Haare föhnen, kämmen, bürsten, frisieren, toupieren, flechten, tönen, färben, bleichen, schneiden; ⟨sich (*Dat*)) die Haare wachsen lassen⟩ ‖ ↑ Abb. unter **Kopf** ‖ K-: **Haar-, -bürste, -farbe, -klemme, -spange, -spray, -strähne, -transplantation,**

출처 Götz 외(편)(1998), 89/439

...schneiden, tönen lassen; sich das ~ **bürsten**, (mit Lockenwicklern) eindrehen, fönen, kämmen, waschen, trocknen; das ~ **fiel** ihr bis auf die Schultern; das ~ **hing** ihr unordentlich in die Stirn; sich das ~ **machen** sich kämmen, sich frisieren; sie **trägt** das ~, ihr ~ jetzt anders als früher **7 blondes,** dunkles, graues, helles, rotes, schwarzes, weißes ~ haben; **dichtes,** dünnes, fettiges, glänzendes, glattes, krauses, lockeres, lockiges, schönes, schütteres, seidiges, starkes, strähniges, welliges, widerspenstiges ~; **falsches,** künstliches ~ *Perücke*; das ~ links, rechts, in der Mitte **gescheitelt** tragen; **kurzes,** langes ~; das ~ **lang,** kurz (geschnitten) tragen; **verstrubbeltes,** wirres, zerzaustes ~ **8** die Bilder gleichen sich (einander) **aufs** ~ *genau*; sich das ~ **aus** der, in die Stirn kämmen, strei-

...schen; die ~ über etwas **rümpfen** ⟨fig.⟩ *mit etwas auf überhebl. Weise unzufrieden sein, sich über etwas erhaben fühlen, verächtlich auf etwas herabblicken*; sich die ~ zuhalten (wegen des schlechten Geruches) **3** eine **breite,** dicke, gebogene, gerade, große, kleine, krumme, kurze, lange, spitze, stumpfe ~; eine **feine,** schmale, zierliche ~; eine feine, gute ~ haben (für etwas) ⟨fig.⟩ *etwas rasch merken*; er hat eine **gute** ~ *einen guten Geruchssinn*; die ~ **hoch** tragen ⟨fig.; umg.⟩ *hochmütig sein*; jmdm. eine **lange** ~ machen ⟨fig.; umg.⟩ *ihn schadenfroh auslachen, verspotten, sich über ihn lustig machen, indem man den Daumen an die Nase hält u. mit gespreizten Fingern auf ihn zeigt*; er hat die **richtige** ~

출처 Wahrig(1986), 596/924

"단어들의 자연스러운 조합"의 연구가 간문화성이라는 측면에서도 흥미롭다는 점은 *Suppe essen*과 *Suppe trinken*(수프를 먹다와 국을 마시다)의 예에서 잠깐 보였다. 이런 조합의 배후에는 흔히 문화의 산물로서의 관습, 전통, 관점, 가치관 등이 들어있다. ― 나온 김에 말을 하자면 ― 어휘 전반에 대해, 예를 들어 단어 합성이나 비교 대상의 사용에 대해서도 같은 말을 할 수 있다. 사전에서 -*äugig*(눈동자가 …빛인)라는 어미가 붙은 형용사들의 항목을 실험적으로 한 번 조사해 보기 바란다. 우리는 『Langenscheidts Großwörterbuch Deutsch als Fremdsprache』에서 *Auge*를 샘플로 조사하다가 이 항목을 발견했다.

> schließt, um so j-m zu signalisieren, dass man etw. anders meint, als es gesagt wurde, od. dass man auf seiner Seite ist
> **-äu·gig** *im Adj, begrenzt produktiv*; mit der genannten Art od. Zahl von Augen, mit der genannten Augenfarbe; **blauäugig, braunäugig, grünäugig, rotäugig** *usw*; **großäugig, helläugig, scharfäugig, schlitzäugig, einäugig, kuhäugig, rehäugig**
> **Au·gust¹** *der*; -(e)s / -, -e; *mst Sg*; der achte Monat des

출처 Götz 외(편)(1998), 90

여기서 예를 들면 이런 단어들을 찾을 수 있다.

kuhäugig: 암소 같은 눈. "Mit ihren Kuhaugen schaute sie mich *treuherzig* an. 그녀는 '암소눈'을 하고는 나를 솔직한 눈빛으로 바라보았다." 그리고 rehäugig, 즉 노루 같은 눈을 하고. "Mit ihren Rehaugen wirkte sie *zart und zerbrechlich*. 노루 눈을 한 그녀는 '여리고 연약해' 보였다."

이런 비교대상('암소'나 '노루 + 눈')과 함의*, 즉 이들과 연합된 연상, 해석이나 가치판단('암소의 눈'-솔직함, '노루의 눈'-여리고 연약함)이 여러분의 학생들의 모어에도 있는가?

단어의 의미와 단어들의 조합은 문화의 산물이다. 이 주제를 더 깊이 있게 다루려면 같은 시리즈의 『Wortschatz und Bedeutungsvermittlung』이라는 책을 권한다.

여기서 텍스트 산출을 준비하는 '어휘 확장'과 '세분화'라는 주제에 대한 설명을 마치려고 한다. 여기서 예를 든 연습들은, 준비하는 어휘 연습이 어떻게 **조직될 수 있는지**를 보이고자 하는 의도를 가지고 있다. 물론, 동의어(의미가 같은 단어)나 반의어(의미가 반대인 단어)를 가지고 하는 작업 등 우리가 다루지 않은 다른 연습 방법들이 더 있다. 이 책의 2.2.4장과 2.2.5장에서 여러분은 학생들의 텍스트 산출을 향상시키는 데에 적합한 어휘 연습을 더 접할 수 있다.

이제 우리는 텍스트 산출의 준비에 사용될 수 있는 다른 과제 유형으로 넘어가서 이것을 하나의 장으로 따로 떼어서 다루겠다.

2.1.2 연상표와 다른 "아이디어망"

연상표

1.1.2장의 '중형 오토바이를 탄 불량청소년들'을 기억하는가(38쪽부터)? 이 "청소년들"은 복잡하게 짜인 연상표를 이해하기 위한 도입이었다. 간단한 연상표는 학습 초기에도 이미 외국어 텍스트 산출을 위해서 사용할 수 있다.

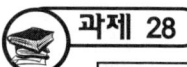

📝 다음 예를 스스로 해 보시오.

1 다음 그림을 보면 무엇이 떠오르는가? 단어와 표현들을 연상표로 모아 보시오.

2 이 그림과 단어들이 어울리는 상황을 생각할 수 있는가? (필요하다면 보충을 하고 "여러분의" 상황에 맞지 않는 단어들을 지우시오.)
여러분이 생각한 상황에 대해 글을 쓰시오(대화, 이야기, 보고서, 일기, 시, …) (50단어 이하).

출처 Bachmann 외(1996), 42

요약을 해 보자.

연상표를 이용하면— 단어 고슴도치* (문장 고슴도치*) 또는 단어 거미* (문장 거미*)라는 표현도 쓴다— 연상, 즉 한 단어나 문장(관용어구, 속담)이 즉각적으로 불러일으키는 생각과 사고를 모을 수 있다. 자극의 역할을 하는 단어나 문장 대신 사진(또는 [과제 28]에서처럼 사진의 한 부분), 그림, 소리, 음악, 사물 등등이 출발점이 될 수 있다. 단순한 단계에서는 연상된 단어들을 어떤 주제에 관련된 단어들의 모음으로 이용할 수도 있다. 더 복잡한 차원에서는 우리가 예를 든 '불량청소년들'의 경우에서처럼 연상표를 더 발전시킬 수 있다. 즉 단어들을 내용에 따라 서로 연관 지을 수 있다. 관계들이 무리가 지어지고, 연상의 고리가 생겨날 수 있으며, 주제에 따른 구성이 가능하고, 줄거리의 밑그림이 그려지고 줄거리가 점차로 형태를 갖춘다. 창조적이고 자유로운 글쓰기라는 주제에서(2.5장 참조) 우리는 이 기술을 다시 한 번 다룰 것이다.

학생들은 연상표를 혼자, 짝을 지어, 또는 그룹에서 만들 수도 있지만 학급 전체 활동으로 만들 수도 있다 (학급의 연상표). 모든 인간은 자신의 고유한 경험과 선지식과 성향 등등 때문에 서로 아주 다른 연상을 하고, 따라서 학습자들이 먼저 각자 자신의 연상표를 만든다면 여러분은 보다 더 다양하고 풍부한 결과물을 얻을 수 있다. (물론 겹치는 부분도 있기 마련이다.) 더 나아가, 이질적인 학급(출신국이 서로 다른 학습자들)의 경우에는 서로 다른 문화의 영향으로 인해 흥미로운 토론거리가 될 수 있는 연상들이 생겨날 수 있다.

문화의 산물인 연상을 가지고 하는 작업의 예는 중급 교재인 『Sichtwechsel Neu』(Bachmann 외 1996a)의 2권에 있다.

독일어로 모르는 단어와 표현들을 학습자들은 자신의 모어로 연상표에 적을 수 있다. 그 다음 수집을 하는 단계에서 여러분은 그 단어들을 바로 독일어로 칠판이나 OHP 필름에 쓰고 경우에 따라서는 학생들의 도움을 받아 관계들의 다발로 묶을 수 있다.

"브레인스토밍"*과 "마인드맵"*

 이 두 기법은 연상표와 닮았지만 더 복잡하고, 중급 이상의 수업에 적합하다. 그리고 텍스트 산출의 준비 외에 다른 분야에서도 활용할 수 있다 (예를 들어서 프로젝트나 토론을 준비할 때). 이 두 가지 기법은 빠뜨리고 넘어갈 수가 없기 때문에 간단하게만 소개하겠다.

> 더 자세한 설명과 예는 『Fremdsprache Deutsch』지 16호에 실려 있다.
> (Schmidt/Lörscher 1997, 52-54)

 연상표는 개인이나 그룹이 만들 수 있는 반면에 **브레인스토밍**은 언제나 그룹을 위한 활동이다. "사고의 폭풍"은 모두가 함께 "일으킨다". 여기서는 어떤 주제에 대해 생각나는 모든 것을 — 아무리 거리가 멀게 보이더라도 — (정리하지 않고) 기록한다. 그 다음 단계에서 그룹 전체가 수집된 연상과 사고들을 상위개념에 따라 분류하고 내용상의 어떤 구조를 만들어낸다. 이런 "사고들의 뭉치"는 여러 가지로 텍스트 산출에 사용된다.

 마인드맵(영어에서 *mind*=이성, 정신, 생각; 영어에서 *map*=지도)에서는 어떤 주제에 대한 사고와 중심 개념들이 위계적으로 조직된다. 가운데에는 핵심이 되는 주제가 있고 거기에서 갈려 나가는 "가지"는 중요한 측면들이며, 거기에 딸린 관점들은 "잔 가지"가 된다.

> "마인드맵의 구조는 위에서 본 나무를 생각나게 한다. 중심이 되는 것은 줄기이고, 거기서는 주문장과 부문장이 온갖 방향으로 갈라지며 잎을 만들어 낸다." (Frick/Mosimann 1966, 44)

 이렇게 마인드맵은 어떤 주제가 가진 구조를 재현해서 보여주고, 그래서 글의 짜임을 드러내 보인다. 마인드맵은 이미 쓰인 글을 분석할 때도 쓰일 수 있고 텍스트 산출을 준비하기 위해 구성할 때 쓸 수도 있다.

여기서는 예를 들기 위해 『Fremdsprache Deutsch』지 16호에 실린 자연이라는 주제에 대한 마인드맵을 보이겠다(Schmidt/Lörscher 1997).

과제 29

다음 표에 연상표, 브레인스토밍, 마인드맵의 주요한 특징을 세 가지 적으시오.

	연상표	브레인스토밍	마인드맵
특징	1. 혼자 또는 그룹작업 2. 3.		

2. 쓰기 연습의 유형론

2.1.3 맞춤법과 문장부호

다른 말로: 맞춤뻐비얼만하중요안가?
여기 보이듯이 상당히 중요하다. 계속 물어보자!

과제 30

📝 다음의 질문에 대답을 해 보시오.

1 여러분의 학생들은 독일어 맞춤법을 어려워하는가?
  그렇다 □   이유: _____
  아니다 □   이유: _____

2 여러분의 학생들은 맞춤법 상 어떤 오류를 자주 저지르는가?

3 학습자들의 모어에서 음운과 철자의 관계가 독일어에서보다 단순한가 더 복잡한가? 예를 몇 가지 들어 보시오.

4 여러분은 독일어 맞춤법을 수업에서 어떻게 다루는가? 표시를 해 보시오. 예를 들면

  □ 단어들을 예로 들어서 음운과 철자의 관계를 의식하게 만든다.
    (음운과 철자의 관계의 예: [ç] = ch – ich; [ʃ] = sch – Schule; [iː] = ie 또는 ich – die / ihn; [n] = n 또는 nn – Bahn / Bann; [p][t][k] = p, t, k 또는 단어의 끝에서 b, d, g – Hut / Hund 등)
  □ 교사가 소리 내어 말하거나 읽는 것을 학생들이 동시에 묵묵히 눈으로 따라 읽게 해서 듣기(소리의 지각)와 보기(글자의 모양을 지각)를 연결시키는 방법으로
  □ 교사-학생 받아쓰기(교사가 글을 읽고 학생들은 들은 것을 쓴다)
  □ 빈칸을 채워 넣는 받아쓰기
  □ 학생-학생 받아쓰기
  □ 교사의 수정
  □ 짝끼리 서로 수정
  □ 그룹에서 서로 수정
  □ 지문에서 철자에 주의를 기울여 의식함으로써. 예를 들면 특징적인 현상

> ☐ 을 표시함으로써
> ☐ 단어의 시각적인 모양을 쓰기를 통해서 기억한다. 예를 들면
>   ☐ 칠판에
>   ☐ 공책에
>   ☐ 낱말카드에
> ☐ 그룹에서 자유롭게 쓰고 수정함으로써
> ☐ 강제나 평가가 없는 쓰기를 통해서
> ☐ 평가가 뒤따르는 쓰기를 통해서
> …

이 목록을 보면, 맞춤법을 연습하는 데에 여러분이 얼마나 많은 방법을 쓸 수 있(겠)는지를 알 수 있다.

지나가는 이야기: 맞춤법 개정

독일어 맞춤법이 쉬워진다. 이것이 독일, 오스트리아, 스위스의 학자들이 공동으로 작성했고 이 세 나라에서 1996년 6월 30일에 통과된 맞춤법 개정이다. 특히 독일에서 일부 조항에 대해 이론이 많았던 맞춤법 개정은 1998년 8월 1일부터 유효하며, 학교와 공공기관에서는 구속력이 있다. 과도기 규정에 따르면, 2005년까지는 과거의 표기법도 지나간 것이지만 틀리지는 않은 것으로 간주된다. 그때까지 출판사들은 모든 출판물을 새 맞춤법으로 바꾸어야 한다. 여러분이 지금 읽는 이 책도 새로운 맞춤법을 따르고 있다.

과도기 동안에는, 그리고 아마 그 다음에도 한동안 (수많은 중, 장년 독일인들은 지금까지의 표기법을 그대로 지킬 것이니까) 어떤 단어들에는 두 가지 표기법이 나란히 병립할 것이다. 특히 더 이상 새로운 판이 나오지 않았거나 앞으로 새로 찍히지 않는 책들 때문에도 그럴 것이다. 이것이 외국어로서의 독일어 수업에 의미하는 바는 무엇인가?

Hans-Jürgen Krumm은 『Fremdsprache Deutsch』지의 15호(2/1992)에서 이렇게 말한다.

"과거의 철자에 익숙한 많은 교사들에게는 이 변화가 어려움을 줄 것이다. 거기다가 '독서 환경', 학교와 대학 도서관의 책들, 컴퓨터의 데이터뱅크에서도 '옛날 맞춤법'이 자리를 지킬 것이다. 그렇기 때문에 변화를 천천히 진행시키며 지금 있는 교재와 학교의 독서 자료들을 없어질 때까지 사용하고 교사들에게도 습관을 바꿀 시간을 주어야 한다. 즉 새로운 교과서의 도입은 아직 때가 아니라는 말이 된다"(이것은 2000년 이전에는 초급 독일어강좌도 새로운 맞춤법으로 시작**하지 않아도 된다** 말도 된다).

"지금 진행되고 있는 수업에 관해서라면 이야기는 더 단순하다. 이전의 맞춤법에 따라 독일어를 이미 1년이나 2년 배운 사람이 새로운 학습 부담이 될 새 맞춤법을 어느 날 갑자기 배워야 해서는 안 되고, 초급 II나 중급을 자신이 시작한 그대로 마칠 수 있어야 한다. — 긴 과도기가 있는 것은 이런 목적에서이다."(출판사들이 중급 교재를 당장 새 맞춤법으로 인쇄한다면 문제가 생길 것이다. 여기에서야말로 실제적 자료, 독서자료 등이 이전의 맞춤법으로 쓰였기 때문이다.) "신문과 책들이 맞춤법을 바꾸기 때문에, 고급 수업에서일수록 습관을 천천히 바꾸기가 쉬울 것이다. 초급과 중급 사이, 심하게는 한 강좌의 중간에서 맞춤법을 급격하게 바꾸지는 말아야 한다. 중급/고급 강좌에서는 학습자들이 이미 새 맞춤법으로 초급을 마친 경우에만 새 맞춤법을 사용해야 할 것이다."(Krumm 1996, 68)

맞춤법 개정과 관련하여 여러분은 어떤 경험을 했으며 수업에서는 새 맞춤법을 어떻게 다루는가? 이전의 맞춤법으로 독일어를 배운 중급/고급 학습자가 갑자기 중급/고급 교재에서 갑자기 새로운 맞춤법과 대면하게 되면 어떻게 하는가? 그리고, 학습자들이 새로운 맞춤법을 요구하는 시험과 대면하는 상황에서는 어떻게 하는가?

새로운 맞춤법 규정을 잘 설명하는 출판물들이 꽤 있고, 여러분도 이미 그런 책을 하나쯤은 가지고 있을 것이다. 우리는 여기서 괴테 인스티투트 Goethe-Institut에서 나온 포스터를 소개하고 싶다. 그 포스터에서는 모든 변동사항들을 "한눈에" 볼 수 있다. 그밖에도 독일 학생들이 새로운 맞춤법을 연습하는 연습책들이 여러 출판사에서 나왔는데, 이들은 외국어 수업에서도 이용할 수 있다(참고문헌 참조).

맞춤법 개정의 중요한 목표는 모국어 화자인 아동들이 쓰기를 더 쉽게 배울 수 있도록 맞춤법을 더 체계적이고 더 단순하게 만들려는 것이었다. 그래서 예를 들어 친족관계가 있는 단어들의 맞춤법을 위한 어간 원칙*이 통일되었다(Platz – plazieren 대신 Platz – platzieren('자리' – '배치하다'); Nummer – numerieren 대신 Nummer – nummerieren ('번호' – '번호를 매기다'); Bendel 대신 Band와 Bändel('끈, 띠') 등등. 명사적으로 (즉 관사와 함께) 쓰인 모든 단어를 대문자로 시작하는 것도 단순화이다(im Allgemeinen '일반적으로', im Großen und Ganzen '대체로, 대략' 등). 반면에 의미 차이가 불분명해진 경우가 종종 있다(이전: Wir haben alles Mögliche versucht, 즉 '가능한 한 모든 것을 시도했다' — Er hat alles mögliche eingekauft, 즉 '온갖 것들을 구입했다'의 경우가 그렇다. 새 맞춤법에서는 두 경우 모두 alles Mögliche라고 써야 한다). 단순하게 되었다고는 하지만 아직도 독일어 학습자들에게는 맞춤법상의 어려움들이 (그리고 수많은 예외가!) 있다. 그래서 앞으로도 언제 음가가 같아도 tz를 쓰고 언제 z만 쓰는지를 외워야 하고(schwitzen '땀을 흘리다' – tanzen '춤추다'), 그리고 s가 무성음일 때 장모음이나 이중모음 뒤에서는 ß(Maß '척도', heißen '이름이 …이다'), 단모음 뒤에서는 ss로(Masse '양', er biss '그는 (이로) 물었다') 써야 한다고 공부를 해야 한다. 그러니까, 맞춤법을 가르치는 데에 대해서 아직도 생각을 할 가치가 있다.

Hans-Eberhard Piepho의 의견에 동의하고 싶어질 수도 있다.

> "… 맞춤법이라는 것은 초기의 단순화, 과잉 일반화에서 시작해서 끈질기게 자꾸 생겨나는 오류를 거쳐 점차로 비교적 확고한 정서법으로 자연스럽게 발전한다. 이런 경험으로 보면 정서법을 너무 강조하지 않는 것이 좋을 듯하다…"(Piepho 1989, 38)

이 과정이 자동적으로 일어나지는 않는다. 그러므로 우리는 아래에서 몇 가지 형태의 연습을 여러분과 함께 살펴보면서 "비교적 확고한 정서법"으로의 점차적인 발전에 도움이 될 수 있는 몇 가지를 논하려고 한다.

원칙적으로 언제나 유효한 점은, 받아쓰기를 할 때에는 학생들이 모든 단어를 알고 있어야 한다는 것이다.

학생이 쓴 다음 글을 읽고 나서 과제를 풀어 보시오.

과제 31

✏️ 여러분은 다음과 같은 빈칸 채우기 맞춤법 연습을 어떤 형식으로 학생들과 함께 하겠는가 (혼자? 짝을 지어? 교사가 읽어 주기? 다른 방법으로?) 여러분의 결정의 이유를 말해 보시오.

나는 이 글을 _____
왜냐하면 _____

```
_iebe _arianne!
_ielen _ank _ür _einen _rief.
_ch _eiße _anuela _ieske _nd _in
1,53 m _roß. _ein _aar _st _lond _nd
_eine _ugen _ind _raublau. _n _einer
_reizeit _piele _ch _it _einer _reundin
_irgit. _anchmal _ese _ch _uch.
_ch _abe _einen _und, _ber _inen
_amster. _ein _amster _eißt _ansi
_nd _iegt 100 _ramm. _ußerdem
_abe _ch _ine _chwester. _ie _st 17 _ahre
_lt, _nd _ch _in 13 _ahre _lt. _ein _ater
_st _erwaltungsangestellter _ei _er
_tadt _erlin _nd _eißt _laus. _eine
_utter _eißt _isela.
_ch _ürde _ich _reuen, _enn _u
_ir _al _ieder _chreibst.

                    _eine Manuela
```

아마 여러분의 학생들도 이미 컴퓨터를 사용한 경험이 많고 다음 글을 쓴 기자에게 생긴 불행한 사고를 잘 이해할 것이다. 여기 예를 든 연습은 이미 여러 번 언급한 쓰기 프로그램 『Schreiben macht Spaß』(Neuner 1992)에서 나온 것이다. 이 글을 수업에서 사용할 때에는, 학습자들이 먼저 이 글을 제대로 (옳은 형태로) 소리내어 읽은 다음에, (원한다면) 짝끼리 다시 써볼 수 있겠다.

Ein Berixxt aus der Xeitung

Die Klasse 7 einer Schule in Aachen hat selbst ein Theaterstück geschrieben und aufgeführt. Ein Reporter hat darüber einen Bericht für seine Zeitung geschrieben. Aber sein Schreib-Computer war kaputt – er hat viele Fehler gemacht.

Da kaxx max nichtx maxxen, oxer?
So heixt der Titex einex Theaxerstüxxs, das die Klaxxe 7a der Schixxer-Schuxe sexxst geschrixxen hax. Es wuxde gextern aufgefüxxt. Ex haxxelt von Klaux, einem 15jährigen Schüxer, der ix dex XXXule xxxlechte Notxn hat und xu Xause ixxer Kraxx mit dxn Extern bekoxxt. Klaux ixt alleix. Nixmaxx küxxert sixx um ixn, bix er Caroxa, ein Mädxxen aux der Paraxxelklaxxe kexxenlexxt. Es ixt nixxt geraxe „Liexe aux den erxten Blixx", abex Caroxa hixxt Klaux und six häxt zu ihm, alx es wexen der Schuxe zu Hauxx wxxder Xraxx gixt.

...

a) Schreibe den Bericht richtig.
b) Schreibe jetzt für deine Nachbarin/deinen Nachbarn auch so einen „kaputten" Bericht (über ein Ereignis in der Schule; über ein Programm im Fernsehen, das alle kennen; ...). Sie/er soll den Text korrigieren.

출처 Neuner(1992), 14번

빈칸을 채우는 받아쓰기

다음 번 연습형태는 빈칸을 채우는 받아쓰기이다. 교재 『Stufen 4』에서 나온 다음에 예는 빈칸을 채우는 받아쓰기의 한 부분인데, 두 번째, 네 번째, 여섯 번째⋯. 단어의 뒤의 반이 없다.

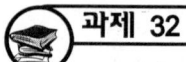
과제 32

✎ 다음 과제를 해 보시오.

> 6. Bitte ergänzen Sie in dem folgenden Text die fehlende Hälfte der angefangenen Wörter. (Wenn ein Wort z. B. drei Buchstaben hat, fehlen zwei!)
> 1. Mir i____ in d____ Schule m____ was se____ Komisches pass____.
> 2. I____ glaub', d____ war i____ der zwe____ Klasse, od____ so. 3. Wir hat____ hinter uns____ Schule s____ 'nen Gar____, und d____ haben w____ oft i____ der Pa____ gespielt. 4. Ein____ hab' i____ da e____ paar Schn____ entdeckt, u____ als d____ Pause da____ rum w____, hab' i____ sie ein____ in d____ Klassenzimmer mitge____ und i____ meinem Pu____ versteckt. 5. I____ folgenden Unter____ hab' i____ dann natü____ dauernd a____ meine Schn____ gedacht u____ als w____ dann ei____ kurzen Te____ geschrieben ha____, hab' i____ zwischendurch

출처 Vonderwülbecke/Vonderwülbecke(1991), 17

컴퓨터로 이런 과제를 만드는 일은 물론 재미가 있다.

등을 대고 하는 받아쓰기

빈칸을 채우는 받아쓰기의 재미있는 형태 중 하나는 "등을 대고 하는 받아쓰기"인데(79쪽 참조), 이것을 하면 교실이 상당히 시끌시끌해 질 수 있다(그러면 받아쓰기가 더 즐거워질 따름이다). 두 명이 등을 맞대고 앉아서도 서로 알아들을 수 있어야 하기 때문에, 이 연습에서는 맞춤법만이 아니고 정확한 듣기와 분명한 발음도 연습하게 된다. 등을 대고 하는 받아쓰기는 이렇게 진행된다. 두 명은 같은 글을 받는데, 각각의 글에는 서로 다른 부분이 빠져 있다. 이 연습의 전제조건은 글의 내용이 이미 알려져 있어야 하고 한 번 이미 읽은 글이어야 한다. 의미 구성, 이해가 쓰기의 전제조건이기 때문이다. 그런데 의미구성은 낱낱의 단어가 아니고 더 큰 단위, 구와 문장성분을 통해서만 이루어진다. 이런 형식의 받아쓰기를 하려면 미리 그 글을 소리 내어 읽어 주고 모르는 단어를 다루었어야 한다.

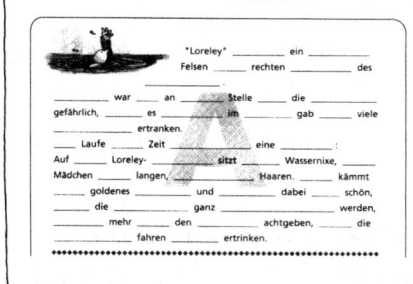
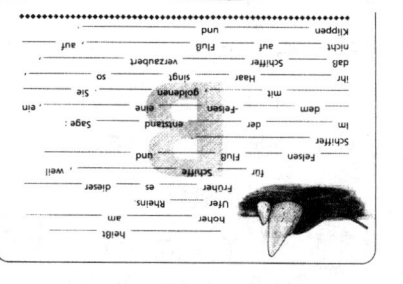

출처 Simon-Pelanda(편)(1994), 7

받아쓰기하는 법에 대한 다른 재미있는 아이디어는 『Begegnungen』이라는 정기간행물(슬로바키아의 독일어교사연합회 회지)에서 찾았다. "깡통에서 받아쓰기"라고 하는데, 우리 생각에는 아주 효과적이다. 왜 그런지 생각할 수 있는가?

과제 33

1 다음 설명을 읽으면서 왜 "깡통에서 받아쓰기"가 특히 효과적일까 생각을 해 보고 몇 가지를 적어 보시오.
___
___

2 어떤 부류의 학습자 집단에 이 형식의 받아쓰기가 적절할까?
___
___

깡통에서 받아쓰기

준비:

짝끼리, 뚜껑에 구멍이 길게 뚫려 있는 깡통 하나를 준비한다. 교사는 각각의 그룹을 위해 지문을 두 번 복사하고, 그 중 하나는 (문장이나 문장 성분을) 가늘고 길게 잘라서 깡통에 넣는다.

진행:

단계 1. 각 그룹은 글 전체를 받아서 읽고 내용을 기억한다. 이 복사물은 다시 교사가 모은다.

단계 2. 깡통에서 쪽지들을 꺼낸다. 짝과 함께 원래 글의 순서대로 다시 재구성한다.

단계 3. 재구성된 글에서 첫 쪽지를 꺼내어 문장을 읽고 그 문장을 바라보고 글자의 모양을 기억한다. 그 다음에는 그 종이를 다시 깡통에 넣는다.

단계 4. 문장(성분)을 쓴다. (두 명이 모두 쓰거나 번갈아가며 쓴다.)

이런 식으로 모든 쪽지를 가지고 글이 완성될 때까지 연습한다. 마지막에는 각 그룹이 전체 지문을 받아 쓴 글을 살펴보고 함께 수정한다.

우리는 이 정도 예를 드는 것으로 마치려고 한다. 받아쓰기를 더 즐겁게 만드는데 (동기 부여에 중요!) 적합한 다른 방법도 여러분은 많이 알고 있을 것이다. 여기서는 12가지를 적은 목록으로 몇 가지 원칙적인 생각만 정리한다.

맞춤법을 배우는 일을 더 즐겁게 만드는 방법

1. 받아쓰기를 나쁜 점수를 주기 위해 이용하지 말고 재미있는 연습으로 만든다. 이렇게 하는 것이 장기적으로 효과가 가장 좋다.
2. 언제나 지루한 교사-학습자 받아쓰기(교사가 읽고 학습자가 쓰는 받아쓰기)만, 그것도 난이도가 점점 더 높아지는 받아쓰기만을 하지 않는다. 그렇게 하면 대부분의 학습자들이 의욕을 잃는다.
3. 수업을 시작할 때나 마칠 때 "손가락 연습"으로 맞춤법 연습을 할 수 있는 기회를 조금 준다. *Ortographieh plus*라는 표제어 아래에 독일어 교재 『Stufen international』의 1권에 이런 연습들이 있다(Vonderwülbecke/Vonderwülbecke, 1995).
4. 학습자들이 맞춤법 규칙, 예를 들어 대문자와 소문자의 사용이나 모음 음가의 서로 다른 표기법을 스스로 발견하게 만든다(den, Lehrer, Meer; das, Hahn, Saal; in, Liebe, ihn).

5. 아주 초기부터, 짧은 글 뿐만 아니라 대화에서도 음의 지각과 글자 모양에 대한 지각을 연결짓는다(예를 들어서 글을 읽어주면서 학습자들이 눈으로 따라 읽게 만들어서). 그렇게 하면 일찍부터 단어의 모양의 시각적인 인상과 청각적인 영상, 즉 소리의 형태가 서로 연합된다.

6. 4번에서 도출되는 것인데, 이미 수업 시간에 다룬 짧은 글을 받아쓰기 지문으로 사용한다. 그렇게 하면 틀리는 것이 줄어들고 학습자들은 자신들에게 맞춤법이 큰 문제가 되지 않는다고 생각하게 된다. 그럼으로써 맞춤법에 대한 두려움이 줄어든다.

7. 학습자들이 혼자나 짝과 함께 자유롭게 글을 쓰게 한다(자신, 가족, 이야기하고 싶은 사물에 대해). 글은 그룹에서 쓸 수도 있고 각자 쓸 수도 있는데, 다른 학생에게 주고 함께 읽고 편집하고 수정할 수 있다(이 책의 3장 오류를 어떻게 할 것인가? 참조).

8. 문법 구조의 연습, 대화의 조각들의 순서 맞추기처럼 다른 목적으로 하는 쓰기 과제(도구로서의 쓰기)도 부수적으로 맞춤법 연습이 된다. 손의 움직임(운동)은 단어의 형태를 기억하는 데에 도움이 된다.

9. 학습자들이 서로 짧은 글을 받아쓰고 서로 바꾸어 수정하게 한다. 마지막에 여러분은 OHP로 정답을 보여 줄 수 있다. 학습자들이 먼저 그들이 틀린 부분에 대해 스스로 질문하게 한다. 교사는 그 다음에 가서야 설명을 한다.

10. 맞춤법을 연습하는 다른 방법은 빈칸 채우기이다. 일부러 특정 글자나 글자군을 쓰게 만들 수도 있다 (예를 들면 첫 글자: 대문자와 소문자 쓰기). 빈칸 채우기는 학습자가 혼자 묵묵히 작업을 하도록 하거나 짝끼리 하게 할 수도 있고, 보통의 받아쓰기에서처럼 들으면서 빈칸을 채우도록 불러 줄 수도 있다.

11. (빈칸을 채우는) 받아쓰기를 할 때는 학생들이 내용과 단어를 수업에서 이미 배웠는지 확인해야 한다. 모르는 단어를 들리는 대로 쓰는 것은 아무 의미가 없다. 가능한 한 학습자들의 경험 세계를 반영하는 지문, 재미있는 글을 받아쓰기에 사용한다. 재미가 있는 글은 동기를 더 주고, 동기가 있으면 수행의 결과도 더 좋다.

12. 그리고 끝으로, 수업 시간에 컴퓨터를 활용할 수 있다면 학습자들이 자신의 글이나 다른 사람의 글에서 일정한 부분을 지움으로써 스스로 빈칸 채우기를 만들게 할 수 있다. 예를 들어서 s 소리나 i 소리가 나는 모든 글자, 아니면 tz, z, ts의 결합을 모두 지울 수 있다. 두 단어에 하나씩 단어의 뒤의 반을 지울 수도 있다. 그 다음에는 서로 자리를 바꾸어 각자 컴퓨터에서 받은 글의 빈칸을 채워 완성한다. 의미도 구성해 내야 하기 때문에, 이 과제는 쉽지 않다. 하지만 이리 저리 생각해 보는 것도 재미있는 일이다.

구두점, 또는 새로운 자유

구두점에 대해서도 맞춤법 개정을 거치며 변화가 생겼다. 이번에도 [과제 34]의 글을 읽고 과제를 스스로 먼저 한 번 해 보자. 이 연습은 쉼표의 사용법에 관한 기본적인 원칙을 의식하게 만들기 위해 첫 해가 끝나갈 때쯤 사용할 수 있다.

수업 진행을 위한 안:
학생들에게 먼저 첫 번째 과제와 지문을 준다(짝 활동). 전제조건은 물론, 학습자들이 이미 글에서의 쉼표 사용을 충분히 반복해서 익혔어야 한다는 것이다. (수업 상황에 따라 여러분은 이 글을 스스로 읽어 줄 수도 있고 한 학생이 소리 내어 읽게 할 수도 있다.) [과제 2]를 위해서는 짝을 지은 그룹에게 규칙을 학습자들의 모어로(이질적인 학급에서는 독일어로) 전달한다. 이때 이미 학급에서 사용했던 개념들을 사용한다(즉 '종속문' 대신 '안긴 문장' 등등.) 그 다음 결과를 교사의 필름과 비교한다.

 과제 34

1 다음 글에 쉼표를 넣으세요.

> Es war einmal ein kleiner Junge. Der war erkältet denn er hatte sich nasse Füße geholt und niemand konnte begreifen wo er sie herbekommen hatte weil es ganz trockenes Wetter war. Nun zog seine Mutter ihn aus brachte ihn zu Bett und dann ließ sie die Teemaschine hereinkommen um ihm eine gute Tasse Holundertee zu machen denn das wärmt. Im selben Augenblick kam der alte Mann zur Tür herein der ganz oben im Haus wohnte und ganz allein lebte denn er hatte weder Frau noch Kinder. Er hatte aber alle Kinder so gern und wusste so viele Märchen oder andere Geschichten zu erzählen dass es eine Lust war. ...

출처 Häcker/Häcker-Oswald(1996), 36

2 여러분이 쓴 답을 다음 규칙에 따라 검토해 보세요.
a) 주문장+주문장이 이어진 경우에는 두 번째 주문장 앞에 쉼표가 쓰입니다.
b) 주문장+부문장이 이어진 경우에는 쉼표가 주문장과 부문장 사이

에 삽입됩니다.
c) 주문장이나 부문장이 문장 안에 삽입되면 그 앞과 뒤에 쉼표가 쓰입니다.
d) und/oder로 연결된 문장 사이에는 쉼표가 들어가지 않습니다. 하지만 구조를 더 분명하게 하기 위해서 쉼표를 쓸 수 있습니다.

마침표, 느낌표와 물음표의 사용은 바뀌지 않았지만 맞춤법 개정의 결과로 규칙과 예외가 많았던 쉼표의 사용이 단순해졌다. 몇 안 되는 "해야 하는 규칙"과, 글을 쓰는 사람이 자신의 의도를 독자에게 더 명확하게 알리고 이해를 돕기 위해 쉼표를 쓰거나 안 쓸 수 있도록 자유로 움직일 수 있는 공간을 남겨 주는 수많은 "할 수 있는 가능성"이 남았다. 독일어 교사와 학습자에게 이것이 의미하는 바는, 한편으로는 몇 안 되는 이해하기 쉬운 규칙만 지키면 되고 다른 한편으로는 학생들의 글을 다룰 때 이해를 돕는 쉼표의 효과에 대해 이야기할 수 있다는 것이다. 참고문헌 목록에서 여러분은 맞춤법과 구두점 사용에 대한 연습책들을 찾을 수 있다. 그 연습들은 외국어로서의 독일어 수업에 쉽게 적응시킬 수 있다.

그래도 우리는 여기서, 주로 직접화법의 표시를 다루고 있는 작은 연습 하나의 예를 여러분에게 보이고 싶다. 다음과 같은 방식으로 해 보시오. 우선 다섯 명이나 여섯 명의 학습자들이 그룹을 만들어서(엄마, "나", 아빠, 할머니, 오빠, (서술자)), 나중에 다른 사람들에게 읽어 줄 텍스트를 준비한다. 그 다음에는 전체가 그 글을 받아서 구두점을 채워 넣는다. 이 글은 구두점이 글의 이해에 얼마나 중요한가를 특히 잘 보여준다.

과제 35

일요일은 쉬는 날이다: 구두점
어느 구두점이 빠졌는지, 모두 채워 넣으세요.

> **Sonntag ist Ruhetag: Satzzeichen**
>
> Setzen Sie bitte alle fehlenden Satzzeichen (! , . ? : – „") ein.
>
> Aufstehen es ist schon spät hörte ich meine Mutter rufen Ich antwortete Heute ist doch Sonntag warum muss ich auch heute so früh aufstehen Susanne hat Recht rief mein Vater wir bleiben heute ja zu Hause Meine Mutter meinte dann aber Das ist kein Grund einfach faul im Bett liegen zu bleiben Wollen wir spazieren gehen fragte ich die Großmutter Ich weiß nicht antwortete sie es ist heute so kalt Wenn du willst sagte mein Bruder gehen wir heute Abend ins Konzert.
>
> 출처 Jenkins 외(1992), 96

이 연습은 재미가 있고, 재미가 있어야 한다는 것은 구두점 연습도 마찬가지이다.

수업에서 구두점을 다루는 데 관한 추천사항들

1. 맞춤법에 대해 말한 것은(4번) 여기서도 마찬가지이다. 독일어를 배우는 두 번째 해나 세 번째 해에[3] 구두점 사용법을 "체계적으로 다루는" 대신, 학습자들에게 처음부터 교재에 제시된 글들을 사용하여 구두점의 사용법을 발견하게 한다.
2. 짝 활동을 통해서 능동적인 구두점의 사용에 대한 감각을 기른다. 각자가 교재에서 이미 다룬 지문(의 일부)을 골라서 복사해서 구두점을 지우고는 그 지문을 짝에게 준다. 짝은 구두점을 다시 써 넣는 연습을 한다. 그 다음 지문을 서로 바꾸고 거기 대해서 이야기를 한다.
3. 물론 가끔씩은 처음 보는 글을 구두점 없이 줄 수도 있다. 하지만 언제나 재미가 있게 만든다. 학습자들로 하여금 짝을 지어 구두점을 써넣게 하고 다른 조가 검사하게 한다. 첫 해에는 구두점 사용의 기본규칙을 연습할 수 있는 단순한 내용의 지문을 준다. 마침표가 하나도 없는 지문을 주는 것은 글의 이해가 필요 이상으로 어려워지기 때문에 좋지 않다. 문장(=사고의 흐름)이 마침표, 느낌표, 쉼표로 끝난다는 점은 대개 수업 첫 시간부터 전달이 되고 그 다음에는 어려움을 주지 않는다.

---

[3] 이 책에서는 다른 설명 없이 첫 번째, 두 번째라는 표현을 쓰고 있는데, 일반 중고등학교에서의 한 학년을 뜻하는 것 같다. (역자 주)

4. 이 책에서는 맞춤법을 다룰 때, 학습자들에게 처음부터 교재의 주제에 대해 자기 자신의 짤막한 글을 쓰게 하라고 권했다(7번). 짝 활동이나 그룹 활동, 그리고 학급 전체에서 하는 "편집"에는 구두점 사용에 관한 부분도 속한다.
5. 학습자들에게 쉼표에 대한 규칙을 실험해 볼 기회를 종종 주고, 다른 경우에는 지금 쉼표를 쓰는 것이 글의 이해를 돕는지 학습자들과 함께 생각을 해 본다.
6. 독일어와 학습자들의 모어 사이의 대조 비교가 가능하다면 그 가능성을 활용한다. 구두점 사용을 "체계적으로 다루지" 말고 처음부터 학습자들로 하여금 교재의 지문에서 구두점 사용법을 스스로 발견하게 만든다.

2.2. 글을 만들어 나가는 연습: 단어가 문장이 되고 문장이 글이 된다

단어에서 문장으로, 문장에서 글로 쓰기 모델이 발전한다. 이번 장에서는 이제 문장들을 다루게 되었는데, 그렇다면 문장만이 아니라 텍스트에 다가선 것이다. 개별적인 문장들은(문법연습에서를 제외하고는!) 문어 사용 상황에서는 잘 나타나지 않는다. (예를 들면 지시나 금지문이 있다. "금연" "좌측은 걸어가는 분들을 위해서 비워둡시다" 등.) 대개 문장들은 다른 문장들과 함께 나타나며 텍스트를 이룬다.

그렇다면, 단어가 문장이 되고 문장이 텍스트가 될 때 무엇에 주의해야 할까? 어떤 연습이 가능하며, 어떤 쓰기 과제가 도움이 될까? 2.2에서는 그런 질문들을 다룬다. 여기서는 어떤 어려운 부분들을 따로 떼어내어 연습하기 위해 복잡한 구조의 쓰기 활동을 여러 부분 활동들로 분해한다. 우리는 모든 것을 다룰 수는 없고 일부를 선택해야 한다. 그래서 이 책에서는 학습자들의 다양한 모어와 독일어의 구조가 서로 다르기 때문에 생기는 쓰기 문제와 같은 것들을 다룰 수가 없다. 이런 측면들은 대조적으로, 즉 모어와 목표어의 비교를 통해서만—즉 여러분의 수업에서—처리가 가능하다. 서로 다른 언어들의 서로 다른 글의 종류에 관한 관습*에 대해서도 마찬가지이다. 이 장과 다른 장에서는 "독일어"의 텍스트 모델과 글의 설계도*(2.3.8 참조)를 다룰 것이다. 그러나 그 주제도 여기서 다 다룰 수가 없다. 우리는 정선된 몇 가지 예를 이용해서 여러분들로 하여금 이 주제에 대한 감각을 기르고 또 아울러 이를 위해 몇 가지 연습방법을 보일 것이다.

2.2.1 문장 성분의 위치 또는 글 안의 이미 알려진 것과 새로운 지식

"도대체 텍스트란 무엇인가?"
텍스트의 산출을 다루고 있는 책에서 이 질문은 중요하다. Harald Weinrich의 『Textgrammatik der deutschen Sprache』에서는 다음과 같은 정의를 찾을 수 있다.

"텍스트는 시간적이고 단선적 순서에 따른 언어기호의 유의미한 연결이다."
(Weinrich 1993, 17)

"언어기호의 연결"이라는 표현을 보면, 모든 부분이 어떤 방식으로든 서로 연결되어 있는 "섬유조직" 같은 상상을 하게 된다. ("연결"이라는 독일어 단어 'Verknüpfung'의 어근인 'knüpfen'에는 매듭을 묶는다는 뜻이 있다. 역자 주.) 1.2.2에서 이미 다루었던 접속사들은 논리적인 관계가 드러나도록 문장들을 서로 연결하고, 2.2.5에서 다룰 지시어*들은 텍스트 전체에서 지시의 줄을 모든 방향으로 "엮는다".

Weinrich의 정의는 다른 측면을 하나 더 포함하고 있다. "상징"들에는 "시간적이고 단선적인 순서", 즉 정해진 순서가 있다. 그런데 어떤 순서여야 할까? 무엇이 먼저 오는가? 왜? 그러니까 우선 문장과 텍스트에서의 단어들의 순서에 대해서, 더 정확하게는 문장 성분들의 순서에 대해서 이야기를 하자. (여기서는 1.2.2의 "Er hat⋯ 표에서처럼 정동사형의 위치나 주문장과 부문장에서의 후치를 다루는 것이 아니다.)

예를 들어서, 다음 텍스트는 어떤가?

과제 36

1 "공주의 꿈"이라는 다음 글을 읽어 보라 (글 A).

Der Traum der Königstochter

Es war einmal ein König. Eine Tochter hatte dieser König. Einen Traum hatte die Tochter jede Nacht: Ein Drache wollte sie rauben. Alle Psychologen befragte der König in seinem Land. Die Bedeutung konnte aber keiner erklären. Die Tochter wurde immer trauriger. Einen jungen Psychologie-studenten lernte sie eines Tages kennen. Die Bedeutung des Traums erklärte er ihr. Da freute sich die Prinzessin. Den Studenten heiratete sie und Psychologie studierte sie auch. Ein Kind bekam sie, nachdem sie das Examen hatte. Es sieht ein bißchen aus wie ein Drache. Aber sie hat es bisher noch nicht gemerkt.

출처 Bornebusch 외(1989), 185

2 글 A가 이상하게 들리지 않는가? 어딘가가 이상하다. 무엇일까? 처음 3~4줄의 문장을 다시 써 보라(글 B). 여러분의 언어 감각에 전적으로 의존하시오.

3 무엇을 다르게 했는가?

여러분이 직관적으로 — 많이 생각하지 않고도 — 두 번째 문장부터 문장 성분들의 순서, 즉 주어와 목적어의 순서를 바꾸었다고 우리가 짐작했다면 그 짐작이 들어맞았는가? 하지만 왜 그랬을까?

이제 우리는 이 질문에 대한 대답을 찾아보려고 한다. 동시에 우리는 독일어를 배우는 첫 번째나 두 번째 해의 텍스트를 쓸 때 각각의 글의 종류를 위한 모델로 쓸 수 있는 몇 가지 글의 모형을 접하게 될 것이다. 여기서 우리는 『Fremdsprache Deutsch』 9호(1993, 55쪽부터)에 실린 Mohammad Esa와 Heinrich Graffmann의 글 및 Ulrich Engel의 『Deutsche Grammatik』(1988)의 기술을 바탕으로 삼는다.

1 과제 36의 글 A를 보고 생각해 보시오. 각각의 문장에서, 이미 알려진 정보는 (이미 도입이 된 것, 이미 나온 것은) 어디에 위치하며 새로운 정보는 (이미 알려진 것에 대해 말해지는 바) 어디에 나오는가?(예를 들면, 두 번째 문장에 나오는 "왕"은 이미 첫 문장에서 도입이 되었고, 이미 나왔기 때문에 알려져 있다. 왕에 대해 무엇이 말해지는데, 그것이 새 정보이다.) 각 문장에서 구정보와 신정보를 서로 다른 색깔로 밑줄을 쳐 보시오.

2 여러분이 고쳐 쓴 문장에서는 이미 알려진 정보(이미 나온 것)이 각 문장에서 어디에 나오고 새로운 정보(기존의 정보에 대해 말하는 내용)은 어디에 나오는가? 이번에도 여러 색깔로 표시해 보시오.
다른 종이에 여러분의 글(글 B)을 여러분이 옳다고 생각하는 대로 계속 써 보시오. 위에서처럼 여러 색으로 표시해 보시오. (317쪽의 답안에서 여러분의 글 B를 우리가 쓴 글과 비교할 수 있다.)

3 여러분의 글 B를 글 A와 비교해 보시오. 여러분의 생각에는 글 A에서 무엇이 틀렸는지를 여러분 자신의 표현으로 써 보시오.

지금까지 우리는 문장 안에서 "이미 알려진 정보와 새로운 정보"에 대해서 말했다. 언어학에는 이것들을 위해 두 가지 전문 용어가 있다. 이들을 테마와 레마*라고 한다. **우리가 무엇에 대해 말을 한다면 그 무엇이 테마이다. 테마는 이미 알려진 것이다. 레마는 테마에 대해 말해지는 내용, 새로운 것이다.** (이렇게 정의를 함으로써 우리는 복잡한 텍스트 언어학적 요소들을 단순화하는 것이다. 테마와 레마를 언제나 단순하게 정의할 수 있는 것은 아니기 때문이다. 더 자세한 정보는 Ulrich Engel 1988, 『Deutsche Grammatik』, 72쪽부터에서 찾을 수 있다.) 우리로서는, 테마와 레마는 텍스트 안에서 정해진 순서를 따른다고 확인만 하면 된다.

테마와 레마

모든 텍스트에는 테마가 하나나 여러 개 있고, 그렇기 때문에 텍스트 글의 응집력*이 생긴다. 대부분의 글에는 (긴 글에는 물론 더더욱) 하나나 여러 개의 상위 테마가 있고, 서로, 또 상위 테마와 다양한 방식으로 엮여 있는 하위 테마들이 있다. 테마에 따른 글의 짜임은 텍스트에서 문단이 갈라지는 곳을 보면 보통 알 수 있다(이에 관해서는 2.3.8장 171쪽 참조).

다음에서는 '공주의 꿈'을 고친 글(글 B)를 다루려고 한다. 이 글에는 전체를 포괄하는 하나의 상위 테마가 있고 두 개의 큰 하위 테마가 있다. 우리는 이들에 대해서 더 이야기를 할 것이다. 두 번째 하위 테마에서는 다시 하나의 "하위 하위 테마"가 갈라지는데, 그 "하위 하위 테마"는 다시 상위 테마와 연결된다.

과제 38

> ✏ 글 B에서
> - 상위 테마
> - 하위 테마 1
> - 하위 테마 2
> - 하위 하위 테마 2a
>
> **를 찾고 글에 표시하시오.**

그 다음 단계로 나아가자.

테마는 글에 도입되고 테마에 대해 무엇인가 이야기가 되며, 테마는 글에서 계속 진행되지만 때때로 (예를 들면, 하위 주제가 도입될 때) 뒤로 밀려 나가기도 하고 그랬다가 다시 이어지기도 하다가 결국은 사라진다. 어떻게 테마를 이끌어 나가는가, 테마가 어떻게 흘러가는가(도입, 테마를 다시 반복해서 이어나가기)는 언어적인 텍스트 표지, 테마 지시어에도 드러난다.

이제 아까의 글에서 테마의 흐름을 따라가 보자. 그러기 위해 우리는 텍스트의 형태를 알아보기 쉽도록 레이아웃을 바꾸고 글의 구성성분을 일부 삭제했다.

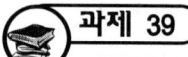 과제 39

1 우선 글을 그냥 한 번 읽어 보시오. 빈칸에는 무엇이 들어가야 할까?
2 원래의 글을 보지 말고 빈칸을 채워 보시오 1에 쓴 대답을 확인해 보시오.

Der Traum der Königstochter

1   Es war einmal ein König.
2   _____ hatte eine Tochter.
3   _____ hatte jede Nacht einen Traum:
4   Ein Drache wollte sie rauben.
5   _____ befragte alle Psychologen in seinem Land.
6   Aber _____ konnte die Bedeutung erklären.
7   Die Tochter _____ wurde immer trauriger.
8   Eines Tages
9   lernte _____ einen jungen Psychologiestudenten kennen.
10 _____ erklärte ihr die Bedeutung des Traums.
11 Da freute sich _____ .
12 _____ heiratete den Studenten und Psychologie
13 studierte _____ auch.
14 _____ bekam ein Kind,
15 nachdem _____ das Examen hatte.
16 _____ sieht ein bißchen aus wie ein Drache.
17 Aber _____ hat es bisher noch nicht gemerkt.

여러분이 여기 써 넣은 것은 글에서의 테마 지시어, 즉 테마를 이끌어 나가는데 사용되는 단어들이다(다른 말로 하면 여러 가지의 테마들을 "지시"하는 단어들이다. 2.2.5 참조). 우리는 계속해서 글의 테마와 레마를 찾고 텍스트의 구조를 조사하려고 한다. 두 번째 문장에서는 왕(테마 1)에 대해서, 그에게는 공주(레마 1)가 있었다고 이야기를 한다. 세 번째 문장에서는 두 번째 문장의 레마인 공주가 테마가 된다. 공주(테마 2)에 대해서는 공주가 꿈(레마 2)을 꾸었다고 이야기를 한다. 네 번째 문장에서는 세 번째 문장의 레마인 꿈의 내용이 테마가 된다. 용이 있었는데(테마 3) 공주(레마 3)을 잡아가려고 했다. 이렇게 이야기가 계속된다.

이 글의 기저에 놓인 텍스트 모델은 계단의 형태로 나타낼 수 있다 (Esa/Graffmann 1993, "계단 모델").

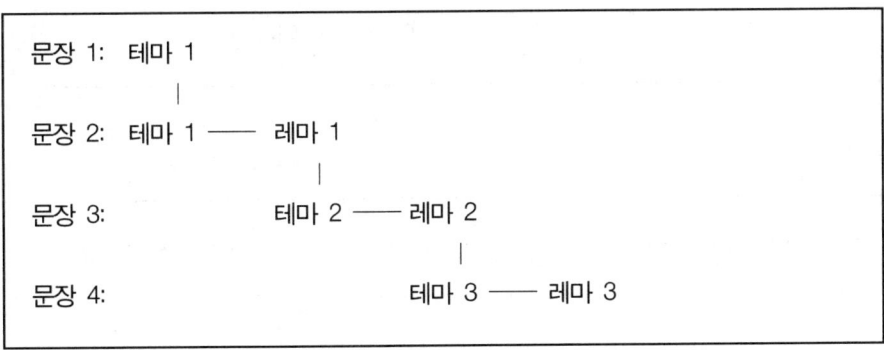

과제 40

첫째 줄에서 넷째 줄까지의 글에 이런 "계단"을 옆에 그려 보시오.

5~6째 줄과 7~10째 줄도 동일한 모형으로 되어 있다. 11~17째 줄은 모형이 다르다. 첫 번째 문장(11째 줄)에서는 "공주"가 다시 등장한다(테마 2). 두 번째 문장(12~13째 줄)에서는 공주(테마 2)에 대해서, 학생을 남편으로 삼고 심리학을 공부했다고 이야기한다(레마 1+2). 세 번째 문장(14째 줄)에서는 공주(테마 2)에 대해서, 시험에 통과한 다음에(레마 3) 아이(레마 4, 15째 줄)를 낳았다고 이야기한다. 아이(테마 5, 16째 줄)에 대해서는, 아이가 용을 닮았다고 이야기한다(레마 5).

이 글의 기저에 놓인 텍스트 모델은 "속에 들어 있는 작은 계단"을 포함하는 포크의 형태로 나타낼 수 있다(Esa/Graffmann 1993, "포크 모델").

```
문장 1:   테마 1
            │
문장 2:   테마 2 ──── 레마 1 + 레마 2
            │
문장 3:   테마 2 ──── 레마 3 ──────┐
            │                      │
문장 4:   테마 2 ──── 레마 4        │
                            테마 3 ──── 레마 5
```

과제 41

> "계단이 들어 있는 포크"를 글 옆에 그려 넣어 보시오(11-17째 줄).

다시 정리를 해 보자.

1. 텍스트에는 테마-레마 구성*이 있다. 독일어에서는 테마가 주어인 경우가 많다(Engel 1988, 『Deutsche Grammatik』, 72쪽에 의하면 독일어 문장의 3 분의 2 정도에서 그렇다). 한 번 도입이 된 테마는 그 정보의 양이 적으며, 이미 알려진 것, 이미 나온 것으로, 계속해서 그것에 대한 이야기가 이어지고 그것을 지시하는 표현들이 나온다. 이미 알려진 것인 테마는 앞에 ("왼쪽에" "동사 앞에[4]"), 발화 처음에 나오는 경향이 있다. 테마에 대해 말해지는 내용인 레마는 대체로 "새로운" 정보인데, 대개 발화의 끝쯤에 가서 나온다. 문장에서 성분들이 담고 있는 정보의 양이 왼쪽에서 오른쪽으로 갈수록 많아진다고도 말하는 것은 이런 이유에서이

---

[4] 독일어 평서문에서 정동사형은 문장의 두 번째 자리에 놓이며, 그 앞의 자리에는 접속사 외에는 하나의 문장 성분밖에 들어갈 수가 없다.

다(Engel, 『Deutsche Grammatik』, 73쪽). 우리가 조작했던 예문에서는 새로운 정보가 목적어에 들어 있었다. (새로운 정보는 마찬가지로 다른 보족어들, 부사구나 부문장들에도 들어 있을 수 있다. 예를 들어서 '**공주는**'(테마 1) '**멋진 성에**'(레마 1) 살고 있었다. '**그곳**'에는(레마 1 → 테마 2) '**하인들이**'(레마 2) 많았다. '**그들은**'(레마 2 → 테마 3) '**공주가 시키는 일을**'(레마 3) 안 하려고 했지만 '**공주는**'(테마 1로 다시 돌아감)…

새로운 정보가 아주 처음에 나오는 경우도 가끔 있다. 예를 들면: 옛날에 어떤 왕이 있었다. '**공주 하나**'가 그 왕에게 있었는데…. 이런 어순은 (낭독할 때에 이에 어울리게 강조를 한다면) 독자/청자의 기대를 깨뜨리고, 그러니까 정보의 양이 매우 많다고 할 수 있다. 이 어순은 왕에게는 이 세상에 '**공주 하나**' 밖에는 없었고 그래서 이 공주가 줄거리의 중심이 될 것이라고 독자/청자가 추측하게 만든다. 즉, 일반적인 모형에서의 "일탈"에는 특별한 목적이 있다.

2. 글의 기저에는 다양한 텍스트 모델이 놓여 있으며, 그 중에서 우리는 이야기하기/묘사의 영역에서 나온 아주 단순한 두 가지 예만을 보았다. 대부분의 글에는 여러 가지 모델들이 섞여서 들어 있다. 하지만 글의 종류에 따라 주로 사용하는 모델이 따로 있다. 예를 들면, "계단 모델"은 동화에, "포크 모델"은 사람을 소개하는 글에 흔히 쓰인다. 이 두 가지 모두 초급 수업에서 흔히 하는 쓰기 과제들이다.

이제 여러분이 가장 관심을 가질 질문에 대해 생각해 보자.
텍스트의 구조에 관한 이런 인식이 어떻게 하면 독일어 학습자의 텍스트 산출에 도움이 될까?
우선 한 가지: 이야기하기의 단순한 텍스트 모델에 관해서라면, 그 부분에 대해서는 별로 노력을 할 필요도 없다. 외국어로 쓰기는 따로 쓰기 연습을 해서만이 아니라―특히 처음에는―아주 말하기가 발전하면서 "자연스럽게"(46쪽에 인용된 Paul Portmann의 글을 보라), 그리고 문법 규칙을 (주문장과 부문장에서의 동사의 위치, 동사의 후치, 보족어들의 위치 등등)

전달하고 연습하는 과정에서 나란히 발전한다. 하지만 쓰기는 무엇보다도 외국어로 된 글을 교재나 진정성 있는 자료를 통해, 이들을 자주 읽을 때 개발된다. 그럼으로써 독일어 학습자는 독일어의 문장과 텍스트의 구조에 대한 "감각"을 기른다(106쪽부터 나오는 Krashen의 "입력 가설" 참조). 이런 문제들에 대해 이야기를 하고 연습을 함으로써, 이런 "감각"을 쓰기에 의식적으로 이용할 수 있는 "지식"으로 만들 수도 있다. 그러므로, 가능한 한 일찍 단순한 텍스트 구조를 의식화하는 것을 시도해 보는 것이 좋겠다.

초급 수업에서 나올 수 있는 글의 예를 두 가지 보자. 첫 번째 글인 "사람을 소개하는 글"은 청소년 잡지인 『JUMA』에서 나왔고 두 번째 글(동화)은 스위스에서 출판된 청소년용 초급 교재인 『Kontakt 1』(Nodari 외 1994)에서 나왔다. 우선 이 두 글의 내용을 파악해야 한다.

과제 42

1 수업에서 어떤 과제로 학생들이 텍스트 구조를 파악하도록 만들 수 있을까? (도움말 한 가지: 새 문장이 시작할 때마다 줄을 바꾸는 것이 학습자들에게는 도움이 된다.)
2 이 두 글의 텍스트 구조를 어떻게 알아보기 좋게 만들 것인가?
3 학습자들로 하여금 또 무엇에 주의를 기울이게 해야 할까?
4 그 다음, 산출을 위한 쓰기 과제를 만들어 보시오.

글 A

Heike Pösche ist 16 Jahre alt und Gymnasiastin. Sie möchte später Architektin oder Fotografin werden. In ihrer Freizeit spielt sie intensiv Volleyball. Sie reitet gern, spielt Klavier und freut sich im Sommer auf das Segeln. Heike träumt von einem Bauernhof mit vielen Tieren und einer Menge Kinder.

출처 JUMA(3/1996), 15

글 B

> **Vrenelis Gärtli**
> Hör und lies die Sage zweimal. Benütz kein Wörterbuch.
> Vor langer, langer Zeit wohnte eine Witwe im Glarnerland. Sie hatte eine grosse, schöne Alp auf dem Glärnisch, und sie verbrachte dort jeden Sommer zusammen mit ihrer Tochter Vreneli. Vreneli gefiel das Leben auf der Alp sehr gut. Jeden Tag half sie ihrer Mutter bei der Arbeit.
> Vreneli und ihre Mutter verbrachten den Herbst und den Winter mit den Kühen im Tal. Vreneli war dann immer traurig. Sie wollte lieber das ganze Jahr auf der Alp bleiben. Aber das war nicht möglich, denn es gab jeden Winter sehr viel Schnee. Im Winter schaute sie oft zum Glärnisch hinauf und weinte.

출처 Nodari 외(1994), 72

사람을 소개하는 글은 2.2.6장에서 더 다룬다.

문장의 시작

문장에서 성분들의 위치는 독일어 문법 수업에서 중요하다. 대부분의 교재와 문법책에서는 문장 성분의 위치를 고립된 낱낱의 문장에서 예를 들어 보여 준다. 하지만 보통의 경우 문장들은 고립된 채 사용되는 것이 아니라 문맥 안에서 사용된다. 그리고 문맥 안에서 보족어와 부사구의 위치는 담겨 있는 정보의 양과 강조, 그리고 흔히는 글의 종류에 따라서도 결정된다. 그래서 시간 표현은 동화('브레넬리의 정원' 참조)에서뿐만 아니고 시간 순서에 따라 구성된 다른 글에서도 일반적으로 중요한 구성 요소이며 흔히 문장의 처음에 놓인다. 『Schreiben macht Spaß』(Neuner 1990)에서 나온 아래에서 보는 것 같은 연습으로 학습자들이 그 점을 깨닫게 만들 수 있다.

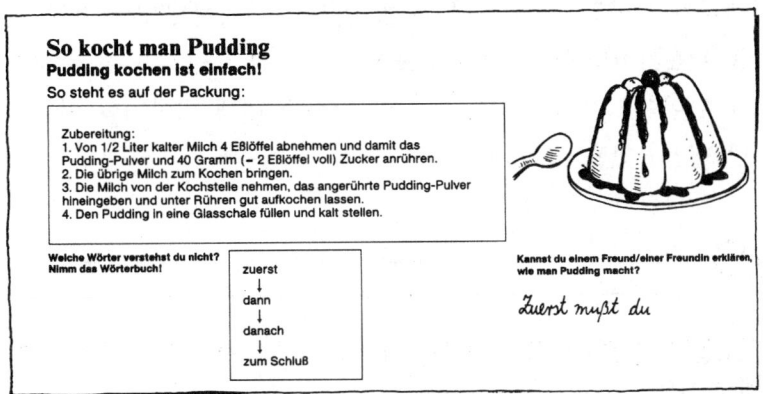

출처 Neuner(1990), 40번

신문기사는 다르다. 다음 신문기사는 "기타"란에서 나온 것이다.

 과제 43

📝 같은 내용을 다룬 두 가지 기사를 비교해 보시오. 무엇이 원래의 글이라고 생각하는가? 이유를 말해 보시오.

Wiesn-Tourist* aus Italien ausgeraubt	**Wiesn-Tourist* aus Italien ausgeraubt**
Für einen italienischen Touristen endete der Wiesn-Bummel am Montag kurz vor Mitternacht mit Schädelbrummen. Auf dem Heimweg stellt sich dem 23-jährigen am Stachus ein junger Mann in den Weg. Der Italiener wurde im selben Moment von hinten auf den Kopf geschlagen. Er brach bewußtlos zusammen. Als er wieder zur Besinnung kam, fehlten in seiner Geldbörse 110 Mark und eine Kreditkarte. Schwerere Verletzungen trug er nicht davon. Der Überfallene beschrieb den Täter bei der Polizei als 25 bis 30 Jahre alt und etwa 1,70 bis 1,75 Meter groß. Er hatte grün-rot gefärbtes schulterlanges Haar und trug im linken Ohr mehrere Ohrringe. Der Unbekannte war mit einer dunkelblauen Hose und einem Hemd, das ein Fußballtrikot sein könnte, bekleidet.	Mit Schädelbrummen endete am Montag kurz vor Mitternacht für einen italienischen Touristen der Wiesn-Bummel. Auf dem Heimweg stellt sich dem 23-jährigen am Stachus ein junger Mann in den Weg. Im selben Moment wurde der Italiener von hinten auf den Kopf geschlagen. Bewußtlos brach er zusammen. Als er wieder zur Besinnung kam, fehlten in seiner Geldbörse 110 Mark und eine Kreditkarte. Schwerere Verletzungen trug er nicht davon. Den Täter beschrieb der Überfallene bei der Polizei als 25 bis 30 Jahre alt und etwa 1,70 bis 1,75 Meter groß. Er hatte grün-rot gefärbtes schulterlanges Haar und trug im linken Ohr mehrere Ohrringe. Bekleidet war der Unbekannte mit einer dunkelblauen Hose und einem Hemd, das ein Fußballtrikot sein könnte.

* die Wiesn = die Theresienwiese in München, wo das Oktoberfest stattfindet

출처 Süddeutsche Zeitung(1997년 10월 2일자)

문장의 시작은 텍스트에서 중요한 역할을 한다. 이들은 각각의 문장이 텍스트를 이루도록 서로 연결하고 독자의 관심을 특정한 방향으로 유도한다. 그리고 문장을 시작하는 특정 방식은 어떤 글의 종류를 나타내는 고유한 문체적인 도구일 수 있는가 하면, 문장을 다양하게 시작하는 것은 더 좋은 글의 표지이다(물론, 변화의 포기가 문체적 도구로 사용된 경우를 제외할 때 말이다). 이 책에서는 문장의 시작에 대해 이야기할 기회가 앞으로도 몇 번 더 있을 것이다.

 과제 44

📝 학생들이 문장의 시작이 가지는 의미를 의식할 수 있는 연습의 형태를 말해 보시오.

다음 장에서는 다른 종류의 문장을 연결하는 장치*, 즉 접속사를 다룬다.

2.2.2 접속사들이 문장을 연결하고 문장들끼리 관계를 맺는다

1.1.2(33쪽부터)에서 본 것과 같이 접속사는 텍스트 산출에서 중요한 역할을 한다. (이는 읽기에서도 마찬가지이다! 읽기에서도 접속사는 이해에 대한 중요한 표지가 된다. 이에 대해서는 『Fertigkeit Lesen』[5] 6.2.3장을 보시오.)

접속사는 문장을 서로 연결하고, 말해지는 내용들이 서로 어떤 관계가 있는지를 표시한다. 접속사가 기능하는 범위는 문장의 경계를 넘어서며, 낱낱의 문장에서 텍스트가 형성되도록 돕는다. 이 장에서는 접속사들의 의미와 역할을 보여주는 연습들을 몇 가지 소개할 것이다.

맨 처음에 보이는 글은 빈칸 채우기인데, 접속사들이 빠져 있다. 학습자들에게 주어지는 과제는 빈칸에 적절한 접속사를 채워 넣는 것이다. 먼저 이 과제를 스스로 해 보시오.

 과제 45

✏️ 다음 글에는 빠진 단어들이 있다. 어느 단어가 어느 자리에 맞을까? 확신이 생기는 단어부터 먼저 써 보시오.

aber, bevor, da, dann, dann, denn, denn, doch, nachdem, obwohl, und, während, weil

---

[5] 이 책은 독일어교육학회 기획총서(제 3권) 『읽기 교수법』이라는 책으로 한국에서 출판되었다. (역자 주)

Die Gestohlene Uhr
Ein Krimi

Flughafen Frankfurt. (1) _____ es sehr neblig ist, ist eben eine Maschine aus New York gelandet. Die Passagiere laufen schnell zu dem wartenden Bus, (2) _____ sie frieren. Der Bus bringt die Passagiere zur Ankunftshalle, (3) _____ stehen sie vor dem Gepäckband und warten auf ihre Koffer. Einige Passagiere verlassen schon das Flughafengebäude, (4) _____ andere noch Freunde suchen und begrüßen. Plötzlich lautes Geschrei: „Meine Uhr, meine Uhr!" Es ist die helle Stimme eines kleinen Mannes in grauem Anzug. Er hat Glück, (5) _____ Kriminalkommissar Peppke ganz in der Nähe ist. Er kommt von einer Dienstreise aus New York zurück. Der Dieb ist in der Menschenmenge verschwunden, (6) _____ der kleine Mann kann eine genaue Personenbeschreibung geben. Kommissar Peppke kann über die Leute hinwegschauen, (7) _____ er zwei Köpfe größer als der kleine Mann und größer als die meisten Passagiere ist. Er sieht den Dieb an einem Zeitungskiosk. Mit schnellen Schritten sind sie dort, (8) _____ jetzt stehen sich Räuber und Opfer Auge in Auge gegenüber. Der kleine Mann erkennt den jungen Mann, (9) _____ der Dieb sagt ganz ruhig: „Was wollen Sie? Eine Uhr?" „Ja, das ist meine Uhr!" sagt der kleine Mann. „Lächerlich!" antwortet der junge Mann. „Diese Uhr gehört mir, ich trage sie schon zehn Jahre." „Na, dann ist es ja gut!" sagt Kommissar Peppke, (10) _____ er sich die Uhr angeschaut hatte. (11) _____ fragte er, (12) _____ er sich von dem jungen Mann verabschiedet: „Ach können Sie mir sagen, wieviel Uhr es ist, ich habe um 18 Uhr einen Termin." „Es ist kurz vor zwö ... , ach, die Uhr ist wohl stehengeblieben", antwortet der Dieb und wurde rot im Gesicht. „Vor sechs Stunden?" fragt Kommissar Peppke? „Ja, sieht so aus", sagt der Mann. Kommissar Peppke ist zufrieden, (13) _____ der Fall ist für ihn abgeschlossen.

수업에서의 수정

교사는 접속사들을 순서에 맞게 칠판이나 OHP 필름에 쓴다. 그러면 학습자들은 무엇이 틀렸고 무엇이 맞았는가를 스스로 확인할 수 있다(옆 사람의 글을 수정하게 할 수도 있는데, 그렇게 하면 더 주의 깊게 수정을 한다). 그 다음에는 아직 이해가 되지 않은 부분들을 다루고 필요하다면 각각의 접속사의 의미를 다룰 수도 있다.

수업에서의 변화와 개별화

빈 자리의 수보다 접속사를 더 많이 주면 이 연습은 더 어려워진다(선택을 해야 하기 때문에). 접속사를 전혀 안 줄 수도 있다.

가능하다면 언제나 개별화를 위한 이런 방법들을 이용해야 한다. 외국어 학습자들은 서로 다른 강점과 약점을 가지고 있다. 그러므로 우리는 학습자들이 어렵게 생각하는 각각의 쓰기 행위를 분리해서 연습할 수 있는

과제를 제공해야 한다. 그때 여러분은 여기에서 제안하는 것처럼,

- a) **요구되는 수준**을 서로 다르게 할 수 있다. (서로 다른 해결방법과 조건을 줄 수 있다. 약한 학생들은 1.2.2장 [과제 15]의 답안(307-308쪽)에 나온 접속사 표를 이용할 수도 있다.)
- b) **시간 조건**을 다르게 하거나 (똑같은 과제를 풀기 위한 시간을 다르게 정해 준다)
- c) **과제 영역**을 다르게 할 수 있다(Wiegand 1989 참조).

대안:

접속사를 연습하기 위해서는 다음 과제에서처럼 미완성의 문장으로 연습문제를 만들 수도 있다.

과제 46

> ✎ 다음 문장을 완성하십시오.
> (문장은 진지하게, 재미있게, 환상적으로, 사실적으로, … 계속할 수 있다.)
>
> a) 우리는 친한 친구여서, _____
> b) 나는 우리 선생님을 _____지만 좋아한다.
> c) _____다면 어떻게 할 것인가?

이런 연습은 혼자서 할 수도 있고 짝을 지어 할 수도 있다. 그 결과는 말을 계속 이어가는 연습으로 발표할 수도 있다. 예를 들면,

칠판이나 OHP: 우리는 친한 친구여서
학생 A: 칫솔도 같이 쓰고
학생 B: …하고
학생 C: …

변형:

학급 전체를 둘씩 그룹짓게 한다(학생 A, 학생 B). 한 사람이 카드 한 벌을 가진다.

A는 카드마다 "…하면, …한다면"으로 끝나는 문장을 쓴다. 예를 들면,
- 잉게 생각을 하면, …
- 커피에서 생쥐가 헤엄을 친다면, …

B는 카드마다 "그럼 …(으)ㄹ 것이다, -ㄴ/는다"가 든 문 쓴다. 예를 들면,
- 그럼 나는 기뻐할 것이다.
- 그럼 나는 잠이 안 온다.

그 다음에는 "…하면, 한다면" 문장과 "…(으)ㄹ 것이다, -ㄴ/는다" 문장을 나란히 놓는다. 말이 되는 문장이 나오기도 하고 재미있거나 말이 안 되는 문장이 나오기도 한다. 짝끼리 몇 개를 연습해서 학급 앞에서 발표한다.

과제 47

이 중 어떤 유형의 연습이 더 마음에 드는가? 어떤 차이가 있는가? 표시하시오.

빈칸 채우기	이 유형의 연습은	미완성의 문장
☐	산출적이다	☐
☐	수용적·산출적이다	☐
☐	학생 중심이다	☐
☐	창조적이다	☐
☐	학습결과를 확인하는 데 적당하다	☐

접속사가 하는 역할이 잘 드러나게 해 주는 접근 방법이 있다. 접속사가 사용된 글을 똑같지만 접속사가 없는 글과 나란히 놓는다. 우리는 Max von der Grün의 청소년도서 『Friedrich und Friederike』(1985)에서 한 부분을 예로 들려고 한다. 이 과제를 다루기 위해서는 학습자들이 원래의 글에 사용된 접속사들을 알아야 한다.

먼저 그 책에 대해 몇 마디를 해야겠다. 어려서부터 프리드리히와 프리데리케는 도르트문트 외곽의 이웃아이들이었다. 이제 둘은 거의 15세가 다 되었고, 서로 좋아한다. 아홉 개의 이야기에서 저자는 이들의 삶의 장면들을 묘사한다. 그 중 한 장면은 제목이 '소풍'인데, 프리드리히와 프리데리케도 같이 갔던 학교 소풍이야기이다. 프리데리케는 숲길 옆에서 계속해서 무언가 새로운 것을 발견한다. 식물, 풍뎅이, 다람쥐―그러다가 어느 순간, 친구들을 잃어버렸음을 알게 된다. 우리가 인용한 부분이 여기에서 시작한다.

102쪽의 표를 채우면서 다음에 묘사된 과제를 해 보시오.

 과제 48

✏️ 다음과 같은 점에서 글 A와 B를 비교해 보시오.

1 A와 B의 차이는 무엇인가?

2 어느 것이 이해하기에 더 쉽고 어느 것이 더 어려운가? 왜 그런까?

3 어느 것이 문법적으로 더 단순한가/쉬운가? 왜 그런가?

4 어느 것이 더 "아름다운가", 호감이 가는가? 왜 그런가?

글 A

Da rannte sie los und rief „Fritz! Fritz!", rannte davon quer durch den Wald, bis sie stolperte, in ein Loch trat und vor Schmerz aufschrie. Als sie weitergehen wollte, knickte das rechte Bein ein, im Fußknöchel stach es heftig. Friederike ließ sich auf den Waldboden fallen und dachte: Was jetzt, was jetzt. Und noch einmal schrie sie „Fritz! Fritz!" und versuchte wieder aufzustehen. Der Schmerz trieb ihr Tränen in die Augen, aber sie stand. Sie lehnte sich an einen Baumstamm, zog den rechten Fuß hoch und rieb den Knöchel; dann versuchte sie, nur mit der Ferse aufzutreten, das tat nicht so weh. So konnte sie sich humpelnd eine Zeitlang vorwärtsbewegen. Da sie sich aber nicht auf einem glatten Weg befand, sondern mitten im Wald, wo ein Hindernis hinter dem anderen verborgen liegt, war es ein mühsames Humpeln, und bald gab sie es ganz auf. Sie setzte sich auf einen Baumstamm und blieb einfach sitzen.

So wie Friederike allmählich zurückgeblieben war, so war Friedrich, ohne es zu wollen, in die Spitzengruppe der Wanderer geraten. Anfangs hatte er sich manchmal noch nach Friederike umgesehen; wenn er hinter sich ihr weinrotes T-Shirt im Wald sah, ging er mit den anderen beruhigt weiter. Erst auf dem Parkplatz bemerkte er, daß sie fehlte.

Als Lehrer Gruber vor dem Bus alle Namen aufgerufen hatte, sagte er: „Also Friederike Meister ist nicht da. Lodemann, du müßtest doch wissen, wo sie steckt."

„Nein, ehrlich. Ich dachte, sie ist mit am Schluß." Nun begann eine Befragung aller, und jeder fragte jeden, aber es war wie verhext: unterwegs waren alle der Meinung gewesen, Friederike laufe in einer anderen Gruppe weiter vorn oder weiter hinten mit. Niemand hatte sie vermißt – auch deshalb nicht, weil alle dachten, sie könnte nur in Friedrichs Nähe sein.

출처 von der Grün(1983), 31/32

글 B

Sie rannte los und rief „Fritz! Fritz!", rannte davon quer durch den Wald.

Sie stolperte, trat in ein Loch, schrie vor Schmerz auf. Sie wollte weitergehen. Das rechte Bein knickte ein, im Fußknöchel stach es heftig. Friederike ließ sich auf den Waldboden fallen. Sie dachte: Was jetzt, was jetzt. Noch einmal schrie sie „Fritz! Fritz!". Sie versuchte, wieder aufzustehen. Der Schmerz trieb ihr Tränen in die Augen. Sie stand. Sie setzte sich auf einen Baumstamm. Sie blieb einfach sitzen.

Friederike war allmählich zurückgeblieben, Friedrich war, ohne es zu wollen, in die Spitzengruppe der Wanderer geraten. Er hatte sich manchmal noch nach Friederike umgesehen. Er sah hinter sich ihr weinrotes T-Shirt im Wald. Er ging mit den anderen beruhigt weiter. Erst auf dem Parkplatz bemerkte er es. Sie fehlte.

Lehrer Gruber hatte vor dem Bus alle Namen aufgerufen. Er sagte: „Also Friederike Meister ist nicht da. Lodemann, du müßtest doch wissen, wo sie steckt."

„Nein, ehrlich. Ich dachte, sie ist mit am Schluß." Die Befragung aller begann. Jeder fragte jeden. Es war wie verhext: unterwegs waren alle der Meinung gewesen, Friederike laufe in einer anderen Gruppe weiter vorn oder weiter hinten mit. Niemand hatte sie vermißt.

Alle dachten, sie könne nur in Friedrichs Nähe sein.

차이	글 A (원문)	글 B (조작된 글)
이해하기에 더 쉽다 / 어렵다		
문법적으로 더 단순하다 / 쉽다 – 왜?		
더 "아름다운" 것? – 왜?		

이 두 텍스트로 하는 수업에 대해서는 비디오 자료가 있다. 스웨덴의 교사인 Ulrike Klingeman은 5년째 독일어를 배우는 17~18세 학생들과 함께 이 두 가지 글을 가지고 작업을 했다. 그 시간 수업의 주제는 '텍스트 작업: 복잡한 문장 구조 내에서의 접속사의 역할'이었다. 수업을 녹화한 비디오는 괴테 인스티투트Goethe-Institut에서 보거나 빌리거나 주문할 수 있다 (『Grammatik im Unterricht』, 주문 번호 53). 이 수업의 진행 순서, 어떤 맥락에서 이 수업이 이루어졌는가에 대한 기술, 수업에 사용된 자료는 『Handbuch Grammatik im Unterricht』(Dahl/Weis 1988, 819-837)에 들어 있는데, 마찬가지로 괴테 인스티투트Goethe-Institut에서 구할 수 있다. 무엇을 관찰할 것인가 하는 과제와 이 주제에 대한 다른 참고사항은 그 책 141-158쪽에서 찾을 수 있다.

다시 텍스트 비교로 돌아오자. 의심할 여지없이, 『Friedrich und Friederike』의 원문이 조작된 "단순화된" 글보다 문법적으로 더 어렵다. 원문에는 더 길고 복잡한 문장과 복문이 들어 있는 반면, 조작된 글에는 거의 짧은 주문장뿐이다. 하지만, 문법적으로 단순한 글이 이해하기도 더 쉬운가? 다시 한 번 원문과 조작된 글에서 예문 하나를 비교해 보시오.

원문
Wenn er hinter sich ihr weinrotes T-Shirt im Wald sah, ging er mit den anderen beruhigt weiter.

조작된 글
Er sah hinter sich ihr weinrotes T-Shirt im Wald. Er ging mit den anderen beruhigt weiter.

원문이 더 분명하고 명시적이다. 조작된 글에서는 암시되어 있고 추측해야 하는 것이 원문에서는 명시적으로 표현되어 있다. 원문은 두 명제 사이의 내용적인 관계를 분명히 보여 주지만, 조작된 글의 경우에는 독자가 그 관계를 스스로 만들어내야 한다.

Hans Jürgen Heringer는 이를 다음과 같이 설명한다.

"개념적인 관계가 표현되지 않는다면 자유로이 움직일 수 있는 공간이 생긴다. 독자는 주어진 문맥과 자신의 지식에 따라 이런 선택이나 저런 선택을 해석해야 한다. 더 구체적인 글은 … 독자에게 해석 작업을 면제해 줄 수 있다. 따라서 더 짧고 단순한 텍스트가 길고 복잡한 텍스트보다 이해하기에는 더 어려울 수 있다." (Heringer 1987, 98)

텍스트 이해에 대해 유효한 말은 텍스트 산출에 대해서도 유효하다. 학습자들이 접속사를 산출에 사용할 줄 안다면 그들은 말하고자 하는 바를 더 잘, 더 분명하게, 그러니까 더 명료하고 명백하고 오해의 여지가 없이 표현할 수 있다.

예를 들어 한 번 해보자.

과제 49

> ✎ 그는 산책을 간다.　　　　　　　비가 온다.
>
> 이 두 문장 사이의 관념적인 관계는 표현이 되지 않았다. 이 두 명제에 어떤 해석을 부여할 수 있겠는가?
>
> a) <u>그는 비가 올 때 산책하기를 좋아한다. 그는 비가 오기 때문에 산책을 간다.</u>
>
> b) _____
>
> 등등.

접속사는 문장들을 연결하는 "다리"이다(Heringer 1987, 92). 그런데 우리는 여기서 두 가지 종류를 구별한다. 등위접속사*는 주문장과 주문장을 연결하고 종속접속사*는 주문장과 부문장을 연결한다. 등위접속사와 종속접속사를 이용하여 우리는 순접*, 역접*, 원인*, 동기와 목적*, 조건*, 양보*, 그리고 시제*의 관계를 표현한다.

접속사의 의미론적* 기능을 더 분명하게 파악하기 위해서는 다음에 서술하는 접근 방법이 도움이 될 수도 있겠다.

"Er hat … 표"(1.2.2, 35쪽부터)에서 처음에 나왔던 접속사들을 도입했다면, 첫 번째와 두 번째 학년에서는 다음과 같이 접속사를 계속 다룰 수 있다. 학습자들은 빈칸이 있는 표를 받고, 거기에 계속해서 수업 시간에 다룬 글에서 나오는 접속사가 포함된 예문들을 적는다. 이 표를 포스터의 형태로 (큰 포장용지나 헌 벽지) 교실 벽에 걸어도 좋다. "접속사 담당자"가 이 표를 계속해서 채워 나간다. 그렇게 하면 학습의 진보가 눈에 보이게 지속적으로 기록이 된다. 두 번째 해가 끝나갈 때쯤이면 양쪽에 예문이 꽤 여러 개 있을 것이다.

"접속사 표"를 만들기 위한 제안 한 가지가 여기 있다.

	예문	접속사
– 순접 표현 접속사 두 내용을 서로 대등하게 연결한다		und
– 역접 표현 접속사 한 문장이 다른 문장의 반대이다		aber, sondern, jedoch, doch
– 원인 표현 접속사 한 문장은 다른 문장의 이유를 설명하고, '왜'라는 질문의 대답이 된다		denn, weil, da
– 목적 표현 접속사 한 문장이 다른 문장의 행동의 동기/목적을 표현하고, '무엇하러?'에 대한 대답이 된다		damit, dass, um … zu
– 조건 표현 접속사 어떤 조건 하에서 어떤 일이 생기는가 하는 질문의 대답이 된다		wenn, falls
– 양보 표현 접속사 어떤 이유가 있었는데도 불구하고 사건이 일어나지 않았음을 표현한다		obgleich, obwohl
– 시제 표현 접속사 한 문장은 시간적인 관계를 표시하고 '언제?'라는 질문에 대답한다		als, wenn, bevor, nachdem, während, ehe, solange

둘러가기: Krashen의 입력 가설*

우리가 여기에 쓰기 능력을 기르는 과제를 소개할 때, 일단 읽어야 할 (그리고 이해해야 할!) 텍스트에서 출발한 적이 몇 번 있음을 여러분은 눈치 챘을 것이다. 이때, 텍스트의 이해로 이끄는 작업 단계들은 동시에 학습자들이 스스로 텍스트를 만들어 낼 때에도 도움이 되도록 고안되었다. 이런 맥락에서 Stephen Krashen은 입력 가설이라는 표현을 쓴다. 그 말은 (텍스트를 쓰기 위한 전제조건인) 텍스트 능력*은 특히 읽기를 통해서 습득할 수 있다는 뜻이다. 글을 읽으면서, 텍스트는 무엇이며, 문어는 무엇이고, 어떻게 하면 글을 재미있게 만들 수 있는가 등등을 배우기 때문이다.

그러니까 쓰기는 (일차적으로) 쓰기를 통해서 배우는 것이 아니라, 읽기를 통해서 배운다. 읽기는 쓰기를 준비하는 최상의 활동이다. 이때 수용 활동을 통해서 산출 능력이 생겨난다(Krashen 1985, 98쪽부터). (물론 읽기도 수용적이기만 한 활동은 아니다. 누구나 글을 읽으며 그 글에 자신만의 주관적인 의미를 부여하기 때문이다. 하지만 그런 측면은 지금의 맥락에서는 별로 중요하지 않다. 읽기와 이해의 과정에 대해 관심이 있다면 같은 시리즈의 『Lesen als Verstehen』과 『Fertigkeit Lesen』을 읽기를 권한다.)

쓰기 과제 중에는 읽기와 쓰기의 연결을 바탕으로 하고 있는 것들이 많은데, 가장 단순한 형태는 이야기의 문법 구조가 동일한 글을 쓰는 것이다. 이런 쓰기 과제는 초급 수업에서나 고급 수업에서나 공통적으로 흔히 행해진다. 초급수업에서 학습자들은 원본에 가깝게 글을 쓰며, 주어진 글의 구조를 자신들의 글에 받아들인다. 고급 수업에서는 예로 든 텍스트를 바탕으로 주어진 주제에 대해 자신의 글을 쓰게 된다.

관점을 바꾸어 쓰기에서도 주어진 글을 출발점으로 삼는데, 이야기에 나오는 서로 다른 사람들의 관점에서 서술을 한다(2.3.4장 참조). 이 책의 2장에서 우리는 텍스트를 바탕으로 쓰기를 발달시키려면 무엇을 할 수 있는가에 대한 여러 가지 방법을 다룰 것이다.

접속사를 다룰 때에는 다양한 방식으로 읽기와 쓰기를 결합시킬 수 있다. 지금부터 보이는 연습들에도 그 점이 드러난다. 첫 번째 예는 아까 말한 『Handbuch Grammatik im Unterricht』(Dahl/Weis 1988)에서 취했다.

이 예에서는 "의식화-비교-자신의 텍스트 산출"이라는 작업 단계들이 서로 결합되어 있다.

첫 번째 단계: 내용을 이해하기

우선 교사가 이 이야기의 첫 번째 부분(텍스트로 된 글 A)을 각각의 문장으로 분리한다 (접속사는 삭제되고 복합적인 문장 구조는 사라진다). 각각의 문장을 OHP로 투사하고, 그 문장에 대해서 간단하게 이야기를 한다 (누가 나오는가? 무엇을 하는가? 이것이 "텍스트"인가?)

두 번째 단계: 비교

학생들은 "각각의 문장으로 된 글"(문장으로 된 글 A)과 "텍스트로 된 글"(텍스트로 된 글 A)이 나란히 있는 종이를 받는다. 두 글의 차이에 대해서는 먼저 그룹에서 이야기를 하고, 그 다음에 학급 전체가 이야기할 수도 있다. 그 결과는 a)해당 부분을 텍스트에 표시해서 눈에 보이게 할 수도 있으며, 문법 구조 중에서 가장 중요한 것들은 테두리에 적는다(과제 50 참조).

덧붙이는 말:
텍스트를 개별 문장으로 분해하는 작업은 2.2.1에서 문장의 시작을 다룰 때에도 추천했다. 이 절차는 글의 구조를 드러내는 데에 적합하다.

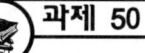
과제 50

a) 머리 속에서 두 글을 비교하고 그 차이를 도표로 나타내 보시오.

b) 텍스트로 된 글의 옆에 해당되는 문법 구조를 적어 보시오. (문장에서 글로의) 어떤 차이를 특히 강조하고 싶은가?

Ein Mißverständnis

Satzversion A

Kostas war ein Student aus Griechenland.
Kostas machte einmal eine Reise durch Deutschland.
Kostas besuchte viele Städte.
Kostas wollte das Leben auf dem Lande kennenlernen.
Kostas wanderte über Felder und Wiesen.
Kostas war glücklich.
Das Wetter war schön.
Die Landschaft gefiel Kostas gut.
Eines Tages kamen plötzlich viele Wolken aus dem Westen.
Kostas war im Schwarzwald.
Schon nach einer Viertelstunde war der Himmel ganz dunkel.
Es begann kräftig zu regnen.
Kostas näherte sich zum Glück einem Dorf.
Das Dorf konnte Kostas Schutz vor dem Regen bieten.

Textversion A

Kostas, ein Student aus Griechenland, machte einmal eine Reise durch Deutschland. Er besuchte viele Städte, aber er wollte auch das Leben auf dem Lande kennenlernen, und so wanderte er über Wiesen und Felder. Er war glücklich, denn das Wetter war schön und die Landschaft gefiel ihm gut.

Eines Tages, als er im Schwarzwald war, kamen plötzlich viele Wolken aus dem Westen, und schon nach einer Viertelstunde war der Himmel ganz dunkel. Und dann begann es kräftig zu regnen. Zum Glück näherte sich Kostas gerade einem Dorf, das ihm Schutz vor dem Regen bieten konnte.

출처 Dahl/Weis(1988), 865

세 번째 단계: 자신의 텍스트 산출

학습자들은 이 이야기의 나머지를 두 부분으로 나누어서 받는데, 그 이야기는 아직 개별 문장의 형태로 되어 있다. 한 그룹은 문장으로 된 글 B를 받고 다른 그룹은 문장으로 된 글 C(이야기의 끝)를 받는다. 그리고 각 그룹은 텍스트를 형성하는 요소들(접속사와 부사)이 여러 가지 쓰여 있는 연습지를 받는다. 각각의 그룹이 자신들의 텍스트를 쓴다. 텍스트로 된 글 B와 C는 학급 전체에서 읽고 수정한다(글 다듬기에 대해서는 3장 참조). 끝으로 텍스트로 된 글 전체를 하나로 모은다.

접속사와 부사가 쓰인 연습지

```
und        dort     weil      aber            dann
     da  natürlich   so              deshalb
                          sondern  leider    plötzlich
   denn  schließlich  darum    auch  danach
                           als
```

[출처] Dahl/Weis(1988), 856

학생들에게 이런 과제를 주기 전에 여러분이 먼저 해 보아야 한다. [과제 51]은 그렇게 할 기회를 제공한다.

과제 51

여기 실린 글 B를 보고 텍스트를 만들어 보시오. 접속사와 부사가 실린 앞 페이지의 연습지를 이용하시오.

문장으로 된 글 B	여러분이 쓴 텍스트 B
Kostas trat in dem Dorf in ein Restaurant ein. Kostas setzte sich an einen Tisch am Fenster. Es war gerade Mittagszeit. Kostas hatte großen Hunger. Kostas wollte ein Mittagessen bestellen. Das war schwierig. Kostas konnte kein Deutsch. Der Wirt verstand kein Wort Griechisch. Daß der Wirt kein Griechisch verstand, war für Kostas sehr unangenehm. Kostas hatte Hunger. Kostas konnte nichts bestellen. Kostas hatte eine Idee.	

[출처] Dahl/Weis(1988), 866

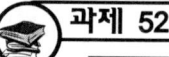
과제 52

📝 이 과제에는 이야기의 끝부분인 텍스트로 된 글 C가 주어진다. 텍스트로 된 글을 앞 페이지의 연습지와 같은 도움이 있다면 학습자들이 하나로 된 글을 쓸 수 있을 만한 개별 문장으로 분해해 보시오.

텍스트로 된 글 C	여러분이 쓴 문장 C
Schließlich nahm er einen Bleistift und zeichnete auf eine Serviette einen Pilz, denn er hatte gerade Appetit auf Pilze. Der Wirt sah die Zeichnung, nickte mit dem Kopf und ging aus der Gaststube. Kostas freute sich natürlich auf das Essen und besonders auf die Pilze, aber er freute sich zu früh, denn der Wirt brachte leider keinen Teller mit Pilzen, sondern – einen Regenschirm.	

출처 Dahl/Weis(1988), 869

어쩌면 여러분은 수업에 쓰기 위해 이런 글을 어디에서 얻을 수 있는지 물을지도 모른다. 개별 문장으로 분리하기가 쉬우면서 전체로 합칠 수도 있는 적절한 난이도의 글을 구하기란 쉬운 일은 아니다. 직접 인용이 없는 서사문이 가장 적합한데, 이런 글들은 독일어를 3, 4년째 배우는 학생들의 교재에서 찾을 수 있다.

다음에 나오는 텍스트는 2.2.1장(95쪽)에서 다룬 '브레넬리의 정원'의 다음 이야기이다. 앞에서 우리는 텍스트의 시작을 다루었고, 여러분은 분명히 그 이야기가 어떻게 계속되는지 읽고 싶을 것이다. 그 글은 이번 장에서 이야기하고 있는 접속사 수업에 (문장으로 된 글과 텍스트로 된 글의 비교에) 적합하다. 여러 단계로 된 적절한 연습을 어떻게 만들 수 있을까?

과제 53

> ✎ 다음 글을 보고 단계화된 연습을 구상해 보시오.
>
> ...
> Wieder einmal kam der Herbst. Ganz oben auf dem Glärnisch lag schon Schnee. Alles war für den Alpabzug bereit. Da wollte Vreneli nicht mehr ins Tal zurückgehen. Sie wollte auf den Berg steigen und ganz oben Blumen pflanzen. Vreneli war starrsinnig. Auch die Mutter konnte sie nicht zurückhalten.
> Vreneli setzte einen Käsekessel auf den Kopf und ging den Berg hinauf. Sie kam nur langsam vorwärts, denn der Schnee lag schon hoch und der Wind war kalt. Erschöpft kam Vreneli endlich auf dem Gipfel an.
> Sofort begann sie mit der Arbeit. Sie schaufelte ein Stück Wiese frei und pflanzte dort Blumen.
> Aber Vreneli schaufelte den Schnee vergeblich weg, denn es schneite immer stärker. Der Käsekessel auf Vrenelis Kopf wurde immer schwerer und drückte sie zu Boden. Zuletzt konnte Vreneli nicht mehr aufstehen, und sie musste im Schnee sterben.
> Seit jener Zeit liegt auf dem Glärnisch Eis und Schnee. Das viereckige Eisfeld ganz oben auf dem Glärnisch heisst heute noch „Vrenelisgärtli".
>
> [출처] Nodari 외(1994), 73

이 텍스트를 가지고 하는 연습은 이 이야기를 구두로 다시 반복해 보라는 학습자들을 향한 요청으로 끝난다. 도움을 주기 위해서 학습자들에게는 문장(주문장과 부문장)의 시작이 주어지는데, 지금 이 부분의 경우에는 이렇게 된다.

- *Veneli setzte einen ... und ging ...*
- *Sie kam nur ... denn ... und der Wind ...*
- *Erschöpft ...*
- *Sofort begann sie ... usw.*

학습 상황에 따라 여러분은 정보를 더 주거나 덜 줌으로써 과제를 변형시킬 수 있고 접속사를 이용한 문장의 시작과 연결을 한 번 더 글로 써서 (또는 구두로) 연습하도록 할 수 있다.

문장 카드로 하는 활동

문장 카드를 이용하면 접속사의 쓰임을 잘 연습할 수 있다. 카드에 쓴 문장은 움직일 수가 있고, 따라서 다양한 문장들을 다양한 내용적인 관계에 따라 배열할 수 있다(다음 페이지의 예도 보라). 다음에서 우리는 '핑계 대기'라는 주제에 대해 미리 준비한 문장 카드를 보이고자 한다. 여기서 연습하는 것은 접속사 *weil*(-아서/어서, -기 때문에)이다. 이 연습에는 글로 쓰는 연습과 구두로 하는 연습이 포함되어 있다. 여기서 소개되는 연습은 어느 수업 상황에도 들어맞기 때문에, 바로 수업에서 사용할 수 있다. 청소년들은 언제나 "핑계"가 필요하니까!

준비:

문장 카드가 들어 있는 연습지(112-113쪽)를 복사해서 학생 두 명에게 카드 다섯 개씩을 준다. 각 쌍은 그밖에 아무 글도 쓰이지 않은 카드 다섯 개를 받고, "핑계"를 쓰기 위한 여러 가지 색깔의 카드를 받는다.

Arbeitsblatt 1

Satzkarten

Ich komme zu spät zur Schule.	Ich habe vergessen, meine Hausaufgaben zu machen.
Ich fahre mit dem Bus und habe keine Fahrkarte.	Du fährst bei Rot über die Kreuzung.

> Du fährst Fahrrad, kommst in eine Verkehrskontrolle – und deine Bremse funktioniert nicht.

> Du hast dich mit deinem Freund/ deiner Freundin um 16 Uhr verabredet. Du kommst eine Stunde später.

> Du hast Hunger, aber keinen Pfennig Geld. Du setzt dich in ein Restaurant und bestellst ein Menü. Dann kommt die Rechnung.

> Ein Junge/Ein Mädchen lädt dich ins Kino ein. Dich interessiert weder der Film noch der Junge/ das Mädchen.

Die Aufgabe:

1. *Schreibt nun zu jeder Satzkarte eine (phantasievolle) Ausrede auf eine der leeren bunten Karten.*
   Beispiel:
   Satzkarte   **farbige „Ausreden-Karte"**

   Ich komme zu spät zur Schule.   *Mein Wecker hat nicht geklingelt.*
                                          oder
                                          Ich musste mein Krokodil noch ausführen.

2. *Schreibt dann Satzkombinationen mit* **weil**.

   Beispiel:
   Ich komme zu spät zur Schule, weil mein Wecker nicht geklingelt hat.

주의할 점:

핑계가 덜 정확할수록 (예를 들어, '나는 기억력이 나쁘다') 연습의 다음 부분이 더 개방적이 된다. 정답을 짐작하기가 더 어렵기 때문이다.

이 연습에서 구두로 하는 부분은 추측으로 맞추는 게임으로 구성되어 있다. 학생들은 짝을 바꾸고, 각각의 학생이 어떤 핑계를 필요로 하는지를 맞혀야 한다. 추측으로 맞추는 게임에는 맞는 답이 있고 틀린 답이 있다. 먼저 답이 맞다고 긍정을 하는 표현들과('응, 맞아' / '네 말이 맞아' / '정말 그래' 등) 부인하는 표현들을('아니, 아니' / '아니야, 그렇지 않아' / '틀렸어 / 어쩌다 그런 생각을 하는 거야?') 모아 보시오.

수업 진행:

짝을 섞는다. 예를 들면, A1는 자기 자리에 있고, A2는 B1에게 가고, B2는 A1에게 간다. A2와 B2는 새로운 "핑계 카드"를 본다.

학생 A1는 B2에게 묻는다: '왜 학교에 늦게 왔어?'

학생 B2는 이제 자기 앞에 놓인 카드 중에서 옳은 대답을 찾아서 대답을 한다.

예를 들면: '악어를 데리고 동네를 한 바퀴 돌아야 했기 때문에'. 만일 틀렸으면 A1은 부정을 하고, 맞았으면 A1은 맞다고 말을 해 준다. B2가 모든 대답에 속한 질문을 찾을 때까지 계속한다.

더 단순한 형태:

학습자들은 다음과 같은 과제를 받고 거기 필요한 표현을 함께 받는다.

Arbeitsblatt 2

1. *Schreibt Kärtchen mit „Resultaten" und Kärtchen mit möglichen „Gründen/Ursachen".*
   schönes Wetter; ich/anrufen; ich/krank sein; Sie/mich einladen; du/traurig sein; ich/ihm Auto schenken; ich/zu Hause bleiben; ich/ihr etwas sagen wollen; ich/spazieren gehen; Sie/Geburtstag haben; spät sein; er/nicht gern laufen; ich/nicht zu Hause sein; ich/mich beeilen

   Zum Beispiel:

Resultate	**Gründe/Ursachen**
ich/zu Hause bleiben	ich/krank sein

2. *Verbindet jetzt das „Resultate-Kärtchen" und das „Gründe-Kärtchen" mit* **weil**.
   a) *Ich bleibe zu Hause, weil ich krank bin.*
   b) ...

'핑계'에 대한 문장 카드로는 다른 논리적인 연결, 예를 들면 종속접속사 obwohl(양보절)도 연습할 수 있다. 예를 들어서 한 번 해 보시오. (예: *Ich komme zu spät zur Schule, **obwohl** ich heute Morgen sogar früher aufgestanden bin.* '나는 오늘 아침엔 다른 날보다 일찍 일어났지만 그래도 학교에 늦었다.') 수업에서는 핑계라는 주제에 대한 문장 카드처럼 사용한다.

 과제 54

> 두 문장 사이의 목적 관계("damit, dass, um ⋯zu" "-려고, -기 위해")와 조건 관계("wenn, als" "-다면, -(으)면")의 표현을 연습하는 문장 카드를 고안해 보시오.

2.2.3 문장의 결합, 또는 여러 개의 문장을 하나의 문장으로 만드는 법

외국어로 글을 쓸 때 학생들은 흔히 문법이 틀릴까봐 두려워서 복잡한 구조의 문장을 쓰기를 꺼린다. 그 대신 단순한 주문장을 나열하는 경우가 많다. 1.2.2장과 2.2.2장에서는 학생들이 어떻게 접속사를 이용하여 여러 개의 문장을 연결하는 법을 학습할 수 있는가를 다루었다. 다음 과제에서 우리는 그 반대의 길을 갈 것이다. 즉 여기서는 개별 문장을 단순히 연결하는 대신에(주문장-주문장, 주문장-부문장) 우리는 여러 개의 문장을 문장 성분이 여러 개인 복잡한 문장으로(보족어, 부사구, 관형어, 안긴 문장 등을 포함하는 문장으로) "조합할" 것이다. 이런 "조립 공정"을 통해서 우리는 단순한 문장에서 복잡한 문장으로 다가간다. 학습자들은 처음에는 재생산 활동만을 한다. 필요한 문법 지식이 갖추어지면 이런 연습을 종종 하는 것이 좋다.

이번에도 학생의 입장으로 돌아가서 다음의 복합적인 과제를 스스로 해 보시오. 이런 유형의 과제에서는 다양한 영역의 문법적 규칙성에 대한 지식이 필요하다는 것을 알게 될 것이다.

예에서처럼 각각의 연습 단계를 거쳐 보시오. 문장 성분들의 순서는 얼마든지 바뀔 수 있다.

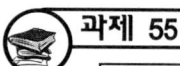 과제 55

Bilden Sie aus den einzelnen Sätzen der Übungsabschnitte einen einzigen Satz, der alle Teilinformationen der Einzelsätze enthält.

Beispiel:

Ein Unfall

1. Ein Auto fährt auf die Kreuzung.
   a) Das Auto ist klein und schwarz.
   b) Es ist kurz vor Mitternacht.
   c) Das Auto hat eine Geschwindigkeit von 90 Stundenkilometern.
   d) Es kommt von der Hauptstraße.

a)	Ein kleines schwarzes Auto fährt auf die Kreuzung.
a) + b)	Kurz vor Mitternacht fährt ein kleines schwarzes Auto auf die Kreuzung.
a) + b) + c)	Kurz vor Mitternacht fährt ein kleines schwarzes Auto mit einer Geschwindigkeit von 90 Stundenkilometern auf die Kreuzung.
a) + b) + c) + d)	Von der Hauptstraße kommend fährt kurz vor Mitternacht ein kleines schwarzes Auto mit einer Geschwindigkeit von 90 Stundenkilometern auf die Kreuzung.

Oder: Kurz vor Mitternacht fährt ein kleines schwarzes Auto mit einer Geschwindigkeit von 90 km/h von der Hauptstraße auf die Kreuzung.

Bitte machen Sie nun mit den folgenden Übungssätzen weiter:

2. Eine Dame sieht die Lichter auf sich zukommen.
   a) Die Dame ist alt.
   b) Die Dame steht auf dem Zebrastreifen.
   c) Die Dame ist entsetzt.
   d) Es sind die Lichter des Autos.

3. Das Auto kommt ins Schleudern.
   a) Es geschieht einen Augenblick später.
   b) Die Straße ist regennass.
   c) Das Auto ist kurz vor dem Zebrastreifen.

> 4. Das Auto erfasst die Dame mit der Stoßstange.
>   a) Die Dame ist hilflos.
>   b) Die Stoßstange reißt sie zu Boden.
> 5. Der Fahrer steigt aus dem Wagen.
>   a) Er ist angetrunken.
>   b) Er ist blass vor Schreck.
>   c) Die Dame liegt auf dem Boden.
>   d) Er geht zu ihr.
>   e) Er will ihr helfen.

이 연습은 Thomas Cooper에게서 따와서 언어를 더 단순하게 만든 것인데, 그는 문장을 조합하는 이런 연습은 "문장 구조, 문장의 길이와 문장의 복합성을 눈에 띄게 향상시킨다"고 한다(Kast 1989a, 135쪽부터. Lieber/Posset 1988에 있는 인용과 일치한다).

이런 연습을 할 때 어떻게 부분적인 정보들을 하나씩 더 큰 문장에 포함시킬 수 있는지를 학생들에게 보여 주라(과제 55에서 예를 든 것처럼).

많은 항목들을 통합시켜야 하기 때문에, 지금 여러분이 한 형태의 연습은 상당히 수준이 높다. 여러분은 몇 가지 항목만을 선택할 수도 있다.

 과제 56

> 1 이 연습을 독일어를 배우는 첫 해에도 할 수 있도록 [과제 55]의 예 1~5에서 연습 항목을 몇 개 선택하되, 내용이 유의미하게 연결되게 하시오.
> 2 이 연습을 하기 위해서 전제되는 문법 지식을 메모해 보시오.

Diethart Köster(1994, 195)는 비슷한 연습 한 가지를 제안하는데, 여기서는 한 단계가 더 있다. 이 과제의 두 번째 부분에서는 첫 번째 부분에서 만든 문장들을 하나의 이야기로 연결시켜야 한다.

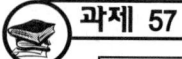

📝 다음 과제를 해 보시오.

Erweitern Sie die fett gedruckten Sätze um die Informationen a) bis c) unter den Sätzen.

Beispiel:

Herr Higl fuhr zum Friseur.

   a) Das geschah am Freitag.
   b) Der Friseur heißt Mittermaier.
   c) Sein Laden liegt im Stadtzentrum.

Lösung: Am Freitag fuhr Herr Higl zum Friseur Mittermaier im Stadtzentrum.

Und nun Sie:

1. Ein Mann kam auf die Polizeistation.
    a) Das geschah gestern nachmittag.
    b) Die Station steht in der Herderstraße.
    c) Der Mann war jung.

2. Der Mann hatte eine Tasche bei sich.
    a) Die Tasche war schwarz.
    b) Er hatte sie in der Hauptpost gefunden.
    c) Er wollte sie hier abgeben.

3. Die Polizisten fanden darin eine Geldsumme.
    a) Die Polizisten öffneten die Tasche.
    b) Die Geldsumme war groß.

Verbinden Sie die Sätze zu einer Geschichte:

Gestern ...
Er ...
Als ...
usw.

출처 Köster(1994), 195

이 마지막 예는 어떻게 단순한 문장의 연결에서 복합적인 문장으로, 또 거기에서 하나의 전체를 이루고 있는 이야기로 갈 수 있는지를 보여 준다.

이때 학습자들은 다양한 영역, 예를 들면 어순(1. '그 일이 일어난 것은 → 어제 ...'), 지시어(2. '그 남자는 → 그는'), 접속사를 이용한 논리적 관계의 표현(3. '경찰은 가방을 열었다→경찰이 가방을 열자' *Als die Polizei die Tasche öffnette*) 등에서 그들의 문법 지식을 동원해야 한다.

물론 [과제 55]에서 개별문장을 하나의 텍스트(사건 보고)로 연결시킬 수도 있다. 이때는 한 걸음을 더 나가면, 학생들을 그룹으로 나누어 서로 다른 관점에서 글을 쓰게 할 수도 있다. 그렇게 하면 서로 비교할 수 있는 서로 다른 글들이 생겨난다. 예를 들어, 경찰의 관점에서 / 목격자의 관점에서 / 사고를 당한 나이 많은 여자의 관점에서 / 운전자의 관점에서. 필요하다면 내용에 어떤 측면을 더할 수도 있고 삭제할 수도 있다.

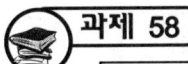

과제 58

> [과제 55]의 예 1~5를 보고 여러분의 학습자들에게 **알맞은 과제를 만들어 보시오. 시험 삼아 텍스트도 써 보시오.**

어떻게 하면 이런 과제를 스스로 만들 수 있을까? 우리가 든 두 가지 예는 작은 사건(교통사고, 도둑맞은 일)의 기술이며, 이런 글은—어느 정도 꾸며진 글—신문이나 교재의 "기타"란에서 찾을 수 있다. 연습을 만들기 위한 기본 정보를 이런 글에서 얻을 수 있다. 여러분은 상상력을 동원하여 그 연습에 세부를 더 만들어 넣거나 난이도를 다양하게 할 수도 있다. 우리는 여러 날에 걸쳐 일간지(Frankfurter Rundschau / Süddeutsche Zeitung)를 살펴보았는데, 곧 원하는 것을 찾을 수 있었다. ("아이디어 제공자"로 여러분 나라의 신문을 이용할 수도 있다.) 개별 문장들을 모아 놓고 나면, 이 연습이 정말로 되는지를 꼭 실험해 보아야 한다.

과제 59

1. 다음에 주어진 텍스트 중 하나에 대해서, [과제 55]와 [과제 57]에서 설명된 방식대로 연습을 해 보시오.

2. 이때, 어떻게 하면 개별화를 할 수 있을까(약한/강한 학생들에게 서로 다른 내용의 제공)?

텍스트 1

Nein zu Yeah, Yeah, Yeah

LIMA (afp). Die peruanischen Behörden haben ein Gedenkkonzert für das ermordete Beatles-Mitglied John Lennon in der weltberühmten ehemaligen Inka-Stadt Machu Picchu verboten. Sie befürchten, die zu erwartende Menschenmenge könnte die Ruinen beschädigen.

텍스트 2

Goldfinger

MELBOURNE (ap). Ein australischer Goldsucher hat sich mit Hilfe eines Metalldetektors goldene Weihnachten beschert. In den Ballarat-Goldfeldern fand der Mann einen 2150 Gramm schweren Goldklumpen unter einer nur fünf Zentimeter tiefen Erdschicht. Der Brocken ist rund 50 000 Mark wert.

텍스트 3

AMRITA JHAVERI, indisches Photomodell, präsentiert ein Halskollier aus dem 17. Jahrhundert aus dem Besitz eines Maharadschahs, das bei einer Auktion am Ende dieses Monats versteigert werden soll (Photo: Reuter). Für das prächtige Stück erwartet das Auktionshaus einen Preis von etwa einer Million Mark.

출처: 텍스트 1, 텍스트 2(1996년 12월 17일자, Frankfurter Rundschau)
텍스트 3(1997년 10월 4/5일자, Süddeutsche Zeitung)

수업시간에 학생들이 쓴 글이 이런 형태의 연습을 하기에 적절한 재료를 제공할 때도 있다. 아래 [과제 60]의 글은 노르웨이 학생인 마리가 쓴 글인데, 수정은 거치지 않은 것이다. 이 개별 문장들을 학급 전체나 소그룹에서 문장들의 조합으로 연결할 수 있다. 결과물은 단순한 문장(이어지는 앞 문장과 뒷 문장이 두 개씩 합쳐진다) 또는 복합적인 글(여러 개의 개별 문장이 모여서 "좋은" 텍스트가 된다)이 될 수 있다.

과제 60

📝 두 가지 글을 써 보시오.

1 각각 두 개의 개별 문장을 하나의 문장으로 결합시킨다.

2 여러 개의 문장을 유의미하게 연결시킨다.

마리의 글:

> Ich bin in Deutschland gewesen. In einer Stadt, die Lindau heißt. Sie liegt süd in Deutscland. Ich war da, weil ich deutsch lernen wollte. Ich in einer Sprachschule gegangen. Ich fuhr zusammen mit meiner Freundin, die Øyunn heißt. Wir sind da vor drei Wochen gewesen. Jeden Tag sind wir in die Schule gegangen, aber ich weiß nicht, ob wir so viel gelernt haben. Wir sind nicht nur in Schule gegangen …

출처 Lundin Keller(1997), 27

2.2.4 문장을 서로 결합시키는 다른 연습들

일찍부터 외국어로 단순하나마 글을 쓰기 시작하는 것은 외국어 학습자들에게 즐거운 성공 경험이 된다. 그런데 학습자들이 2년, 3년이 지나고도 문장들을 단순하게 나열하기는 하지만—구조가 복잡해지면 틀릴 확률이 높아지고 그러면 알다시피 점수가 나빠지기 때문에—복잡한 문장 구조를 꺼린다면 참 안타까운 일이다. 그러므로 수업에서는 가능한 한 일찍 학습자들이 복합적인 글을 쓰는 것을 돕는 연습을 제공해야 한다.

앞 장의 연습도 그런 목표를 가지고 있고, 이 장에서 보이려고 하는 연습들의 목표도 그런 것이다. 여기서 우리는 먼저 대용형*(지시어라고도 하지만, 대용어라는 표현이 좁은 의미로는 보통 대명사와 같은 의미로 쓰인다)들을 다루는데, 그 주제는 2.2.5장에서 더 깊이 있게 이야기가 될 것이다.

과제 61의 연습 1과 2에 대한 설명: 이 두 연습은 초급 수업의 초기에도 이미 할 수 있다. 서로 내용적으로 관련이 있는 여러 개의 개별 문장들을 준비해서 준다. 과제는 대용어들을 찾아서 표에 그것들이 대신하는 명사 아래에 적는 것이다. 그 다음으로는 개별 문장을 통합해서 모든 정보를 포함하는 복합적인 문장으로 만들어야 한다.

수업 진행: 연습 1은 더 단순하게 만들 수도 있다. 학습자들은 각 문장에 들어 있는 대용어들에 여러 가지 색깔로 밑줄을 친다. 그 다음에 대용어들을 도표에 써 넣는다. 이 연습을 이보다도 더 쉽게 만들고 싶으면 대용어들을 미리 표에 써 줄 수도 있다. 그러면 학생들은 과제에서 b) 부분만 하면 된다.

과제 61

연습지 3에 있는 연습의 모든 단계를 해 보시오.

Arbeitsblatt 3

Übung 1

a) *Bitte notieren Sie die „Proformen" für* **Hans** *und* **Inge** *im Raster.*

> Hans liebt Inge. Sie gefällt ihm sehr gut. Er möchte mit ihr den ganzen Tag zusammen sein.

Hans	Inge

b) *Versuchen Sie, aus den drei Sätzen einen einzigen Satz zu bilden, der alle Informationen enthält.*

_____

Oder: _____

Übung 2

a) *Welche Wörter beziehen sich auf* **ich**, *welche auf* **Freundin**? *Ordnen Sie sie in das Raster ein.*

> Das ist meine Freundin. Sie heißt Conny. Ich habe sie lieb.

ich	Freundin

b) *Versuchen Sie, einen Satz zu bilden, der alle Informationen enthält und sie zusammenfasst.*

_____

[과제 62]의 연습은 이 앞의 두 연습과 같은 원리로 구성되어 있다. 하지만 실제성 있는 글(신문기사)를 바탕으로 삼고 있으며 더 어렵다.

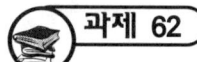 과제 62

Arbeitsblatt 4

1.
   **Soldaten machten mit Panzer „Leo"
   Hamburg-Ausflug**

   Einen 100-Kilometer-Ausflug mit einem Panzer machten am Wochenende drei holländische Soldaten. Sie fuhren von ihrer Kaserne in Bergen/Hohne nach Hamburg.

   a) Welche beiden Wörter im Text beziehen sich auf

   drei holländische Soldaten?

   _____

   b) Machen Sie aus den beiden Sätzen im Text einen Satz.

   _____

2.
   Polizisten fanden die Soldaten im Panzer. Er stand mit eingeschalteter Blinkanlage auf einem Parkstreifen. Die drei Ausflügler schliefen seelenruhig in ihm. Sie waren nachts um 3 Uhr mit ihrem Leopard II nach Hamburg losgebraust.

   a) Welche Wörter im Text beziehen sich auf

die holländischen Soldaten	den Panzer

   b) Machen Sie aus den vier Sätzen im Text zwei Sätze.

   _____

3.
   Sie wurden der holländischen Militärpolizei übergeben. Die fuhr mit ihnen zurück in die Kaserne.

   a) Welche Wörter beziehen sich auf

die holländischen Soldaten	die Militärpolizei

   b) Machen Sie aus den beiden Sätzen im Text einen Satz.

   _____

2. a)에 쓴 대답을 다시 보시오. 'Soldaten'을 대신해서 쓰인 표현은 대용어만이 아니라 'Ausflügler'이라는 단어도 쓰였다. 'Panzer'는 상표 이름인 'Leopold II'로 대신되었다. 이런 방식으로 어휘가 다양해지고 글이 좋아진다.

이런 여러 가지 "대치물"을 연습할 때 우리는 텍스트 언어학의 영역만이 아니라 어휘확장(표현의 다양화, 문맥에 쓰인 "동의어")의 영역도 다루고 문체의 문제도 접하는 것이다. 하나의 사물이나 사건에 대해 언제나 같은 표현만을 사용하는 텍스트는 지루하고 미숙한 인상을 줄 수 있다 (문학, 특히 동화에서는 반복이 문체적인 특징일 수도 있다.) "글의 그런 지루함"을 없애기 위한 연습은 다음 장에서 찾을 수 있다.

2.2.5 대용어들은 개별 문장을 텍스트로 만드는 데 도움이 된다

> „Was tun Sie", wurde Herr K. gefragt, „wenn Sie einen Menschen lieben?" – „Ich mache einen Entwurf von ihm", sagte Herr K., „und sorge, daß er ihm ähnlich wird."
> …

출처 Brecht(1971), 33

이 글에서는 'K씨, 어떤 사람, 설계'에 대해서 이야기를 하고 있다.

과제 63

다음 도표에 이 세 단어를 대신하는 대용어들을 모아 보시오.

K 씨	어떤 사람	설계

'dass er ihm ähnlich wird'의 'er'와 'ihm'을 어느 칸에 써 넣었는가?—아마 잠깐 망설였을 것이다. 왜 그랬을까? 아마 여러분은 옳은 판단을 내렸을 것이다. 왜 그랬을까?

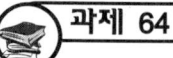

📝 이 예에서 K 씨의 말이 왜 중의적인가, 그리고 옳은 판단을 내리는 데 무엇이 도움이 되었는가를 적어 보시오.

이 이야기가 어떻게 계속되는지 읽어 보시오.

> ... „Wer? Der Entwurf?" – „Nein", sagte Herr K., „der Mensch."

출처 Brecht(1971), 33

📝 그 글에서 나온 모든 대용어를 포함시켜서 [과제 63]의 도표를 완성시켜 보시오.

앞에서 보인 글에서 Brecht는 대용어와 명사 사이의 불분명한 관계 때문에 생겨나는 모호함을 의식적으로 이용한다. 관계가 분명하지 않다면 우리는 전체의 의미와 세상에 대한 우리의 지식을 이용하여 결정을 내린다. 바로 세상에 대한 지식이, 그러니까 '설계도가 그 사람과 비슷해지게 만든다', 바꾸어 말하면 설계가 틀린 경우에는 그 설계가 변경된다는 뜻으로 Brecht가 그 말을 했을 것이라고 생각하게 된다. 하지만 동시에 Brecht는 K 씨의 경우에는 그렇지 않은 수도 있다는 가능성을 남겨 둔다. 즉 K씨는 자신이 사랑하는 사람을 자신이 만든 설계도(자신이 가진 개념, 상상)에 맞추어 넣는다는 것이다.

대명사와 다른 대용어들(대신하는 표현들)은 아직 명칭이 안 나왔거나 ("당신이 어떤 사람을…" — 하는 질문을 K씨가 받았다…) 이미 앞에서 나온 (K씨가 질문을 받았다. "당신이 어떤 사람을…") 사람과 사물을 가리킨다. 이런 식으로 개별 문장, 문장 성분들 사이에 연결이 생기고 이들이 서로 결합된다. 대용어들은 개별 문장이 하나의 텍스트를 이루는 데 큰 역할을 하고, "이야기를 엮어 나가는 끈"처럼 텍스트 전체를 관통한다(Heringer 1987, 103).

그리스 학생 코스타스의 이야기에서 그렇게 했듯이, 여러분은 학생들이 이 "끈"을 여러 색깔로 텍스트에 표시하게 할 수도 있다. 그렇게 하면 학습자들은 어떻게 "코스타스가 텍스트 속에서 돌아다니는지"를 눈으로 볼 수가 있다(1.2.3에서 예를 든 첫 텍스트에서는 고리가 대명사를 통한 연결의 상징으로 쓰일 수 있다.).

> Kostas, ein Student aus Griechenland, machte einmal eine Reise durch Deutschland. Er besuchte viele Städte, aber er wollte auch das Leben auf dem Lande kennenlernen, und so wanderte er über Wiesen und Felder. Er war glücklich, denn das Wetter war schön und die Landschaft gefiel ihm gut.
>
> Eines Tages, als er im Schwarzwald war, kamen plötzlich viele Wolken aus dem Westen, und schon nach einer Viertelstunde war der Himmel ganz dunkel. Und dann begann es kräftig zu regnen. Zum Glück näherte er sich gerade einem Dorf, das ihm Schutz vor dem Regen bieten konnte.

출처 Dahl/Weis(1988), 870

과제 66

다음 글은 한 우화의 시작인데, "사자"와 "독수리"라는 두 주인공이 나온다. 이 두 동물에 대한 대명사를 이용한 연결을 각각 다른 색깔로 표시하시오.

Der Löwe, der fliegen wollte

Es war einmal ein Löwe, der beneidete einen Adler um seine Flügel. Er ließ den Adler zu sich bitten, und als der Adler in der Löwenhöhle erschien, sagte der Löwe: «Gib mir deine Flügel, und ich will dir dafür meine Mähne geben.»

«Wo denkst du hin, Bruder», erwiderte der Adler. «Ohne Flügel kann ich ja nicht mehr fliegen.»

«Na wennschon», meinte der Löwe. «Ich kann auch nicht fliegen, und trotzdem bin ich der König der Tiere. Und warum bin ich der König der Tiere? Weil ich eine so prachtvolle Mähne habe.»

«Gut», sagte der Adler, «einverstanden. Aber zuerst gib mir die Mähne.»

«Komm her und nimm sie mir ab», forderte der Löwe ihn auf.

Der Adler ging näher heran, und der Löwe drückte ihn blitzschnell mit seiner großen Pranke zu Boden. «Her mit den Flügeln», knurrte er.

So raubte der Löwe dem Adler die Flügel, behielt jedoch seine Mähne. Der Adler war recht verzweifelt, bis er schließlich auf eine List verfiel.

출처 Thurber(1967), 12

글을 이해하기 위해서는 대용어의 지시 관계를 이해해야 한다. 이해할 만한 좋은 텍스트를 산출하기 위해서는 대용어를 목적에 맞게 사용할 줄 알아야 한다. 그러므로 대용어의 연습은 쓰기 프로그램의 한 부분이 될 가치가 있다.

이미 상당히 초기에, 인칭대명사의 주격, 여격, 목적격을 알고 있으면, 예를 들면 다음에 보이는 것 같은 연습으로 인칭대명사를 이용해서 대용어의 기능을 보일 수 있다.

과제 67

📎 이상한 편지대! 그렇지 않은가? "잉게 이모가 조카에게" 보낸 편지를 다시 쓰면서 인칭대명사를 사용하시오.

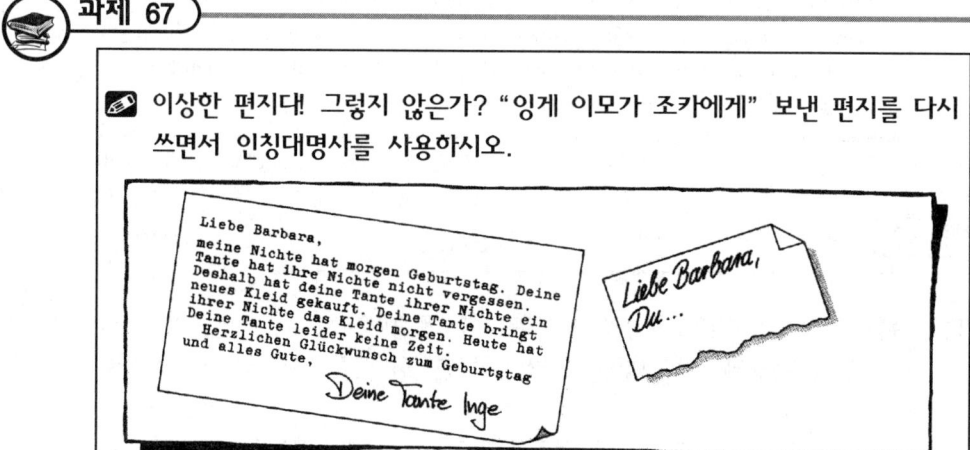

출처 Fuhrmann 외(1988), 91

다음 과제에는 한 단계가 더 있지만 역시 외국어 학습의 상당히 초기에 할 수 있다(경우에 따라 글을 더 단순하게 만들 수도 있다).

과제 68

📎 이 글은 포크트 씨와 어떤 남자의 만남을 서술하고 있다. 한 사람을 가리키는 말에 밑줄을 치고 다른 사람을 가리키고 있는 말에 점선을 쳐 보시오. 그 다음 그 단어들을 표에서 알맞은 자리에 써 넣어 보시오.

In einer schönen Vollmondnacht geht Herr Vogd durch die Straßen seiner Heimatstadt. Er hat gute Laune und will den ersten Menschen, der ihm begegnet, auf den Arm nehmen. Es dauert nicht lange, da sieht er einen jungen Mann, der gerade in sein Auto steigen will. „Ich bin völlig fremd hier", sagt unser Spaßvogel, „können Sie mir sagen, ob das, was dort scheint, die Sonne oder der Mond ist?" Der Gefragte schaut erst den komischen Vogel, dann den Mond an und antwortet: „Es tut mir leid, das kann ich Ihnen leider auch nicht sagen. Ich bin auch fremd hier!"

Herr Vogt	des erste Mensch

'포크트 씨'와 '제일 먼저 만난 사람'이라는 두 주인공을 다시 지시하기 위해서는 대명사뿐만이 아니고 다양한 명사적인 "대치물"도 쓰인다(124쪽의 "세 명의 네덜란드 군인"이 나오는 텍스트에서와 마찬가지로).

Herr Vogd = (unser) Spaßvogel = Komischer Vogel

den ersten Menschen = einen jungen Mann = der Gefragte

다음 글은 타이타닉의 주인공인 레오나르도에 관한 독자의 편지이다.

 과제 69

여러분의 학생들을 위해서, "레오나르도의 대치물"이 되는 대명사와 명사적인 표현들, 즉 이 글에서 그 사람을 지시하는 대용어들을 찾아내는 과제를 만들어 보시오.

Super! Alles, was Ihr über Leo schreibt, ist einsame Spitze. Wenn ich Fotos von ihm sehe, krieg' ich total weiche Knie. Leo ist der süßeste Junge, den es gibt. Das beweist er auch in „Titanik": Seine Augen, sein Lächeln, die Sensibilität und Verletzlichkeit, die er ausstrahlt – absoluter Wahnsinn! Das Mädchen, das ihn einmal bekommt, wird sehr, sehr glücklich sein. Ich hoffe, Ihr macht weiter so und bringt auch in Zukunft jede Menge brandheiße Stories über Leo als Schauspieler und auch als Mensch.

Bravo Girl!(5/1998), 22

텍스트의 분석까지는 수용적인 과제이다. 다음 단계에서는 산출적인 과제 유형을 살펴보려고 하는데, 그 과제에서 학습자들은 스스로 "동의어", 바꿔 쓸 표현 등등을 찾아낼 수 있어야 한다.

예 1

여기서는 텍스트에 사용된 명사적 대치물들을 텍스트에서 분리해 내어 서는 순서 없이 섞어서 과제와 함께 준다. 학습자들은 그 단어를 다시 빈 자리에 채워 넣어야 한다.

Mann
Goldsucher
Goldklumpen
Brocken

Goldfinger

MELBOURNE (ap). Ein australischer _____ hat sich mit Hilfe eines Metalldetektors goldene Weihnachten beschert. In den Ballarat-Goldfeldern fand der _____ einen 2150 Gramm schweren _____ unter einer nur fünf Zentimeter tiefen Erdschicht. Der _____ ist rund 50 000 Mark wert.

출처 1996년 12월 17일자(Frankfurter Rundschau지에서(전문은 120쪽을 보라))

예 2

학습자들은 빈칸에 맞는 옷에 관한 단어를 찾는다.

Super! Alles, was Ihr über Leo schreibt, ist einsame Spitze. Wenn ich Fotos von ihm sehe, krieg' ich total weiche Knie. Leo ist der süßeste Junge, den es gibt. Das beweist er auch in „Titanik": Seine Augen, sein Lächeln, die Sensibilität und Verletzlichkeit, die er ausstrahlt – absoluter Wahnsinn! Das Mädchen, das ihn einmal bekommt, wird sehr, sehr glücklich sein. Ich hoffe, Ihr macht weiter so und bringt auch in Zukunft jede Menge brandheiße Stories über Leo als Schauspieler und auch als Mensch.

출처 Fischer-Mityiviris Janke-Papanikolaou(1995), 93

과제 70

1 예 2를 보고 과제를 만들어 보시오.
   _____

2 어떤 표현을 찾아냈는가?
   a)_____ b)_____ c)_____

학생들이 쓴 글로 작업을 하면 특히 더 생산적이다.

학생들 자신의 글로 하는 작업에 대해서는 이 책의 3장, 특히 3.2 오류 수정과 글 다듬기에서 많은 조언을 얻을 수 있다. 여기서는 학생이 쓴 글 하나를 인용하려고 하는데, 이 글은 대명사적, 명사적 대치물에 대해서 이야기하기에 적절하다. 이 글은 독일어를 배우는 세 명의 학생들이 썼다. 이 글을 쓰기 위한 자극은 이 인물의 전기를 써 보라는 과제와 함께 주어진 사진이었다.

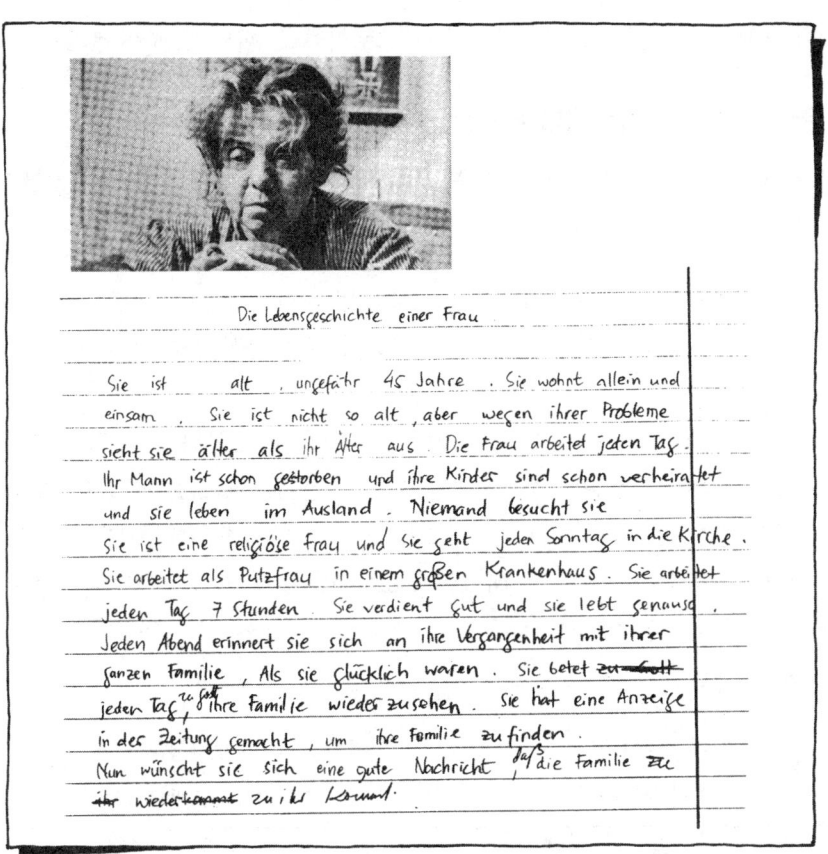

출처 Faistauer(1997), 205/207; 사진: Brandi 외(1988), 54

이 글에서는 이 여자를 가리킬 때 'sie'라는 대명사를 열네 번 사용하고, 'die Frau'라는 표현을 단 한 번만 썼다는 점이 눈에 뜨인다. 이 글을 쓴 학생들이 아닌 다른 독일어 학습자들은 여기서 대명사 'sie'를 'die Frau'를 가리키기 위한 다른 표현들로 좀 대치하면 더 좋은 문체가 될 것이라고 금방 이해를 할 수 있다. 이 글을 고쳐 쓸 때에는 그 여자에 대한 여러 진술들을 몇 개의 복합적인 문장들로 묶어야 한다. 이때 중요한 것은 텍스트가 인칭대명사로 시작해서는 안 된다는 점이다. 인칭대명사는 이미 앞에서 말한 무엇을 가리키기 때문이다. 여기서는 이 그림에 대해 이야기하고 있기는 하지만, 텍스트 언어학적인 관점에서 볼 때, 어떤 인물의 생애를 이야기를 한다면 먼저 그 인물을 한 번 도입해야 한다. 그러려면 예를 들어서 이름을 말하면 되는데, 이 경우에는 이름은 지어낼 수밖에 없다.

우리는 다음과 같은 방법을 제안한다.

1. (OHP로 비추어서) 그 그림을 보고 우선 간단하게 연상되는 것들을 모아 본다. 예를 들면,

    여자, 나이 많은 여자 (정말로 늙었나?), 나이 든 여자, 나이 든 여자분, 노동자 계층의 여자, 노동자 가정, 외로운 / 우울한 여자, 혼자 사는 여자 ...

2. 그 다음에는 그 여자에 대해 몇 가지 서술을 포함하는 글도 함께 본다. 아래 표의 (표는 여러분이 미리 준비를 한다) 왼쪽 줄에 있는 질문들은 글을 읽으면 대답을 할 수 있고, 그렇지 않은 경우에는 지어내어 대답한다. 오른쪽 줄에는 이 대답들을 그 여자를 나타내는 가능한 명칭들로 변형시켜 적는다.
    예를 들면:

    그 여자는 45세이다. — 그렇다면 이 여자를 어떻게 명사적 표현으로 특징 지을 것인가? 아래에서 보는 것처럼 칠판에 적을 수 있다.

질문과 대답	가능한 명칭
그 여자는 몇 살인가? -45 세	→ 45세의 여자
직업은 무엇인가? -청소부	→ 청소부/그녀는 직업이 청소부이다.
결혼은 했나? -했다. 하지만 남편이 죽었다.	→ 미망인/45세의 미망인
아이는 있는가? -셋.	→ 세 아이의 어머니
이름이 있는가? -이름을 지어 주자!	→ 한나

3. 이제는 그 명칭 중에서 몇 개를 텍스트에 사용해 본다. 그러려면 문장을 일부 다시 써야 하고, 정보를 요약하고 순서를 바꾸어야 할 수도 있다. 학급에서 글을 함께 다듬을 때에는 글에서 이야기하는 내용과 사용한 명칭과의 관계가 분명히 드러나도록 이끌어야 한다. (그녀의 남편은 이미 여러 해 전에 세상을 떠났다 → 과부는…)

과제 71

📎 이제 지금 말한 세 단계에 따라 아까의 글을 다듬어 보시오.

외국어 학습자들뿐만 아니라 모어 화자들도 가끔씩은 대신하는 표현을 잘못 사용한다. 그런 실수와 지시관계의 중의성 때문에 우스운 문장이 생길 때가 있다. Margit Waas와 Emil Waas는 공적, 사적 글쓰기에서 찾은 틀린 문장들을 수집했다. 여기서 예를 몇 가지 보인다. 고쳐 보시오.

고급 학습자들도 이런 과제에 흥미를 느낄 수 있다.

과제 72

1 다음에 나오는 틀린 문장들을 분석하시오. 이 텍스트에서는 어떤 단어가 어떤 단어를 대신하는가? 바꾸어 말하면, 오해를 불러일으키는 단어는 어느 것인가? 원래 의도는 무엇이었을까? 실제로는 무엇을 지시하는가?

2 말하고자 하는 바를 오해의 소지 없이 표현하도록 문장을 다시 써 보시오.

3 이 중 어떤 텍스트가 수업 시간에 다룰 만한가?

텍스트 1

오해를 불러일으키는 단어	그 단어는 여기서 무엇을 가리키는가	원래 무엇을 가리키려는 의도인가

분명한 표현:

> An den Chef der 3. Kompagnie!
>
> Ich habe mich drei Jahre zu den Soldaten verpflichtet. Jetzt werde ich Vater, kann ich das noch rückgänig machen?
>
> Lothar Malzel
> Befreiter
> 3. Kompagnie

Waas/Waas(1976)

텍스트 2

오해를 불러일으키는 단어	그 단어는 여기서 무엇을 가리키는가	원래 무엇을 가리키려는 의도인가

분명한 표현:

> Nehmen wir einmal den ganz gewöhnlichen Fall, daß die Ehefrau ihren Liebhaber bittet, den Ehemann zu töten, mit dem Versprechen ihn dann zu heiraten.

Waas/Waas(1976)

텍스트 3

오해를 불러일으키는 단어	그 단어는 여기서 무엇을 가리키는가	원래 무엇을 가리키려는 의도인가

분명한 표현:

> Entschuldigung
>
> Meine Tochter kann am Montag nicht zur Schule kommen, das Schwein wird geschlachtet.
>
> Alfred Fritzi

Waas/Waas(1976)

학생들이 대명사적, 명사적 대치물들의 적절하고 다양한 사용을 연습하게 하는 연습:

▶ 수용적이고 분석적인 과제, 예를 들면 [과제 68]과 [과제 69]: 한 텍스트 안에 쓰인 다양한 대용어들을 표에서 그 글의 주인공들(인물들)에게 나누어 써 넣는다.
▶ 수용적이고 산출적인 과제, 예를 들면 [과제 67]: 여러 등장 인물을 같은 명칭으로 부르는 텍스트를 만들어서 대명사와 명사를 (경우에 따라서는 명사적인 "대치물"을) 채워 넣게 한다. 학습자들은 이 과제를 하며, 줄거리의 선을 잃어버리게 만들지 않으려면 대명사와 명사는 번갈아 쓰여야 한다는 것을 배운다.
▶ 수용적이고 산출적인 과제, 예를 들면 [과제 72]: 지시 관계가 부정확하거나 중의적인 텍스트.
▶ 산출적이고 수용적인 과제: [과제 71]에서처럼, 대명사적, 명사적 "대치물"들이 학생들의 글에서 어떻게 사용되었는가를 조사하고 그 글을 다듬는다.

글에서 이미 말한 것이나 나중에 나올 것에 대한 지시는 주인공이나 사람뿐만이 아니고 다양한 문장 성분, 문장의 한 부분이나 부문장 전체를 가리킬 수도 있다. 따라서, 텍스트 내의 지시 도구에 관한 연습은 주어지는 글의 난이도를 점점 높여가며 자꾸만 반복해야 할 것이다. 이 연습은 학습자들이 자신의 글을 쓸 때 대용어들을 의식적으로 사용하도록 도와주기 때문이다.

『Fremdsprache Deutsch』지의 9호에 실린 Mohammad Esa와 Heinrich Graffmann의 논문 'Grammatik am Text'에는 어떻게 이런 연습을 할 수 있는지 한 예가 기술되어 있다(1993, 25-34). 31쪽에는 모든 지시 관계와 접속사를 표시하고 모든 지시관계를 선으로 표시한 텍스트도 들어 있다.

2.2.6 인물 소개

개인적인 편지나 이야기에서, 그리고 꾸며낸 이야기에서도 독일어 학습자들은 자기 자신과 다른 사람을 소개하려고 한다. 2.2.1장의 [과제 42]에서도 보았듯이, 인물 소개라는 장르는 단순한 텍스트 구조를 의식화하는 데에도 적합하다.

그러므로 쓰기 수업에서 인물을 소개하는 글을 다룰 가치는 충분히 있다. 이 장에서는 우선 간단한 예를 하나 들어 어떻게 도입을 할 수 있는지를 보이겠다.

인물을 소개하는 글을 쓰기 위해서는 무엇을 알아야 하는가를 먼저 생각해 보시오.

과제 73

> 인물 소개를 쓰기 위해 어떤 언어적인 도구가 필요한가? 모아 보시오.
>
> 어휘: _____
> _____
> _____
> 문법: _____
> _____
> _____
> _____

이런 조건이 갖추어졌으면 『Schreiben macht Spaß』(Neuner 1990)의 1권에서 나온 다음 예에서와 같이 현상수배 전단으로 시작할 수 있다.

도입: 현상수배 전단

출처 Neuner (1990), Nr. 6

과제 a의 변형:

사람을 묘사하는 여러 가지 종류의 글을 쓴다. 즉 텔레비전 뉴스에서 사람을 찾는 글, 리포터가 경찰과 인터뷰한 글, 범행을 본 증인의 인물 묘사, 자기 자신을 묘사하는 글(역이나 공항으로 모르는 사람이 데리러 나올 때), 등등.

과제 b의 변형:

널리 알려진 인물에 대한 현상수배 전단. 그 글에서 묘사된 사람이 누구인지는 서로 맞혀 본다.

과제 b)는 과제 a)보다는 상당히 난이도가 높다.

과제 74

> ✎ "현상수배 전단" 연습의 과제 a와 b의 차이를 표에 적어 보시오.
>
> | 과제 a | 과제 b |
> |---|---|
> | | |

과제 a)는 자유로운 텍스트 산출의 준비 단계로 사용될 수 있다(이에 관해서는 2.5 참조). 먼저 중요한 신체적인 특징에 관한 요점들을 연상망을 이용하여 수집한다(이에 관해서는 특히 2.1.2 참조). 그 다음에는 거기 속한 세부를 함께 적는다.

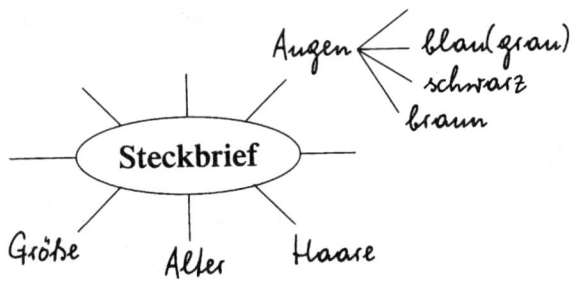

다음으로는 어떤 특정 인물에 관한 현상수배 전단을 쓰는데, 먼저 개별 문장을 쓰고(단어에서 문장으로), 그 다음 단계에서 문장들을 하나의 텍스트로 연결한다(문장에서 텍스트로).

"좋은 글 쓰기"는 좋은 모델을 보면서 가장 잘 배울 수 있지만, 텍스트를 비교함으로써도 배울 수 있다. 여기에 비교할 글을 두 개 제시한다.

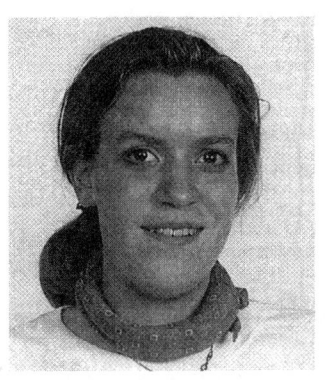

Meriam Chaouch ist 15 Jahre alt und besucht die Realschule. Später möchte sie Stewardess oder Model werden. Ihr größter Wunsch ist, mit einem netten Mann glücklich zu werden. Angst machen ihr Kriege. Meriam ärgert sich über die Verschmutzung der Umwelt. „All die schönen Tiere, die vom Aussterben bedroht sind! Wenn ich daran denke, werde ich wütend", schimpft sie. In ihrer Freizeit macht sie Bodybuilding, um fit zu sein. Meriam interessiert sich für Bücher, die von den unterschiedlichen Religionen erzählen.

Heike Pösche ist 16 Jahre alt und Gymnasiastin. Sie möchte später Architektin oder Fotografin werden. In ihrer Freizeit spielt sie intensiv Volleyball. Sie reitet gern, spielt Klavier und freut sich im Sommer auf das Segeln. Heike träumt von einem Bauernhof mit vielen Tieren und einer Menge Kinder. „Einzelkinder tun mir immer so leid", meint sie. Was mag sie an sich selber? „Ich stehe oft auf der Seite der Schwächeren und versuche zu helfen." Heike hat Angst, sich einmal nicht mehr selbst helfen zu können.

[출처] JUMA(3/1996), 15/16

하이케 푀셰는 이 책 59쪽의 [과제 42]에서도 나왔다. 그 글은 대체로 *하이케는… 그녀는…* 하는 패턴을 따르고 있다. 순서가 바뀌는 적도 한 번 있다: *시간이 있을 때 그녀는…* 초급 수업에는 이런 글의 모형도 모델이 될 수 있다.

미리암 카우츠에 대한 글은 변화가 더 많다. 문장에서는 도치가 일어나서 중요한 정보들이 문장의 맨 앞(첫 번째 자리)에 놓이고 강조되었다(예를 들어서 두 번째 문장에서, '그녀는 나중에… 대신 나중에 그녀는…'이라고 하고, 네 번째 문장에서는 '전쟁은'이 주어가 된다. 그래서 이 글은 더 매끄럽게 들린다. 두 글의 경우 모두 직접인용이 있어서 글에 생명을 주고 그 인물들에 대한 관심을 일깨운다. 문장의 시작을 비교하고 중간에 끼워넣은 부분들에 주의를 기울임으로써 독일어 학습자들은 인물을 소개하는 글을 구성하는 여러 가지 방법들에 대한 감각을 기른다.

이 두 개의 글로 글을 만들어 나가는 연습에 대한 장을 끝낸다. 이 장의 예들과 과제들에서는, 쓰기 능력을 키우는 몇 가지 부분적인 활동들을 분리하여 제시하고 연습할 수 있다는 점을 보이고자 했다. **단어에서 문장으로, 문장에서 텍스트로** 가는 여행 중에 우리는 이미 단순한 문장의 범위를 벗어나 텍스트의 왕국에 도착했다. 다음 장에서도 우리는 그 길을 계속해서 간다.

2.3 글을 조직하는 연습: 통제된 글쓰기

단어에서 문장으로, 문장에서 텍스트로 — 2.2장에서 다룬 쓰기 연습들에서는 우리는 텍스트 언어학적인 여러 개별 현상들, 예를 들면 접속사를 이용한 문장의 연결, 텍스트 내의 지시 관계, 어순 등과 이 성분들이 텍스트 안에서 하는 역할을 접했다. 우리는 2.2장으로 개별 현상의 영역을 마무리하고, 이제 하나를 이루고 있는 글의 산출을 생각해 보자. 여기서 우리가 제시하는 연습들은 학습자들이 점차로 복합적인 언어를 구축해 나가기 위해 텍스트 산출에서의 쓰기 과정을 통제하는 방법을 보여 준다. 2.2장에서 주를 이루었던 재생산적인 부분은 산출적인 쓰기보다 덜 중시된다.

2.3.1 대화를 이야기로 만들기

구체적인 과제로 시작하자.

과제 75

✏️ **다음과 같은 상황에 처했다고 상상해 보시오.**
이웃 사람이 욕조에만 들어가면 큰 소리로 노래를 부른다. 그런데 그 노래가 모든 사람의 마음에 드는 것은 아니다… (예를 들어서, 여러분 자신은 상당히 짜증이 난다.)

다음과 같은 대화 상황을 상상해 보시오.
욕조에서 노래하는 사람의 이웃이 자기 친구와 함께 그 상황에 대해 이야기를 한다.

1 그 대화의 내용이 어떻게 흘러갈 것인지 (단선적인) 스케치를 해 보시오.

2 다음 표의 왼쪽 칸에 그 대화를 써 보시오.

3 오른쪽 칸에, 그 대화의 각 부분의 성격에 대해 써 보시오. 말을 어떻게 하는가? 걱정스럽게, 호기심에 가득 차서, 관심을 가지고, ….

대화	대화의 각 부분의 성격
A:	
B:	
A:	
B:	
A:	
B:	
A:	

4 이제 그 대화를 연결해서 글로 쓰되, 그때 대화의 각 부분의 성격에 대해서도 함께 써 보시오. (예를 들면, '…라고 X가 걱정스럽게 말했다.')

5 4번에서 쓴 글을 이야기에 포함시켜 보시오.

> 학생들이 선택할 수 있는 다른 역할들은 예를 들면
> 이웃 사람의 남편이 아는 사람이나 레코드 회사 사장에게 이 이야기를 한다.
> 그 집에 집안 일을 도와주러 오는 사람이 동료와 이야기한다.
> 우체부가 자기 부인에게 이 이야기를 한다.
> 그 건물에 사는 두 청소년이 이 이야기를 한다.

대화를 이용해서 이야기를 쓴다는 우리의 제안을 어떻게 생각하는가?

과제 75에서 기술된 진행 순서의 변형:

a) 학습자들은 2번의 대화를 짝 활동으로 작성할 수 있다. 그 다음에 그 대화를 학급 앞에서 발표하고, 다른 학생들은 누가 누구의 역할을 했는지를 맞힌다. (남편/아는 사람 — 레코드 회사 사장, 짜증이 난 이웃, 집안일 도와주는 사람 등등.)

b) 학습자들이 텍스트 쓰기에 관해 이미 얼마나 경험이 있는가에 따라, 어떤 단계를 뛰어 넘을 수도 있다. 중요한 것은 **단계적인 확장**, 즉 단순한 대화를 상황 안에 포함시키는 일이다. 언어가 복합적이 된다는 것은 문맥이 생겨나는 것이며, 이때 이야기에는 윤곽이 생기고 분위기가 생겨난다.

2.3.2 글을 완성하기

여러분은 아마 학생들에게 글을 완성하는 과제를 준 적이 있을 것이다.

과제 76

> 글을 완성하는 과제의 유형을 이미 몇 가지 알고 있고 있으면, 있는대로 써 보시오.
> 1 _____ 4 _____
> 2 _____ 5 _____
> 3 _____ … _____

글을 완성하는 과제에서는 이미 글이 하나 주어지기 때문에 텍스트 산출이 어느 정도 통제가 된다. 다음에서는 학생의 수행이 각 단계에서 통제가 되는 과제를 하나 보이겠다.

여기서는 원문의 문장 중 일부를 삭제하였다. 학습자들은 남아있는 글을 가지고 빈칸을 채워서 다시 하나로 연결된 글을 만들어야 한다.

빈 자리를 채우기 위해서 학습자들은
- 텍스트를 하나의 전체로서 파악해야 하고
- 글에 포함된 대용어를 고려하고 채워 넣어야 하며
- 원문의 문체에 맞추도록 노력해야 한다.

다음의 쓰기 과제를 해 보시오.

 과제 77

Arbeitsblatt 5

Eine Nachricht, die in verschiedenen Zeitungen veröffentlicht wurde, haben wir gekürzt und so bearbeitet, dass nun jeder zweite Satz fehlt.

1. *Bitte ergänzen Sie den Text. Schreiben Sie in jede Lücke nur je einen Satz.*

Ärztin schrieb gesunde Schülerinnen krank

Bayreuth – Ein „Geheimtipp" war monatelang bei Schülerinnen eine 40 Jahre alte Bayreuther Ärztin.

a) _____

So konnten die Schülerinnen „offiziell" die Schule schwänzen.

b) _____

Er informierte die Kriminalpolizei.

c) _____

Zum Beispiel, dass das Wartezimmer der Ärztin oft voll von Schülerinnen war.

d) _____

Ein Bayreuther Richter verurteilte sie zu 20 000 Mark Geldstrafe.

2. Vergleichen Sie jetzt Ihren Text mit dem Original im Lösungsschlüssel auf Seite 338: Wie nah kommt Ihr Text dem Original? Gibt es neben den sprachlichen auch inhaltliche Abweichungen? Überprüfen Sie die Hinweise, die Sie von den Texten vor und nach der Lücke erhalten haben.

수업 진행:

물론, 학생들이 이 빠진 부분을 원문과 일치하게 채워 넣으리라고 기대할 수는 없다. 모어 화자도 그렇게 할까 말까이다. 하지만 빈칸 앞뒤에 주어진 정보를 이용하면 빠진 문장을 논리적으로 문맥에 적합하게 채워 넣을 수 있다.

학생들과 함께 문맥에서 주어지는 정보에 대해 이야기를 해 보시오. 우리의 텍스트에서는 다음과 같은 질문들이 도움이 된다.
 a) 어째서 학생들은 "공식적으로" 수업에 빠질 수 있었을까? 왜 그 의사가 "비밀정보"였을까?
 b) 누가 경찰에 알렸을까?
 c) 경찰은 무엇을 했을까? "Zum Beispiel"이라는 말 다음에는 예가 나온다. 그 앞 문장에서는 무슨 말이 나왔을까?
 d) 의사는 재판을 받았다. 그 전에는 무슨 일이 있었을까?

앞 문장에 반응함으로써 텍스트를 완성하는 비슷한 과제는 2.5.3장에서 **그룹에서의 쓰기**라는 표제어 아래에서도 다룬다.

앞에서 보인 쓰기 연습에서 우리는 "한 문장 한 문장"을 채워 넣는 연습이 어떻게 학생들의 산출을 통제하는지, 실제로 상상력과 창의력을 제한하는지를 보았다. 다음에 보이는 연습에서는 전혀 다르다. 그 연습은 아주 개방적이고 상상력과 창의력을 요구한다.

과제 78

✏️ 다음 두 문장 사이에서 무슨 일이 일어났는지를 써 보시오.

> **Sophie auf halbem Weg**
> Als erstes ließ Sophie sich ihre langen Haare abschneiden, obwohl ihre Eltern dagegen waren. _____
> _____
> …
> _____ . Neuerdings will sie sich die Haare wieder wachsen lassen. Obwohl die Eltern dafür sind.

출처 Bachmann 외(1996a), 43

소피에게 정말로 무슨 일이 일어났었는지 궁금하다면 Jutta Voigt의 원문을 『Sichtwechsel Neu』(Bachmann 외 1996a, 2권 114쪽)에서 읽을 수 있다. 이 책의 답안에는 어느 스페인 학생이 쓴 글이 실려 있다.

문장의 시작과 끝을 줌으로써 학습자들의 계획 행동에 영향을 미치고 학습자들의 사고를 어떤 방향으로 유도할 수 있다. 학급에서 우선 이야기가 어떻게 계속될까를 토론하고 어떻게 구성할지를 결정할 수도 있다. 하지만 학습자들에게 그냥 "생각나는 대로 바로" 쓰라고 할 수도 있다.

작가들도 한 단편이나 장편 소설의 처음과 끝을 이미 알면서도 그 중간에 무슨 이야기가 올지를 모르는 경우가 있다. 『Veränderungen über einen Deutschen』이라는 소설에 대한 인터뷰에서 저자인 Irene Dische는 이렇게 대답했다.

"처음에는 아이디어가 있고, 그러면 초안을 만들어 봅니다. 이 소설의 경우에는 시작과 끝은 알았어요. 제가 몰랐던 것은, 어떻게 그 끝으로 가느냐는 거였지요." (Kammann 1993, 16)

2.3.3 텍스트에서 단어로, 단어에서 문장으로, 문장에서 텍스트로

Die tollste Fahrt meines Lebens

Ich wollte zum Rennen nach Cuneo in Italien. Mein Mechaniker und ich fuhren in unserem Privatwagen die Strecke Montreux – St. Moritz, um nach Martigny zu gelangen. In der Nähe von St. Moritz kommt uns eine Reihe Soldaten entgegen.
„Großer Bergrutsch – die Strecke auf Tage gesperrt. Sie müssen, um nach Italien zu kommen, einen Umweg von zweihundert Kilometern machen." 5
In Ollon müssen wir wegen eines Häufchens Menschen halten, die mitten auf der Straße stehen, schreien und winken.
Eine junge Frau wendet sich weinend an mich. „Ich muß in sechs Stunden in Turin sein. Mein Kind ist krank. Ich habe in Montreux das Serum bekommen, 10
das es in Turin nicht gibt – das Mittel muß bis spätestens 12 Uhr nachts in den Händen des Arztes sein, sonst ist es zu spät. Der Zug kommt nicht durch. Ein Flugzeug ist nicht zu bekommen … ."
„Steigen Sie ein, gnädige Frau!" sagte ich. „Ich fahre sowieso nach Turin – und wenn alles klappt, werden Sie drei viertel zwölf das Serum bei sich zu 15
Hause haben!"
Ich glaube meinen Worten selbst nicht. Verstohlen blickt mein Begleiter nach seiner Uhr. Sechs Uhr nachmittags. Wir müssen über den großen St. Bernhard. Zu fahren waren vierhundertzwölf Kilometer – rechnet man mit einem Durchschnitt von sechzig Kilometern pro Stunde, der in den Bergen 20
kaum fahrbar ist, brauchen wir annähernd sieben Stunden – das hieß also drei viertel eins in Turin …
Wir sausten los. Hin und wieder fiel ein Wort – ein Satz. Unsere Begleiterin starrte auf die Uhr am Schaltbrett. Drei-, viermal winkt uns ein Verkehrspolizist zu halten. Wir sehen und hören nichts und donnern mit unseren 25
hundertzwanzig Kilometern durch Dörfer und Straßen, durch die französische Schweiz – dem Bernhard entgegen.
Es war etwas nach neun – tiefschwarze Nacht, als wir die ersten Kurven des Bergriesen erklimmen. Ich schneide die Kurven und lege ein Tempo hin, daß ich mich selber wundere, auf 1500 Metern schleudert das Auto auf einer 30
Eisfläche, die Frau schreit auf: „Wenn wir verunglücken, stirbt mein Kind!" – „Wenn wir nichts wagen – bestimmt!" erwidere ich und gebe Gas.
Oben am Gipfel kommen uns die Mönche entgegen: „Sie können nicht hinunterfahren. Die Straße ist noch nicht frei. Erst im Juli sind wir soweit!" –
„Man kann nicht, aber ich muß!" 35
Und nun begann wirklich die tollste Fahrt meines Lebens. Zwischen Schneewehen und Eisblöcken wand sich mein schwarzweißer „Windhund" ächzend und stöhnend hin und her. Trotz der Kälte war mir glühend heiß, und ich bekam fast keine Luft mehr …
Um einviertel elf sind wir im Tal. Noch 120 Kilometer bis Turin. Meine 40
Bremsen versagen. Aber jetzt ist es gleich. Ohne rechts und links zu sehen, geht es die wunderbaren italienischen Straßen im 140-Kilometer-Tempo geradeaus.
Fünf Minuten vor drei viertel zwölf halten wir vor dem Haus der jungen Frau. Mann und Arzt stürzen uns entgegen … 45
Bei dieser Fahrt habe ich mehr Angst geschwitzt als bei irgendeinem Rennen!

출처 Stuck. Kast(1989b), 15에서 재인용

Krashen의 입력 가설을 기억하는가?(2.2.2장 106쪽부터에서 다시 읽어볼 수 있다.) 쓰기를 읽기에서부터 발전시켜야 한다고 그가 주장하듯이, 이번에 우리는 쓰기 과제를 텍스트 전체로부터 이끌어낸다. 이 텍스트는 우리를 단어로, 문장으로, 그리고 다시 새로운 텍스트로 이끈다.

우리는 20년대와 30년대에 유명했던 자동차 경주 선수 한스 슈툭의 경험담을 (약간 수정을 하고 길이를 줄여서) 출발점으로 택했다.

과제는 이것이다:

이 경험담을 신문 기사로 만드시오.

이 과제를 해결하기 위한 전제 조건:

1. 쓰기 과제 이전에 글을 읽고 이 글을 이해했는지를 확인하는 단계가 필요하다. 읽기와 쓰기는 서로 밀접하게 관련되어 있다.

2. 학생들은 신문 기사가 대개 어떻게 구성되어 있는지를 알고 있어야 한다. 이 글의 종류를 아직 다룬 적이 없다면 지금 해야 한다. 그러려면 학습자들의 모어로 된 흥미롭고 시사적인 뉴스 기사를 분석할 수도 있다. 아니면 다음에 주어진 신문 기사를 다루면서 저널리즘의 이 중요한 장르에 대해 수업에서 이야기할 수도 있다. 그때는 다음과 같이 한다:

학습자들에게 오른쪽의 참조 사항 없이 이 기사를 준다. 신문 기사의 구조를 드러내는 이 참조 사항들을 수업 시간에 함께 찾아낸다. 그렇게 하면 학습자들로 하여금 "글의 설계도"와 친숙해지게 할 수 있다(2.3.8장 참조). 학생들에게 연습지들을 차례대로 나누어 주시오. 하지만 먼저 스스로 이 과제를 해 보시오.

과제 79

Arbeitsblatt 6

Achtjähriger Junge verzaubert
Fernsehzuschauer von Magier hypnotisiert

Der italienische Hypnotiseur Giucas Casella mußte gestern einem 8jährigen Jungen helfen. Das Kind war von Casella vor dem Fernsehapparat so hypnotisiert worden, daß es die Hände nicht mehr auseinanderbekam. In einem Telefongespräch konnte Casella die Hypnose lösen.

Rom (dpa) – Italien staunt über einen ungewöhnlichen Fall von Hypnose. In der beliebten Fernsehsendung „Fantastico" hatte der Magier Giucas Casella sein Publikum aufgefordert, die Hände zu falten. Die Zuschauer würden ihre Finger so lange nicht mehr voneinander trennen können, bis er sie aus der Hypnose wieder befreit habe. Während im Zuschauersaal die „Verzauberung" funktionierte, konnte ein achtjähriger Junge in Palermo, der vor dem Fernseher den Aufforderungen des Magiers gefolgt war, seine Hände auch nach der Sendung nicht wieder auseinanderbekommen. Die entsetzten Eltern brachten ihren Sohn in ein Krankenhaus, doch dort konnte dem Kind nicht geholfen werden. Schließlich schaltete sich das staatliche Fernsehen RAI ein und holte den Magier ans Telefon. In einem Ferngespräch löste Casella die Hypnose des Jungen, der dann nach drei Stunden seine Finger wieder bewegen konnte.

→ die Überschrift
soll Aufmerksamkeit erwecken

→ der Untertitel
bringt weitere Informationen

→ die 6 W* Wer?
Was?
Wann?
Wo?
Wie?
Warum?

→ der Nachrichtentext

„Die 6 W" sind das Herz einer Zeitungsnachricht, sie bringen die wichtigsten Informationen. Man findet sie meist in einer kurzen, fett gedruckten Zusammenfassung vor dem Text. Diese Zusammenfassung hat die Funktion, das Interesse der Leser für den folgenden Text zu wecken.

nach: Kast (1989b), 16

Schreiben Sie die Antworten für „die 6 W" der obigen Zeitungsnachricht:

Wer?
_____

(hat) Was?
_____

Wann?
_____

Wo?
_____

Wie?
_____

Warum? *(getan/erlebt usw.)*
_____

Arbeitsblatt 7

Suchen Sie „die 6 W" aus der Erzählung von Hans Stuck heraus und halten Sie sie auf diesem Arbeitsblatt fest. Dazu müssen Sie sich allerdings erst einmal den Kern der Geschichte verdeutlichen: Welche Person(en) und welche Information(en) sind Ihrer Meinung nach in dem Text am wichtigsten? Beginnen Sie am besten mit der Antwort auf die Frage: **Wer** *hat* **was getan**?

Wer? _____

Wo? _____

(hat) Was? _____

Wie? _____

Wann? _____

Warum? (getan) _____

Ergänzen Sie nun stichwortartig und wie bei einem Assoziogramm die 6 W-Informationen, wobei weitere (6) W-Fragen eine Orientierungshilfe sein können:

Wer: Was wissen wir von Herrn Stuck? _____

Was: Was hat er alles gemacht? _____

Wann: Wann (von wann bis wann) spielte sich alles ab? _____

Wo: Welche Ortsangaben (Landschaftsbeschreibungen) bekommen wir? _____

Warum: Warum musste Stuck so schnell fahren? _____

Warum: Warum hat in Turin niemand geholfen? _____

Hier sehen Sie den Anfang des Wortigels, der auf diese Weise entsteht. Bitte ergänzen Sie den Wortigel um weitere Informationen.

Wer? Hans Stuck — Rennfahrer, will nach Cuneo, Autorennen

hat

Was? mit Mechaniker, Serum transportiert, um Frau zu helfen ...

출처 Kast(1989b), 16

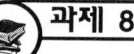 과제 81

✏️ 이제 이 단어 고슴도치를 이용하여 한스 슈툭의 운전에 대해 신문기사를 써 보시오. 그 글에는 이야기에 들어있던 가장 중요한 정보들이 포함되어야 한다. 신문기사의 전형적인 레이아웃*도 함께 고려해 보시오(제목, 부제, "6하원칙"을 포함하는 요약, 본문).

"6하 원칙"은 텍스트를 분석하거나 산출할 때 큰 도움이 된다.

 과제 82

✏️ "6하 원칙"이 무엇에 도움이 될 수 있는지 적어 보시오.

물론 등장 인물이 더 많고 여러 가지 줄거리가 있는 더 복합적인 글들도 있다. 그런 경우에는 각각의 줄거리에 대해 "6하 원칙표"를 따로 만들고 이들을 텍스트 산출에서 서로 결합시킬 수 있다. 그런 과제는 상당히 경험이 많은 학습자들에게만 적합하다.

2.3.4 글에서 글로: 관점을 바꾸어서 쓰기

하나의 글을 줌으로써 쓰기 과정을 통제하는 흔한 방법 중 하나는 관점을 바꾸어 새로 쓰는 것이다. 특히 동화는 이 연습에 적합하다. 동화에서 이야기를 하는 것은 이야기와 등장 인물에 대해 모든 것을 아는 서술자(전지적 서술자*)이다. 예를 들면: '옛날에 한 아이가 있었는데, 그 아이에게는 할머니가 계셨단다. 할머니는 그 아이를 아주 사랑하셔서 … 어느 날…' 이런 이야기를 여러 인물의 관점에서, 예를 들면 빨강모자 이야기를 어머니의 관점, 사냥군의 관점, 할머니의 관점, 빨강모자의 관점, 지역 신문 기자의 관점, 심하게는 늑대의 관점에서 쓰게 하면, 아주 흥미로운 글들이 생겨난다.

그런 쓰기 과제를 할 때에 학생들은 주어진 글을 한 발짝 한 발짝 따라가며 그 글의 인도를 받는다. 이때 주어진 구조를 좀 변화시켜야 한다(예를 들면 3인칭 단수를 1인칭 단수로 만든다거나, 직접 인용을 간접 인용으로 만든다거나, 완료형을 현재형으로 만들어야 한다). 이런 쓰기 과제에서는 "제대로 된 글", 즉 개별 문장의 나열이 아니라 진정한 텍스트성의 모든 자질을 갖춘 글이 생겨난다.

학습자들은 글을 처음부터 끝까지 새로 만들어내지 않아도 되고, 또 어떤 관점들은 그 자체로도 우습기 때문에 (예를 들면 늑대의 관점) 이 연습에서 재미를 느끼는 것이 보통이다.

다음 글을 가지고 스스로 해 보시오.

 과제 83

1 카를로 만초니의 이야기를 읽어 보시오.

2 이 이야기는 누구의 관점에서 쓰였는가?

> **Ein dreister Kunde**
>
> Signor Veneranda trat in einen Kurzwarenladen und verlangte von der Verkäuferin, die ihm entgegenkam, ein Taschentuch.
> „Was für ein Taschentuch möchten Sie haben?" erkundigte sich die Verkäuferin, nahm einige Schachteln von den Regalen und zeigte verschiedene Arten von Taschentüchern.
> „Irgendein Taschentuch", sagte Signor Veneranda.
> Er nahm ein Taschentuch aus der Schachtel, faltete es auseinander, putzte sich die Nase und gab es der Verkäuferin zurück.
> „Aber ...", stammelte die Verkäuferin verlegen.
> „Was heißt ‚aber'?" fragte Signor Veneranda.
> „Sie haben es benutzt", sagte die Verkäuferin und nahm das Taschentuch vorsichtig zwischen zwei Finger. „Sie haben das Taschentuch benutzt, um sich die Nase zu putzen!"
> „Was hätte ich mir denn mit dem Taschentuch putzen sollen? Vielleicht die Ohren?" fragte Signor Veneranda verwundert. „Was putzen *Sie* sich mit Taschentüchern?"
> „Die Nase", stotterte die Verkäuferin, „aber ..."

출처 Manzoni(1983), 132-134

> **3** 다음에서 한 가지를 선택하시오. 그리고 새 글을 쓰시오. 예를 들면
> - 저녁에 남편에게 그날 가게에서 겪은 일을 이야기하는 점원의 관점에서
> - 이 사건을 관찰한 가게 주인의 관점에서
> - 늘 식당에서 만나는 친구에게 자기가 친 장난 이야기를 들려주는 베네란다 씨의 관점에서
> - 그 사건을 본 다른 고객의 관점에서
>
> 어쩌면 이 이야기를 들려 줄 수 있는 다른 관점을 여러분이 생각해 낼 수도 있겠다.

2.3.5 글에서 글로: 요약하기

 2.3.3에서는 6하 원칙에 따라 이야기를 신문 기사로 만들었다. 거기서 이야기와 신문 기사를 비교해 보고 연습지 6과 7에서 거친 단계들을 다시 생각해 보면, 그 과정에서 한 일이 바로 긴 글을 요약할 때 하는 일이었음을 알게 될 것이다. 즉 이때

- 원래의 글에서 중요한 내용을 찾아내고
- 중요한 내용을 간단하고 밀집된 형태의 글로 재현한다.

 이 두 가지 모두가 외국어 수업에서의 쓰기 수업의 중요한 목표에 속한다. 요약하기에서도 읽고 이해하기를 통해서 쓰기로 다가가며, 이 두 가지 기능이 결합된다.

 이제 다음 과제를 해 보시오.

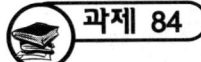 과제 84

Arbeitsblatt 8

1. Bitte lesen Sie Überschrift, Untertitel und Einleitungstext des Zeitungsartikels auf S. 96.
2. Versuchen Sie dann, die Informationen, die Sie dort erhalten haben, zu ordnen:
   - Was ist das zentrale Thema (die „6 W" können Ihnen helfen)?
   - Was erfahren Sie aus der Überschrift?
   - Was erfahren Sie aus dem Untertitel?
   - Was erfahren Sie aus dem Einleitungstext?
3. Lesen Sie nun den ganzen Text auf Seite 96.
4. Versuchen Sie mit Hilfe des folgenden Schemas die Argumente der Parteien zu inventarisieren. (Sie können das Schema auch ergänzen oder verändern.)

Streit vor Gericht

Richter nennt Sündenregister: _____

Reaktion Partei 1	Reaktion Partei 2
Lehrer:	Schulreferat:
Anwalt des Lehrers:	

Voraussichtlicher Ausgang des Streits: _____

5. Fassen Sie nun anhand der erarbeiteten Informationen den Inhalt des Zeitungstextes in maximal 100 Wörtern zusammen.

Deutschlands faulster Lehrer – ein Fall für den Psychiater

Der Oberstudienrat will vorzeitig in Ruhestand geschickt werden

Von Rudolf Huber

München – Neue Runde im Gerichtsstreit um „Deutschlands faulsten Lehrer" Hanns-Hartwig Löffler (52). „Mein Mandant leidet an Narkolepsie, an Blackouts auf epileptischer Basis", erklärte der Anwalt des Oberstudienrates gestern vor dem Verwaltungsgerichtshof. Damit wäre der zu trauriger Berühmtheit gekommene Pädagoge für seine mehr als 60 Dienst-Verfehlungen „schuldunfähig oder vermindert schuldunfähig". Was dem Beamten gut ins Konzept passen würde. Während nämlich das Schulreferat auf seine Entlassung drängt, möchte Löffler gerne mit ausreichender Rente in den vorzeitigen Ruhestand geschickt werden. Jetzt soll ein Psychiater ein Gutachten über Löfflers Verfassung abgeben.

Auf dem Weg ins Gericht: Hans-Hartwig Löffler (52).
Foto: Ludwig Hübl

Rund eine halbe Stunde dauerte es, bis die Richter das komplette Sündenregister Hanns-Hartwig Löfflers aus den Jahren 1980 bis 1986 aus den Akten vorgelesen hatten. Die Palette reichte vom Unterricht-Schwänzen über Ohrfeigen für Schüler bis hin zur – unerlaubten – Leitung zweier eigener Surfschulen. Der Pädagoge belästigte Schülerinnen, rief sie zu Hause an. Er verdingte sich nebenbei – unerlaubt – als Gerichtsdolmetscher, bildete künftige Surf-Lehrer in der Schule aus. Mit den Noten nahm es der Starnberger, der zuletzt beim München-Kolleg arbeitete, nicht so besonders genau. Zum Beispiel verteilte er Sport-Zensuren an Schüler, die vom Turnen befreit waren, die er nie zu Gesicht bekommen hatte.

In seinem Unterricht ging's drunter und drüber. Er ließ Burschen und Mädchen in Umkleideräume mit gemeinsamer Dusche, obwohl das nach der Schulordnung verboten ist. Einen Buben beschimpfte er als „Hasenberger", über Körperbehinderte riß er üble Witze.

Zu diesen ganzen Vorwürfen blieb Hanns-Hartwig Löffler gestern weitgehend stumm. Starr und aufrecht verfolgte er die Verhandlung. Das große Wort führte sein Anwalt Hans F. J. Fischer, der Gericht und Schulreferat mit angeblichen „ausgeprägten psychischen Störungen" seines Mandanten überraschte. Diese hätten möglicherweise die Einsichtsfähigkeit in sein Handeln aufgehoben. Wegen dieser Erkrankung werde Löffler seit 1979 ärztlich behandelt.

Der Vertreter des Schulreferats war völlig perplex über die plötzliche Erkrankung des bereits zu einer zehnprozentigen Gehaltskürzung verurteilten Lehrers: „Der Beamte hat weder zur Zeit der Disziplinarverfahren noch vor dem Verwaltungsgericht behauptet, krank zu sein." Das mit der Schuldunfähigkeit sei eine Schutzbehauptung. Das Referat sehe keinen Anlaß, Löffler in Rente zu schicken: „Wir gehen davon aus, daß er voll dienstfähig ist." Allerdings wird er im Innendienst eingesetzt und nicht mehr in der Schule.

Ganz egal, was im Gutachten steht: Ein Freispruch ist nach dem Verwaltungsrecht nicht drin. Der Richter: „Sogar eine härtere Disziplinarmaßnahme ist nicht ausgeschlossen."

출처 1988년 12월 1일자 (AZ, 29)

[과제 84]를 보면, 요약을 쓰기 전에 먼저 텍스트의 밑바탕에 깔린 사고의 골격(내적 구조/글의 짜임)을 알아내야 함을 알 수 있다. 내적 구조를 눈에 보이게 만들면 큰 도움이 된다. 그러려면 신문 기사에 관한 연습지 8의 4번에서처럼 내용을 간단하게 적은 구조도를 그릴 수도 있다.

글의 구조를 시각화하는 다른 방법은 흐름도*이다. 흐름도에는 정보와 논증의 순서, 또는 줄거리의 흐름을 그림으로 나타낸다.

과제 85

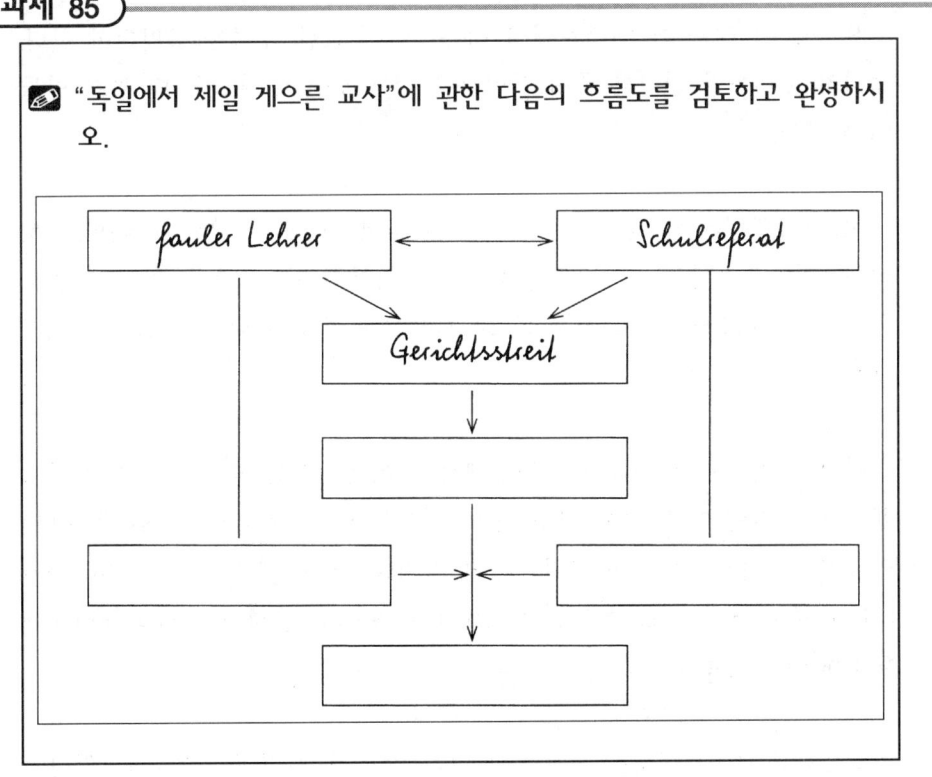

"독일에서 제일 게으른 교사"에 관한 다음의 흐름도를 검토하고 완성하시오.

흐름도, 구조도 등등은 텍스트의 구성과 조직을 눈에 보이게 만들어 준다. 일목요연하고 분명하게 짜인 글의 경우에는 구조도나 스케치를 그리기가 쉽다. 지금 이 텍스트가 그런 경우이다. 물론, 이렇게 잘 짜이지 않은 글도 있다. 외국어 수업에서 잘 짜인 글을 분석하는 것은 할 가치가 있다. 이때 학습자들은 글의 설계도를 알아보는 데 익숙해지며(2.3.8장도 참조), 이런 통찰력은 이들 스스로도 잘 짜인 글을 쓰도록 도와준다. 글을 요약하는 연습에서는 사고의 골격을 찾아내고 구조도를 그리면 그것이 자신의 글을 쓸 시작점이 된다. 이런 절차는 응집성 있는 글을 쓰기 위한 최상의 조건을 마련해 준다.

중요한 것과 중요하지 않은 것을 가려내기

요약을 할 때는 한 텍스트에서 내용상의 중요한 요점을 정리해야 한다. 그러려면 내용의 길이를 줄이고 반복을 적게 만들며 나열을 더 짧게 만들어야 한다.

여러분은 신문 기사를 요약할 때 그 교사의 긴 "범죄 기록"을 어떻게 처리했는가? 분명히 그 목록을 다 요약에서 반복하지는 않았을 것이다. 중요한 부분을 강조하기 위해서는 그 교사의 모든 잘못을 나열할 필요는 없기 때문이다.

아마 여러분은 범주를 만들고 (예를 들어서, '수업 중의/학교 내에서의 행동'은 한쪽에, '불법적인 서핑 강좌 운영'은 다른 쪽에 나누었을 것이다.) 어쩌면 여러분은 부당한 행위 중 몇 가지를 "인용"했을 수도 있다(... der Lehrer hatte z. B. die Schule geschwänzt, Schüler geohfeigt und unerlaubt Surfunterricht gegeben).

학생들은 중요한 것을 중요하지 않은 것에서 가려내는 기술을 익혀야 하고 내용을 줄이는 기술을 배워야 한다.

다음 과제의 목표는 그런 기술이다.

과제 86

📝 우선 학생들이 중요한 것을 중요하지 않은 것에서 가려내는 데에 도움을 줄 만한 기술을 적어보고, 다음으로는 내용을 줄이는 기술을 적어 보시오.

1 중요한 것을 중요하지 않은 것에서 가려내는 기술

    a) _____
    b) _____
    c) _____

2 내용을 줄이는 기술

    a) _____
    b) _____
    c) _____

이 장을 마무리하며 질문을 한 가지만 더 한다면, 요약은 그 양이 얼마나 되어야 할까?

일반적으로 요약은 원래 글의 1/3 정도로 추상화하고 줄이는 것이라고 말할 수 있다.

이 장의 내용 중 상당 부분은 실용문에 해당되는 사항들이고, 문학적인 글을 요약할 때에는 다른 관점들을 같이 생각해야 한다. 문학적인 글에서는 정보의 차원만이 중요한 것이 아니다. 문학적인 정보는 독자의 감정과 내적인 성향을 함께 배려하며, 독자의 주관적인 인식과 개인적인 해석에 호소한다. 또한 문학적인 글에서는 중심적인 정보를 분명하게 찾아내기가 쉽지 않고 그 정보가 스쳐가는 말 속에 숨어있는 경우가 있다. "문학적인 글의 핵심은 명시적이지 않고 독자가 이끌어 내어야 할 때가 많다. 그 일도 이미 텍스트의 해석이다"(Ehlers 1988, 254). 문학적인 글의 이런 특징들이 이 시리즈의 『Arbeiten mit literarischen Texten』의 주제이다.

2. 쓰기 연습의 유형론

2.3.6 그림을 보고 이야기 만들기

그림이야기는 줄거리의 흐름을 정해주기 때문에 글쓰기 과정을 유도하는 데 아주 적합하다. 반면에 그림과 줄거리는 동시에 언제나 주관적으로 해석되기 때문에, 개인적인 해결책을 만들어 낼 자유를 충분히 준다.

그림을 보고 이야기를 쓰는 과제는 여러 가지로 만들 수가 있다. 여러분은 이 과제를 성취도에 따라 서로 다르게 줄 수도 있다. 학습이 느린 편인 학생과 좀 더 잘 하는 학생에게 서로 다른 것을 줄 수 있다는 말이다(예를 들면, 학습이 느린 편인 학생에게는 언어적인 도움을 더 준다). 다음에 드는 두 가지 예에서 그런 경우를 볼 수 있다.

1. **텔레비전 앞에서의 대화**

과제 87

다음 그림이야기를 보고 과제를 두세 가지 만들어 보시오.

출처: Papan. Augustin/Haase(1980), 19에서 재인용

우리는 다음과 같은 과제들이 생각났다.

1. 교사가 말풍선에 글을 써 넣는다. 학습자들은 말풍선에 글이 쓰인 그림 이야기를 받아서, 말풍선에 쓰인 글들이 대화문으로 포함되도록 이야기를 쓴다. (가장 쉬운 방법)

2. 1번과 마찬가지이지만 말풍선 안의 대사를 그대로 인용하지 않는다. (직접 화법을 고쳐서 써야 한다)

3. 말풍선의 내용을 (답안에 제안이 하나 있다) 다른 종이에 준다. 학습자들은 그 내용이 어느 그림에 맞는지 짝을 맞춘다. 그 다음에는 1번이나 2번에서와 마찬가지로 이야기를 쓴다.

4. 이야기를 주고 학습자들이 말풍선에 적절한 대화를 써 넣게 한다. 아마 이런 글을 주게 될 것이다.

> 페터는 흥미진진한 수사물을 보고 있었는데, 아버지가 와서는 스포츠쇼를 보고 싶어 하셨다. 아버지는 수사물은 아이들에게 안 좋다고 하신다. 페터가 반대를 하지만 소용이 없다. 아버지는 소파에 편안하게 앉아서 채널을 바꾸신다. 페터는 아버지의 행동이 권위주의적이며 이기적이라고 비난을 한다. 거기다가 소파에 앉는 것은 아버지의 건강에 좋지 않다고 말을 한다. 아버지는 텔레비전에서 운동경기를 볼 것이 아니라 스스로 운동을 해야 할 것이다. 그러자 아버지는 화가 나서 페터를 자라고 보낸다. 어머니가 내일도 수사물이 있을 것이라고 페터를 위로하신다. 페터는 만족했다.

5. 말풍선 없이 그림을 준다. 학습자들은 그림을 보고 어울리는 이야기를 쓴다. 이 경우에는 그림 4를 뺄 수도 있다. (잘 하거나 고급의 학생들을 위한 과제)

6. 그림을 주지만 (말풍선은 있을 수도 있고 없을 수도 있다) 순서를 섞어서 준다. 학습자들은 우선 그림을 (혼자 또는 짝과 함께) "맞다고" 생각하는 순서대로 정리하고 각자 (또는 짝과 함께) 그에 대해 이야기를 쓴다.

다른 방법도 생각이 났는가? ― 이 그림이야기를 수업에 사용할 수 있겠는가? 여러분의 학생들은 이 그림이야기에 필요한 언어적인 도구를 이미 가지고 있는가, 아닌가? 이 어휘를 어떻게 제공하겠는가?

 과제 88

> 158쪽의 그림이야기를 위해 필요한 어휘를 수업에서 어떻게 도입할 것인가를 생각해 보시오.

2. 식당을 하나 추천해 주시겠습니까?

다음에 인용하는 Quino의 그림이야기는 다양한 단계의 학습자들을 위해 여러 가지로 수업에 사용할 수 있다.

먼저 그림 이야기를 순서 없이 섞어서 보이겠다.

 과제 89

> **1** 이 그림들의 "옳은" 순서를 찾아보시오. 앞뒤가 맞는 이야기가 생겨 나도록 그림에 번호를 매겨 보시오. 이야기에 적절하지 않은 그림은 지워 버리시오.
>
> **2** 각각의 그림에 대해서, 그림을 보고 생각나는 바를 적어 보시오. 그림에 무엇이 있는가? 그림의 남자/여자는 무슨 말을 할까? 그 여자는 무엇을 가르쳐 주는가? 등등.
>
> **3** 짧은 문장들을 쓰고, 줄거리의 흐름이 드러나도록 문장들을 배열해서 써 보시오.
>
> **4** 2에서 수집한 이 이야기의 성분들을 이용하여, 그림들이 주는 정보를 가능한 한 정확하게 처리서 이야기를 써 보시오.

출처 Quino(1991), 쪽수 없음

여러분도 뒤섞여 있는 이 그림들을 순서대로 해서 줄거리를 만들어 내기가 쉽지 않았을 것이다. 우리가 여러분을 위해 이런 도입을 마련한 것은 원본을 보지 못했고 각각의 그림들로부터 줄거리의 흐름을 분명히 알아볼 수 없는 경우에 이런 과제가 얼마나 어려울 수 있는가를 여러분이 직접 경험하게 하려는 의도였다.

수업에서 그림이야기를 사용하기:

1. 원본을 복사해서 그림을 하나씩 자르고 학습자들에게 (한 명씩 또는 그룹별로) 그림을 한 벌씩 준다. 이렇게 하면 학습자들은 그림을 움직이며 순서를 여러 가지로 시도해 볼 수 있다.

2. 이런 식으로 게임을 통해 도입을 하면, 그림 전체를 순서대로 하는 동안

에 이미 학습자들의 머릿속에서 이야기가 생겨나기 시작한다. 무엇이 첫 번째 그림(이야기의 시작)인지를 선택하려면 그때 이미 마지막 그림(이야기의 끝)에 대해서 생각을 해야 하기 때문이다.

3. 학습자들이 그림을 서로 다르게 배열하는 경우가 있는데, 그럴 때면 서로 다른 이야기가 생겨난다. 학급 전체가 모였을 때 그 이야기들을 낭독하고 비교하기, 그리고 문어 표현을 연습하는 일은 언제나 기대하지 못한 결과들이 나오기 때문에 재미가 있다.

4. 혼자 작업하는 대신에 학생들을 둘씩, 또는 소그룹으로 묶어서 함께 "옳은" 순서를 찾게 할 수 있다. 그러면 토론이 활발해지는 것이 보통이다. 이유를 서로 이야기하고 공통의 결정을 내려야 하며, 이야기를 공동으로 만들어내서 공동으로 쓰고, 마지막에는 다른 그룹에 맞서서 이유를 설명해야 한다(2.5.4장 그룹에서 글쓰기 참조).

5. 학생들이 이미 이런 쓰기 과제를 몇 번 했다면, 과제의 순서를 꼭 여기에서 주어진 대로 해야 할 필요는 없다(예를 들면, 3을 제외하거나 2와 하나로 만들 수도 있다).

6. 그림이야기의 원래 순서는 맨 마지막에 가서야 보여 준다.

우리도 이제야 원래의 그림이야기를 보인다. 이렇게라면 독일어를 배우는 첫 해에도 이미 이것을 과제로 줄 수 있다. 그림을 한 줄씩 잘라서, 각각의 종이에 163쪽에 보이는 것 같은 연습지를 만든다. 학습자들에게 먼저 중요한 단어를 적게 하고 그 다음에 각각의 그림에 대해 짧은 문장을 쓰게 한다. 맨 끝에 가서야 전체적인 이야기를 쓴다.

출처 Quino(1991), 쪽수 없음

이 그림을 보고 생각나는 것: 단어로

_____ _____

짧은 문장들:

_____ _____
_____ _____

이 이야기를 쓰기 위해 여러분의 학생은 어떤 단어와 언어적 도구를 알아야 하겠는가? 목록을 만들어 보시오.

2. 쓰기 연습의 유형론 | **163**

출처 Quino(1991), 쪽수 없음

수업에 사용하기에 적합한 그림과 그림이야기들은 다음 책들에서 찾을 수 있다.

- Viktor Augustin / Klaus Haase (1980): *Blasengeschichten*
- Diethelm Kaminski (1987): *Bildergeschichten*
- Theo Scherling / Hans Friedrich Schuckall (1992): *Mit Bildern lernen*
- Marie-Luise Brandi 외 (1988): *Bild als Sprechanlaß. Sprechende Fotos.*

2.3.7 그림에서 단어로, 단어에서 문장으로, 문장에서 텍스트로

한스 슈툭의 "내 인생 최고의 운전"에서 우리는 **텍스트에서 단어로, 문장으로, 텍스트로** 쓰는 과정을 기술했었다. 기억이 나는가? 이번 장에서는 (2.3.6.에서 같은 그림이야기가 아니라) 단 한 개의 그림이 반응을 불러일으키는 "자극"이 되는 경우를 다룬다.

텍스트 대신에 그림을 이용하면 과제는 더 어려워지는 동시에 더 쉬워진다.

더 어려워지는 까닭은

- 제공되는 자료에 언어가 포함되지 않기 때문에
- 그리고 그림에는 동시에 나타나는 것들, 즉 지면에서는 나란히 보이는 것들에 대해 글로 쓸 때는 이들을 시간적인 순서로 배열해야 하기 때문이다.

더 쉬워지는 까닭은

- 독일어 학습자들이 글을 어떤 표본에 따라 구성해야 하는 것이 아니라 자신들의 환상과 상상력을 자유롭게 발휘하며 자신들이 가지고 있는 언어 능력을 자유롭게 사용하면서 글을 쓸 수 있기 때문이다.

그림으로 하는 쓰기 과제는 다양한 방법으로 줄 수 있다. 여러분은 학습자들에게 연상표를 만들게 할 수도 있고 연상표 없이 쓰게 할 수도 있다(2.5 참조). 학습자들을 돕기 위해 여러분은 이들이 쓰기 과정을 구조화하고 글을 단계별로 만들어 나가도록 필요한 지시를 줄 수도 있다. 이런 도움은 쓰기 능력을 키우는 데 중요한 역할을 할 수 있는데, 우리는 다음 과제에서 이러한 점에 대해 예를 들어서 보이고자 한다.

과제 91

다음에 주어지는 일련의 과제의 밑바탕에 깔려 있는, 과정 중심의 쓰기의 큰 세 단계를 적어 보시오.

1. _____
2. _____
3. _____

다음에 자극으로 쓰인 그림은 Franco Mattichio의 그림이다(『Der Bunte Hund』, 15/1986, 5쪽에서). 학생들에게 주는 연습지에는 그림의 옆, 위, 아래에 글을 쓸 수 있도록 그림을 배치하시오.

독일어 학습자들을 위한 과제:

다음 그림을 보고 환상적인 이야기를 하나 쓰십시오. 어떻게 하면 되는지는 다음의 단계들이 보여 줍니다.

Arbeitsblatt 9

Textaufbau in 6 Schritten

Schritt 1: Partnerarbeit oder Plenum

Schreiben Sie wie bei einem Wortigel an den Rand des Bildes, was Sie sehen. (Sie können wichtige Dinge dicht an das Bild oder größer schreiben, unwichtige schreiben Sie klein oder rücken sie vom Bild weg, Sie können auch kleine Symbole oder andere Zeichnungen hinzufügen.) Schlagen Sie unbekannte Wörter im Wörterbuch nach.

출처 Matticchio, Der Bunte Hund(15/1986), 5

Schritt 2: Fragen und Antworten
Suchen Sie jetzt zu den einzelnen Begriffen möglichst viele W-Fragen. Welche Antworten können Sie auf Ihre Fragen geben?

Fragen   Antworten

– *Was ist das für eine Uhr?*
– *Warum ist sie so groß?*
–
usw.

Schritt 3: eine Geschichte entwickeln und strukturieren
Versuchen Sie, eine Geschichte aus diesen Fragen und Antworten zu entwickeln: Was kommt zuerst, was dann, was zuletzt? (möglicher Aufbau, Gliederung)

Beginnen Sie, Satzteile, kleine Sätze, vielleicht auch schon kleinere zusammenhängende Abschnitte auf einem Blatt Papier zu formulieren.

Schritt 4: die Geschichte aufschreiben
Beginnen Sie Ihre Geschichte aufzuschreiben. Achten Sie auf einen spannenden Aufbau. Verknüpfen Sie einzelne Satzteile, Hauptsätze, kleinere Sätze miteinander. Benutzen Sie das Konnektorenschema (siehe Aufgabe 14/15 im Lösungsschlüssel auf S. 186f.).

Schritt 5: Textsorte und/oder Leserbezug überprüfen
Erkennen Sie in Ihrer Geschichte eine bestimmte Textsorte? Vielleicht ein modernes Märchen? Überprüfen Sie die Textsortenmerkmale (z. B. Märchen: „Es war einmal ... ")
An wen wendet sich die Geschichte? Wer soll sie lesen? (Vielleicht ein fiktiver oder realer Briefpartner?)

Schritt 6: den ganzen Text überprüfen
Überprüfen Sie den Satzbau, die grammatischen Konvergenzen, Satzanfänge, Referenzen, die Verwendung von Absätzen.
Schreiben Sie Ihren endgültigen Text auf ein extra Blatt Papier.

5단계에 붙이는 말:

만일 학급간의 서신 교환이 이루어지고 있다면, 학습자들은 그 그림을 상대 학급에 보내고 마찬가지로 그 그림에 대해 글을 써 보라고 요청할 수도 있다. 그러다 보면 흥미로운 문화 비교가 이루어질 수도 있다.

끝으로:

연습지 9(166쪽)에 기술된 6단계의 절차는 이 책에서 계속 반복되고 있는 작업 방법의 변형이다(예를 들면 27쪽부터에 실린 [과제 16] '중형 오토바이를 탄 불량학생들'을 보라).

오해하지 말기 바란다. 우리는 이 과정의 밑바탕이 되는 **계획, 쓰기, 다듬기**라는 세 개의 큰 단계들을 교수법 상의 유일한 진리로 선포하는 것이 아니다. 쓰기가 꼭 이 단계들을 거쳐야 **하는 것은 아니다**. 하지만 대개 쓰기는 이런 단계들을 거치고, 이 점은 우리가 쓰기를 가르치는 데 있어서 시사하는 바가 많다. 즉 복합적인 쓰기 활동은 몇 개의 영역으로 분리될 수 있고 단계별로 연습할 수 있다는 것이다. 그럼으로써 독일어 학습자들은 부분적인 기능들을 하나씩 습득하고 통합할 수 있다. 그리고, 학생들은 자신들이 쓰기를 시도할 때 이 지식들이 얼마나 도움이 되는가를 스스로 판단할 수 있다.

이 쓰기 과제는(그림을 보고 **환상적인 이야기를 쓰기**) 앞의 2.5장과의 연결이 이루어진다. 그림 자극이 불러일으켰던 환상과 개인적인 쓰기 스타일은 창조적이고 자유로운 글쓰기에서도 중요하기 때문이다.

2.3.8 글의 설계도와 글의 기능

먼저 비유를 하나 들겠다.

집을 짓는 사람은 돌과 시멘트와 건축 재료만을 필요로 하는 것이 아니다. 그는 그 집의 **기능**이 무엇인지도 먼저 상상해 보아야 한다. 예를 들어 자기 가족을 위해 작은 마당이 딸린 단순한 주택을 지을 것인지, 아니면 다가구 주택이나 사무용 건물을 지을 것인지를 결정해야 한다. 그는 무엇을 어느 순서로 고려해야 하는지, 어떻게 단계별로 일을 할 것인가를 알아야 한다 (건축지 매입, 등기, 건축 허가, 은행 대출 등등). 그는 누구와 어떤 약속을 하고 그 약속을 어떻게 지킬 것인가도 알아야 한다. 그는 아마 자신의 생각에 따라 그 집이 어떤 모습을 갖추게 될 것인지를 보여주는 **설계**를 할 건축가를 필요로 할 것이다. 그 집에 겨울이 되기 전에 지붕이 얹히려면 물론 **시간계획**도 필요하다.

집짓기의 비유는 글을 "짓는" 데에도 적용이 된다. 글의 "구조"라는 말도 쓰지 않는가. 글을 조직할 때에도, 재료, 즉 주제와 어휘와 문법을 갖추는 것만으로는 부족하다. 글을 쓰기 위해서도 지금 쓰는 **글의 기능**이 무엇인가를 먼저 확실히 해야 한다. 예를 들면 다음과 같은 목적으로 글을 쓸 수 있다.

- 객관적인 정보 전달: 신문 기사, 회의록, 사용법 등
- 실제적인 개인의 경험이나 생각을 생생하게/재미있게/흥미진진하게 들려 주기: 경험 이야기, 개인적인 편지, 시 등
- 꾸며낸 이야기를 들려 주기: 동화, 단편 소설, 공상과학물, 추리 소설 등
- 어느 주제/문제에 대한 자신의 의견을 밝히기: 논평, 입장 서술 등

아니면 여러분은

- 어떤 특정한 의도가 있다. 예를 들면 좋은/열정적인/사실적인/논리적인 논거를 들어 누구를 설득하려고 한다: 논설문, 찬반토론 등
- 다른 사람이 그 자신에 대해 이야기하거나 여러분에게 대답하게 만들려고 한다: 인터뷰, 개인적인 편지, 무엇을 물어보는 공식적인 편지 등
- 예를 들어서 어떤 구인광고를 보고 그 자리를 자신의 것으로 만들고자 한다: 이력서가 딸린 지원서 등.

집짓기의 비유는 계속 사용할 수 있다.
누구를 위해서(자신의 가족 또는 다른 세입자들) 집을 짓는가가 중요한 것과 마찬가지로, 글에 있어서도 우리가 이 글을 통해 도달하고자 하는 실제적인 독자나 상상의 독자가 누구인가를 묻는 질문이 중요하다. 독자는 (외국어 수업에서 자주 있는 경우인데) 개인적으로 알거나 허구로 지어낸 편지 친구일수도 있고, 실제적인 교사나 다른 학생들일 수도 있는가하면 허구로 만들어낸 "신문 독자" 또는 "광고 독자" "인사 과장"일 수도 있다.

그럼 우리의 글에 설계도, 글의 짜임을 제공하는 "건축가"는 어떤가? 글

을 쓰는 우리 자신이 언제나 "글의 설계도"를 전적으로 결정하는 "건축가"일까, 아니면 다른 요소가 있을까?

한 문화 내에서의 글의 종류*: 한 언어에서 사용되는 글의 종류

글에는 짜임이 있다는 것은 여러분도 잘 알고 있다. 글의 짜임에 대해서는 이 책에서 이미 여러 번 말을 했다. 예를 들면 2.3.3.장 148쪽에서 살펴본 신문기사에서처럼, 각각의 글의 종류에는 특정한 **글의 설계도**가 있다는 것도 여러분은 알고 있을 것이다. Engel은 그의 『Deutsche Grammatik』(1988)에서 일상 생활에 쓰이는 45가지 정도의 글의 종류를 정리하고 이들을 목표, 매체, 의사소통에 참여한 사람들의 사회적인 관계, 언어적인 특징(예를 들어 시제의 사용)이라는 범주에 따라 기술하였다.

Engel은 "실용문의 종류"만을 나열하고 기술했다. 문학 장르나 문학과 유사한 장르는 고려하지 않았다(레포타쥬, 내용요약, 요약, 단편소설, 서평 등).

```
Interview T 158,                          Bekanntmachung mit auffordernden
Beratungsgespräch T 159,                  Charakter T 176,
Telefongespräch T 160,                    Hausordnung T 177,
Zeitungsnachricht T 161,                  Bewerbung T 178,
Hinweistafeln und Hinweisschilder T 162,  Verpflichtung (Erklärung) T 179,
Referat T 163,                            Dienstliche/betriebliche Anweisung T 180,
Betriebsanleitung T 164                   Antrag T 181,
Montageanweisung T 165,                   Bestellung T 182,
Lebenslauf T 166,                         Rechnung T 183,
Gebrauchsanweisung T 167,                 Mahnung T 184,
Anmeldung T 168,                          Mietvertrag T 185,
Protokoll T 169,                          Kaufvertrag T 186,
Bestätigung einer Bestellung T 170,       Diskussion T 187,
Quittung T 171,                           Leitartikel, Kommentar T 188,
Werbebroschüre T 172,                     Aufkleber T 189,
Werbeanzeige T 173,                       Offizieller Brief T 190,
Gebots- und Verbotsschild T 174,          Privatbrief T 191.
Kochrezept T 175,
```

이런 글의 종류들에 대한 기술은 문학 사전(예를 들면『Metzler Literatur Lexikon. Begriffe und Definitionen』(1990)이나 Kwiatkowski의 『Schülerduden Literatur』(1989)에서 찾을 수 있다.

외국어로서의 독일어 수업에서 특히 중요한 글의 종류의 목록은 시험에서 요구하는 사항들의 목록, 예를 들면 초급 시험인 독일어 기초학력 증명시험에 대한 소책자에서 볼 수 있다(Deutscher Volkshochschul-Verband와 Goethe-Institut 편, 1992, 25). 이 책자에는 '독해'와 '청해' 영역에서 요구되는 글의 종류의 목록*이 실려 있다. 쓰기 기능에서는 '편지'만이 포함되는데, 이 책의 1.2.장(19쪽)에서는 초급에서의 쓰기에 중요한 다른 글의 종류들에 대해서도 이야기했다. 괴테 인스티투트Goethe-Institut의 독일어 중급시험(ZMP)(1996)에서는 문어 표현에서 '개인적인 편지, 공식적인 편지, 독자의 편지, 보고서' 등이 명시되어 있다.

『Fremdsprache Deutsch』 16호에 실린 'Handlungsorientierung im Fortgeschrittenenunterricht'라는 논문에서 Hans-Dieter Dräxler(1997)는 다음과 같이 분류를 했다.

	Kontakt pflegen	berichten beschreiben erzählen	argumentieren beurteilen erörtern	anleiten auffordern
Schreiben	persönlicher Brief	Aufsatz, Exzerpt/ Mitschrift, Lebenslauf, Protokoll, Referat/Vortrag, Bericht	Stellungnahme	Antrag, Bewerbung, offizieller Brief, Formular

Relevante Textsorten für den Unterricht mit fortgeschrittenen Deutschlernenden

출처 Dräxler(1997), 14

글의 종류, 내용의 구성, 개성적인 글의 구성

2.3.3장(92쪽)에서 우리는 신문 기사라는 글의 종류에 특징적인 글의 설계도를 (제목, 부제, "6하 원칙"에 따른 굵게 인쇄된 요약, 기사 본문) 분석하고 또 경험담의 내용적인 구조를 알아보았다(Hans Stuck; Die tollste Fahrt meines lebens, 146쪽). 2.3.5장(154쪽부터)에서는 다른 신문 기사 하나를('독

일에서 가장 게으른 교사') 조사하여 그 글의 내용적인 구성을 흐름도로 나타내었다(155쪽, 343쪽). (2.4장의 논설문의 구조도 참조하시오.)

신문 기사라는 "글의 종류에 고유한 설계도"는 이 글의 종류에서는 계속 반복되어 출현하며, 외적으로만 보아도 이미 알아볼 수 있는 글의 모형*이다. 글의 모형은 외적인 틀을 결정하지만, 그 틀을 채우는 방식은 아주 다양할 수 있다. 예를 들어, 여러분은 똑같은 뉴스가 진지한 신문인지 그렇지 못한 신문인지, 정부에 가까운 신문인지 반정부적인 신문인지에 따라 다르게 보도된 것을 보았을 것이다. 똑같은 뉴스라는 사실을 알아보지 못할 정도로 서로 다를 수도 있다.

이 글들의 밑바탕이 되는 '신문 기사'라는 글의 모형에는 예를 들면 '선정적인 신문'과 '진지한 신문', '정부에 가까운 신문'과 '반정부적인 신문' 같은 하위 모형들이 있다. 그리고 개성적인 글의 설계도, 즉 어느 작가/저널리스트가 글의 모형에 따르면서도 뉴스의 언어적인 형태를 어떻게 구현하는가, 어떻게 독자에게 이야기를 하는가, 독자의 호기심을 불러일으키며 독자에게 영향을 미치려고 시도하는가에 관한 개인적인 방식도 있다. (텍스트에서는 아주 개성적인 문체가 드러난다는 것은 우리 모두 상식으로 알고 있다. 외국어로 글쓰기에서는 이런 개성적인 문체는 대개 고급단계에 가서야 드러난다.)

글의 종류에 대해 이야기를 할 때 우리는, 신문 기사라는 글의 종류에는 모든 언어와 나라에서 공통적인 글의 모형이 밑바탕이 되는가, 아니면 차이가 있는가, 독일어의 글의 모형과 다른 언어, 다른 나라의 글의 모형 사이에 차이가 있는가를 물어야 한다.

여러 가지 글의 종류가 여러 언어들에서 서로 아주 다르게 실현된다. 바꾸어 말하면 여러 글의 종류에는 고유한 문화의 산물이기 때문에 서로 다른 쓰기 전통이 있다는 연구 결과가 있다. 다음에서는 이 측면을 더 살펴

볼 것이다. 여기서 주어진 예들이 여러분의 언어와 여러분 나라의 쓰기 전통에서는 어떤가 확인해 보기를 바란다.

둘러가기: 문화의 산물인 글의 모형과 쓰기 전통

여러 지역과 나라에는 서로 다른 주택 건축 양식이 있듯이(스웨덴의 단독 주택은 영국, 프랑스, 일본, 독일, 아랍의 단독 주택과 다르다), 글의 종류들에도 서로 다른 쓰기 전통들이 있다. 앞에서도 말한 『Sichtwechsel Neu』의 3권(Bachmann 외 1996b)에서는 글의 종류를 중점적으로 다루는데, 예를 들어 여러 나라의 케이크 레시피를 서로 비교하고 있다(25.1). 이러한 것들을 보면, 요리하는 방법을 글로 표현하는 방식이 여러 가지가 있음을 볼 수 있다. 수량 표현의 정확성이 서로 다른데(설탕 한 종지, 설탕 6큰술, 설탕 180그램), 이는 서로 다른 요리법의 전통을 반영하고 있다. "설탕 한 종지"가 대체 얼마큼일까? 얼마나 큰 종지로 재야 할까? 그것을 어떻게 알 수 있을까? 그램으로 정확하게 나타내야 할 필요성이 있다는 것은 무엇을 의미할까 (예를 들면 독일 요리책에서)? 레이아웃과 지시문 역시 서로 차이가 난다. 예를 들어 독일어 레시피에서는 비인칭 부정형이 사용된다: "계란을 버터와 함께 거품이 나도록 섞다, 밀가루를 숟가락으로 섞어 넣다". 헝가리의 레시피에서는 더 직접적인 표현을 사용한다. "우리는 설탕을 계란 노른자와 섞는다 … 우리는 그 반죽에 … 를 넣는다 …" 루마니아어의 예에서는 수동형과 부정대명사 주어를 사용한다. "설탕은 계란과 섞인다. 거기에 … 를 붓는다 …"

최근에는 서로 다른 쓰기 전통에 대해 점점 더 많은 관심을 기울이기 시작했다. Ruth Eßer는 독일과 멕시코의 문화를 반영하고 있는 학술적인 발제문의 전통적인 양식을 비교하였다(Eßer 1997). Bettina Missler, Anke Servi, Dieter Wolff는 여러 유럽 나라들에서(독일, 프랑스, 영국, 덴마크, 포르투갈) '이력서'라는 글의 종류를 조사하고 그렇게 "서로 유사한 문화들" 간에도 분명한 차이가 있음을 밝혔다(GAL Bulletin 23/1995). 독일에서 집안일을 도우며 대신 숙식을 제공받고 언어를 배우려는 몽골 학생들의 지원서 서류를 조사한 Barbara Kuhn, Susanne Otte는 다음과 같이 쓰고 있다.

> "독일적인 관점에서 보아 이력서에는 아무 정보가 없이 비는 기간이 있으면 안 되며, 시점들이 불분명하게 기입되어 있으면 인사과장들은 지원자가 '허비한' 기간을 숨기려고 시도하고 있다고 의심한다. 하지만 몽골에서 시간은 상대적인 개념이다. 시골에서는 시계가 없이 태양을 보고 생활하는 사람들이 많다… 그러므로 출생일로 '여름'을 적는 일도 얼마든지 있을 수 있다."
> (Kuhn/Otte 1995, 228)

이 점이 외국어로서의 독일어 수업에 시사하는 바는 무엇일까? 학교에서의 학습을 포함하는 사회화*를 거치며 독일어 학습자들은 "자신들의" 문화의 산물인 글의 모형을 내면화했다. 이들은 글의 종류에 대한 이런 지식을 가지고 독일어 수업에 와서, 일단은 그 지식을 자동적으로 목표어의 글의 종류에도 전이시킨다(Wolff 1992, 122 참조). 그러므로 특히 고급 수업에서는 시작언어(학습자들의 모어. 역자 주)와 목표어의 서로 다른 글의 모형에 대해 주의를 환기하고 비교를 할 필요가 있다. (문어의 글의 종류에 관해서도 비슷한 관찰을 할 수 있다는 점은 지나가는 말로 한 번 밝혀 둔다.) 다양한 "의사소통 스타일"에 관해서도 앞에서 말한 교재 『Sichtwechsel Neu』 3권에서 다루고 있다.

초급의 쓰기에서도 서로 다른 쓰기 전통이 중요할 수 있다. 독일어와 프랑스어의 공식적인 편지를 비교하면 그 차이는 어휘에만 국한된 것이 아니다. 독일어에서는 상용 편지에서 뻣뻣했던 끝인사 'Hochachtungsvoll(존경하는 마음으로)'를 더 자유로운 'Mit freundlichem Gruß/Mit freundlichen Grüßen(다정한 인사를 보내며)'가 대치한 반면 프랑스에서는 지금도 'Veuillez agréez mes/nos sentiments distingués(직역하면 "나의 특별한 감정을 받아주시기 바랍니다", 역자 주)'같은 격식적인 표현이 사용된다. 이런 형식은 보통 "문화적인 배경"을 반영하는 것이 보통인데, 즉 프랑스에서는 사업관계가 더 격식적임을 드러내 보여준다. 마찬가지로 영국의 끝인사인 'Yours sincerely'에 대비하여 미국의 'Yours truly'는 사업상 관계를 맺는 사람들 간의 더 격식 없는 관계를 반영한다고 해석할 수 있다.

"보고하기"나 "경험담 이야기하기", "초대"와 "거절", "그림 묘사"와 "요약", 또는 글이나 책이나 영화의 내용을 "요약하기"에서도 문화에 따라 서로 다른 모형이 영향을 미칠 수 있다(무엇이 인지되는가, 무엇을 먼저 말하는가, 무엇이 부차적이 되는가. Wolff 1992, 123 참조). 이 분야에서는 대조분석이 흥미로운 결론을 많이 찾을 수 있을 것이다. 하지만 여러분도 가끔씩은 초급에서도 시작언어와 목표어의 텍스트들을 비교함으로써 이런 글의 모형을 학습자들이 의식하도록 만들어야 한다.

목표어로 된 글이 하는 "모범 구실"

목표어로 된 글을 가지고 하는 작업은 그 글의 종류의 고유한 틀(또는 글의 모형)의 분석이나 글의 개략적인 구성 요소(글의 짜임을 결정하는 요소들)의 분석에서 그치는 것이 아니다 (이 두 가지는 함께 글의 거시 구조를 이룬다). 독일어 학습자들은 이때 글의 세부 구조(미시 구조)에 대한 통찰을 얻을 수 있으며, 그 지식은 텍스트 산출에 도움이 된다.

『Süddeutsche Zeitung』의 "기타"란에서 인용한 다음 글을 예로 들어 보자. 우리는 이 글을 도표, 말하자면 '틀'에 맞추어 써 넣었다. 여러분이 글의 세부구조에 집중할 수 있도록, 보통은 어느 글에서나 찾을 수 있는 "도입", "본문", "결말"이라는 대략적인 글의 구성 요소는 이미 표에 주어져 있다.

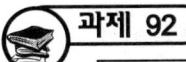 과제 92

a) 주어진 단계에 따라 이 글의 미시 구조를 분석하시오. "1차 공정"은 우리가 벌써 써 넣었다. 이제 2~7차 "공정"에 적당한 핵심어를 표에 써 넣으시오.

Geschenke machen nicht immer Freude. Manchmal geschieht genau das Gegenteil.	1.	*Einführung des Themas: Behauptung (These)*	*Einführungsteil*
Warum das so ist?	2.		
Weil derjenige, der schenkt, manchmal andere Pläne mit dem Geschenk hat, als derjenige, der es geschenkt bekommt.	3.		
So hat einmal eine Frau für ihren Mann ein Päckchen mit nach Hause gebracht. Er wollte unbedingt sofort wissen, was in dem Päckchen ist. Die Frau wollte es ihm aber zu seinem Geburtstag am nächsten Tag schenken. Der Mann holte ein Messer und wollte das Päckchen öffnen. Als die Frau ihrem Mann das Päckchen wegnehmen wollte, rutschte dieser aus und fiel in das Messer.	4.		*Hauptteil mit Beispiel*
Der Mann kam ins Krankenhaus, die Frau wurde von der Polizei verhört.	5.		
Was in dem Päckchen war?	6.		
Weder Krankenhaus noch Polizeiprotokoll geben darüber Auskunft.	7.		*Schluss*

출처 Süddeutsche Zeitung에 따라

b) 독자의 관심을 불러일으키기 위해 저자는 어떤 기술을 사용하는가?

글의 견본을 이렇게 분석하고 나서 학습자들은 예를 들면 재미있는 사건이나 '운동은 건강에 좋다'나 '독서는 재미가 있다' 같은 주제에 관해 자신들의 글을 쓸 수 있다. 물론 글을 구성하고 있는 부분들의 순서는 바뀔 수도 있다. 즉, 예를 들면 질문으로 시작을 하고 그 다음에 주장을 할 수도 있다.

어쨌든, 이런 견본을 가지고 글을 쓰는 것이 스스로 자신만의 글의 설계도를 만드는 것보다는 일단은 쉽다.

다음의 글에 담겨 있는 견본을 찾아내고 그에 따라 글을 써 보시오.

 과제 93

1 다음 글의 밑바탕이 되는 글의 견본을 찾아내 보시오. 이때 글의 부분들의 시제에 주의하시오.

2 그 견본에 따라 같은 구조를 가진 글을 써 보시오.

> **Wer kennt den Jungen?**
>
> Gestern fiel einem Polizisten auf dem Marienplatz ein etwa 16jähriger Junge auf, der ziellos herumlief. Er machte einen verwirrten Eindruck und redete kein Wort.
> Der Junge ist etwa 16 Jahre alt, 1,76 m groß, hat lange blonde Haare und blaue Augen. Bekleidet ist er mit einem gelben T-Shirt, Jeans und Turnschuhen der Marke Adidas.
> In einer Plastiktüte, die der Junge bei sich trug, befanden sich zwei Bücher von Max Frisch.
>
> 출처 Süddeutsche Zeitung

글을 비교함으로써 글의 거시구조와 미시구조를 분석할 수도 있다.

[과제 94]와 [과제 95]에서 한 것처럼 여러분이 이미 접한 일이 있는 글 두 개, 148쪽의 신문기사 '8세 소년이 마술에 걸리다'와 146쪽의 경험담 '내 인생 최고의 운전'을 다시 한 번 비교해 보시오.

2. 쓰기 연습의 유형론 | **177**

📝 글 1: 8세 소년이 마술에 걸리다

이 글을 읽고 다음 질문에 대답하시오.

1 글의 종류는 무엇인가?
2 이 글에는 어떤 네 부분이 있는가 (글의 모형)?
3 이 글의 시제는 무엇인가? 왜 그 시제가 사용되었는가?
4 사건은 어떤 순서로 서술되는가?
5 이 사건은 몇 인칭으로 쓰였나?
6 이 글을 쓴 사람은 사건을 평가하는가?
7 왜 이 글에는 직접화법이 없을까?

📝 글 2: 내 인생 최고의 운전

이 글을 읽고 다음 질문에 대답하시오.

1 글의 종류는 무엇인가?
2 이 글은 어떻게 짜여 있는가? 146쪽 지문의 옆에 글의 구성 요소를 적어 보시오.
3 이 글의 시제는 무엇인가? 왜 그 시제가 사용되었는가?
4 이 사건은 몇 인칭의 시점에서 쓰였나? 왜 그런가?
5 이 글의 어느 부분에서 글을 쓰는 사람이 자신의 입장을 밝히고 평가를 하는가?
6 직접화법이 사용된 곳을 표시하시오. 무엇이 눈에 뜨이는가? 직접화법이 언제 사용되었는가를 어떻게 설명하겠는가?

여러분은 두 가지 글의 종류를 자세하게 비교하고 글의 종류에 따른 특징을 적었다.

과제 96

✎ 이제 글의 종류에 따른 특징을 서로 비교하며 다음 표에 나란히 (핵심어로) 적어 보시오.

	신문 기사	경험담
이 글의 종류에서는 무엇이 주가 되는가?		
이 글의 기능은 무엇인가? 글을 쓰는 사람의 의도는 무엇인가?		
글은 독자에게 어떤 영향을 미치는가?		
글은 어떻게 구성되어 있는가? a) 구조: b) 문체: c) 시제:		

학생들이 견본을 보고 글의 모형을 찾아내었다면, 이때 얻은 통찰을 자신들의 텍스트 산출에 활용할 수 있다. '신문 기사'와 '경험담'이라는 예로 계속 이야기를 하겠다.

과제 97

✎ 다음 사진을 보고 간략한 글을 세 개 써 보시오.

1 사진을 묘사하시오.
2 무슨 일이 일어났는가? 신문 기사를 써 보시오.
3 친한 친구에게 경험담이나 편지를 써 보시오.

출처 Derlath(1991), 26번

수업을 위한 도움말:

1. 학생들이 "그들의" 글의 종류를 스스로 선택하게 한다. 몇 명은 "묘사문"을 쓰고 몇 명은 "신문 기사"를, 또 몇은 "경험담"을 쓴다. 이렇게 하면 글의 종류에 따른 특성만이 아니라 서로 다른 개성적인 글쓰기 방법을 보여 주는 글들이 여러 개 생긴다. 학급에서 글을 읽고 비교할 때, 글의 종류라는 틀을 채우는 방법은 아주 다양할 수 있음을 좋은 해결책이 나올 때마다 지적해 주는 것이 좋다. 그럼으로써 학습자들은 아주 개성적인 방식으로 글을 쓸 용기, 즉 자신만의 문체를 발전시킬 용기를 얻는다.
2. 학습자들에게 글의 종류에 따른 쓰기 과제를 줄 때에는 가능한 한 자주 그들의 경험이나 흥미진진하고 재미있는 글, 최근에 수업에서 다룬 글이나 학급에서 누군가가 가지고 온 그림을 출발점으로 삼는다.
3. 어느 텍스트에서 특정 부분들을, 예를 들면 (독자를 특별히 자극하거나 하지 않는) 도입부분이나 (하나의 주제를 가지고 있는) 각각의 문단들, 글을 마치는 여러 가지 방법들을 중점적으로 연습하는 것이 의미가 있을 때가 있다.

3번에서 글이 가지는 중요한 특성 한 가지가 거론되었다. 글에는 대개 문단이 있다는 점이다.

텍스트를 문단으로 구성하기:

독일어 교재에서는 다음과 같은 과제를 흔히 볼 수 있다.
- 글 X를 문단으로 나누어 보시오. 각 문단에 적절한 제목을 붙여 보시오.
- 뒤죽박죽 섞인 문단들을 적당한 순서로 정리해 보시오.

여기서 연습하는 것은 독해이다. (같은 시리즈의 『Fertigkeit Lesen』에서는 이런 과제나 다른 과제로 어떻게 읽기 전략을 연습하는지를 읽을 수 있다.)

이런 과제를 통해 학습자들은 글의 문단의 기능에 대한 감각을 기를 수도 있다. (물론 수업을 할 때 여러분은 학생들이 각각의 문단을 제대로 이해하는지를 확인해야 한다.)

[과제 98]의 텍스트에는 문단들이 서로 뒤섞여있다. (원문을 약간 줄였다.)

 과제 98

1 문단들의 옳은 순서를 표에 써 넣으시오. 각각의 문단의 주제를 적으시오.

2 문단들은 어떻게 서로 연결되어 있는가?

글의 부분	알파벳	주제
도입		
첫째 단락		
둘째 단락		
셋째 단락		
결말		

2. 쓰기 연습의 유형론

> A　Ihr Traum ist es, einmal Holzmöbel zu bauen. Sie möchte später eine eigene Werkstatt haben und selbstständig sein. Vorher muss sie aber in die Lehre gehen und die Meisterprüfung bestehen! Ein langer Weg!
> B　Die Meinung der Eltern ist wichtig, denn sie müssen ja den Ausbildungsvertrag mit der Firma unterschreiben.
> C　Ihre Eltern finden das gar nicht gut. „Ein schöner Büroberuf ist doch viel besser für dich", sagt der Vater. „Die Ausbildung dauert nicht so lange, und du machst dich nicht so schmutzig."
> D　Elke ist sechzehn und steht kurz vor dem Hauptschulabschluss. Sie weiß genau, was sie werden will: Tischlerin. Schon als kleines Mädchen hat sie mit dem Großvater viel gebastelt und in seiner Tischlerwerkstatt hübsche Holzarbeiten gemacht.
> E　„Ja", sagt die Mutter, „und im Büro hast du auch immer Gelegenheit, einen netten Mann kennen zu lernen. Tischlerin! Das ist doch kein Beruf für ein Mädchen: den ganzen Tag im Arbeitsanzug, mit Schwielen an den Fingern!"

출처 Bieler/Weigmann(1994), 21

다음의 글은 독자의 편지이다. 여기서는 문단 구별 없이 인용한다.

 과제 99

a) 아래의 지문에서 문단의 경계를 찾아 표시하시오. 각각의 문단의 주제가 무엇인지 말해 보시오.

b) 문단들은 서로 어떻게 연결되어 있는가? 글에 표시하시오.

문단	주제

독자의 편지: 베르게도르퍼 박사에게 물어보세요.

> Ich bin im letzten Schuljahr und bereite mich auf mein Abitur vor. In sechs Wochen sind die schriftlichen Klausuren, und deshalb brauche ich Ihren Rat. Nach den Sommerferien hat es angefangen. Ich wurde immer nervös, wenn ich an das Abitur dachte. Obwohl ich bis dahin zu den Besten in der Klasse gehört habe, war ich auf einmal öfter unkonzentriert und konnte auch manchmal Fragen nicht beantworten, obwohl ich zu Hause alles gewusst hatte. In der letzten Mathematik-Arbeit habe ich nur 7 Punkte bekommen, obwohl mein Durchschnitt bei 12 Punkten, also 2+, liegt. Ich hatte immer mehr das Gefühl, dass meine Mitschüler Konkurrenten oder sogar Feinde waren. Es kam mir so vor, als ob sie sich hinter meinem Rücken über mich unterhalten würden. Deshalb bin ich auch allgemein unsicherer geworden. Dann kamen diese schrecklichen Träume nachts. Ich saß z. B. in einer Mathematik-Klausur und mir fiel keine einzige Formel mehr ein. Dann habe ich versucht, von meinem Nachbarn abzuschreiben, aber der Lehrer hat das gemerkt und hat mir die Prüfungsblätter weggenommen und gesagt: „Jetzt hast du keine Chance mehr." Danach wachte ich mit wild klopfendem Herzen auf. Mein Vater und mein Großvater sind Ärzte, und mein Vater möchte unbedingt, dass ich später seine Praxis übernehme. Aber wenn ich keine guten Noten im Abitur bekomme, kann ich auch nicht Medizin studieren. Können Sie mir helfen?
> Ute B. Darmstadt

출처 Vorderwülbecke(1988), 73

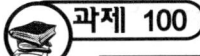

> ✎ 이제 [과제 89]와 [과제 99]의 예문을 보고 문단의 특징을 써 보시오.
>
> 글의 문단의 특징: ……

글을 단락으로 구성하면 글의 주된 주제가 여러 개의 하위 주제로 분리되며, 그 하위 주제들 간에는 다시 연관이 생긴다. 다음 상자에서는 주제와 하위 주제를 연결하는 여러 가지 언어적인 도구들을 볼 수 있다.

주제, "하위 주제", 새로운 사고들을 연결하기 위한 언어적인 도구

- 나열:
  그리고, 우선, 첫째, 둘째, 셋째 등등, 또한, 역시, 마찬가지로, 유사하게, 끝으로, 마지막으로 등등
- 예:
  이에 대한 예로는, 다른 예로는, 즉 등등
- 비교:
  이것은 …와 비교할 수 있다, 한편으로는-다른 한 편으로는, …와 마찬가지로, …처럼 등등
- 대조:
  …와는 반대로, 한편으로는-다른 한 편으로는, …에 비하면, 반면에, 그러나, …인가하면 등등
- 시간과 공간에 대하여 말하기:
  그때는-지금은, 전에는-지금은, 위에서는-아래에서는, 어제는-오늘은, …때, …한 다음에, … 전에 등등
- 순서에 대하여 말하기:
  먼저, 처음에는, 일단은, 그 다음에는, 이어서, 마침내, 끝으로 등등
- 일반화:
  따라서, 예에서 보듯이, 그러므로, 대체로, 그런 경우에는 등등

---

2. 쓰기 연습의 유형론

여러분은 학생들과 함께 문단으로 글을 쓰기를 가끔씩은 연습할 수도 있다. 학생들로 하여금 나중에 글의 구성성분이 되도록 간략하고 완결된 문단을 쓰고 그 다음에 하나의 글로 연결해 보게 하시오.

베르게도르퍼 박사에게 쓴 편지를 출발점으로 삼아 보자(352쪽의 답안 참조). 학습자들은 자신을 베르게도르퍼 박사로 상상하고 우테 B.의 편지에 답장을 쓴다.

과제는 다음과 같은 방식으로 해결할 수 있다:

1. 학습자들이 독자의 편지의 문단들에 1부터 7까지 번호를 매긴다 (1=도입부, 7=결말).
2. 학습자들은 다섯 조로 흩어져 앉는다. 각각의 그룹은 한 단락을 맡아서 (둘째 단락~여섯째 단락) 우테 B.에게 그 부분에 대해 어떤 조언을 줄지를 한 두 단어로 메모한다.
3. 각각의 그룹은 서너 문장으로 된 단락을 쓴다.
4. 그 부분들을 필름에 쓰고 OHP로 투사하고 학급 전체가 그 언어를 다듬는다. 각각의 부분들은 그룹들이 썼기 때문에, 단락들 사이에는 아직도 연결 부분이 부족하다. 아직 그 부분을 써야 할 수도 있다.
5. 학급 전체가 도입과 결말을 함께 쓴다.

이 절차를 수업에서 한 번 해 보시오.

물론 모어로 쓰인 글에도 문단이 있는데, 모어에서는 대개 "감으로" 문단을 나눈다. 외국어로 글을 쓸 때는 학습자들이 문단에 의식적으로 주의를 기울이는 것이 도움이 된다.

뒤돌아보기:

2.3.3장과 이 장에서 우리는 글의 종류에 따른 텍스트의 특성을 독일어

에서 다루고 연습할 수 있는 여러 가지 절차를 접하고 실제로 해 보았다 (147쪽 이하, 177쪽 이하, 181쪽 이하 등 참조).

과제 101

✎ 글의 종류에 다른 텍스트의 특성을 다루는 절차를 적어 보시오.
1 _____
2 _____
3 _____
4 _____

글의 종류를 서로 비교하는 일련의 연습을 다룬 두 가지 예를 다른 책에서 들면서 이 장을 마무리하겠다.

고급 독일어 학습자를 위해서는 『Sichtwechsel Neu』라는 교재의 3권에 각 단계에 따른 자세한 연습이 실려 있다(Bachmann 외 1996b). 2.4.2.장에는 동물원에서의 경험을 시, 신문 기사, 동화, 어린이의 편지, 당사자의 문어 발화의 형태로 다시 들려준다. 적당한 과제를 제시하여 텍스트의 여러 가지 특성을 살펴볼 수 있다(문장 구조, 시제의 사용, 직접/간접 화법 등). 독일어 수업에서의 글의 종류 비교에 관해 좀 더 학술적으로 다룬 Karin Vilar Sánchez의 글이 『Zielsprache Deutsch』지의 4/1995호에 실려 있다.

이 책의 2.1, 2.2, 2.3장에서 우리는 쓰기 수업의 아주 구체적인 문제들을 다루었고, 여러분과 함께 다양한 쓰기 과제를 실제 다루어 보았다. 그 중 일부를 여러분이 바로 수업에 사용할 수 있기를 바란다. 다음 장에서 우리는 우리가 하는 일의 밑바탕이 되는 이론적인 개념들에 관해 다시 한 번 깊이 있게 성찰을 하기 위해 여러분을 초대하고자 한다. 여러분은 어쩌면, 이미 다른 부분들을 다시 만나게 될 지도 모른다.

2.4 쓰기 교수 과정의 한 모델: "외국어로 쓰기"는 가르치고 학습할 수 있는 과정이다

지금까지의 장들에서 다룬 쓰기 과제들의 목표는 독일어 학습자들의 지속적인 쓰기능력 향상을 돕는 것이었다. 이때의 방법론적, 교수법적인 여정은 **단어에서 문장으로, 문장에서 텍스트로** 향하는 것이었다. 우리는 쓰기를 글쓰는 이가 원을 그리며 자신이 표현하고자 하는 바에 점점 다가가려고 노력하는 "동심원적 과정"으로 이해하는 접근법에서 시작하였다(1.2.1장, 31쪽부터 참조).

"과정으로서의 쓰기"를 모어 수업이나 외국어 수업의 내용으로 삼는다면, 거기에는 그에 맞는 이론적인 개념이 필요하다. 우리는 Hayes/Flower(1980) 또는 August(1988)가 모어 수업을 위해 개발했던 개념들을 외국어로 글을 쓰는 과정에 적용시켰는데, 그 "쓰기 과정의 모델"을 이제 소개하려고 한다. [과제 102]에서 만들게 되는 도식은 거기에 속한 단계들을 보여 준다.

과제 102

1 지금부터 나오는 설명을 읽으면서, 다음의 도식에 여러분 자신의 말로 핵심이 되는 개념들을 간단하게 적으시오.

2 과정들은 어떻게 진행이 되는가? (위에서 아래로/아래에서 위로/앞에서 뒤로/뒤에서 앞으로…?) 이런 과정들을 예를 들어 "쓰기 과제" → "첫 번째 계획단계" 하는 식으로 화살표로 나타내 보시오.

쓰기과제

첫 번째 계획단계

```
┌─────────────────────────────────────────────────┐
│  ┌─────────────────────────────────────────┐    │
│  │ 처음으로 써 보기                          │    │
│  │                                         │    │
│  └─────────────────────────────────────────┘    │
│  ┌─────────────────────────────────────────┐    │
│  │ 순서대로 써 나가기                        │    │
│  │                                         │    │
│  └─────────────────────────────────────────┘    │
│  ┌──────────────────┐    ┌──────────────────┐   │
│  └──────────────────┘    └──────────────────┘   │
│  ┌──────────────────┐                           │
│  └──────────────────┘                           │
└─────────────────────────────────────────────────┘
```

쓰기 과제

학교에서의 쓰기 과제에는 주제를 정해 주는 것이 보통이다.

➤ 요약문을 써 보시오.
➤ 다음 그림을 묘사하시오.
➤ "식당에서"라는 주제로 대화를 써 보시오.
➤ 생일을 맞은 친구에게 편지를 써 보시오.

등등.

이런 과제에는 **글의 종류**가 이미 정해져 있다. 앞에서 말한 과제의 경우에는

- 요약문
- 그림 묘사
- 대화
- 편지

가 될 것이다.

학교가 아닌 곳에서 글을 쓸 때에는 어떤 특정한 상대, 언어로써 도달하고자 하는 독자를 염두에 두고 쓴다. 그리고 독자가(생일 편지의 경우처럼) 기뻐하거나 아니면 어떤 행동을 하게 만든다든지(우리가 써 준 쇼핑리스트를 가지고 장을 보기, 우리가 쓴 편지에 대답하기) 하면서, 독자에게 어떤 영향을 미치려는 의도를 가지고 글을 쓸 때도 있다. 물론 일기를 쓸 때처럼 우리 자신을 위해서 글을 쓸 때가 있기도 하다. 독일어 학습자들은 모국어로 글을 써 본 경험이 있어서 이 사실을 모두 알고 있다. 따라서 외국어 수업에서는 이 지식을 외국어로 쓰기에 연결만 시키면 된다. 외국어 수업에서도 학생들은 "독자 중심으로" 써야 하기 때문이다. 이 말은 학생들이 누가 **독자**가 될 것인가를 가능한 구체적으로 상상하고 그 사람을 위해서 글을 써야 한다는 뜻이다. 실제적인 독자가 교사나 다른 학생인 경우에라도, 가상의 독자를 상상하는 것이 도움이 된다. 예를 들어서 그림을 묘사한다면 "그 그림에 관심을 가질 만한 친구를 위해서", 줄거리 요약은 "이 책을 살 사람을 위해서" 쓸 수 있다. 독자가 오해를 하지 않게 만들려면 이런 가상의 독자가 누구인지는 명시적으로 밝혀야 한다(예를 들면, 성적에 들어가는 작문인 경우).

물론, 교사로서 여러분은 독일어 학습자들이 가상의 독자가 되는 과제를 줄 수도 있다. 예를 들면

- 학급끼리 서신을 교환할 때의 상대편. 매체는 우편으로 보내는 편지일 수도 있고 이메일일 수도 있다(같은 시리즈의 『Computer im Sprachunterricht』 참조).
- (청소년)잡지나 학생지 또는 편지 친구나 같은 등급의 다른 학급 학습자들과의 글쓰기 대회를 위한 독자의 편지 또는 픽션(시나 이야기를 쓰는 데 관해서는 Mummert 1989a 참조).

"독자 중심으로" 글을 쓸 때는 다음과 같은 질문을 해야 한다.

➤ (내 글을 읽고 싶은 마음이 생기도록) 어떻게 독자의 관심을 끌 것인가?

- ▶ 독자는 그 주제에 관해 무엇을 이미 알고 있는가? 내가 글을 쓸 때에는 무엇을 전제 조건으로 삼을 수 있는가?
- ▶ 독자는 이 주제에 얼마나 관심이 있는가?
- ▶ 주제를 얼마나 자세하게 다루어야 하나?
- ▶ 어떻게 이 주제를 이해하기 쉽고 재미있고 어쩌면 흥미진진하게까지 다룰 수 있을까?
- ▶ 독자의 언어능력은 어떤가?
- ▶ 독자에게서 (글로 된) 반응을 기대하는가? 그렇다면, 그 반응을 일으키기 위해서 나는 어떻게 직접, 간접적으로 영향을 미쳐야 할까? (질문을 해야 하나?)

등등.

이 질문들에 대한 대답은 무엇을 쓰는가 뿐만 아니라 어떻게 쓰는가에도 영향을 미친다.

첫 번째 계획단계

이 단계에서 학습자들은 다음의 질문들에 관한 내용적, 언어적인 지식을 미처 조직하지 않은 채로 수집한다.

첫 번째 계획단계에서 생각할 점들

- *주제*: 이 주제에 대해 나는 어떤 것이 생각나는가?
- *독자*: (실제의, 실제처럼 꾸며진, 허구의) 독자와 관련하여 무엇을 고려해야 하는가?
- *글의 종류*: 글의 형식에 관해, 그리고 글의 종류와 관련하여 어떤 측면들을 고려해야 하는가?
- *전달에 관한 문제*: 내가 전달하고자 하는 바는 무엇이며, 그에 대해 나는 무엇을 알고 있는가?
- *정보*: 어떤 정보가 (더) 필요하고 그 정보를 어떻게 얻을 수 있을까?

> - *표현 수단:*   나는 이런 모든 것들을 외국어로 실현하기 위해 어떤 단어, 구조, 표현을 사용할 수 있는가?

마지막에 "외국어 표현 수단"을 든 것은 다른 단계에서의 성찰이 — 적어도 초급에서는, 하지만 고급에서도 종종 — 일차적으로는 모어로 이루어진다는 사실을 떠올리게 한다. 이때에는 물론 모어로 이루어졌던 쓰기 경험이나 기존의 지식을 사용할 수 있다.

이 계획 단계를 학급에서 함께 진행하며 연상표, 단어 고슴도치나 마인드맵 등을 만든다면(2.1.2장 참조), 언어적이나 내용적으로 (즉 사실에 대한) 부족한 점을 체계적으로 해소할 수 있다.

- 학급 전체가 자유롭게 연상을 할 때, 어떤 단어가 생각나지 않는다면 학생들이 모어로도 대답을 하게 하시오. 그리고 나서 연상표에는 그 단어를 독일어로 쓰시오.
- 모르는 어휘적 요소들은 사전에서 찾아본다.
- 그 주제에 대해 정보가 부족하다면 참고 서적이나 다른 자료를 찾아보고 자신의 언어로 간단하게 기록한다.

이 단계에서 중요한 일은

a) 학생들의 선지식을 활성화하고
b) 더 많은 정보를 적절한 참고문헌에서 찾아 제공하는 것이다.

이런 과정을 조직하는 준비단계에서는 소위 "선행조직자"*의 역할은 쓰기과정을 한결 쉽게 만들고 효율적으로 조직하는 것이다.

사전 사용하기와 자신의 글을 쓰기 위해 참고서적에서 외국어로 된 글을 이용하기는 독일어 학습자들이 이미 갖추고 있다고 전제할 수는 없고 연습을 필요로 하는 "도구적인" 기능들이다. 참고서적의 이용을 어렵게 여기는 경우가 흔히 있는데, 이는 독일어 학습자들이 지나치게 주어진 글에 얽매이기 때문이다. 그러므로 이 "기능"은 세 단계로 연습하는 것이 좋다.

1. 출발점이 되는 글을 읽고 이해하기
2. 주어진 글에서 자신의 글을 위해 필요한 정보만을 취하기
3. 자신이 외국어에서 이미 가지고 있는 표현 수단으로 그 정보를 표현하기

계획하는 단계에서 학습자들의 머릿속에는 아직 글이 ("이야기가") 없다. Marguerite Duras(1994, 57)는 "무엇을 쓰게 될 지를 쓰기 전에는 모른다"라고 한다. 하지만 독일어 학습자들 중에는 자신이 관심이 있는 주제에 대해 처음부터 "이야기" 전체가 생각나고 바로 "써내려가고" 싶어하는 사람들이 있다. 이런 학생들은 모어로도 작문을 잘 하는 경우가 많으며, 다양한 학습유형이 있듯이 다양한 쓰기 유형이 있는 것이다. 그러므로 교사는 이런 경우를 관찰했으면 지나치게 많은 계획으로 이들의 순발력, 쓰고자 하는 당장의 욕구를 가로막지 않도록 신경을 써야 한다.

외국어로 처음으로 써 보기

쓰기에서 이 단계는 계획에서 계획의 실현으로 건너가는 단계이다. 여기서는 준비한 것을 바탕으로 처음의 생각을 서로 연결하여 쓴다. 문장성분이나 짧은 단문들이 생겨난다. 어떤 경우에는 이 단계에서 이미 내용의 짜임이 드러날 수도 있을 정도로 이런 성분들이나 단문이 배열된다. 다음과 같은 "소리없는" 질문이 학습자들에게 도움이 될 수도 있다.

- ▶ 어떻게 시작을 할까? 어떻게 계속할까?
- ▶ 전체를 도입, 본문, 결론으로 나누는 것이 의미가 있을까?
- ▶ 어떤 정보/기술/진술이 다른 것들보다 먼저 나와야 할까?
- ▶ 논리적이고 독자가 이해할 수 있는 흐름이 드러나게 하려면 앞에서 모은 부분들을 어떻게 배열해야 할까?
- ▶ 어떤 부분이 없고 아직 보충을 필요로 하는가?

▶ 부족한 부분을 나 자신의 지식으로 보충할 수 있나, 아니면 "외부로부터의" 도움이 필요한가?
▶ 그 내용을 적절하게 기술하기 위해서 어떤 언어 표현이 나에게 부족한가?
▶ 내 글이 어떤 곡선을 그리나? 독자의 관심을 끄는 긴장곡선이 있나?

이 단계에서의 글쓰기는 전혀 짜임이나 구조 없이 종이에 적는 것일 수도 있다. 이 무질서한 연상에 질서를 만들어낼까 하는 생각은 그 다음에야 하게 된다.

글과 사고(!)의 조직은 구조스케치나 흐름도를 그리거나(예를 들면, 답안에서 [과제 85]와 [과제 95]의 결과를 보라) 아니면 단어, 선, 그리고 짜임을 드러내는 상징(화살표, 번호, 동그라미 치기)들을 이용하여 눈에 보이게 만들 수 있다.

아주 단순한 구조 스케치는 다음과 같은 형태를 띨 수도 있다.

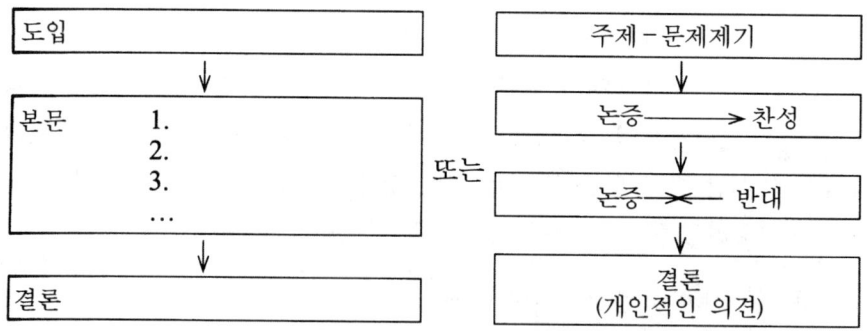

R. Frick과 W. Mosimann의 『Lernen ist lernbar』라는 책에서 우리는 논증적인 글의 구조도 두 가지 예를 찾을 수 있었다. 그 책에는 그 외에도 쓸모 있는 공부 방법과 기술이 많이 들어있다.

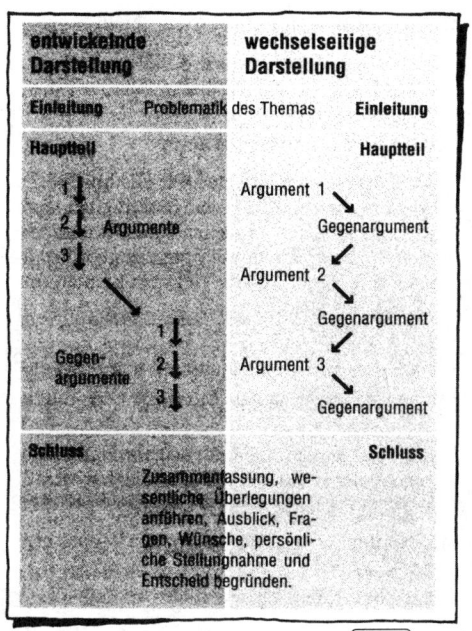

출처 Frick/Mosimann(1996), 52

구조 스케치, 흐름도 등은 주어진 글을 가지고 학급에서 한번 먼저 함께 만들어 보아야 할 것이다(2.3.5장 154쪽부터와 2.3.8장 177쪽부터 참조). 구조 스케치를 한 가지 예로 들어 학급에서 한번 다루면서, 다음에 있는 것 같은 중요한 성분들을 가르치시오.

➤ 무엇이 먼저 오고 무엇이 나중에 오는가? 왜 그런가?
➤ 무엇들이 가장 중요한 내용들인가?
➤ 부차적인 내용들은 무엇인가?
➤ 무엇과 무엇이 함께 있어야 하는가?
➤ 글에 담겨있는 특정한 정보를 이해하기 위해 독자가 가지고 있어야 하는 지식은 무엇인가?
➤ 명시해야 하는 정보는 무엇인가?

글을 조직하기 위한 여러 절차에 있어서도, 학습자들이 모어에서 했던 쓰기 경험에 의존할 수 있는 경우가 많다. 이때는 그 지식을 명시적으로 다루고 경우에 따라서는 모어와 목표어의 서로 다른 쓰기 전통을 지적해야 한다는 차이가 있을 뿐이다(173쪽부터의 둘러가기 참조).

단선적으로 표현하기

지금까지는 글을 **계획**만 하였다. 이제 종이에는 글이 어떤 모양을 취하게 될 것인가 하는 개념들이 쓰여 있다. 그리고 서로 이어져 하나의 글이 될 수 있는 글토막들이 여럿 준비되어 있다.

지금까지 떠올렸던 여러 생각들과 이를 표현하는 다양한 글토막들이 하나의 글을 이루려면 이들이 서로 연결이 되고 문장성분들 사이, 문장들 사이에 상호관계가 생겨나야 한다. 맥락을 형성하고 각각의 토막들의 주제들을 서로 연결하며 텍스트를 형성하는 것은 문장들 간의 논리적인 관계이다 (라틴어에서 textus는 짜인 것, 조직이라는 뜻이다. textile 같은 영어 단어를 보라). 2.2.2장과 2.2.5장에서 자세하게 다룬 접속사들과 대용어들이 (지시관계가) 이때 사용된다. 독일어 학습자들은 문장을 글로 엮으며 아직 서로 관계가 없는 것을 서로 연결하는 전략과 언어적인 도구를 학습해야 한다.

초안

외국어로 처음으로 써 본 단선적인 표현이 바로 필자와 독자를 만족시킬 정도의 성공적인 글이 되는 경우는 거의 없다. 대개는 그 글을 다시 읽어보고 철자나 문법상의 오류를 수정하고, 표현을 바꾸어 보고, 더 정확한 표현을 생각해 내고, 문체가 고르지 못한 곳을 찾아내고, 글의 어떤 부분들은 뒤에서 앞으로, 처음에서 중간으로 움직여 본다.

상당히 초기의 독일어 학습자들의 경우에도 이 과정을 사용한다. 학생들은 글을 쓰다가 멈추고 다시 생각해 보며, 이미 쓴 것을 버리거나 지우기도 하고 다르게 표현해 본다. 계속 반복되는 "다시 읽어보고 고치기"가 없는 쓰기는 있을 수 없다. 여기에서 한 편으로는 Kleist가 말했던, 글을 쓰다가 다른 생각이 나서 쓰는 도중에 생각이 변할 수도 있다는 점이(29쪽부터 참조), 다른 한 편으로는 가장 적합한 표현을 찾기 위한 노력이 여기에서 드러난다. 외국어로 글을 쓰는 경우에는 특히 더 그렇다. 독일어 학습자들은 자신들이 쓴 글을 다시 읽어보고 고치며, 언어와 어휘에 대한 깊이 감추어져 있었던 지식을 활성화하고 잘못된 곳을 찾아내며 스스로 수정을 한다. 보기에는 덜 좋을 지 몰라도, "고쳐쓰기"와 "덧쓰기"는 바람직한 현상이다. 따라서, 쓴 것을 지워버리고 새로 시작하고 표현을 바꾸고 실험을 해 보고 바꾸어 보도록 학습자들을 독려해야 한다. 왜냐하면 한 편으로는 쓰고자 하는 내용이 글을 쓰다 보면 바뀌고 더 구체적이 되기 때문이며, 다른 한 편으로는 이 과정을 통해서 이들이 가지고 있는 외국어 자원을 총동원하게 되기 때문이다. 그러므로 "단선적으로 표현하기"는, 많게든 적게든 더 다듬을 수 있거나 다듬어야 하는 초안을 만드는 것일 수도 있고 이미 정리해서 쓸 만큼 완성된 글을 쓰는 것일 수도 있다.

수정

처음 초안을 썼지만 다시 새로 쓰게 되는 때가 있다. 원래의 초안에서 하나라도 바꾼다면 새로운 초안이 생기는 것이다. 그렇다고 매번 새 글을 쓴다는 뜻은 아니고, 초안에서 무엇이 변경된다는 것이다. 그래서 쓰기 과정은 다음과 같이 연속적, 직선적으로 진행되지는 않는다.

쓰기 과제에서

→ 첫 번째 계획 단계로,
→ 처음 표현하기로,
→ 처음 단선적으로 표현하기로,
→ 완성된 글로

오히려 글을 쓰는 사람이 지금 쓰고 있는 글을 주어진 척도와 기준(주제, 독자, 형태, 문법적인 정확성, 표현) 에 비추어 불만족스럽게 생각한다면 그는 뒤로 돌아가 어느 지점(단어, 문장, 단락)에서 다시 그 과정을 시작할 것이다. 다시 시작하는 부분은 계획단계일 수도 있고 표현단계일 수도 있다. 첫 번째 계획단계에서도 지금까지 쓴 것을 쓰레기통에 버리고 새로 시작하는 일이 있을 수 있다(이 책을 쓸 때에도 그런 경우가 드물지 않았다).

이런 절차가 아주 정상적이라는 점은 모어로 글을 써 본 경험에서 쉽게 알 수 있는데도, 학생들의 글쓰기에서는 흔히 잊혀진다. 고쳐쓰기가 아주 정상적인 과정임은 수많은 문필가들도 증언하고 있다. 현대 스위스 작가인 Hermann Burger도 그의 소설 『Schilten』에 대해서 이렇게 말한다. "이 책 300쪽의 뒤에는 2000장이나 되는 초안과 조사와 공부가 있다"(1986, 30). 준비와 초안은 쓰기 과정에 마땅히 있어야 하는 단계들이다.

쓰기는 문제를 해결하는 목적지향적인 과정이다. 우리의 모델은 이 점을 분명히 하고 있다. 이 과정은 순차적으로가 아니고 "순환적"으로, 즉 이미 지나간 단계로 자꾸 돌아가 거기서 시작하면서 진행된다. 역설적이지만, 쓰기 과제에 담겨 있는 목표에 다가가는 것을 가능하게 만드는 것은 과정의 순환성과 비연속성*이다. 후진은 전진이며 목표를 향한 걸음이다. 사실 학생들은 이런 기술을 모어 수업에서 이미 학습했겠지만, 외국어 수업에서도 다시 의식화하거나 의식적으로 연습해야 한다. 외국어로 쓴 글을 다시 읽으면 실수를 발견하고 표현을 개선하는 등의 일을 할 기회가 생긴다. 외국어로 글을 쓸 때 학생들은 단계적으로 개인적인 문제해결 방법을 개발할 수도 있다.

"글을 쓸 때, 먼저 한참 생각을 하고 메모를 하고 글을 어떻게 구성할지 초안을 만들고 그 다음에는 바로 별로 고칠 필요도 없이 이미 완성에 가까운 글을 쓰는 사람이 있다. 그런가 하면 바로 머릿속에 든 생각으로 당장 초안을 쓰기 시작하고 그 다음에 많이 개정을 하는 사람도 있다."

(August 1988, 53)

각자 글을 고쳐 쓰도록 자극을 주기 위해서는 글 쓰는 학생이 자신을 독자라고 생각하고 이런 질문을 하게 만들 수 있다(글 쓰는 사람은 누구나 자신이 첫 번째 비판적인 독자가 된다): 내가 하려고 하는 말은 무엇인가? 쓰기 어려웠던 부분이 이제 만족스럽게 되었나? 어느 부분이 만족스럽고 어느 부분이 아직 덜 만족스러운가? 경험이 많은 사람일수록 글을 쓸 때 쓰는 단계와 읽는 단계를 **꾸준히** 바꾸어 가며 쓴다. 글은 다 쓴 다음에야 (다시 한 번) 읽는 것이 아니며, 읽는 이 단계는 쓰는 과정의 한 부분이 되어야 한다.

수정을 하도록 유도하기 위해, 첫 번째 글을 보고 평을 해 주고 질문을 하고 제안을 함으로써 "공동저자"가 되는 "교열자"를 도입할 수도 있다. 포르트만(1991, 504)은 "고쳐쓰기는 혼자 해야 하는 것이 아니다"라고 강조한다. "소그룹에서 고쳐쓰기에 적절한 글들이 꽤 있다."(2.5.3장도 참조).

외국어로 글쓰기에 관한 실험적인 연구들을 보면, 계획과 수정 단계에 필요한 휴지기간이 텍스트 산출에 필요한 시간의 반 정도라고 한다. 즉, 글을 쓸 때에는 그 시간의 50% 정도는 계획하고(돌이켜 생각하고) 50% 정도에 실제로 글을 쓴다. 그리고 1분에는 두 단어에서 다섯 단어 정도를 쓴다. 그런데 모든 연구들에서 특별히 눈에 뜨이는 것은, 개인들 간의 차이가 크다는 사실이다. 산출된 글의 길이는 18줄에서 41줄에 이르고, 글을 쓰는 데 소요된 시간은 72분에서 90분, 휴지의 평균적인 길이는 18분에서 28분에 이른다. 그리고 수정의 횟수는 9회에서 19회이다(Krings 1992, 56/67).

이 수치들은 시간계획을 세우는 데에 매우 중요하다. 쓰기 과제를 할 때, 특히 쓰기 시험을 볼 때, 다시 읽고 수정을 할 시간이 없었고 그래서 피할 수 있는 실수를 했다고 말하는 학생들이 많다. 이 수치들을 보면 **모든 학생들에게** 시간을 **획일적으로** 정해주는 것이 얼마나 문제가 많은지를 짐작할 수 있다. 다른 한 편으로 독일어 학습자들은 쓰기 과제를 할 때 주어진 시간을 배분하는 법을 스스로 익혀야 한다. 쓰기 과제를 위한 시간 배분은 수업시간에 생각을 해 볼 내용이며 때로는 연습을 필요로 한다.

중요한 것은 외국어로 글을 쓰는 학생이 수정을 당연한 과정으로 받아들이고 다시 뒤로 돌아가도록 이들을 유도하고 촉구하는 것이다. 당장 첫 문장부터 바로 완벽하게 쓰고 이어서 그대로 출판할 수 있을 만큼 완결된 문장들을 써 나가려는 학생은 중도에 포기하게 되기 마련이다. 언론인이나 문필가처럼 직업적으로 글을 쓰는 사람들조차도 그렇게는 못 한다. 글을 쓴다는 것은 수정하는 것이며, 수정한다는 것은 자꾸 다시 들여다보고 개선하고 더 분명하게 만들 수 있는 곳을 찾는 것이다. 이 책의 3장에서는 이 생각을 더 깊이 있게 할 것이다.

학습자들은 수정과 표현 바꾸기가 쓰기 과정의 중요한 한 부분임을 인정해야 한다. 이 말은 학생들이 글의 부분들을 지워 없애고 덧쓰는 것을 허용해야 하고, 그런 것들 때문에 읽기가 좀 불편하더라도 그 학생이 불이익을 당해서는 안 된다는 뜻이다. 그렇게 다듬은 글을 보면서 교사들은 어느 특정한 글에 있어서 쓰기 과정이, 그리고 한 학생이 어떻게 발전했는지를 관찰할 수 있다. 동시에 교사들은, 무엇이 어려움을 주었는지, 그리고 때로는, 그 어려움을 어떻게 해결했는지도 볼 수 있다. 글을 새로 깨끗하게 옮겨 쓰면서 초안을 귀찮은 "버리는 종이"로 생각할 것이 아니라, 글 쓰는 작업을 구성하는 한 부분으로 파악할 수도 있을 것이다. 요새는 잉크 지우는 펜을 사용하는 학생들이 많다. 글을 쓰다가 틀리면 사인펜 비슷한 펜으로 지우기 때문에, 결과물은 "깨끗해" 보인다. 대신 그럼으로써 쓰기 과정에 대한 흥미로운 관찰을 할 수가 없어진다. 컴퓨터로 글을 쓰는 경우도 마찬가지이다.

"대가들"이 텍스트를 만들어내는 작업장을 엿보면 학습자들에게는 자신의 글을 자꾸 새로 "리모델링"할 용기가 생길 것이고, 교사들은 수정과 덧쓰기는 언어숙달이 부족하다는 표시가 아니라 반대로 언어/외국어를 의식적으로 성찰하며 사용한다는 표시임을 확신하게 될 수 있을 것 같다.

다음에 보이는 것은 Peter Härtling의 『Fränze』의 원고 원본이다.

Gründe. Vielleicht stimmt ist er wirklich von der Rolle, hat irgendwas. Daß mit seinem Job was nicht stimmt, kann ja auch sein."
Das schlägt wie ein Blitz bei Fränze ein.
"Ja!", ruft Sie, geht in die Hocke, geht in sich, reckt sich, wirft den Ranzen über die Schulter. "Das ist es", sagt sie. Holger weiß überhaupt nicht mehr, woran er ist.
"Was?" fragt er. "Danke", sagt sie, und rennt los.
Johannes nicht mit uns redet, müssen wir mit ihm reden.
Als sonst übel, Nachher ruft er ihr nach.
"Soll ich vorbeikommen, heute nachmittag?"
"Ja", erwidert wie,"du kannst mich begleiten."
"Wohin denn?"
Sie hält an, dreht sich zu ihm um: "Weißt du, wie man zur Weißenaustraße kommt?"
"Ich glaub, mit dem bus Bus. Das ist ziemlich in der Pampa. Was willst denn da?"
"Da ist dem Johannes seine Firma." Tschau.
"Ich hol dich ab, Fränze."
Auf dem Nachhauseweg wird sie immer langsamer, gerät ins Grübeln, fragt sich, ob sie nicht voreilig gedacht hat. Es muß ja nicht unbedingt um seine Arbeit gehen. Bloß was könnte Johannes sonst so vor hat nie ändern? Nie hat er ein Wort verloren über die Schwierigkeiten in seiner Firma. An der hing er sehr. Die hatte er ein paar Wochen nach ihrer Geburt mit Freunden anderen gegründet. Die waren Techniker, und er mußte dafür sorgen, daß die Buchhaltung stimmte. Manchmal sagte er "Ich bin nicht das größte Licht bei uns, aber ein nötiges Flämmchen." Auf einmal sollte das Flämmchen nicht mehr nötig sein?
Gut, daß Holger sie begleiten wird. Fränze

Vadder schon Gründe. Vielleicht stimmt mit seinem Job was nicht, kann ja sein.«
Das schlägt wie ein Blitz bei Fränze ein.
»Ja!« Sie geht in die Hocke und wirft sich den Ranzen über die Schulter. »Das ist es«, sagt sie.
»Was?« fragt Holger.
»Danke«, sagt sie und rennt los.
»Soll ich vorbeikommen, heute nachmittag?« ruft er ihr nach.
»Ja«, erwidert sie, »du kannst mich begleiten.«
»Wohin denn?«
Sie hält an, dreht sich um: »Weißt du, wie man zur Weißenaustraße kommt?«
»Ich glaub, mit dem Siebener-Bus. Das ist ziemlich in der Pampa. Was willst du denn da?«
»Da ist dem Johannes seine Firma.«
»Ich hol dich ab, Fränze.«
Auf dem Nachhauseweg fragt sie sich, ob sie nicht voreilig gedacht hat. Es muß ja nicht unbedingt um seine Arbeit gehen. Johannes hat nie ein Wort verloren über Schwierigkeiten in seiner Firma. An der hing er sehr. Mit Freunden hatte er sie ein paar Wochen nach Fränzes Geburt gegründet. Die anderen waren Techniker, und er sorgte dafür, daß die Buchhaltung stimmte. »Ich bin nicht das größte Licht bei uns«, sagte er, »aber ein nötiges Flämmchen.« Auf einmal sollte das Flämmchen nicht mehr nötig sein?

출처 Härtling(1989) 31-32

이 장에서 우리는 "쓰기 과정의 모델"을 개략적으로 소개하고자 한다. 이제는 [과제 102]의 도식에 여러분이 무엇을 써 넣었는지 한 번 확인하는 것이 좋겠다.

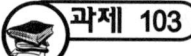
과제 103

> 여러분이 써 넣은 도식을 답안에 있는 견본(354쪽 [과제 102])과 비교해 보시오. 여러분의 도식에 빠졌지만 중요해 보이는 것이 있는가? 그렇다면 보충을 해서 넣으시오. 아니면, 답안에 없는 다른 것들을 추가적으로 기록했는가? 도식의 화살표들도 살펴보시오.

여러분은 쓰기 과정을 어떻게 그렸는가? 화살표는 어디를 향하는가? 위에서 아래로? 아니면 아래에서 위로? 우리가 각각의 단계를 설명할 때, 이 위계적인 모델에서 쓰기 과정들은 단선적으로 위에서 아래로만 내려가지 않고 여기저기에서 다시 뒤로 돌아가고 또 앞으로 나가고 또 때에 따라서는 아래에서 위로 올라가기도 한다는 것이 분명히 드러났을 것이다. 이점은 형식에 관계된 위계상의 여러 영역들에서, 즉,

쓰기 과제에서

→ 첫 번째 계획 단계로
→ 처음 표현하기로

등등.

에서만이 아니라 인지적인 과정에서 더욱 더 그렇다는 말이다. 글을 쓰는 사람은 머릿속에(알다시피 머리는 위에 있다) 든 생각을 (저 아래에 놓여있는) 종이에 적는다. 종이에 쓰인 것(아래)으로 글을 쓰는 사람은(위) 언제나 바로 만족하지는 않는다. 그는 감정과 정보와 전달하고자 하는 의도를 머리에서부터 더 정확하고, 적절하고, 분명하고, 읽기 쉽고, 이해하기 쉽게 표현하려는(종이에 쓰려는) 노력을 한다.

이것은 아래로 내려오는 (하향식) 과정과 위로 올라가는 (상향식) 과정의 지속적인 교환이며, (아래에) 쓰인 것과 쓰여져야 할 것(위에 들어있는 것)의 지속적인 비교이다. 쓰기 과정의 순환성이 바로 여기에서 온다.

ⓒ Ellen Kast

　외국어로 글을 쓰는 사람은 이 모델에서 다루어진 여러 영역의 활동들을 조화시키는 데에 어려움을 겪는다. 특히, 계획하는 조직 활동(위)과 외국어로 표현할 수 있는 실제적인 가능성(아래) 간의 불일치가 존재한다. 이는 초급 수업에서 특히 분명히 드러나며 때로는 고통스럽기까지 하다. 그러므로 독일어 학습자들은 언어처리 영역, 즉 어휘, 철자, 문법, 글의 구성 요소에 관해서 어느 정도 숙달과 자동화에 도달해야 한다. 이것은 운전하기와도 같다. 운전을 배울 때에는 커플링, 변속, 속력 내기, 브레이크 사용, 깜박이등 사용, 클랙션의 사용을 이 활동들이 자동화가 되어 머리는 온전히 교통상황에 집중할 수 있을 때까지 연습을 한다. 하지만 자동차 운전은 총체적인 과정이며, 순간순간마다 각각의 부분적인 기능들과 교통상황을 살피며 하는 운전이 하나가 되어야 한다.

　이 책에서 우리는 그런 비슷한 것을 보이고자 했다. 복합적인 쓰기 과정은 한 눈에 들어오는 부분적인 기능들로 분리될 수 있으며, 학습자들은 어휘, 문장구성, 접속사, 대용어 등의 사용을 충분히 연습함으로써 더 종합적인 텍스트 산출 과정을 위해 머리를 자유롭게 만들 수 있다. 텍스트 전체에서 이 모든 것들은 다시 서로 떼어낼 수 없이 하나로 엮여 있다.

이 장에서 소개된 텍스트 산출 과정에 대해 더 공부하려면 Gunther Eigler 의 『Textverabreiten und Textrpoduzieren』(1985, 301-318)을 추천한다.

이 장을 마치며, 외국어로 쓰기에서 특히 중요하다고 생각되는 것 10가지를 한 번 모아 보자.

외국어로 글쓰기를 위해 기억할 점 열 가지

1. 외국어로 글쓰기는 모어에서 길렀던 능력들을 바탕으로 이루어진다.
2. 그 능력들은 외국어로 글을 쓸 때 언어적인 결손 때문에 제대로 발휘되지 못하는 경우가 흔하다. 이들은 외국어로 글을 쓰는 데에 도움이 되도록 의식적으로 활성화되어야 한다.
3. 외국어로 글을 쓸 때에는 의사전달 욕구와 표현능력 사이에 불일치가 존재한다.
4. 외국어로 글을 쓸 때에도 학습자들은 "독자 중심으로" 글을 써야 한다. 즉, 아주 구체적으로 가상의 독자를 상상해야 한다.
5. 글 쓰는 사람은 누구나 자기 자신의 첫 비판적인 독자이다.
6. 어떤 글을 쓸 때에는 문화의 산물인 쓰기 전통으로 인한 간섭*이 생기는 경우가 있다.
7. 학습 유형이 서로 다르듯이 쓰기 유형도 서로 다르다.
8. 어느 학생이나 각각 글을 쓸 때 자신의 해결방법을 찾아내야 한다.
9. 외국어로 쓰기 과정을 최적화하기 위해서 수업에서는 부분적인 기능들을 떼어내어 따로 따로 연습할 수도 있다.
10. 검토하고 다듬고 버리고 다시 구상하는 것은 쓰기 과정의 본질적인 특성이다.

2.5 창조적이고 자유로운 글쓰기

한 장의 사진으로 글쓰기를 위한 자극을 제시해 보자. 이 사진이 여러분의 쓰기 수업에 사용할 만하다고 생각하는가? 그렇다면 다음 과제의 질문에 대답해 보시오.

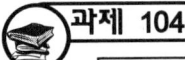

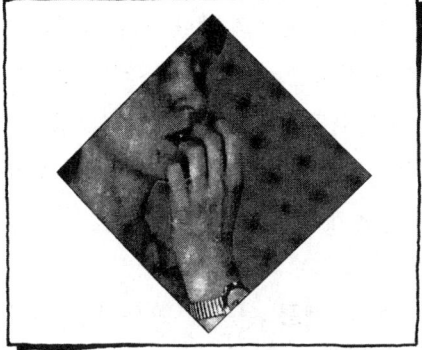

출처 Bachmann 외(1996a), 42

1 쓰기 과제를 뭐라고 주겠는가?

2 학습자들의 쓰기 과정을 어떤 형식으로든 통제를 하겠는가, 아니면 안 하겠는가? 그 이유를 대 보시오.

3 수업에서 쓴 글을 가지고 무엇을 하겠는가?

학습자들에게 어떤 틀을 정해 줌으로써(예를 들면 2.3.7, 166쪽부터에 보인 것과 같은 모델) 쓰기 과정을 유도하기로 결정했는가, 아니면 이번에는 학습자들이 아주 "자유롭게" 쓰게 하기로 결정했는가? 두 가지 모두가 가능하며, 두 가지 모두 학습들에게서 상상력과 창의력을 요구한다. 두 번째 경우에는 창의력 외에 **자유로운 쓰기**에도 중심이 놓인다.

세 번째 단계에서 여러분은 오류를 처리하는 문제에 대해서 생각해 보았을 것이다. 그 질문은 나중에, 특히 3장에서 다시 다룰 것이다.

이번 장을 시작할 때 우리는 여러분이 이 책의 앞에서 본 기억이 날 만한 사진을 의도적으로 선택했다. 이 사진은 2.1.2장에서(68쪽부터) 연상망이나 **브레인스토밍**, 마인드맵 그리기 같은 글쓰기를 준비하는 절차들을 다룰 때 사용되었었다. 거기에서 쓰였던 그림과 여기에 쓰인 그림은(더 큰 그림의 한 부분인데) 서로 관계가 있으며(그림 전체는 『Sichtwechsel Neu』 2 [Bachmann 외(1996a, 42)에 있다), 그 책에서의 과제는 그림 전체를 보고 이야기를 쓰는 것이다. 여기서는 창조적인 글쓰기의 다른 기법, 즉 그림의 한 부분만을 이용하는 법을 소개하고자 한다. 그림의 부분을 사용하면, 그림 전체만큼 많은 것이 결정되어 있지 않고 더 개방적이기 때문에 학습자들이 상상력을 더 자유롭게 발휘할 수 있다.

우리는 여러분이 쓰기 과제를 연상표 만들기로 시작했을 것이라고 추측하는데, 우리가 맞았는가? **창조적이고 자유로운 쓰기**는 흔히 연상을 하는 절차로 시작한다.

이 개념들은 무엇을 뜻하는가? 이 개념들은 전문서적에서 서로 다르게 쓰일 때가 종종 있다. 그러므로 개념을 정립할 필요가 있다.

둘러가기: 개념 설명

우리는 이 장의 제목을 "창조적인, 자유로운 글쓰기"라고 하지 않고 "창조적이고 자유로운 글쓰기"라고 했다. "-이고"라는 말을 쓴 것은 두 가지 서로 다른 글쓰기가 있다는 뜻이 아니라, 이 두 개념이 서로 겹치지만 완전히 일치하지는 않음을 나타낸다.

독일어 학습자의 창의력은 **자유로운 글쓰기**에서만 요구되지는 않는다. 창의력은 학습자들이 보고 쓸 글 없이 **자신들의 글**을 쓸 때는, 비록 이들이 그 목표에 도달하기 위해 준비 단계의 어휘 연습이나 글을 조직하기 위한 도움말 같은 (예를 들면 **단어에서 문장으로, 문장에서 글로**) 도움을 받는다고 하더라도 언제나 필요하다. 창조적인 글쓰기를 시작하게 만들기 위해, 글을 조직하기 위한 언어적인 틀을 먼저 주어야만 할 때도 있다. 예를 들면 문학적인 글이 자극이 되어 그 틀에 맞추어 글을 쓸 때에 그렇다(이런 것을 "상상에 따른 문학적인" 또는 "문학과 유사한 글쓰기"라고도 한다. Mummert 1989b 참조).

독일어 학습자들이 아주 자유롭게, 또는 글을 조직하기 위한 틀을 이용하여 **자신들의 글**을 쓸 때 이들은 창조적일 뿐 아니라, 자신들에 대해 말을 하고 개성적이고 개인적이며 감정적으로 쓰는 것이다. 따라서 전문서적에서 개인적인 쓰기라는 개념도 찾을 수 있다(Hermanns 1988 참조).

그럼 *자유로운 글쓰기*란 무엇일까? 파울 포르트만은 그의 논문에서, 이 용어가 아주 다양한 의미로 사용되고 있음을 지적하였다(Portmann 1991, 201 참조). 진정으로 자신들이 관심 있는 무엇에 관해 학습자들이 아무 제한이 없이, 어떤 목적에도 매임이 전혀 없이 글을 쓰는 것을 *자유로운 글쓰기*유로운 글쓰기와 창의력은 서로 관련이 있으며

▶ 창의력과 쓰기 과정의 조직은 서로 반대되지 않는다는 점이다.

이런 전제를 기억한다면 앞으로의 논의에서는 **자유로운 글쓰기, 창조적인 글쓰기**라는 개념을 함께 사용할 수 있다.

자유롭고 창조적인 글쓰기는 많은 독일어 학습들에게는 새롭고 낯선 것이다. 하지만 학습자들이 두려움 없이—즉 부정적인 평가나 성적을 염려하지 않고—자신들의 경험을 끌어들이고 상상력을 자유롭게 발휘할 수 있다면, 이것은 아주 매력적인 활동이 될 수도 있다. 자유로운 글쓰기, 창조적인 글쓰기는 학습자들이 새 길을 가 보고, 글을 씀에 있어서 자신들이 자유롭게 움직일 수 있는 새로운 공간을 경험하도록 하기 위해, 독일어를 배우는 두 번째나 세 번째 해가 아니라 처음부터 행해져야 한다. 움직일 수 있는 공간이라는 말에는 글자 그대로의 의미도 있고 비유적인 의미도 있는데, 가능하다면 학생들이 실제로 주어진 공간 안에서 자신이 앉거나 서거나 기댈 수 있는 자리를 스스로 찾게 하는 것이 좋다.

자유로운 글쓰기의 의미와 접근법을 더 잘 이해하기 위해서 우리는 다음 절에서 인간의 뇌와 뇌 연구를 좀 다루겠다.

2.5.1 시각적인 사고와 개념적인 사고

우리의 대뇌는 두 개의 반구로 되어 있으며, 그 둘은 신경섬유로 된 넓은 판(변지체)로 연결되어 있다. 뇌 기관의 문제가 원인인 언어장애에 관한 70년대의 연구들을 바탕으로 뇌 연구자들은 뇌의 반구들이 서로 다른 기능을 가지고 있다는 결론에 다다랐다(split-brain(=분할뇌)이라는 표현을 썼다). 이들은 뇌의 우반구는 총체적이고 게슈탈트적이며 감정적, 지각적인 처리전력을, 좌반구는 이성적, 논리적인 처리 전략을 사용한다고 하였다. 『Die Suche』(Eismann 외 1993)라는 교재에서는 이 뇌 반구 이론*을 알아보기 쉽게 그림으로 나타내었다. 그 그림은 언어 행위와 관계있는 요소들을 아주 잘 보여주기 때문에, 여기에서 여러분에게 보이고자 한다.

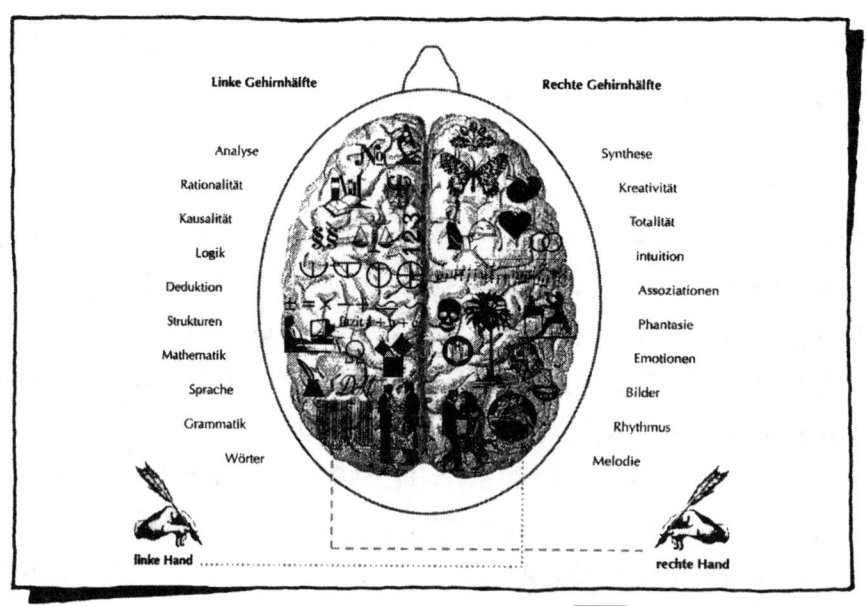

출처 Eismann 외(1993), 115

오늘날 우리는, 이런 식의 뇌 반구 이론은 이론적으로 근거가 없다는 것을 알고 있다. 오늘날의 뇌 연구는 뇌의 모든 활동들이 서로 연결되어 망을 이루고 있다고 생각한다. 이런 의미로 Gudula List는 다음과 같이 말한다. "전략들은 언제나 서로 섞인다…" 그리고 "언어적인 행위는 뇌 전체, 두뇌의 양쪽 반구 모두, 그리고 대뇌 피질보다 아래에 있는 뇌 기관들이 참여하는 가운데에 형성된다"(List 1995, 30).

Gabriele Rico는 1983년에 미국에서 나온 『Garantiert schreiben lernen』이라는 책에서 자신의 쓰기 개념을 발전시킬 때(그때까지는 두뇌 우반구에 있다고들 생각했던) 시각적이고 총체적인 사고를 출발점으로 삼았다. 첫 번째 단계에서는 아이디어와 개념들이 자유롭게 연상이 된다. 이것은 우리가 이미 알고 있는 **연상망/단어 고슴도치**의 기법을 생각나게 한다. 하지만 리코는 한 걸음을 더 나간다. 연상된 것들은 클러스터링*(영어로 cluster=다발, 무더기; to cluster=쌓다, 다발로 묶다)을 통해서 아이디어의 망으로 묶인다.

그 절차를 더 이상 잘 설명한 사람은 없으니까, Gabriele Rico의 말을 들어보자.

> 처음에는 언제나 빈 페이지에 핵을 쓰고 주위에 원을 그리십시오. 그 다음에는 그냥 생각에 자신을 맡기십시오. 집중을 하려고 노력하지 마십시오. 저절로 나타나는 서로 연결된 사고들의 흐름을 따라가십시오. 생각나는 것들을 원 안에 빨리 하나씩 적는데, 원들이 아무 방해도 받지 않고 그냥 중심에서부터 모든 방향으로 퍼져나가게 하십시오. 모든 단어나 표현들을 선이나 화살표로 이전의 원과 연결하십시오.
>
> 새로운 무엇, 종류가 다른 것이 생각이 나면 직접 핵과 연결을 하고, 서로 관계가 있는 연상이 더 이상 나오지 않을 때까지 거기에서 다시 밖으로 뻗어나가십시오. 그 다음에는 다시 핵에서부터 새로운 연상의 고리를 시작합니다. 어떤 순서에 따라 생각해야 하는 것이 아니고 세부적인 설명을 할 필요도 없기

때문에, 처음에는 주저가 되더라도 그것은 곧 지나가고 여러분은 게임을 하는 것 같은 자세를 취하게 됩니다. 서로 관계가 있는 아이디어들이 선이나 화살표로 서로 연결이 되도록 여러분의 클러스터를 만들어 나가고, 어느 선이 어디를 향해 가고 있는지 오래 생각하지 마십시오. 결국 어느 순간에 여러분은 갑자기, 여러분이 무엇에 대해 쓰려고 하는 지 알게 될 것입니다. 그러면 그때 클러스터링을 마치고 글을 쓰기 시작하십시오. 이렇게 쉽습니다.

출처 Rico(1984), 35

Rico가 말하는 기본적인 규칙을 한 번 스스로 적용해 보시오.

과제 105

종이를 한 장 꺼낸다. 가운데에 "놓다"라는 단어를 쓰고 그 단어 주변에 원을 그리고 약 5분 동안 위에서 설명하는 것처럼 생각나는 것을 모두, 단어만이 아니라 문장 전체, 노래 가사, 속담, 책 제목까지도 적어 보시오.

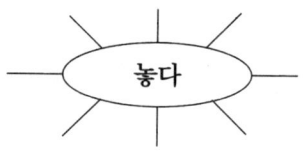

여러분도 처음에는 방향이 좀 있었지만 곧 "목표지 없이 이리 저리 연상"하게 되었는가? 간단한 글을 쓸 만 한 소재를 찾을 수 있었는가?

연상망의 경우와 마찬가지로, 클러스터도 그림, 노래, 속담 등을 중심으로 만들어 나갈 수도 있다.

Gianni Rodari는 재미있는 측면 한 가지를 *환상적인 이항식*이라는 이름으로 이야기한다. 그는 단어 하나는 무언가를 움직이기에는 충분하지 못하다고 여긴다. "개별 단어는 … 이 단어가 늘 가던 길을 떠나 새로운 의미 내용을 가지도록 자극하고 강요하는 다른 단어와 만날 때에만 '행동한다'"(Rodari 1992, 21). 거기서 그가 뜻하는 것은 학교-선생님처럼 서로 가까운 단어들의 내용이 아니라 학교-코끼리처럼 무언가를 자극하는 놀라운 내용이다.

로다리는 학교에서 아이들과 한 경험을 서술하며 자신이 이런 방법을 사용하는 이유로 삼는다.

> 내가 학교에서 가르칠 때, 아이 한 명이 칠판에 나가서 한 면에 단어를 하나 쓰게 하고 동시에 다른 아이도 나가서 칠판의 다른 면에 다른 단어를 하나 쓰게 했다. 이 작은 준비예식은 의미가 있었다. 거기에서 기대심이 생겨났다. 모두들 보는 가운데 한 아이가 "개"라는 단어를 쓰면 이 단어는 이미 특별한 단어, 놀라움을 불러일으킬 수 있는 단어, 생각하지 못했던 사건에 포함되기 위해 선택된 단어가 되었다. 이 개는 흔해 빠진 네발동물이 아니라 이미 모험적이고 사용할 수 있으며 환상적인 존재였다. 칠판을 돌렸더니 "옷장"이라는 단어를 읽을 수 있었다. 웃음이 터져 나왔다.

출처 Rodari(1992), 22

(예를 들면 막스 에른스트, 살바도르 달리, 데 키리코, 마그리트, 샤갈 등의) 비현실적인 그림들은 소외 효과, 낯선 조합, 관찰자의 사물을 보는 습관이나 일상적인 경험과의 상치로 인한 효과를 바탕으로 하고 있으며 무의식적인 희망, 두려움, 상상력 등에 다가간다. 이 그림들은 환상을 "불러일으키고" 충동하기 때문에 창조적인 글쓰기 과정을 시작하게 만드는 데에 적합하다.

다음 그림에는 공룡과 고속도로가 환상적인 이항식으로 서로 연관지어져 있다. 여러분의 학생들을 위해서 창조적인 글쓰기 과제를 만들어 보겠는가?

과제 106

✏️ Rico와 Rodari의 글을 바탕으로, 다음 그림을 보고 창조적인 글을 쓰도록 자극하는 과제를 만들어 보시오.

출처 Giuseppe Reichmuth(무제)

(이 그림에 대해 한 마디 덧붙이자면, 스티븐 스필버그의 영화 "쥐라기 공원"과 공룡을 다룬 영화들이 성공을 거둔 이후로 학생들은 이 주제에 대해 아는 것이 많다.)

이 장에서 우리는 클러스터링과 환상적인 이항식이라는 기법을 소개하였다. 클러스터링 외에 단순한 연상망/단어 고슴도치, 그리고 브레인스토밍과 마인드맵 그리기도 창조적이고 자유로운 글쓰기의 출발점이 될 수 있다. 2.1.2장 (68쪽부터)에서 이 기법들에 대한 설명을 다시 읽어보기 바란다.

2.5.2 글을 쓰기 위한 자극

작문 세미나와 "글쓰기 교실"이 지금 아주 인기이다. 창조적인 글쓰기도 지금 유행이다. 독일어로 글을 쓰는 경우에만 그런 것이 아니고 다른 언어에서도 마찬가지이다. 이 주제에 관한 많은 출판물들이 그 증거이며(6.2장의 참고문헌 참조), 이 출판물들은 동시에 저자들의 창의력에 대한 증거이기도 하다. 모든 것이 이성화되고 계획된 세계에서, 창조적인 글쓰기가 현대인을 위해 글을 쓰며 자신의 창조적인 힘을 (다시) 접하게 되는 기회를 제공한다는 사고가 그 기저에 놓여 있다. 다양한 언어 형태를 (자유롭게) 실험하는 것이 정보 전달을 목표로 하는 글쓰기와 대치되는 개념이 된다. 오스트리아의 아동작가 Renate Welsh(1988)는 어린이들, 청소년들과 글쓰기 교실을 했던 경험을 바탕으로 "쓰기는 스스로 무엇을 이해하는 일과도 관계가 있다… 글로 적어야 형태를 갖추고 구체화되는 것들이 있다."라고 말한다.

외국어로서의 독일어 수업을 위해 가브리엘레 포르트만은 창조적인 쓰기를 위한 중요한 목표를 정리했는데, 여기에는 그 중에서 몇 가지만 간략하게 요약하겠다(Pommerin 1996a, 9/10).

---

1. 창조적이고 자유로운 글쓰기는 규범을 지향하는 쓰기 수업과 서로 균형을 이룰 수 있다.
2. 창조적인 글쓰기는 독일어 학습자에게 처음부터 완결된 (짧은) 글을 쓸 기회를 제공한다. 이때 자신의 희망, 생각, 인생사 등이 글 안으로 흘러 들어간다.
3. 창조적인 글쓰기는 자신의 문화적인 뿌리를 의식하고 "낯설음"과 얼굴을 마주할 기회를 제공한다. 그런 기회는 예를 들면 외국어로 된 텍스트나 시를 모델로 글을 쓸 때 생길 수 있다.
4. 창조적인 글쓰기는 두려움이 없는 분위기에서 행해지기 때문에, 글쓰기 경험이 없는 학생들이 글쓰기에 대한 거리낌을 극복하도록 도와준다.
5. 창조적인 글쓰기는 외국어에 대해 이미 습득한 어휘, 문법, 표현 분야의 지식과 능력을 유희적으로 실험해 볼 기회를 제공한다.
6. 창조적인 글쓰기에서 산출된 글들은 읽거나 이에 대해 토론하고 생각해 보거나 다른 글을 더 쓰기 위해 사용할 수 있다.
7. 창조적인 글쓰기를 위해서는 동기를 부여하는 자극, 아이디어와 글쓰기 절차가 필요하다.

7번에 대해 우리는 여기에서 몇 가지 예를 보이려고 하는데, 이 아이디어들이 여러분의 학생들에게 적합한지는 우리가 알 수 없다. 왜냐하면—다른 모든 수업안들과 마찬가지로—창조적인 글쓰기를 위한 자극의 경우에도 실제적인 교수학습 상황을 고려해야 하기 때문이다. 어쩌면 여러분은 이 학생들이 모어 수업에서도 자유로운 글쓰기를 한 적이 없기 때문에 학생들에게 창조적인 글쓰기의 형태들을 도입시켜 줄 때 아주 조심을 해야 할 지도 모른다. 아니면 어쩌면 여러분이 일하는 나라에서는 독일어 학습자들이 이미 모어 수업에서 창조적인 글쓰기의 방법을 실험해 보았을 수도 있다.

여러 가지 견본을 "창조적인 글쓰기"를 위한 자극으로 쓰기 위해서는 여기서 말한 다양한 방법들 외에도 수많은 도움말을 출판물들에서 찾을 수 있다. 여기서는 특히 독일어 수업에서의 미술과 음악를 주제로 다룬 『Fremdsprache Deutsch』 17권을 추천하겠다(Grätz 1988).

이런 방법들 주 몇 가지는 이 책에서 이미 여러 번 사용하였다. 예를 몇 가지 더 들겠다.

시각적인 자극

스위스의 Christa Zopfi와 Emil Zopfi)(1995)가 쓴 아이디어가 풍부하고 아름다운 책 『Wörter mit Flügeln: Kreatives Schreiben』을 뒤적여 보면, 창조적인 글쓰기에는 종이와 "연필"만 필요한 것이 아님을 알게 된다. 창조적인 글쓰기에는

- 사물
- 가위, 사인펜, 풀, 종이 테이프
- 우리 주변의 세계
- 그림과 사진
- 단어와 문장을 적은쪽지

도 필요하다.

사물을 글을 쓰기 위한 자극으로 사용하기 위해 우리는 그 책에서 아이디어를 몇 가지 택하겠다.

사물이 들려주는 이야기: 돌멩이, 부러진 커피잔 손잡이, 오래된 우표, 책 한 권, 시계 하나 같은 각각의 사물에는 이야기가 담겨 있다. "우리는 그 이야기를 들으려고 시도하고, 우리의 환상으로 그 이야기를 꾸민다"(Zopfi/Zopfi 1995, 17).

내 세간살이 일곱 개: 학생들은 각자, 여행을 떠날 때 가방에 넣고 싶은 물건을 일곱 가지 선택한다. 여행의 목적지는 히말라야 산맥, 무인도, 일곱 난장이가 사는 곳, 달나라 등이다. 어떤 물건을 학생들이 수업에 가지고 올 수 있을까? 학생들은 그 물건들 각각이 어떤 역할을 하는 여행 이야기를 쓴다. 이 글을 낭독할 때 그 물건들을 하나씩 바닥에 꺼내 놓는다.

문장 선물하기: 학생들 각각이 자신에게 중요한 물건 한 가지를 교실에 가지고 온다. 다른 학생들은 그 물건을 볼 수가 없다. 한 학생이 눈을 감고 있는 짝의 손에 그 물건을 놓는다. 어떻게 느껴지는가? 무엇이 생각나는가? 그리고는 짝은 눈을 뜨고, 그 물체를 만지고 잡았을 때 받은 인상, 느낌, 생각을 이야기한다. 그 다음에는 각자가 자신이 받았던 물건에 대해 한 문장씩을 쓰고, 그 문장을 물건과 함께 주인에게 돌려준다. 그 다음에는 모두가 자신이 받은 문장이 포함된 글을 쓴다.

변형: 모든 학생들이 개인적인 물건을 한 곳에 모으는데, 누가 무엇을 놓는가는 서로 보지 못한다. 그 다음에는 모두가, 글을 쓰고 싶게 만드는 물건을 하나씩 선택한다. 각각 자신의 글을 쓰고 그것을 낭독한다. 그 다음에는 주인이 그 물건이 누구의 것인지를 밝히고, 그 사물이 자신에게 어떤 의미를 가지는지를 이야기한다.

과제 107

📝 **스스로 해 보기.** 이 그림 중 하나를 보고 11단어로 된 시를 써 보시오.

출처 ⓒHopper(1931), Friedrich(1817)

그림에 들어가 그 안에서 미지의 세계 속을 돌아다니며 받은 인상과 경험을 적기(Kunkel 1994, 20 참조).

그림에 관한 시: 그림을 보고 생각나는 질문, 아이디어, 생각의 단편, 상상을 적고 시로 만들어 보기(같은 곳).

"현장에서" 쓰기: 예를 들면 박물관이나 미술관에서 그림을 하나 고르기.

그림 이야기: 독일어 학습자들이 흥미로운 그림, 사진 등을 가지고 온다. 그림들을 섞어 놓고 학생들은 각자 그림 네 개를 받아서 하나로 이어지는 이야기를 쓴다(Rau 1988, 457 참조).

음악을 듣고 나서 쓰기:

리듬이 특별한 음악을 듣고 연상되는 것 쓰기. 글을 음악에 어울리게 써 보기(Kunkel 1994, 21쪽 참조)

글을 읽고 나서 쓰기:

글을 읽고 나서 쓰기에 대해서는 이 책에서 이미 여러 번 이야기를 했다. 여기서는 몇 단어로 정리만 하겠다.

메아리 글: 독일어 학습자들은 주어진 글의 흐름에 따라 다음과 같은 방식으로 자신들의 글을 쓴다.

- 그 전의 이야기나 그 다음의 이야기를 쓰기
- 완결되지 않은 부분을 보충하기
- 참여하기(한쪽 편을 들기, 중재하기 등)

특히 인기있는 것은 특정한 구조가 지어진 시를 쓰는 것이다.

"난간이 있는" 시: 글을 쓸 때 기댈 수 있는 구조가 주어진다. 『Musealp-Express』(1993)에서 나온 다음 시처럼 다른 청소년들이 쓴 시도 이 용도에 적합하다.

 과제 108

> ✎ 다음 문장을 끝까지 쓰시오. 독창적인 결말을 쓸 수 있는가?
>
> "Morgens kann ich nicht … ,
> weil ich … .
> Mittags kann ich nicht … ,
> weil ich … .
> Abends kann ich nicht … ,
> weil ich … .
> Nachts kann ich nicht … ,
> weil ich … ".

"Wie-Kon-시"도 재미있다(Wiederholung=반복, Kontrast=대조):

> Manchmal wünsch ich mir _____ ,
> aber dann _____ .
> Manchmal hol ich mir _____ ,
> aber dann _____ .

출처 Liebnau(1995), 58부터

이런 틀이나 다른 틀들은 상상하지 못한 결과물을 만들어내는 게임의 형태로 사용할 수도 있는데, 여기서는 첫 번째에 말한 "난간이 있는 시"의 예를 하나 들겠다. 한 그룹은 "시간" 카드를 쓰고 다른 그룹은 "왜냐하면-카드"를 썼다. 카드를 모아서 두 더미로 쌓아 놓고, 번갈아가며 양쪽에서 하나씩 카드를 꺼냈다. 카드를 나란히 놓으면 생각지 못한 결과물을 얻을 수 있다.

주어진 구조에 따라 글을 쓰는 다양한 형태의 연습은 Ingrid Mummert (1989a)의 『Nachwuchspoeten』에서도 찾아볼 수 있다. 『Fremdsprache Deutsch』 (16/1997, 56-57)에 실린 Ebba-Maria Dudde의 제안들도 보시오.

물론 틀을 주지 않고 쓰게 할 수도 있다. 때로는 연상되는 생각을 모으거나 클러스터를 만들 수 있는 한 두 단어를 주는 것만으로도 충분하다 (두려움 - 사랑 - 달).

다음에 소개하는 쓰기 과제에는 사실은 글이 두 가지이다(생각만 한 글과 실제로 쓰인 글).

첫 문장과 마지막 문장: 학생들은 각자 색이 다른 쪽지 두 개를 받고 이야기를 하나 생각해 내고는 그 이야기의 첫 문장과 마지막 문장을 각각 쪽지에 쓴다. 같은 색깔의 쪽지끼리 모아서 쪽지를 다시 나누어 준다. 학생들은 다시 서로 다른 두 색깔의 쪽지를 가지고 있다. 이제 과제는 그 문장들이 첫 문장과 마지막 문장이 되는 이야기를 쓰는 것이다(Rau 1988, 45 참조).

동기를 유발하는 **문장 첫 부분**도 글을 시작하는 자극이 될 수 있다:

내가 전에 …
슬플 때면 / 기쁠 때면 나는 …
내가 새/물고기/… 라면…

"창조적인 글쓰기"에 대한 관심을 불러일으키고 그 표제어 아래에 어떤 것들이 포함되어 있는가 희미하게 전달하는 것 — 이 장은 그 이상은 제공할 수가 없다. 그 주제에 더 관심이 있고 더 많은 도움말을 얻으려는 독자는 6.2장의 참고문헌에서 이 주제에 관련된 책 제목들을 몇 개 찾을 수 있다.

2.5.3 혼자서 쓰기 아니면 그룹에서 글쓰기?

"독방에 앉은 외로운 필사공"이라는 14세기 그림은 개인적인 측면에서나 학교에서나 쓰기에 대한 우리의 개념을 지배한다. 시험을 치르며 공책 위에 엎드린 학생들의 머리, 글을 쓰다가 깊은 생각에 잠겨 (아니면 도움을 구하며) 천정이나 창밖을 바라보는 학생들의 눈길은 학교에서의 글쓰기의 상징이 되었다. 거기 감돌고 있는 침묵은 내적인 집중과 외적인 질서의 상징이 되었다. 누가 귀엣말을 하거나 옆 사람의 종이를 쳐다본다면 혼날 것이다. 그런데 꼭 이래야 할까?

이 책에서 우리는 처음부터 짝끼리나 소그룹에서 함께 하는 글쓰기의 예를 여러 번 보였다. 이 장에서는 서로 협력하며 쓰기를 위한 전제조건을 자세하게 살펴보기로 한다.

학생들에게 여럿이 함께 글을 쓰도록 한 적이 있는가? 아니면 그러려고 생각해 본 적이 있는가?

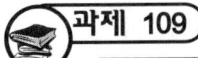 과제 109

✏ "그룹에서의 쓰기"라는 주제에 관해 생각나는 점들을 간단하게 써 보시오.

2. 쓰기 연습의 유형론 | **217**

여러 언어학습 활동, 특히 말하고 듣는 단계와 프로젝트 수업에서는 짝 활동과 그룹 활동이 수업의 필수불가결한 부분이 되었다. 쓰기에서는 어떤가? 숙제를 하고 발표문을 함께 쓰기 위해 학생 두세 명이 모이는 일은 가끔 있지만, 수업에서는 "서로 협력하는 텍스트 산출"은 드문 편이다.

여러 명이 동시에 글 하나를 쓸 때, 대체 무슨 일이 벌어지는 것일까? 『Wir müssen gemeinsam schreiben! Kooperatives Schreiben』(1997)이라는 책에서 Renate Faistauer는 다문화적인 학습자 집단(즉 출신국이 서로 다른 학습자들)이 독일어로 함께 글을 쓸 때의 대화를 녹음한 조사의 결과를 소개하고 있다. 거기에서 그녀는 다음과 같은 질문들을 한다.

- 다문화적 집단에서 글을 쓸 때에 어떤 일이 생기는가?
- 글을 쓰는 학생들은 쓰기 과정을 어떻게 조직하는가?
- 그룹에서 글을 쓸 때의 과정은 개인적으로 쓸 때와 어떠한 차이가 나는가?

Renate Faistauer는 다음과 같이 그 결과를 요약한다.

> "..., 그룹에서 외국어로 쓴 글은 언어적으로나 내용적으로나 개인들의 산출물보다 우수한 경우가 많다. 언어적으로 낫다는 것은 형태, 통사적으로 오류가 적다는 뜻이며, 내용적으로 낫다는 것은 의미론적인 복합성이 풍부하며 내용과 문체가 더 조밀하다는 것이다."(Faistauer 1997, 71)

서로 협력하는 텍스트 산출에는 특히 다음과 같은 강점들이 있다.

- 그룹에서의 쓰기 과정은 개개인에게 쓰기를 더 쉽게 만들어 준다. 글을 그룹에서 쓰면—특히 글이 복잡할 때—혼자 쓸 때보다('나는 아무 생각도 안 난다, 나에게는 너무 어려워, 나는 단어를 모르는데'와 같은) 두려움이 줄어든다. 그룹은 안정감을 주고, 동시에 누구나 용기를 더 내게 해 준다.
- 그룹에서는 무엇을 다룰지, 무엇을 쓸 지를 함께 결정한다.
- 그룹에서의 작업은 상호작용을 통해서 이루어지며, 거기 참여한 학생들의

> 지식과 능력이 모두 모이고, 개인들의 언어능력은 평준화가 되며, 약한 학습자는 강한 학습자의 도움을 받는다.
> - 그룹에서 학습자들은 다양한 아이디어를 모을 수 있으며, 한 사람의 아이디어는 다른 사람이 또 다른 아이디어를 만들어내도록 도화선 역할을 한다.
> - 그룹에서의 글쓰기는 언어학습과 함께 사회적인 학습에 도움이 된다. 다른 사람의 논증에 응답하고 토론에 참여하며 관용적이 될 필요가 있기 때문이다.
>
> 그리고 끝으로— 이 측면이 다른 것들보다 덜 중요하지는 않은데:
> - 대부분의 학습자들은 그룹에서의 글쓰기를 재미있어 하고, 공동작업에서 생겨난 글이 내용적으로 더 재미있고 언어적으로 더 낫다는 경험을 함으로써 추가적인 동기를 부여한다.
>
> 다문화적 그룹의 경우에는 또 다른 측면이 있는데,
> - 문화의 영향을 받은 다양한 경험과 "세계관"들을 교류할 수 있고 이들이 산출물에 수용된다.
>
> (Faistauer 1997, 176
> 2.2.5장 131쪽에 실린 글은 그룹 내에서 진행된 이런 과정의 결과이다.)

Faistauer는 출신국이 서로 다른 학생들이 그룹에서 글을 쓰는 과정을 연구했다. 따라서 그룹 내의 대화는 독일어로 이루어질 수밖에 없었고, 내용상의 문제나 언어적인 표현에 대한 토론을 통해서도 그룹에 속한 개개인은 언어적으로 얻는 것이 있었다. 하지만 같은 언어를 가진 학급의 어린 학습자들에게도 협력을 통한 글쓰기는 여러 면에서 유익하다. 이들이 모어로 의견을 나눈다 하더라도, 이들은 자신들의 글, 표현, 내용, 계획을 세울 때의 기준에 대해 이야기하면서 공통의 쓰기 과정을 주제로 삼는다. 그렇게 함으로써 쓰기 과정은 더 가시적이 되고, 글의 저자인 학생들은 자신들의 글의 첫 번째 (비판적인) 비평가들이 된다.

하지만 그룹에서 글을 쓸 때 쓰기 과정이 성공적으로 되기 위해서는 몇 가지 전제조건이 충족되어야 한다.

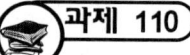

> 협력을 통한 글쓰기에 성공하려면 어떤 조건이 충족되어야 할지 생각해 보시오. 몇 가지를 요약해 보시오.

서너 명의 학생이 그룹에 되어 글을 하나 쓸 수도 있다. 그런가 하면 한 학급의 학생 전체가 참여하여 하나의 글을 만들 수도 있다. 아래에서 우리는 단계적인 과정에 여러 학생들이 참여하며 글을 쓸 수 있는 유희적인 활동을 몇 가지 소개하겠다.

예 1: 일곱 개의 질문에 대한 일곱 개의 대답이 하나의 글이 되는가?

학생들 각자는 221-222쪽에 보이는 것과 같은 연습지를 하나씩 받는다.

첫번째 단계: 첫 번째 질문(누가?)에 각자 답을 쓴다. 대답에는 여자 이름 하나 (실제의 인물 또는 지어낸 인물, 아직 살아있는 인물이나 역사적인 인물), 나이, 두세 가지의 특징이 포함되어 있다. 그리고는 종이를 점선에 따라 뒤로 접어서 지금 쓴 글을 안 보이게 하고는 옆 사람에게 준다.

두번째 단계: 옆 사람은 남자 인물을 하나 (실제의 인물 또는 지어낸 인물, ...) 써 넣음으로써 두 번째 질문에 대답을 한다. 종이를 점선에 따라 뒤로 접어서 옆 사람에게 준다. 이렇게 계속한다.

이런 연습은 짝끼리, 또는 그룹에서 할 수 있는데, 질문이 일곱 개라면 한 그룹에는 일곱 명까지 들어갈 수 있다.

아니면: 아니면:

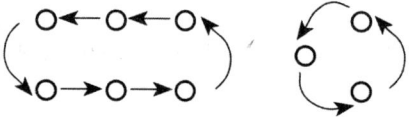 

마지막에는 이렇게 해서 생겨난 "이야기"를 낭독한다. 학생들이 모두 종이를 한 장씩 받는다면, 그 학습의 학생 수만큼의 집단적인 "글"이 생겨난다. 짝끼리나 그룹에서 작업을 하는 경우에는 낭독을 하기 전에 글을 정리할 시간을 좀 주어야 한다. "저자들"은 하나의 완결된 글을 만들기 위해 대답들(특히 두 번째 부분)을 서로 연결 짓는다.

이 연습에는 다음과 같은 효과가 있고, 이 연습은 다음과 같은 점들을 보여 준다.

▶ 텍스트가 언제나 한 개인의 산출물은 아니며, 집단에서 쓰는 글은 협력을 통해서 생겨날 수도 있다. 집단에서 쓰는 글은 학습 능력이 떨어지는 학생도 (성공적인) 글쓰기를 할 수 있도록 기여하게 해 주기 때문에, 약한 학생에게 용기를 준다.
▶ 그 생성과정에 자신이 참여했지만 결과물을 모르는 글의 전체를 발표 단계에서 들으려는 동기는 매우 강하다.
▶ 이 질문들은 글의 특정한 구성을 내포하고 있으며, 혼자서 글을 쓸 때에도 도움이 될 수 있는 글의 설계도를 정해 준다.
▶ 이 글은 짝끼리, 혹은 그룹에서 스스로 수정을 하거나 학급에서 다루기에 적합하다. 글이 집단적인 산출물이기 때문에, 개인들의 오류는 그룹의 것이 된다.

Arbeitsblatt 10

(Wer?) _____

(hat wen getroffen?) _____ hat _____ getroffen.

(Was hat sie ihm gesagt?)   und hat ihm Folgendes gesagt:

_____

(Was hat er geantwortet?)   Daraufhin hat er geantwortet:

_____

```
(Was haben sie gemacht?)        Sie _____
                                    _____
- - - - - - - - - - - - - - - - - - - - - - - - - - - - - - - - 
(Was ist daraus geworden?)          _____
                                    _____
- - - - - - - - - - - - - - - - - - - - - - - - - - - - - - - - 
(Und die Moral von der Geschichte?) _____
```

변형:

학생들은 각자 아무 글도 없는 A4용지를 하나씩 받아서 폭이 4cm쯤 되는 일곱 줄로 나눈다. 교사는 글을 쓰기 위한 자극을 매 단계에서 구두로 준다. 그렇게 하면 연습지에는 학생들의 반응만이 쓰이게 된다.

첫 번째 단계:	여자
두 번째 단계:	남자
세 번째 단계:	어디에서 만나는가?
네 번째 단계:	여자는 남자에게 무슨 말을 하는가? 또는 이들 사이에 무슨 문제가 있는가?
다섯 번째 단계:	남자는 여자에게 무슨 말을 하는가?
여섯 번째 단계:	그 다음에 무슨 일이 생겼을까?

그 다음에 교사는 학생들로 하여금 토막들을 하나의 이야기로 연결하고 문장 간의 연결, 대용어들을 그에 맞게 다듬게 한다. 대화 부분은 그대로 인용이 된다.

"접어서 쓰는 이야기"의 다른 예들:

학생 각자는 종이를 세로로 한 번 접은 다음에 가로로 여덟로 접는다. 종이를 펴면 칸이 16개 있다.

첫 번째 학생은 왼쪽 줄의 첫 줄 첫 칸에 문장 반 개를 쓰고 그 종이를 옆 학생에게 돌린다. 두 번째 학생은 그 문장을 오른쪽 줄의 첫 줄 첫 칸에 써서 문장을 완성하고, 첫 번째 문장을 안 보이게 뒤로 접고는 오른쪽 줄 둘째 칸에 두 번째 문장을 시작한다. 그리고는 그 종이를 옆으로 돌린다. … 이야기가 끝날 때까지 계속 그렇게 한다(Zopfi/Zopfi 1995, 51 참조).

예 2: 집단 대화

학급의 학생을 두 명씩 그룹으로 나눈다. 학생들 각각은 다음과 같은 문장의 골격이 쓰인 종이를 한 장씩 받는다.

+ 나 _____ 좀 빌려 줄래?
o 응 / 아니. _____
+ _____
o _____

이런 식으로 계속.

첫 번째 단계: 학생들 각각은 실제로 존재하거나(지우개), 자신이 꿈꾸거나(포르셰 자동차), 말도 안 되거나(악어), 좀 문제가 있거나(남자 친구/여자 친구), 재미있거나 엉뚱한 사람이나 사물을 적어 넣는다. 그 다음에는 짝끼리 서로 바꾼다.

두 번째 단계: 학생들은 짝의 종이를 가지고 그 질문에 긍정적이나 부정적으로 대답을 하는데, 이때 제한을 두거나 거부하는 이유를 대거나 조건을 건다('하지만', '왜냐하면', '그 다음에는' …).

세 번째 단계: 종이를 다시 바꾸어 가지고 짝의 대답에 다시 응답한다.

네 번째 단계와 그 이후: 대화가 끝날 때까지 종이를 계속 서로 교환한다. (아니면 시간제한을 주고 그 시간이 끝날 때까지 계속한다.)

학생들은 대개, 대화가 너무 금방 그쳐버리지 않게 하려면 짝에게 "공을 받아서 쳐야" 한다는 것을 곧 깨닫는다(예를 들면 되묻는 질문을 하거나 조건을 달거나 하는 등으로).

학생들이 이 작업방식에 익숙해지면, 집단적인 대화를 너댓 명씩 그룹을 지어서 쓰게 할 수도 있다. 이때는 지시에 따라 모든 쪽지들을 동시에 바로 오른쪽 사람에게로 보낸다. 이렇게 하면 학생 하나하나는 한 개의 대화가 아니라 네 개, 다섯 개의 대화에 동시에 참여하게 되고 따라서 그만큼 더 유연하게 대응해야 한다.

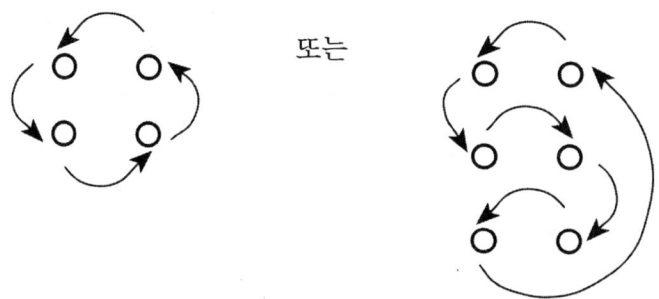

모든 학생들이 함께 대화문을 쓰는 경우에는 학생 수만큼의 대화문이 생겨나게 된다.

집단적인 대화로 글을 쓰는 데에는 여러 가지 장점이 있다.

과제 111

> ✏️ 집단적인 대화를 통해 협력하며 글을 쓰면 어떤 장점이 있는지 생각해 보시오. 그에 대한 몇 가지 관점을 적어 보시오.

수업을 위한 조언:
그룹이 클 경우에, 그리고 이야기가 길어질 때에는 학습자들에게 충분

한 시간을 주도록 주의하시오. 모든 학생은 대화를 처음부터 읽어야 하고, 적절한 대답을 쓰기 위해서는 그 글을 자기 것으로 만들 시간이 잠깐이라도 필요하기 때문이다. 이때에는 "쓰기 교수 과정의 모델"(2.4.장 참조)에서 기술하고, 좋은 글쓰기 자세의 특징이라고 말한 현상이 일어나게 마련이다. 즉 자신이, 이 경우에는 다른 사람이 쓴 것을 자꾸 다시 읽어보게 된다. 글 몇 개를 학급에서 낭독하는 경우에는, 대부분의 학생들이 그 글을 모르면서 자신이 그룹이나 다른 그룹이 만들어 낸 산출물이 어떤지 궁금해 하기 때문에, 학생들이 주의를 기울일 것이 확실하다. 오류와 문체적인 불완전함에 대한 책임은 한 개인에게 있지 않고 그룹에서의 글쓰기를 통해 오류가 "무기명"이 되기 때문에, 바로 이어서 집중적인 "수정단계"를 거칠 수도 있다(3장 참조).

이 장의 처음에서 우리는 여러 명의 학생들이 주어진 주제(그림이나 다른 자극)에 대해 무엇을 쓸 것인가를 대화를 통해서 협상하는 대화상황에 대하여 이야기했다.

우리는 여기서 여러분이 스스로 규칙을 결정할 수 있는 변형방법에 대해서 이야기를 하고자 한다. 예를 들면, 학생들은 각자 한 문장을 쓰고 그 다음 문장의 첫 단어를 쓴다. 그 옆 사람은 그 문장을 끝까지 쓰고 그 다음 문장의 첫 단어를 쓴다. 아니면, 학생들은 각자 문장을 하나씩 쓴다. 다른 경우에는, 학생들 각각은 단어를 세 개씩 쓴다.

여러분은 쓰기 과제를 더 개방적으로 만들 수도 있다. 학급의 학생들을 네 명씩 그룹짓게 한다. 학생들은 각자 바로 떠오르는 어느 이야기의 시작을 쓴다. 옆 사람은 그 이야기를 계속한다. 이야기를 시작한 사람이 그 이야기의 끝도 쓴다. 그 다음에는 이야기들을 학급 앞에서 낭독한다(Böseke 1986, 16).

이 장에서 다루고 있는 그룹에서의 쓰기에 관한 아이디어들 중 상당수는 앞에서 말한 Mosler/Herholz의 『Musenkussmischmaschine』(1992)에서 찾을 수 있다.

이 장을 마무리하며 이제 우리는 여러분이 자신의 쓰기 수업에 대해 생각을 해 보도록 권유하고 싶다.

과제 112

✎ 옳은 것에 표시를 하거나 간단하게 표시함으로써 다음 질문에 대답하시오.

1 여러분은 얼마나 자주 학생들에게 공동 작업으로 글을 쓰게 하는가?
   ☐ a) 전혀 안 한다   ☐ b) 드물게   ☐ c) 종종
   이유: _____

2 그때 여러분의 경험은
   ☐ a) 부정적인 편 ☐ b) 긍정적인 편   ☐ c) 아주 긍정적이다.
   왜 그런가?
     a)의 경우: _____
     b)의 경우: _____
     c)의 경우: _____

3 2.5.3장을 읽은 것이 여러분에게 어떤 영향을 미쳤는가?
   ☐ a) 일단 한번 해 봐야겠다.
   ☐ b) 용기가 생기고, 자주 이렇게 해 보겠다.
   ☐ c) 내가 지금 잘 하고 있다는 확신이 생겼다.

4 평가에 관해서는 어떤가? 다음의 제안들에 대해서 어떻게 생각하는가?
   a) 평가는 개개인에 대해서 할 수밖에 없다. 그룹에서 쓴 글은 시험으로는 부적절하다.
      ☐ 맞다   ☐ 틀리다
   b) 그룹에서 쓴 글을 평가하면 약한 학생들이 너무 이익을 본다.

☐ 맞다　　　☐ 틀리다
c) 그룹에서 쓴 글은 (서너 명의 학생이나 학급 전체로 구성된) 배심원들이 시상하게 할 수 있다.
☐ 맞다　　　☐ 틀리다
d) 그룹에서 쓴 글은 평가를 할 수 없다. 모든 것을 평가할 필요는 없지 않는가.
☐ 맞다　　　☐ 틀리다

2.6 의사소통적이고 실제적인 의사소통 상황에 근거를 두는 글쓰기

여기서 말하고 있는 것은 의도적으로 실제 상황에서의 의사소통*을 준비하는 쓰기 활동이다. 거기에는 편지, 엽서, 두 학급 간의 서신 교환, 서식 쓰기, (표 형식으로 된) 이력서 쓰기와 같은 것들이 포함된다. 고급에서는 보고서, 설명, 평, 공책 필기, 회의록 등도 추가될 수 있다. 명시적으로 어떤 독자를 염두에 두고 글을 쓰는 경우에는 다음과 같은 요인들을 고려해야 한다.

1. 이 글은 구체적인 독자(들)을 대상으로 하는 글이다.
   질문: 독자는 무엇을 기대하는가? 독자는 나를 통해서 무엇을 알고 싶어하는가?

2. 이 글에는 글을 쓰는 의도가 있다.
   질문: 나는 왜 글을 쓰는가? / 내가 도달하고자 하는 바는 무엇인가?

3. 글은 특정한 표현형태와 양식을 사용한다.
   질문: 어떤 형식적인 측면(예를 들면 편지쓰는 서식, 회의록 양식 등)을 고려해야 하는가?

> 4. 이 글에는 주제와 그에 관련된 어떤 구체적인 내용이 있다.
>   질문: 내가 전달하거나 보고하고자 하는 바는 무엇인가?
>
> 5. 관계의 측면:
>   질문: 나와 독자는 어떤 관계에 있는가? (예를 들어서— 교사/학생, 사원/상사 같은 위계구조인가, 아니면 친구 관계인가? 내가 독자를 개인적으로 아는가, 아니면 독자와 나는 서로 전혀 모르는가? 등등.)

글을 쓰기 전에 학습자들은 글을 쓰는 사람(누가?)과 읽는 사람(누구를 위해?), 글을 쓰는 의도(왜?)와 형태(어떻게?), 그리고 내용(무엇?)에 대한 질문에 스스로 대답해야 한다.

우리가 여기서 여러분과 함께 관찰하고자 하는 의사소통적인 글쓰기*의 연습형태는 일차적으로 편지쓰기에 관련된 것이다. 외국어 수업에서 편지쓰기는 매우 중요하기 때문이다. 그 이유는 다음과 같다:

- 외국어를 학습했던 경험자들을 상대로 한 설문조사의 결과(1.2장 19쪽 참조), 편지 쓰기는 학교를 떠난 후에도 외국어로 무언가를 쓰거나 문어로 전달하는 몇 안 되는 의사소통 상황임이 드러났다. 그 중 대부분은 형식적인 편지이다.
- 편지 쓰기는 교재에서 다루고 있는 학습 내용이며 쓰기 시험의 내용이기도 하다. 하지만— 최근에 나온 몇몇 교재를 제외하고는— 교재에는 충분한 연습이 제공되어 있지 않다.
- 편지(우편 또는 이메일!)로 하는 두 학급 간의 서신교환을 통해 독일어 학습자들은 학교를 다니면서도 큰 노력 없이 이미 다른 나라 청소년들과 실제적인 의사소통을 할 수 있다(이에 관해서는 Melief 1989와 같은 시리즈의 『Computer im Deutschunterricht』, 그리고 『Kontakte knüpfen』 참조하시오. 이 내용을 다루고 있는 장들에서는 학급 간의 서신교환을 실제로 하는 방법을 자세하게 소개하고 있다.)
- 편지라는 글의 종류에서 학생들은 자신에 대해 다른 사람에게 전달하

기도 하며 나이가 비슷한 것이 보통인 다른 사람들에 대해서 듣기도 한다. 그렇다면 이런 글쓰기는 외국어 수업에 동기를 부여하고 학습 성취에 도움이 된다.
- 개인적인 편지에서는 문어가 구어와 일치하는 점들이 꽤 있기 때문에, 편지를 "단순화된 조건하에서의 구어"라고 말할 수도 있을 것이다. "말의 흐름"을 잠깐 멈출 수도 있고, 다시 생각하고 쓴 글을 고칠 수도 있다. (물론 이 말은 지원서 같은 형식적인 편지나 주문서, 방 예약 같은 약간 형식적인 편지에는 해당이 되지 않는다. 그런 편지의 언어는 정해진 공식을 따르며, 구어와 매우 다르다. 그런 점에 관해서는 2.6.3에서 이야기할 것이다.

개인적인 편지에서의 구어와 문어의 관계는 좀 더 자세하게 다루어야 하겠다.

Otto Ludwig는 "일상생활에서는 어디에서 글을 쓰고 어디에서 말을 하는가 하는 경계가 유동적이다"라고 지적한다. "같은 메시지를 한 번은 글로, 한 번은 구두로 전달할 수도 있다."(1988, 38). '잘 지내? 오빠한테 인사 전해 줘.' 라는 말은 쪽지에 쓸 수도 있고 말로 할 수도 있다.

구어와 문어 텍스트 산출은 원래 서로 관련이 있으며, 문어는 구어에서부터 발전한 것이다. 이 발전사의 처음에는 "사신의 말"라는 것이 있었다. 사신은 구약 성서의 예에서처럼 소식을 말로 전했다(창세기 32, 4-7).

"야곱은 에돔 벌 세일 지방에 있는 형 에사오에게 머슴들을 앞서 보내면서 형 에사오에게 다음과 같이 전하라고 시켰다. "이 못난 아우 야곱이 문안드립니다. 그간 라반에게 몸붙여 살다가 보니 이렇게 늦었습니다. 지금 저는 황소와 나귀와 양떼가 생겼고 남종과 여종까지 거느리게 되었습니다. 이렇게 형님께 소식을 전해 드립니다, 아무쪼록 너그럽게 보아주십시오."

사신은 소식을 전달하는 매체였다. 이런 구어 텍스트 형태에서 후에는 글로 쓰인 편지가 생겨났다. 즉 편지는 원래 "글로 고정된 사신의 말"이었다"(Ludwig 1988, 47).

2.6.1과 2.6.2, 2.6.3의 연습들을 하기 위해서는 초보적인 언어지식만 있으면 충분하다. 이들은 말하기와 쓰기의 밀접한 관계에 근거하고 있으며, 부분적인 영역들이 어떻게 서로 연관 지어지고 통합될 수 있는가를 보여준다. 말하기 능력은 쓰기 능력이다. 여기에 사용된 자료들은 네덜란드 청소년들이 독일어를 배우는 처음 몇 달 동안 뮌헨의 한 학교 학생들과의 서신 교환을 준비할 때 사용했었다.

2.6.1 나는 누구인가? – 말하기에서 편지 쓰기로

독일어로 첫 편지를 쓰기 위한 준비

독일어를 배우는 처음 몇 시간과 몇 주 동안 청소년들은 자기 자신과 가족을 독일어로 소개하기를 배우는 것이 보통이다. 편지 친구를 처음 사귈 때에도 먼저 자기 자신을 소개한다. 그래서 편지 쓰기는 전혀 어렵지 않고, 아주 처음에도 편지 쓰기를 시작할 수 있다.

11a에서 11c까지의 연습지들은 이런 연관성의 예를 보여 준다. 그림은 동기를 부여하는 견본이 되는 동시에 필요한 언어적인 수단을 복습시켜 준다. 연습 문장의 빈칸들을 학생들 각자는 개인적인 정보로 채운다.

Arbeitsblatt 11 a

Leo hat einen Brieffreund. Er erzählt ihm etwas von sich und seiner Familie: Leo stellt sich und seine Familie vor.

Das machst du auch: du stellst dich vor.

Mein Name ist _____

(Ich heiße _____)

Ich bin Jahre _____ alt.

Ich bin _____ cm groß.

Ich habe _____ Haar.
Ich habe eine Schwester.

Ihr Name ist _____

(Sie heißt _____)
Ich habe einen Bruder.

Sein Name ist _____

(Er heißt _____)

Mein Vater ist _____

Meine Mutter ist _____
Ich habe auch eine Katze.

(Sie heißt _____)

Ich habe auch einen Hund.

Er heißt _____

Ich habe auch ein Pferd.

Es heißt _____

Arbeitsblatt 11 b

Meine Schwester ist __ Jahre alt.
Mein Bruder ist _____ Jahre alt.
Meine Katze ist _____

(Comic: Meine Schwester Marja ist zwölf und meistens ganz nett. / Meine Katze ist 10 Monate alt und ganz süß.)

Ich spiele: Volleyball, Klavier, Tennis, Geige, Handbball, Basketball, Blockflöte, nichts, Fußball, Gitarre, Schlagzeug

Mein Hobby ist _____
(Meine Hobbys sind _____)
Ich sammle _____
Ich höre gern _____
Ich spiele auch gerne _____
_____
_____

(Comic: Lieber Brieffreund, mein Hobby ist es, Briefe zu schreiben und Briefe zu bekommen... / Klebe bitte schöne und teure Briefmarken auf Deinen Antwortbrief! / Ich sammle nämlich auch Briefmarken. Dein Brieffreund Leo)

Ich wohne in _____
Das ist ein Dorf.
Das ist eine Stadt.

_____
_____
_____
_____
_____

처음으로 외국어로 편지를 쓰는 학생들을 돕기 위해 우리는 다음과 같은 절차를 제안한다.

학생들에게 아래에 보이는 것 같은 연습지를 나누어 주고 시간을 5 분 준다. 학생들은 왼쪽 칸에는 편지 친구에게 자신에 대해서 쓰고 싶은 것을 적고, 오른쪽 칸에는 친구에게 묻고 싶은 것을 적는다.

a) 나에 대해서 하고 싶은 말:	b) 친구에게 묻고 싶은 것:

칸을 채우면 이런 식이 될 것이다.

a) 나에 대해서 하고 싶은 말:	b) 친구에게 묻고 싶은 것:
내 이름과 나이	몇 살이니?
우리 가족	형제는 있니?
취미	취미는 뭐야?
우리 학교	학교 이름은 뭐니?
장래희망	뭐가 되고 싶어?
…	…

이런 식으로 학생들은 자신들이 쓰려는 편지를 위한 재료(사용할 수 있는 물건)들을 만들어낸다. 필요하다면 표현수단들을 따로 떼어 구두로 연습할 수도 있다. 예를 들면 말을 이어가며 연습할 수 있다('내 이름은 … 야. 너는 누구니? ― 내 이름은 …'). 그리고 매번 새로운 정보를 보탤 수도 있다('내 이름은 … 야. 너는 누구니? ― 내 이름은 … 고 나는 … 살이야. 너는 누구니?').

이 연습은 게임의 형태로 할 수도 있다. 틀리는 사람은 (한 가지라도 정보를 빠뜨리는 사람은) 빠져야 한다!

편지에 필요한 표현수단들이 이미 익숙하다면, 연상망을 이용해서 편지 쓰기를 준비할 수도 있다.

무엇에 대해서 쓸 수 있을까?

학생들은 각자 자신이 무엇에 대해 쓰고 싶은지 그 요소들을 고른다. 그리고는 자신의 편지에 쓸 만한 표현들을 234쪽에 있던 것 같은 표에 이렇게 적는다.

a) 나에 대해서 하고 싶은 말:	b) 친구에게 묻고 싶은 것:
내 눈은 파란색이야. 우리 엄마는 선생님이야. 내 생일은 7월이야.	네 눈은 어때? 네 어머니는? 네 생일은 언제니?

2.6.2 편지의 형식을 갖추는 연습

편지를 쓸 때에도 형식적인 측면을 고려해야 한다는 것을 독일어 학습자들은 모어나 이미 학습한 다른 외국어에서의 경험을 통해 알고 있다. 이제 중요한 것은 발신인, 주소와 날짜, 호칭, 편지의 도입, 결말과 인사말을 독일어로 어떻게 쓰는지를 가르치는 것이다. 이런 개념들도 독일어로 가르칠 수 있다.

과제 113

> 학생들과 함께 편지를 써 본 경험이 있다면, 그때 형식적인 측면을 어떻게 가르쳤는가?
> 여러분이 사용했던 방법을 적어 보시오.

다음에 보이는 연습지들은 다양한 접근법 몇 가지를 보일 것이다.

편지의 부분들의 순서를 맞추기

수업 진행:

학생들은 두 명씩 다음과 같은 편지 퍼즐을 받는다(아니면 스스로 오린다). 그리고는 자신들이 이미 가지고 있는 지식을 바탕으로 편지의 원래 형태를 재구성해 본다. 이어서 편지 전체를 OHP로 투사하고 수업에서 다룬다.

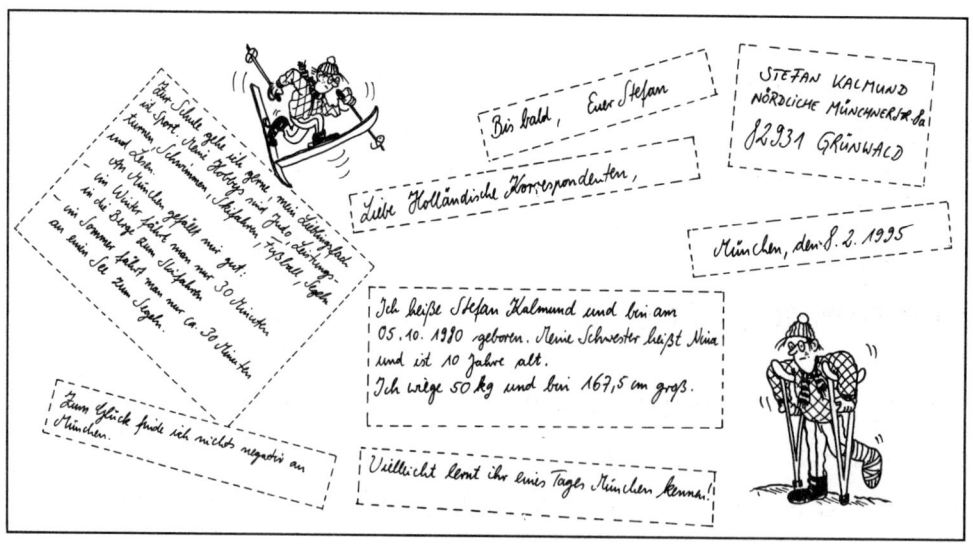

다른 방법: 편지의 각 부분의 독일어 명칭을 OHP 필름에 써서 잘라낸다. 학생 두세 명에게 이 조각들을 편지를 복사한 필름 위에 겹쳐 놓게 한다("오버레이"*).

변형:

퍼즐 조각들을 확대복사해서 순서에 맞게 포장지에 붙인다. 그리고 편지의 각 부분의 명칭이 적힌 카드들을 준비한다. 학생들은 그 카드 조각들을 배열해서 퍼즐 조각 옆 적당한 곳에 붙인다. 이렇게 만든 "편지"를 기억을 돕기 위해서 한동안 벽에 붙여둘 수도 있다.

편지의 여러 부분들:

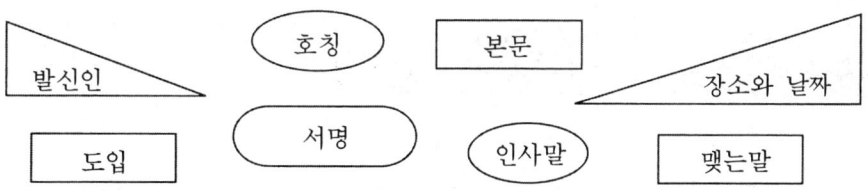

여러분이 만일 이미 독일어 학습의 초기에도 편지 쓰기를 시작하고 싶다면, 2.6.1의 연습을 한 다음에 바로 다음의 연습지를 사용할 수도 있다. "레오의 편지 자료"의 과제들을 보면 편지에는 여러 부분이 있음을 알 수 있다.

Arbeitsblatt 12

Leo schreibt einen Brief. Aber die Teile sind durcheinander geraten.
1. Findet die richtige Reihenfolge und nummeriert die Teile.
2. Schreibt dann den Brief noch einmal, aber richtig!

독일어 명칭들이 쓰인 "오버레이용 OHP 필름들"(겹쳐 놓는 필름)을 준비해서 이 편지 위에 꼭 맞게 겹쳐 놓을 수도 있다. 편지의 부분들의 명칭과 형식을 연습하기 위해서 여러분은 우선 오버레이할 필름만을 편지 없이 보여 주고 학생들에게 종이에 그것을 그려 보라고 할 수도 있다. 그 다음 학생들은 표시된 위치에 발신인 주소, 날짜, 호칭 등을 써 본다. 학생들이 만들어 낸 각 작업의 결과물 중 하나를 확대해서 큰 종이에 붙이고는 마찬가지로 한동안 벽에 걸어 두는 것도 좋다.

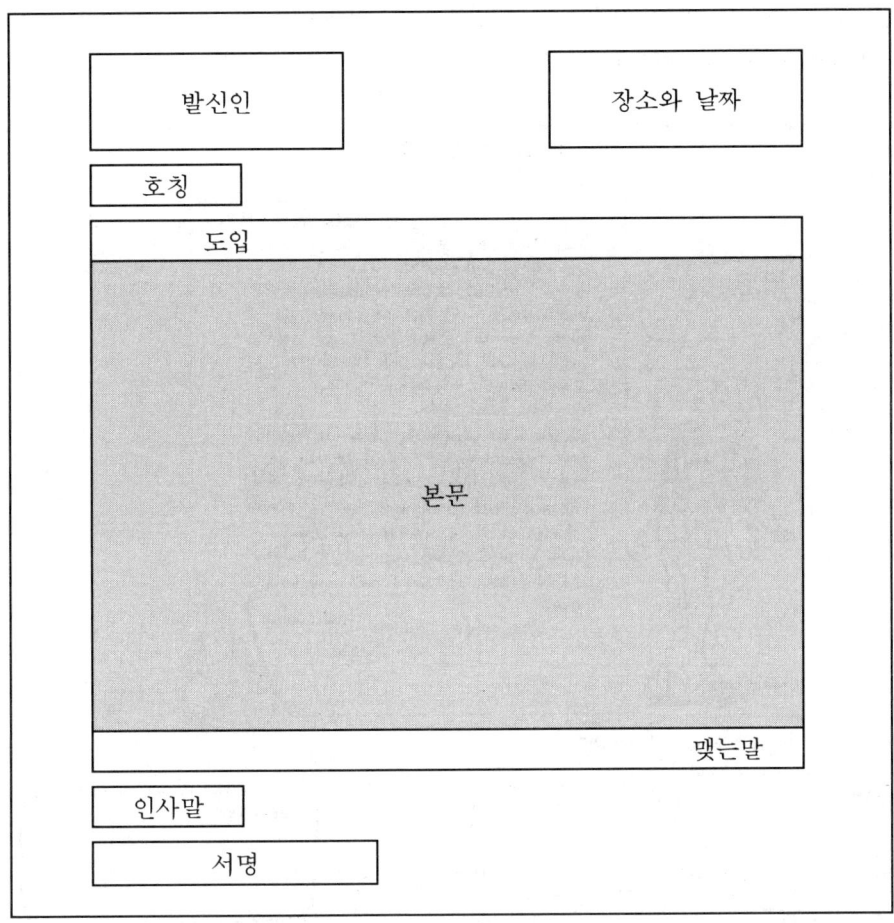

2.6.3 편지의 내용을 해독하기

편지를 쓰면 답장을 받기 마련이다. 그러면 그 답장을 이해하고 다시 대답을 해야 한다.

다음에 보이는 두 가지 연습은 편지의 내용을 읽어내는 방법을 보여 준다. 편지의 내용에 대한 이해는 그 편지에 반응하고 답장을 쓰기 위한 전제조건이다. 이것은 다음과 같은 질문에 관련된 진정한 의사소통 연습이다: 이 편지에 담겨 있는 중요한 정보는 무엇이며 나는 거기에 어떻게 반응을 할 것인가? **어떻게**에 관련된 문제는 나중에 다루겠다.

첫 번째 연습에서 학습자들은 편지의 중심내용을 한 눈에 들어오게 정리하라는 요구를 받는다.

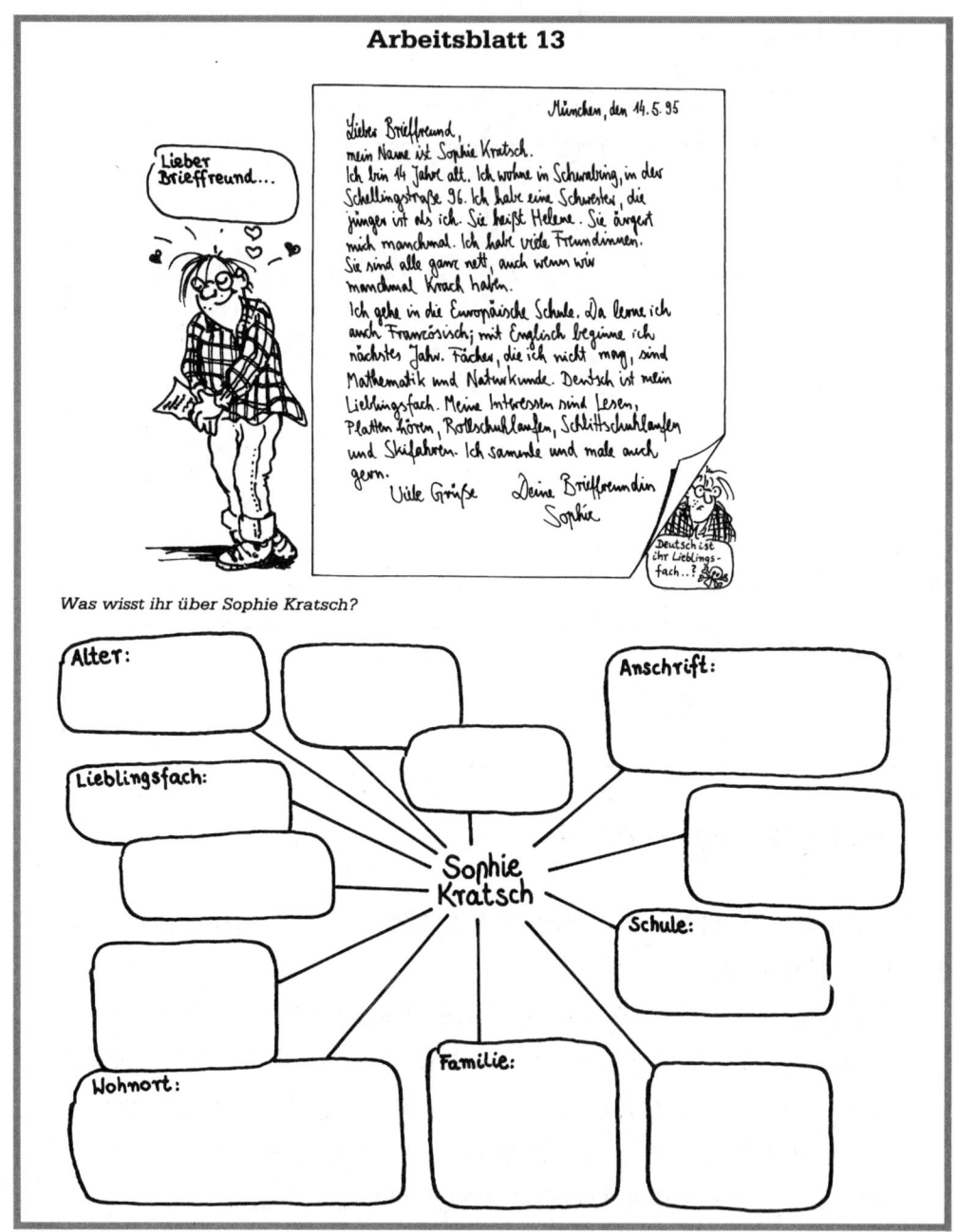

낱말카드로 하는 작업

연습의 목표:

　학습자들은 주어진 편지에서 핵심개념 또는 주정보를 찾아내며, 중요한 정보와 그렇지 않은 정보를 가려내는 방법을 배운다. 이 연습은 가능한 한 신속하게 진행하는 것이 좋고, 단순한 편지라면 10분이면 된다. 두 개의 편지를 집중적으로 다루기 때문에 학습효과가 크다.

수업 진행:

첫 번째 단계: 학생들은 두 명씩 짝을 짓는다. 한 그룹의 두 학생은 각각 서로 다른 편지를 받는다. 학생 A는 편지 A, 예를 들면 슈테판 칼문트의 편지를(236쪽), 학생B는 편지B, 예를 들면 소피 크라춰의 편지를(240쪽) 받는다. 그리고 학생 각각은 카드를 최고 12장까지 받는다.

두 번째 단계: 학생들은 각자 자신이 받은 편지를 읽고 핵심개념 또는 주정보에 밑줄을 친다.

세 번째 단계: 학생들은 핵심개념 또는 주정보를 카드에 하나씩 적는다(두 단어 이하로). 예를 들면 다음과 같다.

출생지: 뮌헨	독서를 좋아한다	독일어를 좋아한다

네 번째 단계: 학생들은 카드를 서로 바꾼다. 학생 A는 학생B의 카드를, 학생 B는 학생A의 카드를 받는다.

다섯 번째 단계: 학생 A는 B의 카드를 바탕으로 편지 B를 재구한다. 학생 B는 그 편지를 확인하고 혹시 "잘못된 정보"가 있는가 확인하고 있으면 표시를 한다. 학생 B는 A의 카드를 바탕으로 편지 A를 재구한다. 학생 A는 확인을 한다.

여섯 번째 단계: 학생들은 함께 편지 두 개를 보며, "잘못된 정보"가 왜 생겼는지를 생각해 본다. 카드에 쓰인 핵심개념 또는 주정보가 분명하지 않았나? 중요한 개념/정보가 빠졌었나? 등등.

지금처럼 행동의 흐름이 비교적 복잡할 때에는 학생들에게 주는 지시를 가능한 한 분명하게 만들고 쉬운 언어로 표현해야 한다.

2.6.4 주어진 틀을 이용하여 편지 쓰기

편지나 이메일을 이용하여 학급끼리 편지 친구 관계를 맺는 것은 독일어 수업에서는 이미 흔한 일이다. 처음에 쓰는 편지에서는 서로에 대해 어느 정도 알게 되는 것이 중요하며, 학생들은 자신들이나 가족에 대해서 쓰곤 한다. 그런데 그 다음에는 무엇을 해야 할까? 어떻게 하면 편지를 쓰려는 동기를 오래도록 유지할 수 있을까? 학생들은 편지를 더 잘 쓰고 내용에 변화를 주는 방법을 어떻게 배울 수 있을까? 교사는 어떻게 학생들을 도울 수 있을까?

이 장에서는 이런 질문들에 대한 대답을 찾아보려고 한다. 동시에 우리는 편지 친구끼리의 개인적인 편지에 국한시키지 않고 질문의 폭을 더 넓히고자 한다. 독일어 학습자들에게는 개인적인 편지 친구와의 의사소통이 학교를 다니는 동안이나 시험과 관련해서나 그 다음에 글을 쓰기 위한 중요한 동기가 되기는 한다. 하지만 다른 가능성이 없는 것은 아니다. 현실과 밀접한 글쓰기에는 다른 것들도 있다. 형식적이거나 어느 정도 형식적인 편지의 형식상의 특징에 관해서는 2.6.5에서 이야기할 것이다. 여기서는 우선 독일어 학습자들에게 또 어떤 쓰기 상황이 있을 수 있는지를 생각해 보기로 한다. 우리가 생각해 보아야 하는 것은 지금의 현실과 가까운 상황만은 아니다. 학생들이 편지를 쓸 때 맡는 역할은 이들이 일상 생활에서 혹시 맡을 수도 있는 역할까지를 반영해야 한다. 학생들은 예를 들면 **친구, 친지, 정보를 얻고자 하는 사람, 정보를 제공하는 사람**의 자격으로 친구, 친지, 공식적인 지위의 사람들과 의사소통을 하게 될 수도 있다. 현실성이 있는 역할*을 결정하는 것이 중요한 까닭은 편지 상대자들 간의 관계가 동시에 결정되기 때문이다. 의사소통 상대자들의 역할과 2.6장의 처음(227쪽)에서 이미 말한 **관계적인 측면**은 언어 행위에 지대한 영향을 미친다. 이것은 호칭, 인사말과 쓰는 방법, 즉 **어떻게** 말을 하는가(존칭 사용 여부, 적절한 표현의 선택, 구어에 가까운 언어나 거리감을 표현하는 언어 등)만이 아니라 **무엇을** 말하는가 관해서도 그렇다. 예를 들어서, 주근깨 때문에 놀림을 받곤 하는 소년이 편지 친구에게 — 어쩌면 사진도 곁들여서 — 자신의 외모에 대해서 쓴다면, 그 주근깨에 대해 예를 들면 '나는 주근깨가 있지만 그래도 아주 착해'라는 식으로 개인적인 평을 첨가할 수도 있다. 하지만 기차역이나 공항에 데리러 나와서 자신을 알아보아야 하는 모르는 사람을 위해서 글을 쓴다면 가능한 한 사실적으로 쓸 것이고, 어쩌면 주근깨를 중요한 특징으로 강조할 수도 있을 것이다.

구두로 하건 서면으로 하건, 모든 의사소통은 사회적이고 상황적인 맥락 안에서 이루어진다. 어떤 내용과 어떤 언어적인 수단이 적절한지는 그 맥락이 결정한다.

누가 누구에게 어떤 상황에서 어떤 목표를 가지고 쓰는가? 편지를 쓸 때는 이런 점들을 확실하게 결정해야 한다.

그런데 무엇이 독일어 학습자들에게 가장 현실성이 있는 의사소통 상황일까? 다음 과제는 이 문제에 관한 것이다.

과제 114

> 다음 표의 빈칸을 채우고 의사소통적인 독일어 수업에서 학습자들에게 현실성이 있는 쓰기 상황을 더 생각해 보시오. 그리고 의사소통 상대자들의 역할도 말해 보시오.

누가? (글 쓰는 사람의 역할)	누구에게? (의사소통 상대자의 역할)	어떤 상황에서? (동기)	어떤 목적으로? (의도/목표)
편지 친구	편지 친구	첫 접촉	서로 자신을 소개하기; 처음 사귀기
학생	독일어 선생님		
			7월에 하이델베르크의 유스호스텔에 빈 자리가 아직 있는지 알려고 한다

출처 Bolton(1996), 81

역할, 상황과 글을 쓰는 의도는 의사소통의 틀*을 형성한다. 같은 나이의 진짜 편지 친구끼리 처음으로 쓰는 편지의 경우에는 의사소통의 틀은 분명하고, 학생들은 글을 쓸 때 이에 대해서 생각해 볼 필요도 없다. 하지만 지금 실제로는 학급간의 서신교환이 이루어 지지 않고 있기 때문에 교사인 여러분이 학생들에게 편지 친구를 상상해서 편지를 쓰게 만들려고 한다면, 여러분은 의사소통의 틀을 학생들에게 결정해서 주어야 한다. 그런 "정보"에는 학생들이 글을 쓸 주제도 속한다. 학급에서 글을 쓴 결과물을 다듬고 수정하려 하거나, 더구나 평가하려고 한다면 편지들을 서로 비교할 수 있어야 하기 때문이다.

다음 과제는 학급에서 편지를 쓰기 위한 의사소통의 틀이다.

과제 115

🖉 여러분의 학생들을 위해 과제를 만들어 보시오.

1 학생들은 자신들처럼 독일어를 배우는 편지 친구에게 가상의 편지를 쓴다. 그 편지에서는 자신들의 학급과 학교에 대해서 이야기를 해야 한다.

2 학생들은 독일어 선생님을 한 학생의 집에서 열리는 학급 파티에 초대해야 한다.

편지 쓰기를 연습하고 학습자들의 쓰기 능력을 점차로 향상시키기 위한 다른 방법은 편지의 내용에 대해 "글을 이끌어 나가는 핵심"*를 정해 주고 이것을 점점 줄이는 것이다. "글을 이끌어 나가는 핵심"이란 편지로 표현해야 하는 내용에 대한 정보이다. 초기에는 여기에 학생들이 자신들의 편지에 사용할 수 있는 언어적인 도움을 많이 포함시킬 수 있다.

우리는 한 예로 '학급과 학교'라는 주제에 대해 글을 이끌어 나가는 핵심과 함께 주어지는 쓰기 과제를 보이고자 한다. 이 쓰기 과제에는 의사소통의 틀을 정해 주는 "준비글"이 있다.

예:
독일 편지 친구에게 편지를 써 보세요. 학급과 학교가 어떤지 쓰세요.
이런 것들에 대해서 쓰세요.

1. 학교 이름이 무엇인지, 학교가 어디에 있고 학생은 몇 명인지,
2. 반에는 학생이 몇 명인지, 무슨 요일에 몇 시간씩 수업이 있는지. 수업이 오전에만 있는지 오후에도 있는지.
3. 독일어를 몇 시간 배우는지, 독일어를 배운지 얼마나 되었는지, 독일어 책을 어떻게 생각하는지, (쓰고 싶다면) 독일어 선생님을 어떻게 생각하는지. 독일어가 쉬운지 어려운지.

날짜, 호칭, 인사, 서명을 잊지 마세요.

더 고급의 학습 단계, 예를 들어 초급이 끝나갈 때쯤에는 글을 이끌어 나가는 핵심에 내용상 도움이 들어있지만 학생들이 거기에서 표현을 그대로 옮겨올 수는 없게 글을 이끌어 나가는 핵심을 작성할 수 있다. 핵심을 "인색하게" 제공하면 언어적인 도움은 줄어든다. 초급이 끝나갈 때 정도에는 각각의 내용에 핵심어 하나씩만 주고 마지막에는 핵심을 전혀 안 줄 수도 있다. 이런 방식으로 학습자들에게서 점점 더 많은 쓰기 능력을 요구할 수 있다.

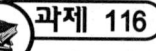
과제 116

> ✏️ 위의 예에서 주어진 정보를 학습 경험이 더 많은 독일어 학습자에게 적합하게 고쳐 써 보시오. 첫 번째 예는 여기 이미 주어졌다.
>
> 독일 편지 친구에게 편지를 써 보세요. 학급과 학교가 어떤지 쓰세요. 이런 것들에 대해서 쓰세요.
>
> 1 학교: 이름, 유형, 위치, 학생 수
> 2 …

이러한 예를 드는 목적은 글을 이끌어 나가는 핵심의 표현을 학생들의 학습 단계의 진보에 맞추어 조화시키는 방법을 보여주기 위함이다. 여러분도 스스로 해 보시오. '하루 일과'나 '지난 주말에 한 일' 같은 것을 주제로 삼아 보시오.

과제 117

> ✏️ 여러분의 학생들이 편지 친구에게 쓸 편지(하루 일과나 지난 주말 이야기)를 위한 의사소통의 틀과 글을 이끌어 나가는 핵심을 써 보시오.
>
> 1 독일어를 배우는 첫 번째 해의 학생들을 위해서
> 2 두 번째 해의 학생들을 위해서
> 3 세 번째 해의 학생들을 위해서

외국어로서의 독일어 시험에서는 (지역적인 제한이 없는 독일어 기초학력 증명시험에서나 지역적인 시험에서나) 쓰기 영역에서 편지를 쓰게 하는 경우가 흔하다. 대개는 편지의 길이가 예를 들면 250단어 정도로 제한되어 있다. 이렇게 하는 것은 어느 정도 비교가 가능한 결과물이 나오게 하려는 의도에서이다. 이런 측면은 평가에서는 중요하다.

평가와 관련하여 쓰기라는 주제 전반, 아니면 특별히 편지 쓰기에 대해 알고 싶다면 같은 시리즈의 『Testen und Prüfen in der Grundstufe, Einstufungstests und Sprachstandsprüfungen』(3.5.3.장)과 『Probleme der Leistungsmessung, Lernfortschrittstests in der Grundstufe』(4장)을 참조할 것을 권한다.

여러분은 편지나 엽서를 쓰기 위한 수업용 자료를 더 마음이 끌리게 구성할 수도 있다. 예를 들어서, 상황적인 틀을 분명하게 보여 주고 내용에 관한 자극을 줄 수 있는 그림을 함께 줄 수 있다.

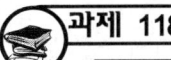

여러분은 친구와 함께 뮌헨 근교에서 스키 휴가를 지내고 있다. 친구에게 엽서를 쓰고 다음에 대해서 이야기하시오.

a) 날씨가 어떤지 (뮌헨의 『Abendzeitung』에서 발췌한 기사를 보면 알 수 있다)

b) 낮에는 무엇을 하고 저녁에는 무엇을 하는지

c) 여러분의 안부

출처 1996년 1월 2일자 Abendzeitung

2. 쓰기 연습의 유형론 **247**

이 과제를 하려면 학생들은 기상도의 기호들을 제대로 해석하고 언어로 표현할 수 있어야 한다. 거기다가 기상도의 설명에 쓰인 '날씨'에 관한 (풍속, 강수 같은) 전문어를 이해하고 일상어로 할 수 있어야 한다. 학급에서 약간 그 개요를 공부할 수도 있을 것이다.

"기상도" 전문어	일상어
강수	눈이 (비가) 약간 오겠다
밤에는 -7도, 약간의 서리	밤에는 춥다 (영하 7도)
풍속 4	바람이 좀 분다
등등	

편지에 대답하기

『Zielsprache Deutsch』지의 15호에서 Astrid Renoir와 Jürgen Langer는 미국 찰스턴의 한 고등학교에서 행해진 편지쓰기 프로젝트에 대해서 보고를 하고 있다. 학생들은 베를린의 전화번호부에서 자신들과 비슷한 이름을 가진 사람들을 찾아내어 그 사람들에게 편지를 썼다. 거기에서 흥미로운 서신들이 교환되기 시작했고(이름이 비슷하다는 점은 혹시 친척이 아닌가 조사할 계기가 되기도 했다) 또한 교사는 편지 쓰기에 대한 "도움말"을 계속 줌으로써 도움을 주었다. 예를 들어서, 답장이 오면 어떻게 반응을 할까? 그리고 그 다음에는 또 어떻게 할까? 이 프로젝트를 계속 진행되는 수업에 통합시키기 위해, 이런 "도움말"들은 독일어 교재의 내용과 연결지어졌다. 여기에 인용하는 두 예는 학습자들의 편지 쓰기 능력을 어떻게 지원하고 향상시킬 수 있는지를 보여 준다.

Hinweise für einen weiteren Brief

Absender
Datum

Anrede

Absatz I:
– Dank für den letzten Brief!

Absatz II:
– Wähle ein Thema aus dem Lehrbuch und nimm Stellung dazu!
  „Wir behandeln im Unterricht gerade ....."

Absatz III:
– Äußere dich zu deinen Zukunftsplänen(College, Beruf, Reisen)!
– Verwende die Futur-Formen!

Absatz IV:
– Schreibe über ein eigenes Thema!
– Benutze das Passiv: Was wurde in der Welt, in der Stadt gemacht?
– Schreibe im Konjunktiv: Was wäre Deine ideale Welt? Was würdest Du ändern, anders einrichten?

Absatz V:
– Schluß/Zusammenfassung
– Schreibe, ob du den Briefwechsel fortsetzen willst!

Gruß
(Dein Name)

Hinweise für ein Antwortschreiben

Absender
Datum

„Hallo .....!" oder „Liebe/Lieber .....!"

Absatz I:
– Wenn du jemandem zurückschreibst, stelle dich nicht erneut vor!
– Bedanke dich für den erhaltenen Brief!
  „Vielen Dank für ..... Ich habe mich sehr gefreut. .....

Absatz II:
– Beschreibe deine Familie, dein Haus, deine Tiere!
– Benutze Adjektive und Farben!
– Schau auf den Seiten 43, 73, 107, 141 und in Lektion 6 im Lehrbuch nach!

Absatz III:
– Erzähle über deine Schule, Fächer, Noten!
– Was findest du leicht und schwierig?
– Wie kommst du zur Schule?
– Schau auf den Seiten 46, 66 und 67 im Lehrbuch nach!

Absatz IV:
– Schildere, was du in deiner Freizeit machst!
– Benutze die Hilfen in den Lektionen 4 und 5 des Lehrbuchs!

Absatz V:
– Schlußbemerkungen:
  „Das ist alles für heute. Bitte schreibe mir/schreiben Sie mir!....."

„Viele Grüße"
(Dein Name)

출처 Lenoir/Langer(1995), 48-49

여기서 교사는 도움말을 일부러 교재의 내용과 연결시켰다. 실제로는 몇 달이 지나고 서신 교환이 이미 꽤 이루어졌을 때에 주어졌던 두 번째 도움말에서는, 학생들이 답장에 특정한 문법적인 형태(미래형, 접속법, 수동태)를 사용하도록 요청받았다는 것을 볼 수 있다. 교사의 의도를 분명히 알 수 있다.

1. 편지 쓰기는 교과서와 "정상적인" 수업이 요구하는 주제, 문법과 가능한 한 밀접하게 연결되어야 하고, 그럼으로써 학습자들이 "정상적인" 수업의 한 부분으로 진지하게 여기도록 유도해야 한다.
2. 이 교사는 학습자들이 구조만을 사용하는 데 그치지 않고 의사소통적인 맥락에서도 복합적인 문법 형태를 사용하게 만들고자 한다.

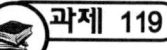
과제 119

> 여기서 기술한 방법을 어떻게 생각하는가? 실제의 의사소통 상황에서라면 무엇을 쓰고 어떻게 쓸 지를 학습자들에게 맡겨야 하지 않을까?
>
> 여러분의 생각:

축하 카드 쓰기, 초대장이나 짧은 메시지 쓰기도 수업에서 연습할 수 있다. 독일인들과 접촉이 없다고 하더라도 학생들이 생일 같은 때에 서로 독일어로 축하를 할 수 있다. 실제적인 계기에는 다음과 같은 것들이 있을 수 있다.

- 편지 친구(아니면 같은 반 친구)의 14/15/16 번째 생일이다.
- 독일어 선생님의 생일
- 같은 반 친구가 16/17/18 살이 되고 파티를 한다. 학생들은 함께 초대장을 고안한다(이유, 날짜, 몇 시부터 몇 시까지? 어디에서? 찾아오는 길)
- 부모나 편지 친구에게 (아니면 교장 선생님께) 보내는 새해 인사 (또는 성탄 인사)

등등.

그러려면 학생들은 이런 경우에 사용하는 표현들을 익혀야 한다.

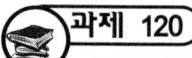
과제 120

> - 생일에
> - 누가 결혼을 할 때
> - 시험에 합격했을 때 / 운전면허 시험에 통과했을 때
> 어떻게 서면으로 축하하고
>
> - 성탄이나 연말에
> 무엇을 쓰는지를 학생들에게 보여주기 위한 연습을 생각해 보고, 중요한 표현을 적어 보시오.

다음과 같은 견본은 의사소통을 시작하기에 적합하다.

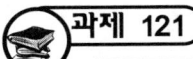

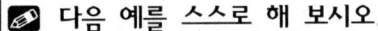

출처: Lackamp/Pontius-Pradelli(1994), 29

편지 친구나 교환학급이 방문을 온 경우는 학급에서 미리 짧은 메시지들을 써 볼 수 있는 좋은 기회가 된다. 다음 예에도 글을 이끌어 나가는 핵심들이 주어져 있다.

교환학생이 와 있습니다. 오후에 그 학생은 혼자 시내에 갑니다. 저녁에는 함께 식사를 하려고 했는데, 갑자기 다른 일이 생겨서 여러분은 거기에 가야 합니다. 그 학생에게 보내는 쪽지를 써 보세요.

- 미안하다고 이야기를 하고
- 왜 다른 곳에 가야 하는지 밝히고
- 그 학생이 어디에서 저녁을 먹을 수 있는지 이야기를 해 주고
- 여러분이 돌아올 때까지 무엇을 할 수 있을지 이야기를 해 주고
- 언제 돌아오는지 이야기 해 주세요.

가끔씩 여러분은 수업에 빠지는 학생들에게 결석계를 독일어로 써오라고 할 수도 있다. (독일에서 학생들은 16세부터 결석계를 스스로 써도 된다.)

2.6.5 개인적인 편지와 형식적인 편지: 그 차이가 무엇인가?

지금까지 우리는, 외국어 학습의 초기에 학생들이 어떻게 **개인적인** 편지를 쓸 수 있는가를 다루었다. 하지만 그밖에도 편지에는 다른 기능이 더 있고 더 엄격한 규칙의 지배를 받는 공적인 영역도 존재한다. 이때 우리는 형식적인 편지와 어느 정도 형식적인 편지를 구분한다. 지원서나 해고장 같은 형식적인 편지에는 엄격한 규칙이 있다. 어떤 규칙을 안 지킨다면 "벌을 받을" 수도 있다. 지원서의 경우에는, 지원서의 형식적인 요구를 충족시키지 못하는 지원자는 당장 기회를 잃을 수도 있으며, 회사의 해고장이나 집주인의 해약 통지는 규정을 지키지 않으면 무효가 될 수도 있다.

어느 정도 형식적인 편지*란 개인적이지 않은 편지, 무엇을 묻거나 방을 예약하거나 입장권을 예약하거나 불평을 하는 개인적이지 않은 편지를 말하는데, 여기에는 어느 정도 형식이 있지만 그 규칙을 지키지 않는다고 해도 기껏해야 수신인이 웃을 뿐 불이익을 당하지는 않는 편지이다.

업무용 편지는 형식적인 편지일 수도 있고 어느 정도 형식적인 편지일 수도 있다. 그러나 업무용 편지 쓰기는 일반적인 목적의 독일어 수업의 내용이 되지는 않는다. 그렇기 때문에, 우리도 여기서 업무용 편지를 쓰는 방법을 다루지는 않을 것이다. 직업과 관련된 독일어 수업의 경우는 다르다(6.2장의 참고문헌 서지에 몇 가지가 들어 있다.). 업무용 편지를 쓰는 방법은 여러 출판사에 나온 상용 독일어 교재에서 찾을 수 있다.

하지만 관광 안내소, 시청이나 정부의 홍보처, 박물관, 호텔, 여관, 유스호스텔 등에 일반적으로 무엇을 물어보는 편지쓰기는 일반적인 독일어 수업에서도 연습할 수 있으며, 그 경우 구체적으로 정보나 자료를 요청해 보는 형태가 가장 좋다. 같은 시리즈의 Rainer Ernst Wicke가 쓴 『Kontakte knüpfen』에는 충고와 조언과 주소록이 실려 있다.

개인적인 편지와 형식적인(공적인) 편지 사이에 차이가 있음을 학습자들은 모어로 한 생활 경험과 쓰기 경험에서 알고 있으며, 형식적인 편지를 쓸 때에도 우리는 학습자들의 선지식*과 사전 경험을 이용할 수 있다. 그러니까 여러분은 차이가 있다는 **사실 자체**를 보여줄 필요는 없고, 그 차이가 모어에서와는 달리 독일어에서는 **어떻게** 나타나는 지만을 알려 주면 된다. 이때에는 문화의 차이가 중요해 질 수도 있다.

어느 정도 약간 공적인 편지나 공적인 편지를 독일어에서는 가능한 한 개인적이지 않은 문체로 써야 하고 사실적으로만 써야 한다. 전통이 다른 나라에서는 글쓰기의 규칙이 서로 다를 수도 있다(259쪽의 예 참조). 학생들이 이런 차이를 의식하게 하는 것이 중요하다.

차이에 대한 감각을 기르기

개인적인 편지와 어느 정도 형식적인 편지의 차이에 대한 감각을 길러 주는 것은 각각의 종류에 속한 편지 두 개를 서로 비교하면 가능하다.

개인적인 편지의 예로는 ― 다른 적절한 편지가 없다면 ― 소피 크라취의 편지(240쪽)를 사용할 수도 있다. 다음에 인용된 예는 어느 정도 형식적인 편지인데, 『Sprachbrücke I』라는 교재에서 나온 것이다(Mebus 외 1987). (릴라 시에 있는 릴라 학원은 지어낸 것이다.)

학습자들에게 어느 정도 형식적인 편지와 개인적인 편지의 특징들을 스스로 찾아내게 해 보시오. 주제를 앞에 미리 밝힌다는 점, 호칭, 부탁하는 말투, 감사 표시, 인사 등이 있다.

> Hier bekommt man Informationen über die Bundesrepublik aus der Perspektive der Regierung.

```
An das                          Kurs A
Presse- und                     Sprachinstitut
Informationsamt                 Lila
der Bundesregierung             Regenbogenstr. 13
Welckerstr. 11                  Lilastadt
D-5300 Bonn 1                   12. Oktober...

Informationen über Löhne und Preise in der
Bundesrepublik Deutschland

Sehr geehrte Damen und Herren,
wir behandeln im Deutschunterricht gerade
das Thema Wirtschaft und interessieren uns
deshalb für aktuelle Informationen und
Statistiken. Würden Sie bitte so freund-
lich sein und uns über Löhne und Preise in
der Bundesrepublik informieren.
Vielen Dank im voraus.
Mit freundlichen Grüßen
                        Ihr Kurs A
```

출처 Mebus 외(1987), 167

뒤죽박죽이 된 편지

이 차이를 더 잘 느끼는 데에 다음 연습이 도움이 된다. 이 연습에서 학생들은 순서가 뒤섞인 개인적인 편지 하나와 어느 정도 형식적인 편지 하나(무엇을 묻는 편지)를 분류하고 ― 내용 파악을 쉽게 하기 위해 ― 어울리는 그림을 찾는다.

과제 122

✏ 다음에 주어진 문장들로 여러분은 편지를 두 장 쓸 수 있다.

1. 어느 부분들이 하나의 편지에 속하는가? 그리고 순서는 어떻게 될까? 편지의 부분들에 번호를 매겨 보라(편지 A: 1, 2, 3 …, 편지 B: a, b, c 하는 식으로).
2. 편지 두 개를 쓰시오. 이때 문장부호에 주의하시오.
3. 어느 편지가 그림 A에 맞고 어느 편지가 그림 B에 맞는가?

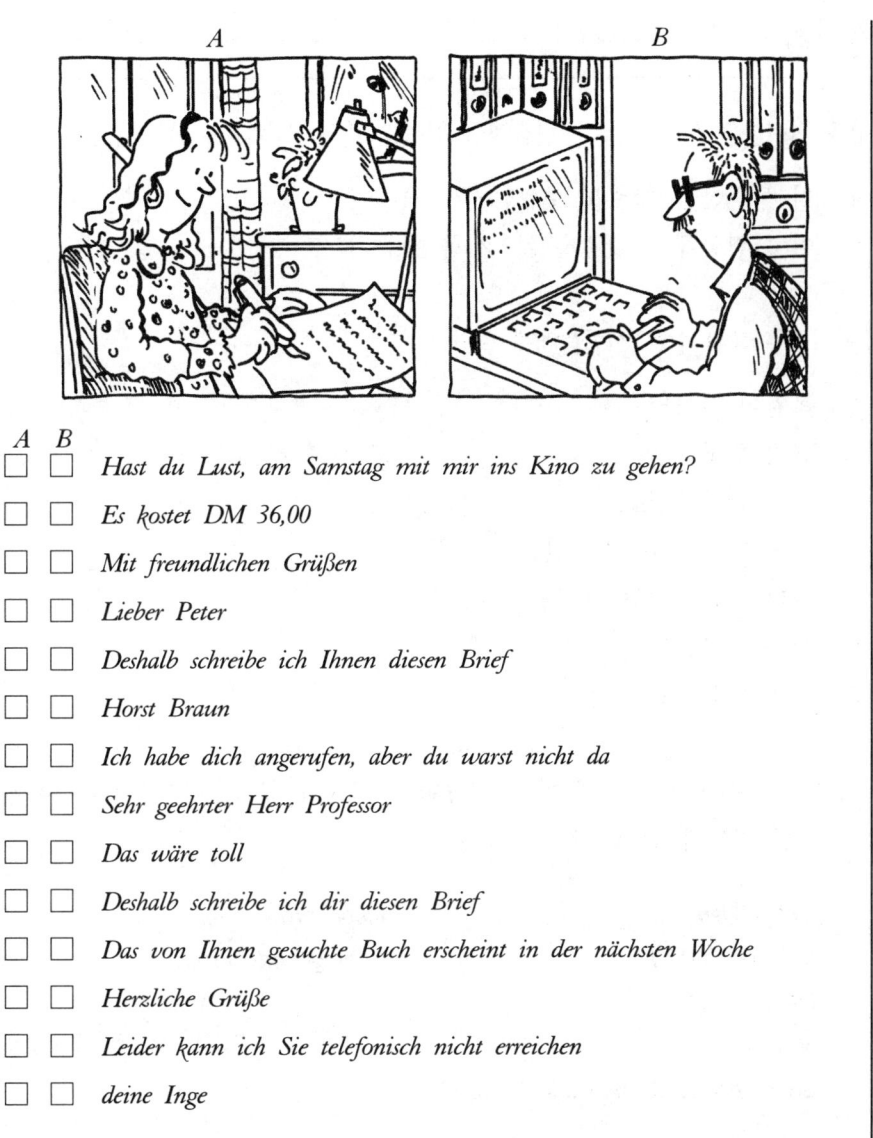

A	B	
☐	☐	Hast du Lust, am Samstag mit mir ins Kino zu gehen?
☐	☐	Es kostet DM 36,00
☐	☐	Mit freundlichen Grüßen
☐	☐	Lieber Peter
☐	☐	Deshalb schreibe ich Ihnen diesen Brief
☐	☐	Horst Braun
☐	☐	Ich habe dich angerufen, aber du warst nicht da
☐	☐	Sehr geehrter Herr Professor
☐	☐	Das wäre toll
☐	☐	Deshalb schreibe ich dir diesen Brief
☐	☐	Das von Ihnen gesuchte Buch erscheint in der nächsten Woche
☐	☐	Herzliche Grüße
☐	☐	Leider kann ich Sie telefonisch nicht erreichen
☐	☐	deine Inge

호칭과 끝인사

여러분의 학생들은 지금까지 소개된 연습들을 통해서 이미 여러 가지 호칭과 인사말의 차이를 느꼈다. 다음 과제도 학생들은 다시 이런 편지 쓰기 관습에 관심을 기울이게 한다. 언제나 대답이 분명하다고 생각하는가?

과제 123

✎ 여러분은 서로 다른 사람들에게 편지를 쓴다.

a) 이 사람들을 어떻게 부르는가?
b) 이 사람들에게 어떻게 끝인사를 하는가?

편지를 다음과 같은 사람들에게 쓴다.

1. 독일어 선생님
2. 편지 친구
3. …의 관광안내소
4. …에 있는 시계 박물관
5. 여러분이 모르는 사람인 뮐러 씨
6. 이름을 모르는 자매학교 교장 선생님
7. …대학 외국인 학생처장

학생들은 언어자료를 몇 가지 제공받을 필요가 있을 지도 모른다. 여기에 그런 것들이 있다.

Lieber Herr … ,	*Liebe Frau … ,*
Sehr geehrter Herr … ,	*Sehr geehrte Frau … ,*
Liebe … ,	
Hallo,	
Sehr geehrte Damen und Herren,	
Tschüss!	
Mit feundlichem Gruß	*Mit freundlichen Grüßen*
Herzlichen Gruß	*Herzliche Grüße*
Ihr/Ihre …	*dein/deine …*

개인적인 편지와 비교적 형식적인 편지를 서로 비교하며 학생들은 필요한 언어적 도구의 목록을 만들고 이를 두고두고 보충할 수 있다.

언어적 도구의 목록:

	개인적인 편지	어느 정도 형식적인 편지
호칭	… 선생님께 …에게	… 귀하
인사	안녕! 그럼 이만.	댁내 두루 평안하시기를 빕니다.
부탁	… 좀 보내 주세요. … 좀 보내 줘.	혹시 … 해 주실 수 있으시겠습니까?
감사	… 고맙습니다. … 고마워.	노고에 감사드립니다. 수고해 주셔서 감사합니다.
유감 표명	… 죄송합니다.	…임을 유감으로 생각합니다. 유감스럽지만 …게 되었습니다.
등등		

여러 가지 사전연습을 한 다음에 학생들은 스스로 형식적인 편지를 써 볼 수도 있다. 의사소통적일수록, 그러니까 현실에 가까울수록 좋다. 예를 들어서 학생들은 여러 기관에 편지를 쓰고 정보와 자료를 청할 수도 있다. 그러려면 여러분은 학생들에게 주소를 찾아주어야 한다.

『Fremdsprache Deutsch』지 15호(1995, 28-30, *Die ersten Stunden und Wochen Deutschunterricht*와 앞에서도 말한 Rainer Ernst Wicke의 『Kontakte knüpfen』에는 자료를 얻기 위해 사용할 수 있는 주소와 도움말이 많이 들어 있다.

학생들에게 여러 가지 맥락에서 (어느 정도) 형식적인 편지를 쓰도록 하는 게 좋다. 이때에는 학생들에게 동기를 부여하고 의사소통의 맥락을 만드는 것이 중요하다. Lackamp와 Portius-Pradelli의 『Schreibschule』에서 나온 다음 예는 의사소통의 맥락의 예를 보여 준다. 이 과제는 시간 순서를 거꾸로 돌리고 (주어진 편지의 이전 편지를 재구해야 한다) 또한 과제를 해내는 데 필요한 언어적인 수단을 주기 때문에 특히 매력적이다. 잃어버린 안경을

"가능한 한 자세하게 묘사하는 것"이 의사소통적인 관점에서 의미가 있는지는 의심이 가기는 한다. 그리고 Ihres Brief는 오타일 것이다. ihres Briefes여야 할 것이다.

이 과제에서만이 아니라 일반적으로, 학습자들에게 글을 조직하기 위한 도움을 줄 것을 권한다.

과제는 다음과 같다.

과제 124

1 "슈타이겐베르거 프랑크푸르터 호프" 호텔의 지배인이 마리아 다 실바에게 쓴 편지를 읽어 보시오.

2 의문사가 있는 다음 질문들을 이용하여, 마리아 다 실바가 호텔에 무슨 내용을 썼는지를 알게 해 주는 정보를 이 편지에서 모두 찾아보시오. 모든 정보가 들어 있지는 않다. 어떤 것들인가?
   누가? _____
   무엇을? _____
   언제? _____
   어디에서? _____
   (어떻게?) _____
   (왜) _____
            잃어버렸는가?

3 이 정보들을 바탕으로 마리아 다 실바가 호텔에 썼을 편지를 써 보시오. 정보가 없는 경우에는 지어내어 쓰시오(언제 안경을 잃어버렸으며 안경을 어디로 보내야 할 것인지). 형식적인 측면(발신인, 주소, 날짜, 호칭, 결말)과 문체에 주의하시오.

STEIGENBERGER FRANKFURTER HOF
FRANKFURT AM MAIN

Frankfurt, den 15. 9. 92

Frau Maria da Silva
Rua Lisboa 5
COIMBRA/PORTUGAL

Ihr Schreiben vom 12. 8. 92, Ihre verlorene Brille

Sehr geehrte Frau da Silva,

wir bedauern, Ihnen mitteilen zu müssen, daß Ihre Sonnenbrille trotz gründlicher Suche in Zimmer 25 und im Frühstücksraum nicht gefunden worden ist.

Mit freundlichen Grüßen   Hotel Steigenberger Frankfurter Hof
                              Hermann Krüger, Geschäftsführer

Aufgabe 5: *Wie muß der Brief aussehen, den Maria da Silva an das Hotel Steigenberger Frankfurter Hof geschrieben hat? Die wichtigsten Informationen Ihres Briefes finden Sie im Antwortbrief des Hotels. Beschreiben Sie so genau wie möglich die verlorene Brille.*

출처 Lackamp/Portius-Pradelli(1994), 22

그 다음 수업:

361쪽에서 우리는 원래의 편지가 어땠을지, 글의 종류에 어울리는 답안을 한 가지 제안하였다. 그것을 다룰 때, 문체가 사실적이고 정보들이 사실적으로 제시되었음을 지적하시오. 이런 문체적인 요소를 강조하기 위해서 여러분은 독일어 편지를 개인적인 요소를 포함한 편지, 독일에서는 부적절하게 들리지만 다른 쓰기 전통을 가진 나라에서라면 괜찮을 편지와 대조시킬 수도 있다.

예를 들어서:

호텔에 계신 분들께,
어떻게들 지내십니까? 저는 잘 지내지만 호텔에서 안경을 잃어버린

것만 제외하고는 저는 잘 지냅니다.

그리고,
프랑크푸르트는 날씨가 어떻습니까? 지금도 따뜻하고 해가 나나요?
이곳 리스본은 하늘이 푸르고 태양은 작열합니다.
일이 재미있으시기 바라고 진심으로 인사를 보냅니다.

독일과 전혀 다른 쓰기 전통을 가진 나라들에서 여러분은 학습자들에게, 마리아 다 실바가 쓴 편지를 우선 자기 나라에서 일반적인 방식대로 써 보라고 할 수 있다. 그 다음에는 학생들이 쓴 편지를 답안에 있는 독일 편지와 비교한다. 다른 방법은, 학습에서 두 그룹을 만든다. 한 그룹은 자기 나라 식으로 편지를 쓰고 다른 그룹은 독일식이라고 생각하는 대로 편지를 쓴다. 그 다음 이 두 편지를 답안의 편지와 비교한다.

이때 중요한 것은 연습단계에서 학습자들은 자신들이 필요로 하는 도움을 받을 수 있다는 것이며, 교사는 작은 단계로 나누어 도움을 제공하고 학생들은 경우에 따라서라면 그 중에서 선택해야 한다. 학생들은 방법적인 절차에 관한 정보를 받으면(예를 들면, 의문사가 있는 질문을 사용한다는 점) 자신들의 쓰기 과정을 더 의식적으로 경험하며 또한 결과적으로 더 나은 글을 쓰게 된다는 경험을 하게 된다.

같은 목적을 가진 다른 연습을 Diethard Köster의 책에서 인용하겠다 (1994, 196). 이것은 모델로 주어진 글을 바탕으로 같은 구조의 글을 쓴 다음 자신의 개인적인 정보를 포함시켜 글을 하나 더 쓰는 연습이다.

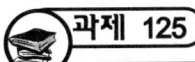
과제 125

📝 **첫 번째 단계:**

> *Giuseppe muss eine Bewerbung schreiben. Da er Schwierigkeiten hat, fragt er seine Freundin Giulia, die schon sehr gut Deutsch kann. Giulia gibt ihm ihre Bewerbung und sagt:*
> *„Hier hast du ein Modell; die Änderungen musst du aber selber machen."*

Giulias Text	Giuseppes Daten
Sehr geehrte Damen und Herren, hiermit beziehe ich mich auf Ihr Schreiben vom 22. dieses Monats und bewerbe mich um die Stelle als Sekretärin. Ich habe gerade mein Abitur bestanden …	- Anzeige in der Tageszeitung - letzten Montag - Maschinenbau-Ingenieur - bald: Diplom machen …

Schreiben Sie mit Hilfe des Modells die Bewerbung von Giuseppe.

출처 Köster(1994), 196

두 번째 단계:

여기서는 학습자들의 경험세계와 관련이 지어지기 시작한다. 방학 중의 아르바이트를 위한 구인광고를 보고 (지어낸 것 또는 실제 광고) 학습자들은 앞의 모델을 이용하여 자기 자신의 짧은 지원서를 쓴다.

IHR VERDIENST
HEIMBÜROVERDIENST! Adr.-Schreiben p. Hand o. Schreibmaschine pro Adr. DM 1,-, Datenerf. auf PC. Selbst. v. zu Hause aus. Ausführl. Info gg. öS 50,- Schein/EC: Fa. Chianese, Schrimpfstr. 1-1/3, D-82131 Gauting
TELEFONHEIMARBEIT mit persönl. Zeiteinteilung für techn. geschulte Leute mit freundl. Umgangston. Sie können am Tel. perfekt techn. Hilfe im Bereich Hard & Software, Telekommunikation u. Büro-Electronic bieten! Dann sind Sie bei uns richtig. Damen u. Herren jeden Alters, Raum Wien & Umgebung herzlich willkommen. Bewerbungen (mit techn. Wissensstand) an: 1061 Wien, PF 232, KW "TechnikXline"
Viele verschiedene Heimtätigkeiten zu vergeben (Schreiben, Handarbeiten, Basteln, Computer) Gratis-Infoblatt gegen Rückkuvert gleich anfordern. Es ist sicher für jeden etwas dabei. Sommer Heidemarie, Johann Böhmstr. 45, 8605 Kapfenberg.

Gesucht: Pizzakoch u. Helfer (ev. tageweise) sowie Zustellfahrer u. Telefonisten (ev. stundenweise). "Ciao", 3., Barmherzigengasse 9, tägl. 12-17 Uhr.
Haben Sie sich schon überlegt, wie Sie die
AUFMERKSAMKEIT

Botendienstfahrer für ganz-halbtags sowie Teilzeit (auch abends) gesucht. Auch eigenes Fahrzeug (Bus, Auto, Moped, Fahrrad). Vorzustellen täglich ab 17 Uhr. 1070 Wien, Burggasse 20.

출처 *Bazar*. Wiener Kleinanzeigen(1998)

어학연수를 조직하는 것도 독일어 학습자들을 위한 훌륭한 의사소통적 쓰기 상황이다. 중급교재인 em(Perlmann-Balme/Schwalb 1997)에는 ABC 어학연수의 광고가 들어 있어서, 그것을 바탕으로 형식적으로 문의를 보내는 연습을 할 수가 있다. 이 연습을 하기 위해서는 여러 형태의 편지에 사용되는 각각의 표현 수단에 대한 지식이 필요하다. 이 연습은 다양한 어투의 표현 수단을 복습할 기회를 제공한다(과제 3).

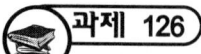

✏️ 다음 연습을 스스로 한번 해 보시오.

1. Lesen Sie die folgende Anzeige aus einer Tageszeitung.

   ABC Sprachreisen
   Spachtraining für Erwachsene, Vorsprung mit Fremdsprachen, Berufsspezifische Einzel-, Crash- und Hochintensivkurse für Fach- und Führungskräfte. Intensiv- und Ferienkurse weltweit. Anerkannt als Bildungsurlaub
   Erwachsenen-Programm Der Weg zum Erfolg!
   Bitte fordern Sie unsere ausführlichen Unterlagen an: ABC-Sprachreisen · Fürstenstr. 13 · 70913 Stuttgart Tel. 0711/94 06 78 · Fax 0711/94 06 799

2. **Formeller Brief**
   Sie interessieren sich für eine Sprachreise und schreiben eine Anfrage an *ABC-Sprachreisen*. Dazu finden Sie unten einige Sätze. Markieren Sie, welche der folgenden Textbausteine (a, b, oder c) Sie für Ihren Brief verwenden können. Es passt immer nur ein Satz.

   Anrede
   ⓐ Hallo,
   ⓑ Liebe Frau ...,
   ⓒ Sehr geehrte Damen und Herren,

   Worum geht es?
   ⓐ ich danke Ihnen für Ihr Interesse an Sprachreisen.
   ⓑ ich habe gerade Ihre Anzeige in der Zeitung gelesen.
   ⓒ ich freue mich, dass Sie mir so ein günstiges Angebot machen können.

   Was will ich?
   ⓐ Ich interessiere mich für einen Deutschkurs für Erwachsene. Als Zusatzangebot wünsche ich mir ein abwechslungsreiches Sportprogramm (möglichst Segeln oder Reiten).
   ⓑ Ich bin 21 Jahre alt und kann schon ziemlich gut Deutsch. Meine Hobbys sind Segeln und Reiten.
   ⓒ Können Sie mir bitte mitteilen, ob Sie auch Kurse für Erwachsene haben, wo man auch reiten oder segeln oder Ähnliches kann.

   Was muss passieren?
   ⓐ Ich würde mich freuen, wenn Sie Interesse an meinem Angebot hätten und verbleibe ...
   ⓑ Bitte schicken Sie mir Ihren Katalog an die oben angegebene Adresse.
   ⓒ Ich hoffe, Sie können mir ein günstiges Angebot machen.

   Gruß
   ⓐ Alles Liebe
   ⓑ Hochachtungsvoll
   ⓒ Mit freundlichen Grüßen

3. Notieren Sie in der Übersicht, aus welchem Grund die beiden anderen Sätze für Ihren Brief nicht passen.

passt sprachlich nicht	Begründung	passt inhaltlich nicht	Begründung
ⓐ Hallo	Bei einem offiziellen Brief wählt man eine höfliche, distanzierte Anrede.	ⓐ ich danke ...	In einer Anfrage will man etwas bekommen, man bedankt sich nicht.

출처: Perlmann-Balme/Schwalb(1997), 56

(258쪽의 [과제 124]에서 본 것 같은) 어떤 물건을 잃어버리거나 잊고 온 상황은 학생들에게 분명 친숙할 것이며,―비록 가상적이라고 하더라도―이런 상황에서의 쓰기는 (분실물 신고처나 철도청에 편지 쓰기) 학생들의 개인적인 경험과 연결을 짓는 것이 가능하다. 방학 중의 아르바이트를 구하기 위해 독일어로 편지 쓰기는 좀 가능성이 희박할 지도 모르겠다. 부모나 친구와 함께 휴가여행을 갔을 때 겪었던 불편의 신고도 독일어 학습자들의 경험 영역에 속할 수 있다. 그런 경우라면 다음에 보이는 편지 견본을 이용하여 수업시간에 불평하는 편지를 쓰게 할 수 있다.

　다음 모델을 수업에 어떻게 이용하겠는가?

과제 127

수업을 어떻게 진행할지 적어 보시오.

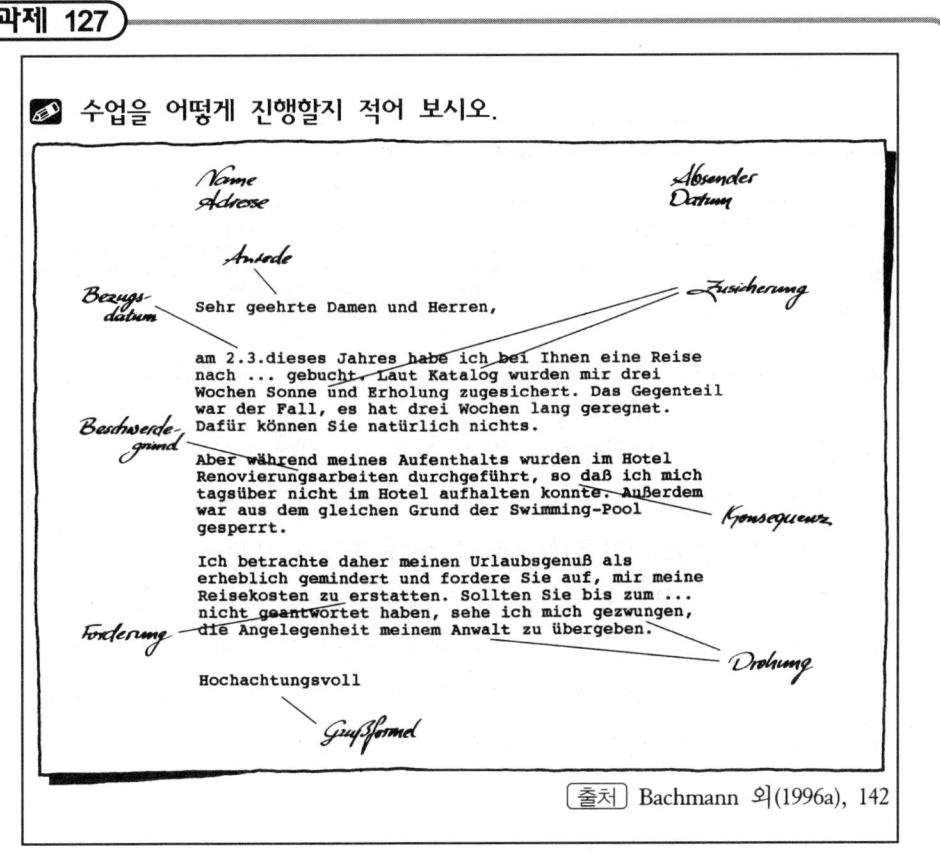

출처 Bachmann 외(1996a), 142

2.6.6 독자의 편지와 회의록

이 장에서는 의사소통적인 글쓰기에 적합한 글의 종류를 세 가지 더 다루려고 한다. 고민을 상담하는 편지와 상담에 응하는 편지, 그리고 회의록이다.

고민을 상담하는 편지-상담에 응하는 편지

고민을 상담하는 편지-상담에 응하는 편지는 잡지, 특히 청소년 잡지에서 흔히 볼 수 있는 글의 종류이다(독일에는 『Bravo』, 『Mädchen』, 『Girl』, 『Brigitte』, 『Young Miss』 등에 있다). 학생들도 이런 글의 종류를 잘 알고 있을 것이다.

다음은 "고민을 상담하는 편지"의 예이다.

Die Jungs hänseln mich wegen meiner Zahnspange

Seit etwa einem Jahr habe ich eine feste Zahnspange. Dadurch redet man anders und ein bisschen undeutlich. Mir selbst macht das nichts aus, meinen Freundinnen auch nicht, aber die Jungs aus meiner Klasse verarschen mich damit und haben mir schon einen fiesen Spitznamen verpasst. Wenn sie 's mir wenigstens ins Gesicht sagen würden, aber sie drehen sich um und lästern mit ihren Kumpels – so laut, dass ich es höre. So was nagt am Selbstbewusstsein. Anfangs hab ich's absichtlich überhört, aber das halte ich nicht durch. Im Tanzkurs komme ich relativ leicht mit Jungs in Kontakt, aber in der Schule bin ich schon richtig gehemmt.
Was soll ich bloß tun?
Diane, 14

수업에서 "진짜" 상담 편지를 쓸 수 있을지는 의심이 간다. 그러려면 학급 분위기가 특별히 좋아야 한다. 하지만 지어서 쓰는 것은 어떤가? 주제는 "브레인스토밍"(2.1.2장 70쪽부터 참조)을 통해서 모을 수 있다(저는 … 할 때마다 얼굴이 붉어져요; 저는 …가 좋은데, …는 저를 쳐다보지도 않아요; 제 코는 너무 커요/작아요/뭉툭해요 등등). 그 주제들을 쪽지에 쓴 다음 각자 주제 하나를 뽑아서 지어낸 고민 상담 편지를 쓴다. 다음에는 편지를 모아서 다시 나눈다. 각자 진짜 답장을 쓴다.

과제 128

✏️ "상담에 응하는 편지"에는 어떤 특징이 있어서 쓰기 수업에 특히 적합한가?

이 특징 중 대부분은 다른 종류의 독자의 편지에도 대개 해당이 되며, 그래서 독자의 편지는 독일어 수업에서의 쓰기에 적합하다. 상담에 응하는 편지에서와 마찬가지로, 학생들이 반응을 해야 하는 텍스트는 학습자들의 선지식과 연결이 되어서 학생들은 정말로 할 말이 있어야 하며, 또 학생들의 아주 개인적인 의견이 나올 수 있는 것이어야 한다. 이 두 가지는 글을 쓸 때 동기부여에 아주 도움이 된다.

상담에 응하는 편지나 독자의 편지의 경우에도 그 내용과 양은 학습자들이 편지에서 다루어야 하는 정보나 글을 이끌어 나가는 핵심을 줌으로써 통제해야 한다.

과제 129

✏️ "치열 교정" 편지에 대답하는 편지에서 글을 이끌어 나가는 핵심을 3~4가지 적어 보시오.

물론, 고민을 상담하는 편지는 시간과 장소의 제약을 받는다. 즉, 독일어권의 청소년 잡지에 실린 주제들을 어느 나라에서나 독일어 수업에서 사용할 수 있는 것은 아니다. 여러분의 학습자 집단에 무엇이 적합한지는 여러분이 현장에서 가장 잘 결정할 수 있다. (고등학교 졸업시험을 앞둔 학생의 집중 장애에 관한 편지는 182쪽 / 352쪽에 인용하였다.)

회의록

회의록 쓰기는 독일어 수업에서 다음과 같은 토론이 있을 때 아주 자연스럽게 연습할 수 있다.

- 독일어 수업에서의 문제, 예를 들면 학습 방법이나 일반적인 문제에 관해

하지만 다음과 같은 경우에도 가능하다.

- 프로젝트 그룹에 관해
- 학급의 여행, 소풍, 파티, 학부모 모임 등.

그런 기회가 있다면 이용하는 것이 좋겠다. 이런 기록을 쓰는 능력은 학습자들에게 두고 두고 유익할 것이다 (예를 들어서, 대학에서 공부할 때나 나중에 독일 회사에 취직하는 경우에).

회의록에는 여러 가지 종류가 있다. 지금은 일단 다음과 같은 종류를 구분하는 것으로 충분하다.

- **결과를 적는 회의록**: 최종적인 결정들을 기록한다(오랜 토론을 거친 후 다음과 같은 사항이 결정되었다…). 때로는 중요한 중간 단계도 쓸 수 있다. 토론 중에는 거의 메모를 하지 않지만, 결과는 정확하게 기록되어야 한다.
- **과정을 적는 회의록**: 결정이 내려지기까지의 단계들과 토론에서의 서로 다른 의견들도 기록한다. 토론의 중요한 부분들은 토론 중에 이미 적어야 한다.
- **사고 경위서**: 과정을 적는 회의록의 특별한 형태로, 어떻게 사고가 일어났는지를 기록한다.

(독일어) 회의록의 한 예:
회의록에는 서두, 본문과 결말이 있다.

과제 130

> 왼쪽에 여러분은 회의록의 "서두"와 결말을 볼 수 있다. 오른쪽에 이것들을 이루고 있는 성분들을 적어 보시오. (여러분의 독일어 학습자들을 위한 과제도 이런 식으로 만들 수 있다.)

Protokoll zur Diskussion:
Abiturreise „ja" oder „nein"?

Ort: Kursraum D
Datum: 15. 3. 1998
Beginn: 15 Uhr
Ende: 15.30 Uhr
Teilnehmer: Klasse 9 B, Herr Richter
                      (Klassenlehrer)
Abwesend: Peter, Christina
Diskussionsleiterin: Ulla (Klassensprecherin)
Protokoll: Jenny

(Textteil)

Wien, den 17. 3. 1998   gez. *Jenny*

회의록에서 가장 어려운 부분은 본문이다. 결과를 적는 회의록의 본문에는 다음과 같은 큰 특징들이 있다.

- 처음에 주제를 명확하게 밝힌다.
- 결과를 정확하게 서술한다(경우에 따라서는 투표 결과도).
- 사실적이고 가능한 한 객관적인 서술
- 기록한 사람의 개인적인 의견이 들어가서는 안된다.
- 결과와 아주 다른 의견이 아닌 경우에는 토론자의 의견을 그대로 담아서는 안 된다.
- 직접화법이나 대화체를 사용할 수 없다.
- 시제: 과거
- 결과와 요약에서는 수동태를 많이 사용한다.

[과제 130]의 회의록 본문은 이런 것일 수 있다.

> 토론의 주제는 우리 반이 졸업시험 후에 함께 여행을 갈 것인가 말 것인가 하는 문제였다. 처음에는 대개 반대의견이었다. 다음으로 리히터 선생님이 다른 반에서의 긍정적인 경험을 들려 주셨다. 긴 토론을 거친 후 투표가 있었다. 찬성 15표, 반대 5표였다. 졸업시험 다음 주에 한 주일동안 로마로 학급여행을 가기로 결정되었다.

과정을 적는 회의록의 "서두"와 결말은 결과를 적는 회의록과 같다. 본문은 언어적으로 훨씬 어렵다(여러 의견을 접속법을 이용하여 기록). 결과를 적는 회의록은 초급에서도 쓸 수 있지만 과정을 적는 회의록은 (아주) 학습경험이 많은 독일어 학습자들인 경우에만 써야 할 것이다.

'글의 종류/글의 모형'에 관해서는 2.3.8장에 자세한 설명이 있었다.

2.6.7 일상성과 허구성 사이에서

"편지 쓰기"를 다시 생각해 보자. 정보를 얻기 위해서 목표어가 사용되는 나라로 보내는 독일어 편지는 "학생들의 실제 생활"에서 어떤 역할을 할 수도 있다. 하지만 그 주제는 오래지 않아 고갈된다. 글을 쓰기 위한 계기는 현실에서 이화시킬 수도 있고 허구로 만들어낼 수도 있다. 이런 과제를 주려면 더 정교하게 과제를 만들어야 할 수도 있다. 그런 경우 그 과제를 모어로 주는 것이 나쁠 이유도 없다. 중요한 것은 편지 쓰기이고, 외국어로 된 과제를 이해하기가 아니기 때문이다. 이런 경우에 모어를 사용하는 것은 특히 두 가지 점에서 이롭다.

- 과제를 오해하지 않게 되고 학생들 누구에게나 무엇을 해야 하는지가 분명해진다.
- 학습자들은 자신들의 편지에 사용할 표현을 과제에서 그대로 가져오

려는 유혹을 받지 않는다. 학생들은 과제를 자신들이 가지고 있는 언어적인 도구만으로 실현해야 한다.

다음에서는 현실과 괴리된 "실제 상황"에서의 쓰기의 예를 두 가지 보이겠다. 이 두 과제 모두 글을 구성하기 위한 도움말을 포함하고 있다.

예 1:
관광안내소의 편지. 다른 제목: 어떻게 하면 더 예쁘고 똑똑해질 수 있을까?

In der Zeitung hat Ihr Vater gelesen, dass es in München ein Bad gibt, das Wunder wirkt: Es macht Kranke gesund, Alte jung, Hässliche schön, Dumme intelligent, Dicke dünn usw. Ein Bad mit sensationellen Resultaten. Zu dem Bericht gab es dieses Bild.

ⓒEgginger. 1997년 11월 22일/23일자 Süddeutsche Zeitung

> Ihre Eltern können kein Deutsch, deshalb müssen Sie einen Brief schreiben und um nähere Informationen bitten:
> - Sie fragen, ob es einen Prospekt mit näheren Informationen gibt.
> - Auf jeden Fall möchten Sie über die Kosten für die ganze Familie informiert werden und ob es ein verbilligtes Familienangebot gibt.
> - Sie möchten wissen, wie Unterkunft und Verpflegung geregelt sind.
> - Sie möchten wissen, ob das Bad Ihre Probleme lösen kann (schlechte Noten in der Schule usw.) und die Ihrer Familie (welche Wünsche gibt es da?).
>
> Denken Sie an die Anrede und die Grußformel.

이 사진을 바탕으로 학습자들은 신문에 실을 광고문을 만들어 볼 수도 있다. 그 광고문에서 이 온천을 선동적으로 묘사할 수도 있고 진지한 글을 쓸 수도 있다(179쪽 [과제 97]의 예도 참조). 하지만 그 전에 수업에서 독일어로 된 광고를 다루었어야 한다(이에 관해서 Lohfert, 1983; Lohfert/Schweckendiek, 1989 참조).

예 2:
달나라에 온 첫 편지

개리 라슨의 만화에 미국 우주인인 헨리가 있습니다. 헨리는 편지를 읽고 있습니다…

출처 Larson(1988), 51

먼저 다음과 같은 점들을 생각해 보세요.
  누가 그 편지를 썼을까요?
  왜 그 편지를 썼을까요?
  무슨 편지일까요? (고별 편지, 감사 편지, 불평하는 편지 ...)
  편지에 무슨 내용이 있을까요?

a) 아이디어를 모아서 간단하게 몇 단어로 적어 보세요.

b) 또 무엇이 더 생각나면 그 옆에 적으세요.

c) 다음 틀에 맞추어 정리해 보세요.

	핵심 단어
장소/날짜	
호칭	
내용	
끝 문장	
인사말	

d) 이제 편지를 처음부터 끝까지 써 보세요.

원본의 내용은 부분적으로만 알려져 있다. 개리 라슨은 그 편지의 처음 부분을 인용했는데, 다음과 같다.

> » Lieber Henry: Wo warst du bloß?
> Wir haben gewartet und gewartet, bis wir uns
> schließlich entschlossen ... «

출처 Larson(1988), 51

이제 마지막으로: 빨강모자에게

학생들과 함께 문학적인 글을 읽었다면, 학생들은 작가에게 실제 편지나 가상의 편지를 쓸 수 있다. 무슨 질문을 할까? 글을 읽고 받은 어떤 인상을 전달할까? 등등의 편지의 내용에 관해서는 학생들과 함께 먼저 토론을 해야 한다. 작가가 살아있다면 그 편지를 정말로 보내는 것이 좋다. 답장을 받는 경우도 꽤 있다.

다른 재미있는 과제는 학생들이 읽은 문학작품의 등장인물에게 편지를 쓰는 것인데, 이때 동정이나 반감의 표현, 텍스트의 여러 측면에 대한 반응(등장인물들의 행동, 문제, 관점 등등), 숨겨진 배경이나 명시되지 않은 것, 이해하지 못한 부분에 대한 질문 등등 다양한 측면에 대해서 이야기를 할 수 있다.

언제나 문학 작품의 등장인물일 필요도 없다. 편지는

- 이상적인 배우자
- 상상의 인물이나 영화 속의 인물 (예를 들면 수퍼맨)
- "신화적인" 독일 인물, 예를 들면 산타클로스, 부활 토끼(부활축일에 선물을 숨기고 간다. 역자 주), 로렐라이 등등. 교재에 이런 주제에 관련된 것이 나오거나 계절이 맞으면 특히 좋다.

현실과 거리를 두는 데 쓰인, 여기서 말한 형태들은 물론 편지쓰기에만 적합한 것도 아니다. 특히 동화에는 다른 가능성이 많이 있다. 이런 문제에 관해서는 2.5장의 **창조적인 글쓰기**에서도 이미 좀 다루었다.

03 Was tun mit den Fehlern?

오류를 어떻게 할 것인가?

3.1 "학생들이 오류를 저질러서 다행이다"?

무언가를 배울 때에 자꾸 틀리기 마련이라는 것을 누구나가 다 안다. 오류를 통해서 배운다는 것은 삶의 지혜이다. 그럼에도 우리는 외국어 학습에서도 오류를 통해 배운다는 것을 종종 잊어버린다. Hans-Jürgen Krumm(1990)은 "학생들이 오류를 저질러서 다행이다"라고 말한다. 하지만 학교에서는 연습을 통해 오류에 "대항해서 싸우고", 오류를 저지르는 학생은 나쁜 점수를 받는다. 그러므로 외국어 학습자의 말하고 쓰려는 동기가 향상되지는 않는 것은 어쩌면 당연하다.

"외국어로 글쓰기"에 대한 교사들의 인식 또한 글쓰기에서 생기는 오류들이 지배하고 있다.

이탈리아의 독일어 교사들을 위한 쓰기 기능이라는 교사 세미나에 앞서 우리는 교사들에게, 그 세미나에서 다루어야 했으면 하는 문제들을 이야기해 달라고 요청했다. 이때 나온 대부분의 질문들은 어떻게 쓰기를 가르칠 수 있을까?하는 측면이 아니라 **오류와 오류 수정**에 해당되는 사항들이었다. 이 질문 중 몇 가지는 여러분도 궁금해 하는 내용일 것이다. 다른 질문이 더 있으면 이 목록에 덧붙여 보시오.

▶ 맞춤법 오류도 평가해야 하나?
▶ 오류의 유형과 그에 따른 채점은?
▶ 채점으로서의 수정이 아니라 앞으로 오류를 저지르지 않기 위한 수정은?
▶ 오류의 분류는?
▶ 비중의 차이를 두어야 하는가? 그렇다면 어떻게?
▶ 과제의 오류를 수정해야 하는가, 밑줄만 쳐야 하는가?
▶ 문법적인 오류와 어휘적인 오류 중에서 어떤 것이 더 심각한가?
▶ 모든 오류를 수정해야 하나?
▶ 오류의 수를 작문의 길이에 비례해서 파악해야 하는가?
▶ 오류를 어떻게 수정하는가?
▶ 수정을 해 주어도 수정을 알아보지도 못하는 학생들을 어떻게 해야 하는가?
▶ 간섭으로 인한 오류*를 어떻게 수정해야 하는가?
▶ …

오류와 오류 수정은 그 세미나에서 그저 이차적인 중심 내용이 될 예정이었지만, 이 질문들이 우리를 놀라게 하지는 않았다. 문어에서의 오류는 눈에 보이고, 구어에서처럼 "지나가지" 않으며 지속성이 있다. 그렇기 때문에 수정하고 싶은 충동을 불러일으키고, 수정을 할 기회를 제공한다. 문어에서의 오류는 구어에서보다 쉽게, 다른 방해 없이 수정할 수 있다. 이 오류들은 "잡아두고" 확인할 수 있으며, 수정은 쓰기가 끝난 다음에 이루어지기 때문에 과정 자체를 별로 방해하지 않는다. 단점은 학습자들이 수정된 글을 받기까지 시간이 많이 흐른다는 것이다. "그 글이 쓰이고 언어에 관한 결정들을 했던 맥락은 이미 잊혀진 경우가 보통이다"(Portmann 1991, 539부터). 그렇지만 상대적으로 구어에서는 "피드백"이 더 빨리 온다.

교사들이 이 세미나를 시작할 때 한 질문들을 주의깊게 읽으면, 이 질문들에 특히 오류와 여러 가지 오류 유형의 채점에 관한 불안감이 반영되어 있음을 볼 수 있다. 오류 평가와 비중부여의 이런 측면은 쓰기 기능의 수업 목표와 관련해서도 매우 중요하다. 이 측면은 나중에 다시 다루고 그에 관해 몇 가지 생각을 할 것이다.

하지만 우리는 우선 이 장의 처음에서 했던 주장을 다시 한 번 생각해 보고 오류에 대한 여러분의 생각에 대해서 묻고 싶다. 여러분 생각에 오류는 귀찮은 방해 요인인가, 학습 과정의 필수적인 한 부분인가, 아니면 학습자의 게으름과 실패의 증거인가? 아니면 교사의 실패의 증거, 나 자신의 실패의 증거인가?

전문가들이나 다른 교사들은 이에 대해 뭐라고 말하는가?

오류에 대한 다음 발언들은 전문서적에서 찾을 수 있거나 외국어 교사들의 의견을 반영한다.

오류에 관한 위의 어록과 그 다음에 나오는 연습은 이 시리즈의 Karin Kleppin의 책 『Fehler und Fehlerkorrektur』에서 따왔다. 그 책의 3장은 문어의 오류 수정을 다루고 있어서, 우리의 주제와 직접적으로 관련이 있다. 하지만 그 부분만이 아니고, 오류 판단과 오류 표시를 다루고 있는 2.1장과 성공적인 오류 처리의 전제가 되는 오류 원인 기술을 다루고 있는 2.2장도 읽어보기를 진심으로 권한다. 그 두 장에서 여러분은 "오류에 관해서 전부터 알고 싶었던 것들", 274쪽에 실린 이탈리아 독일어 교사들의 질문들에 대한 대답을 찾을 수 있으며, 거기에서 읽을 수 있는 내용들은 지금 여기에서 하는 논의에도 매우 중요하다. 하지만 여러분은 그 책에서 오류라는 주제를 깊이 있게 공부할 수 있기 때문에, 지금 여기에서 그 내용을 반복할 필요는 없다. 우리는 오류 문제의 어떤 측면들은 무시하고 다른 몇 몇 측면은 간단하게 요약만 하며, 대신 오류를 다루는 데 있어서 지금 우리의 주제를 위해 중요한 흐름만 약간 찾아보겠다. 이때 여러 면에서 아까 말한 책에 의존할 것이다.

과제 131

✎ 다음 척도에서, 어느 발언이 여러분의 생각과 일치하는지를 표시해 보고, 그 이유를 생각해 보시오.

	가장 많이			가장 조금	
	1	2	3	4	5
1. 오류는 학생들이 저지르는 범죄다.					
2. 한 번 저지른 오류는 계속 살아남는다. 오류는 바이러스와 같아서, 그 그룹의 다른 학습자들에게 전염이 된다. 따라서 학습자들이 틀린 발화를 맞는다고 믿는 것을 방지하기 위해 모든 오류는 수정해야 한다.					
3. 학습자들이 오류를 저지르는 것을 처음부터 막아야 한다. 그러기 위해서는 교재의 진도 순서를 잘 생각해서 결정해야 하고, 오류가 생길 수 있는 영역들을 더 집중적으로 연습해야 한다.					
4. 학습자들에게서 오류가 없는 성과물을 기대하는 것은 외국어 수업에서 가장 치명적이다. 그렇게 하면 말을 하고 글을 쓰려는 마음이 없어진다.					
5. 오류는 학습자들이 언어를 창조적으로 사용한다는 사실을 보여 준다. 즉 학습자들이 유추를 하고 다른 언어에서 전이를 하고 규칙에 대한 가설을 세운다는 것을 보여 준다.					
6. 오류는 진단을 하기 위한 훌륭한 도구이다. 오류를 보고 교사는 학습자가 무엇을 아직 이해하지 못했으며 어느 영역에서 연습이 더 필요한지를 알 수 있다.					
7. 오류는 학습자 언어의 한 부분일 따름이다. 학습과정의 특정 단계에서는 늘 같은 오류가 나타난다.					
8. 일을 많이 하는 사람은 실수도 많이 하고 일을 적게 하는 사람은 실수도 적게 하기 마련이다. 실수가 없는 건 게으른 놈이다 (속담).					

출처 Kleppin(1998), 49

[과제 131]에서, 전문서적에서 모은 오류에 관한 발언 1~7번을 보자. 여러분은 아주 다양한 입장들이 대변되고 있는 것을 보고 놀랐을지도 모르겠다. 사실 이 발언들에는 오류 연구의 역사적인 흐름이 반영되어 있다.

연구자들과 교사들은 오랫동안 오류를 "부족한 부분, 약점, 개인적인 실패" 또는 "결손"이라고 생각했다(Hausler 1991, 특히 93-112/150-171 참조). 오류를 없애기 위해서는 연습을 시키고 벌을 주고("… 번 베껴 쓰기" 등등), 오류를 저지르면 나쁜 점수를 주어 불이익처분을 했으며, 오류는 학생의 선별에 이용되었다. 오류는 성공과 실패를 결정했다. 오류를 (너무) 많이 저지르는 학생은 낙제를 하거나 학교를 떠나야 했다.

오늘날 연구자들은 오류를 다르게 생각한다. 오류는 발달 단계에 속하는 필수적이고 당연한 것이다. 모어로 독일어를 배우는 아이는 예를 들어 모든 과거분사를 어미 -t로 만듦으로써 규칙을 덜 복잡하게 만든다: *eingeschlaft, getrinkt, gelauft, hingefallt* 등등. 환원*은 동시에 과잉일반화*이다. 아이는 규칙을 그 규칙이 적용되지 않는 곳에도 적용시킨다.

모어 습득에 대해 할 수 있는 말은 외국어 습득에 대해서도 할 수 있다. 모든 학습자는 체계적인 실수를 하는 단계, Pit Corder가 말하는 "체계적인 오류의 단계"(1973, 271)라고 칭한 중간 단계들을 거친다.

오류는 학습 과정상의 중간 단계들이며, 교수와 학습의 중요한 문제점들을 지적해 준다(6번). 오류는 아직 "정착되지" 못한 것이 무엇인지, 무엇을 다시 한 번, 어쩌면 다른 방식으로 설명해야 하는지를 보여 준다. "교사가 수업에서 무엇을 강조해야 하는지를 알기 위해서는 오류가 필요하다"(Krumm 1990, 99). 아직 역사가 비교적 짧은 학문인 (70년대 초반부터) 언어교육 연구에서는 **창조적인 오류**라는 표현을 쓴다(5번).

창조적인 오류는 "옳은" 오류, 학습자들이 올바르게 생각을 해서 저지르는 오류이다(조어법의 예를 들면 zähmen – Zähmung; kränken – Kränkung;

sich grämen – **Grämung**; 여러분은 이 단어를 사전에서 찾지 못할 것이다. 이런 단어는 없다). 여러분은 이런 창조적인 단어를 발명하는 사람을 칭찬해야 할 것이지만 동시에 미래에는 이런 오류를 피할 수 있도록 도와주어야 할 것이다. 다음에는 거기에 대해 이야기하겠다.

3.2 오류 수정과 글 고쳐쓰기

3.2.1 오류와 오류 수정

"오류는 학습과정 상의 중간 단계들이다" — 이 말은 이 책에서 기술된 쓰기 과정에서 생기는 오류를 다룰 때의 핵심 문장이다. 글의 초안을 계속 검토하고 고쳐 쓰고 글의 부분들을 고쳐 쓰거나 다시 쓴다면(2.4.장, 186쪽부터), "중간 단계 글"이 자꾸 새로 생겨날 것이다. 이 글들은 목표를 향해 가는 길의 중간 단계 이상도 이하도 아니다. 쓰기 학습에 대해 이런 개방적인 개념을 가지고 있다면, 오류의 역할은 평가를(흔히는 심판을) 위해 내놓은 완결된 최종 산출물로 문어 텍스트를 볼 때와는 달라질 것이며, 오류를 다르게 평가하게 될 것이다. **학습자의 쓰기 능력**을 어떤 전략과 연습을 통해 **꾸준히 향상**시키는 것이 우리의 목표라면, 오류는 더 이상 끔찍한 것이 아니며, 목표를 향해 가는 길의 중간 단계가 된다. 그렇게 보면 오류는 "건전한 혼란"이며 "더 나은 해결책을 찾기 위한" 자극을 준다. 이런 생각에는 오류의 원인, 그리고 오류를 없애기 위한 방법과 길에 대한 질문도 당연히 포함된다. 이런 관점에서의 오류 수정은 글을 가지고 하는 작업의 목표가 아니라 더 큰 텍스트 처리 과정의 — 얕잡아 볼 수 없는 — 한 부분이다.

이런 관점에서 흥미로운 질문이 하나 생기는데, 그 질문은 어떤 종류의 오류가 특별히 "건전한 혼란"이고, 고쳐쓰기 과정을 시작하기에 적합하며, 학습자들의 쓰기 능력을 향상시키는 데 특별히 효과적인가 하는 것이다. 또한, 오류를 어떻게 평가하고 이들의 비중을 어떻게 볼 것인가 하는 문제도 여기에 연결지을 수 있다. 아래에서는 그 문제에 관해 제안을 몇 가지 하겠다.

그러기 위해 해야 하는 첫 번째 질문은, 평가하고 비중을 따져야 하는 오류에는 어떤 것들이 있는가 하는 것이다.

3.1에서 이미 소개한 책 『Fehler und Fehlerkorrektur』에서 Karin Kleppin은 오류를 분류하는 (그리고 표시하는) 자신의 체계에서 여러 가지 오류 유형을 나열하고 있다(Kleppin 1988, 2.3장, 특히 40쪽 이하와 3.3.2장, 58-59쪽 참조). 우리는 여기에 58-59쪽의 간략한 기술을 인용한다(더 자세한 개관과 예문은 Kleppin의 책 144쪽에 있다).

오류의 유형
(왼쪽 칸에는 오류를 표시하는 방법에 대한 제안이 있다):

과제 132

Fehlermarkierung	Fehlertypen/-kategorien	effektive Bearbeitungs-aktivitäten +/−
A	Ausdruck	
Art	Artikel	
Bez	syntaktischer oder semantischer Bezug	
Gen	Genus	
I	Inhalt	
K	Kasus	
Konj	Konjunktion	
M	Modus	
mF	morphologischer Fehler	
Mv	Modalverb	
Präp	Präposition	
Pron	Pronomen	
R	Rechtschreibung	
Sb	Satzbau	
St	Satzstellung	
Stil	Stil	
T	Tempus	
W	Wortwahl	
Z	falsche oder fehlende Zeichensetzung	
∨	Fehlen von Elementen	
⊢⊣	überflüssige Elemente, die zu streichen sind	
↶	Umstellung	

출처: Kleppin(1998), 58-59

> **1** 지금까지의 서술을 바탕으로, 위의 표에 글을 쓸 때 생길 수 있는 모든 오류의 범주들이 포함되었는지를 생각해 보시오. 아니라고 생각한다면, 어떤 범주들을 더 포함시켜야 한다고 생각하는가?
>
> **2** 위에서 말한 오류 범주와 여러분이 더 쓴 것들 중에서 어느 것이 더 독일어 학습자들의 쓰기 능력을 지속적으로 향상시키기 위한 "효과적인 처리 활동"을 유발시키는가?
>
> 그 범주들을 표의 오른쪽 칸에 +로 표시하시오. 그런 관점에서 덜 중요하다고 생각되는 범주에는 -표시를 하시오.

오류 범주들에 대해 생각해 보면서 여러분은 이 범주들이 대개 단어(성, 관사, 격, 맞춤법, 어휘 선택) 또는 문장(어순, 문장 구조)과 관계가 있음을 깨달았을 것이다. 이 범주들 중 일부는 텍스트와 관계가 있을 수도 있다. 예를 들면

접속사:

특정한 글의 종류에서 (예를 들면 논증하는 글, 시간 순서에 따른 글) 접속사의 잘못된 (또는 불충분한) 사용; 주문장의 나열.

시제:

예를 들면, 그 글의 종류에 부적절한 시제의 사용; 전체적으로 시간적인 관계가 서로 맞지 않는 경우.

어순, 문장 구조, 순서 바꾸기:

예를 들어, 두 문장을 연결하는데 어순을 바꾸지 않는다. (독일어에서는 종속된 문장의 위치에 따라 주문장에서 도치가 일어날 수 있다. 역자 주)

문체:

텍스트 전체에 해당될 수 있다: 문체가 엉성하고, 주문장만 나열되어 있다; 구어의 사용.

여러분은 [과제 132]에서 어떤 "오류"가 빠져 있다고 말할 수 있겠는가? 아마 하나의 전체를 이루고 있는 글의 특성과 관련되어 있으며 쓰기 과정의 여러 단계에서 요구되는 범주들일 것이다. 거기에는 예를 들면 다음과 같은 것들이 속한다.

▶ 부적절한 **지시 관계**, 언제나 동일한 명칭의 사용(2.2.5장 참조),
▶ **여러 문장이 계속될** 때의 변화의 결여. 즉 언제나 똑같은 문장 구조로 시작한다: 주어, 동사, 보족어(2.2.1장 참조),
▶ 접속사의 부적절하거나 너무 적은 사용, 개별 문장의 나열(2.2.2장과 2.2.3장 참조),
▶ 단어 선택과 표현에 있어서 **변화**의 결여,
▶ 알아볼 수가 없거나 설득력이 없는 **글의 구조**(도입부, 본문, 끝부분, 텍스트의 결합, 단락, 논증의 구조, 시간 순서 등. 2.3.8장 참조),
▶ **글의 종류**에 어긋나는 점: 구성, 언어적인 도구의 선택, 문화간 차이 (2.3.8장 참조),
▶ **독자**를 고려하지 않거나 부적절하게 고려한 점(2.3.8장과 2.6장 참조),
▶ 전체적인 **가독성** 부족: 의사소통적인 요소들, 글의 의도가 충분히 실현되지 못했을 때.

여러분은 이런 범주들이 정말로 "오류"인지를 물을 지도 모르겠다. 그 질문의 대답은 어떤 "오류의 개념"을 바탕으로 하는가에 달려 있다(오류의 개념에 대해서는 Kleppin 1998, 15부터 참조). 우리 생각에는 쓰기 기능의 훈련은 텍스트 산출을 목표로 하기 때문에 단어나 문장만이 아니라 텍스트의 영역도 고려해야 한다. 텍스트의 특성을 가르친다면 그 점 역시 글을 쓸 때 학습자들에게서 요구해야 하고 또 평가를 해야 한다.

단어와 문장 차원에서와 텍스트 차원에서의 오류의 범주를 비교하면, 오류를 어떻게 다룰까 하는 측면에도 큰 차이가 있다. 단어와 문장 차원에서는 국지적인 개별 현상들을 **수정**하는 반면, 텍스트의 차원에서는 **글을 쓰는 의도와 글에 실현된 것 전체**가 문제가 된다. 단어나 문장의 차원에서는 무엇이 '맞거나 틀린' 것이 중요한 반면, 텍스트의 차원에서는 글을 다듬는 문제, **성공적-덜 성공적-성공적이지 못함**이라는 범주가 중요해진다. 이렇게 해서 우리는 [과제 123]에서 했던 두 번째 질문으로 돌아온다. 국지적인 오류, 예를 들면 맞춤법, 관사, 성이나 형태적인 오류의 교정은 비교적 표면적이고 단기적인 글다듬기 활동이다 (글자 한 자를 고치기, 사전 한 번 찾아보기, 문법 표 한 번 보기). 시제, 서법, 접속사, 글의 구성, 글의 종류 등등에 관계된 오류는 문장의 범위를 뛰어넘고 텍스트 전체나 그 이상을 다루고 글다듬기 활동을 유발하며, 이때에는 텍스트의 일반적인 특성들을 고려해야 한다.

나이 많은 한 여자에 대해서 학생들이 썼던 2.2.5장 131쪽의 글을 기억해 보자. 형태적인 면이나 문장의 차원에서는 그 글에는 오류가 거의 없다. 하지만 주문장의 나열, 글을 *sie*(그녀)라는 대명사로 시작한 점, (문체가 엉성하기 때문에) 부적절한 지시어 사용(*Sie... Sie ... sie...*)은 광범위한 글 다듬기가 필요하게 만들었으며, 결과적으로 몇몇 부분을 다시 쓸 필요가 생겼었다. (2.2.5에서는 "sie, 그녀는"이라는 표현이 반복적으로 사용된 글에서 대명사를 동일한 지시대상을 가리키는 다른 표현들로 대치하는 연습을 했었다. 역자 주.)

이제 지금까지 한 설명의 구체적인 예를 하나 더 들어서 보이겠다.

오류 수정과 글 다듬기의 단계들

독일어로 가상의 편지 친구에게 쓴 한 중국 대학생의 다음 글은 『Fehler und Fehlerkorrektur』에서 인용한 것이다. 여기서는 그 글을 다른 관점에서 살펴보고자 한다.

 **과제 133**

✎ **다음 편지를 두 번에 나누어 수정해 보시오.**

1 단어와 문장 차원의 오류 수정

   a) 오류를 표시하고 수정 표시를 (279쪽의 표 참조) 왼쪽 여백에 써 넣어 보시오.

   b) 그 다음 오른쪽 여백에 정정해 보시오.

단어와 문장 차원의 오류 수정

> Liebe Peter
>
> Ich habe seit zwei Wochen in China geblieben. Tong-ji Universität liegt in Shanghai. Hier ist alles für mich neuig. Ich habe eines neue Leben angefangen. chinesische Sprache ist viel schwieriger zu lernen als andere Fremdsprache. ... Trotzdem habe ich schon viele Freunden, die sehr freundlich für mich sind. ... Im Unterricht habe ich nicht genug verstanden, weil meine chinesische Sprache nicht sehr gut ist. Deshalb habe ich nach dem Unterricht sehr fleißig, Chinesisch zu lernen. ... Ich habe sehr eilig. Nächste Mal werde ich ausführlich das Leben in China schreiben.
>
> Viele Grüße von
>
> Dein Ei-zhong Xu

출처 Kleppin(1998), 57

2 텍스트 차원의 글 다듬기

텍스트 차원에서 글을 다듬을 때 어떤 측면을 고려하겠는가? 표현과 관련하여 어떤 제안을 하겠는가? 위의 글을 다듬어 보시오. 글을 왜 그렇게 고쳤는지 이유를 오른쪽에 써 보시오.

텍스트 차원의 글 다듬기를 위한 여러분의 제안:

> Liebe Peter
>
> Ich habe seit zwei Wochen in China geblieben. Tong-ji Universität liegt in Shanghai. Hier ist alles für mich neuig. Ich habe eines neue Leben angefangen. chinesische Sprache ist viel schwieriger zu lernen als andere Fremdsprache. ... Trotzdem habe ich schon viele Freunden, die sehr freundlich für mich sind. ... Im Unterricht habe ich nicht genug verstanden, weil meine chinesische Sprache nicht sehr gut ist. Deshalb habe ich nach dem Unterricht sehr fleißig, Chinesisch zu lernen. ... Ich habe sehr eilig. Nächste Mal werde ich ausführlich das Leben in China schreiben.
>
> Viele Grüße von
>
> Dein Ei-zhong Xu

출처 Kleppin(1998), 57

오류 수정, 그러니까 단어와 문장의 차원의 작업을 텍스트 차원의 작업, 즉 글 다듬기와 분리하자는 우리의 제안을 어떻게 생각하는가? 물론, 이 두 차원을 언제나 분명하게 가를 수 있는 것은 아니다. 이 점은 아까의 설명에서도 이미 언급하였다. 경우 하나하나에서는 이 구별이 그렇게 중요하지도 않다. 중요한 것은 독일어 학습자들이 한편으로는 **오류를 알아보고 수정**하며 다른 한편으로는 좋은 글과 표현을 구성하고 만들어 나갈 때 **도움**을 받는다는 것이다.

단어와 문장 차원에서의 오류 수정을 위한 중요한 도움말:

▶ 아주 제한된 부분 영역에 대한 쓰기 연습을 할 때에는(예를 들면 맞춤법, 받아쓰기, 대용어나 접속사, 문장의 연결이나 어순에 관한 연습) 학습 목표 중심의 수정이 적절하기만 한 것은 아니다. 이것은 연습 유형에서 나오는 당연한 결과이다. Butzkamm을 인용하자면, "형태 중심의 연습을 하기로 결심한다면 형태를 정확하게 수정하기로 결심하는 것이다"(1989, 136).

► 글을 쓰는 사람이 무언가를 서술하여 전달하고자 하는 쓰기 과제에서는(예를 들면 이 책 2.3장, 2.5장, 2.6장의 과제들) 오류에 대해 관대해지기를 연습해야 한다. 모든 오류를 그것도 붉은 색으로 줄을 쳐서는 안 된다. 이런 행동은 용기를 꺾고 동기를 잃게 하며, 학생들이 도달해야 할 곳에 도달하는 것을 막는 가장 확실한 방법이다. 학생들은 어떻게 해서라도 오류를 피하려는 의도로 글을 쓰는 것이 아니라 자유롭고 즐거운 마음으로 주제에 대한 생각을 표현하고 자신들의 생각을 독창적이고 창조적으로 글을 쓸 수 있어야 한다.

► 대표적인 오류 몇 가지를 표시하고(3.3장 참조) 이것들을 수업 시간에 다루라(289쪽 C의 자가 수정에서 주의할 점 몇 가지 참조). 학습 과정을 촉진시키기 위해서는 오류를 정확하게 진단하고 오류를 효과적으로 처치해야 한다.

► 쓰기 능력을 기르는 연습을 할 때에는 물론 정확한 맞춤법에도 신경을 써야 한다. 하지만 자유로운 과제에서 **문장 부호, 맞춤법**이나 **형태** 영역의 오류를 표시하고 수정할 때에는 아주 조심스럽게 해야 한다. 반대로 성공적인 표현을 강조해야 할 것이다. 조사에 의하면, 긍정적인 피드백을 ('이 부분은 특히 잘 되었어요!') 부정적인 피드백과 함께 받은 학생들이 부정적이거나 긍정적인 피드백만 받았거나 아무런 피드백도 받지 못한 학생들보다 수정을 훨씬 부담 없게 생각했고 더 큰 학습 성과를 보였다(Portmann 1991, 544 참조).

► 오류의 질은 여러 가지이며, 이들은 서로 다르게 평가되어야 한다. 특히 이유가 있는 가설(과잉일반화)에 근거를 두고 있는 "창조적인 오류"는 긍정적으로 평가되어야 한다.

► "중요한 오류"는 (언어능력의) 오류*, 즉 언제나 반복되는 끈질긴 오류(error)이다. 반면에 "실수"*는 부주의로 틀린 것이며 학생 스스로가 알아보고 수정할 수 있다(mistake). 한편 "중요한 오류"는 "처치"가 금방 성공을 가지고 오는 "학습이 쉬운" 오류이며(Bausch/ Raabe 1978, 71 참조) "생산적인 오류", 즉 이를 다루다 보면 배우는 것이 많은 오류이다(이 장 278쪽 참조).

▶ 학생들(그리고 교사들)은 오류를 다룰 때 여러 단계를 고려해야 한다. Portmann은 (이상적인 경우에) 오류를 찾아내고 처치하는 데에 있어서 그 절차를 다섯 단계로 구분하였다(1991, 541). 학생은 다음과 같은 단계를 거쳐야 한다.
  - 오류를 **오류로 알아보아야** 한다.
  - **어떤 유형의 오류**인지를 판단할 수 있어야 한다(맞춤법, 성, 어순 등등).
  - 이것이 **왜** 오류인지, 이것을 수정하기 위해서는 어떻게 해야 하는지를 알아야 한다.
  - 오류를 수정해야 한다.
  - 같은 오류를 **미래에** 다시 저지르지 않도록, 또는 더 잘 알아보도록 조처해야 한다.
▶ 아직 배우지 않은 내용과 관계있는 오류는 교사가 아무 말없이 수정하는 것이 좋다. 이렇게 하는 것이 잘못된 형태나 표현을 그냥 두는 것보다 낫다. 학생은 수정되지 않은 것은 옳다고 믿을 수 있기 때문이다.
▶ In dubio pro reo(의심이 나는 경우에는 피고인에게 유리하게): 학습자의 발화가 옳은지 틀린지 자신이 없는 경우에는 옳다고 받아들여야 한다.
▶ 학급 전체가 수업 시간에 오류를 다룬다면 그 오류는 "무기명"이어야 한다. 즉, 누구의 오류인지가 드러나지 않아야 한다. 가장 좋은 방법은 중요한 오류들을 모아서 체계적으로 정리해서 다루고 연습을 제공하는 것이다. 연습은 오류의 종류에 따라, 그리고 여러분이 무엇이 적절하다고 생각하는가에 따라 구두로 할 수도 있고 글로 할 수도 있다.
▶ 학생들은 오류를, 특히 단어와 문장 차원의 오류인 경우에 스스로 알아보고 수정에 관한 제안을 할 능력이 있는 경우가 많다. 이렇게 하면 같은 오류를 더 이상 저지르지 않거나 줄일 확률이 교사가 수정을 하는 경우보다 높기 때문에, 이 능력은 가능한 한 이용해야 한다. 학생들은 자신들이 가진 자원과 다른 자원(기억, 논리적인 사고, 사전이나 문법책이나 교재에서 찾아보기)을 동원해야 하며, 이 경우 "처리의 깊이"가 훨씬 강하고 지속적이다.

자가 수정에도 아주 다양한 방법들이 있다.

A. 교사가 유도하는 방식

▶ 교사는 더 이상의 정보 없이 오류에 밑줄을 긋고 학생들이 스스로 수정하게 한다. 그 다음에는 수정의 결과에 대해 학급 전체가 이야기한다. 이전 수업에서 체계적으로 다루었던 영역에서 나오는 오류가 특히 이 범주에 속한다.

▶ 교사는 오류의 범주를 학생들이 알고 있는 유형에 따라 (격, 어순 등 등) 여백에 표시하지만 오류 자체에 밑줄을 치지는 않는다. 학생들은 그 범주를 글에서 찾아내야 한다. 여기에는 규칙에 대한 지식이 필요하며 또한 용어에 대한 지식도 필요한데, 모어로 된 용어만으로 충분할 수도 있다.

▶ 교사는 오류에 표시를 한다. 학생들은 오류를 스스로 형태(활용, 곡용 등), 어휘 (단어의 잘못된 사용), 통사(문장 내의 어순)로 분류한다. 학생들은 각자 자신이 어느 분야에서 오류를 가장 많이 저질렀는가를 확인한다. 오류 처치에서 학생들은 그 민감한 분야에 집중한다.

▶ 교사가 오류를 명시적으로 밝힌다. 예를 들면 denken an+목적격. 학생들에게 해당되는 지식이 아직 없을 때 이 방법이 특히 의미가 있다.

▶ 교사가 글을 직접 수정한다. 표현의 문제, 문체, 아직 모른다고 생각되는 관용어의 경우('걸레질을 닦다'가 아니라 '걸레질을 하다') 같은 경우 특히 의미가 있다. 대안으로는, 이런 오류는 그냥 그대로 둘 수도 있다.

▶ 학생이 쓴 오류가 들어 있는 글 대신에 교사가 오류 없는 글을 하나 쓰고, 경우에 따라서는 문체도 다듬는다. 소그룹에서 두 글을 비교하고, 학생들은 오류의 유형을 분석하고 판단한다(문법적인 오류, 잘못 사용된 단어, 부적절한 표현 등). 학생들은 교사에게, 왜 그렇게 표현했는가를 물을 수 있다.

B. 짝 활동이나 그룹 활동을 통한 수정

가능한 한 자주 그룹 전체의 "단결된 지식"을 활용하시오. 학습자들은 짝 활동이나 그룹 활동에서의 "오류 사냥"을 교사가 표시한 오류를 가지고 공부하는 것보다 덜 부정적으로 받아들인다(재미있기까지 하다). 소그룹이나 짝을 지을 때에는, 그룹 구성원들의 언어 능력이 너무 차이가 나지 않도록 하여 누구에게나 다른 사람의 오류를 찾을 기회가 주어지도록 주의해야 한다. 다른 한 편으로는, "약한" 학생들끼리나 "강한" 학생들끼리 작업하게 해서도 안 된다. 약한 학생들은 강한 학생들과의 대화를 통해서 배우기 때문이다. 대개의 경우, 강한 학생들은 자신들의 오류를 약한 학생들보다 더 잘 수정한다. 경우에 따라서는 학급 내에서 개별화를 할 수도 있다. 강한 학생들이 자신들의 오류를 스스로 수정하는 동안 교사는 다른 학생들과 함께 자신이 미리 수정한 것을 다룰 수 있겠다. (개별화에 대한 제안은 같은 시리즈의 『Gruppenarbeit und innere Differenzierung』에 많이 들어 있다.)

▶ **짝 활동**: 자신의 오류는 못 보는 것이 보통이기 때문에 (틀리게 쓴 것을 옳게 읽는다), 학생들은 글을 서로 교환한다. 학생들은 서로 같은 반 친구의 글을 수정한다. 글을 다시 세 번째 학생에게 줄 수도 있다. 글을 돌려줄 때 수정한 학생은, 자신이 표시한 오류를 설명해야 한다. 학생들의 지식 수준과 능력에 따라서, 앞에서 말한 절차들 중 서로 다른 것들을 사용할 수 있다. (오류를 밑줄만 치기, 범주화하기, 수정을 위한 제안을 하기 등등.)
▶ 학생들 모두가 같은 글을 수정한다. 이때에도 짝 활동을 할 수 있다. 그 다음에는 찾아낸 오류들에 대해서 학급 전체가 함께 이야기한다. 공통의 모범 작문을 함께 쓴다.
  – 변형: 경쟁: 누가 (어느 그룹이) 오류를 가장 많이 찾아내는가?
▶ 교사가 고른 여러 개의 글을 그룹에서 다룬다.
▶ 학생들이 중요한 오류와 덜 중요한 오류의 차이에 대한 감각을 가지

게 하기 위해서, 다음과 같은 과제를 줄 수도 있다.
- 수정한 글에서 가장 중요한 오류 두 개와 가장 안 중요한 오류 두 개를 짝과 함께 찾아 보세요. 왜 그런 선택을 했는지 설명해 보세요.
- 여러분은 어떤 오류를 스스로 고칠 수 있고 어떤 오류는 고칠 수 없었는가요?
- 제일 중요한 오류와 안 중요한 오류 10개의 목록을 만들어 보세요.

이런 방법들로 오류를 집중적으로 수업에서 다룰 수 있으며, 오류를 의식적으로 처리할 확률이 높아진다. 그리고 결과적으로 앞으로 오류를 덜 저지를 확률도 높아진다(Portmann 1991, 545 참조).

C. 자가 수정에서 주의할 점 몇 가지

▶ 자가 수정은 학습자들이 정말로 알아보고 고칠 수 있는 오류의 경우에만 가능하다. 그런 오류는 흔히 "잘못 한 말"이나 "부주의로 인한 오류" 또는 구조를 이미 알고 있지만 이것이 충분히 자동화되지 않아서 일어나는 오류이다(『Fehler und Fehlerkorrektur』 3.3.5장에는 학생들이 수정하는 방법을 배우는 일련의 연습들이 제안되어 있다).
자가 수정은 학습자들의 자존심을 높여 주고 오류에 대한 공포를 줄여 준다. 자신의 오류를 스스로 찾아내고 수정하는 학생은 말하자면 자신의 오류를 스스로 "해결"한 것이며, 자신의 오류를 인정하기가 더 쉽다.
▶ 자가 수정은 같은 오류를 좀 더 드물게 저지를 확률, 어쩌면 더 이상 저지르지 않을 확률을 높여 준다.
▶ 학습자들이 이런 방식으로 오류 수정을 배우면, 동시에 성적 평가의 대상이 될 시험을 치를 때 자신의 글을 수정하며 읽어보는 연습이 된다.
▶ 짝 활동이나 그룹 활동으로 오류를 수정하면, 서로 논점들을 교환하게 되고 나중에 이것들을 기억한다. 이 점은 앞으로 오류를 피하는 데에 도움이 된다.

> 약한 학생들은 그룹의 강한 학생들에게서 얻는 것이 있다. 강한 학생들은 오류를 설명을 하면서 더 배운다.

자가 수정은—특히 독일어를 처음 배우는 몇 해 동안은—물론 다시 교사의 검토를 거쳐야 한다. 이 말은 전체적인 일의 양은 늘어난다는 뜻이다. 하지만 자신들이 오류를 발견하고 수정하면 학습효과가 크기 때문에, 그 노력은 보람이 있다.

자가 수정에 대해 이야기할 때에는 오류를 다음과 같이 분류할 수도 있다.

- 내가 스스로 수정할 수 있는 오류 ("불필요한 오류")
- 도움이 필요한 오류 ("피할 수 없는 오류")
- 배울 것이 있는 오류 ("생산적인 오류")

3.2.2 글 다듬기: 방법과 목표

우리가 정상적인 학교 교육을 받았다면 모어로 거의 "오류 없이" 글을 쓰며, 대개의 경우에는 자신이 표현하고자 하는 것을 성공적으로 표현할 수 있다. 외국어로 글을 쓸 때에는 전달하고자 하는 것과 언어적인 실현 사이에 큰 간격이 생긴다.

오류 수정은 언어적인 정확성을 최대화하는 데에 도움이 되는 한편, 그에 뒤따르는 글 다듬기는 "의사소통 욕구와 표현 능력의 불일치를 극복하는 데에 도움이 된다. 그들의 (아직 불완전한) 텍스트에서 학생들은 자신이 표현하고자 하는 바를 드러내 보여 준다.—교사와 다른 학생들은 그 '산출물'이 정확하고 남에게 보일 수 있는 것이 되도록 고치는 데에 도움을 준다"(Krumm 1989, 8).

우리가 앞에서 오류 수정과 글 다듬기를 수업에서 분리하기를 제안하기는 했지만, 현실적으로는 이 두 과정을 서로 상극을 이루는 것이 아니다. 글 다듬기는 첫 번째 단어, 첫 문장을 쓰기 훨씬 전에, 주제에 관해 처음으로 생각할 때부터 머릿속에서 이미 시작된다. 모어로 글을 쓰는 경우에도 그렇고 외국어로 쓰는 경우에도 그렇다. 글 다듬기는 "가장 나은 표현을 위한 고투"의 지속적인 과정이며, 외국어 학습자의 경우에는 끊임없이 오류를 찾고 수정하는 일이 처음부터 글쓰기의 한 부분이 된다. "자신이 쓴 글을 다시 읽고, 맞춤법이나 문법에 관한 오류를 고치고, 문장을 다듬고, 더 적절한 표현을 찾고, 고르지 못한 문체를 다듬고, 글의 부분들을 뒤에서 앞으로, 처음에서 중간으로 이동시키고 …" 한다(2.4장 194쪽 **초안** 참조).

하지만, 이렇게 해서 결국 쓴 글을 의식적으로 고쳐 쓰는 단계에서는 이 분리를 유지하는 것이 좋겠다. 객관적으로 확인할 수 있는 오류에 대해서는 학생들이 책임을 져야 한다. 더 나은 표현, 더 성공적인 텍스트 실현에는 함께 다듬는 과정을 통해서 도달할 수 있다. 글 다듬기에서는—오류 수정에서와는 달리('맞다'/'틀리다') — 여러 가지 언어적인 도구들과 그 효과를 실험해 보는 것이 중요하다.

이런 공동작업은 어떻게 이루어지며, 이때 무슨 일을 할 수 있는가?

이 장의 처음에서 우리는 텍스트 하나를 "단어와 문장 차원의 오류 수정"과 "글 다듬기"의 두 단계로 분리하여 다루었다(???쪽부터). 학생들의 글을 고쳐쓰는 데에 관계된 기본적인 원칙을 거기에서 도출해낼 수 있고, 지금부터 그것들에 관해서 더 보충하고자 한다.

이 주제에 대한 더 많은 자극들은 모어로서의 독일어 수업에서의 *Schreiben: Texte und Formulierungen überarbeiten*을 주제로 하고 있는 『Praxis Deutsch』지의 137/1996호에서 찾을 수 있다(Baurmann/Ludwig 1996).

1. 글 다듬기는 이미 학습 초기에서부터도 비교적 단순한 글을 가지고 할

수 있다(121쪽의 [과제 60] 참조).

2. 처음에는 교사가 준비한 학생들의 글 몇 개를 가지고 학급에서 글 다듬기를 진행한다. 나중에 학생들은 스스로 글을 다듬을 수 있다 (질문 목록을 이용하여 할 수도 있다. 아래 참조).

3. 자신의 글을 어느 정도 거리에서 볼 수 있으려면 — 이것은 고쳐 쓰기의 전제조건이다 — , 오류 수정과 글 다듬기 사이에는 시간이 어느 정도 흘러야 한다. 글에 오류가 많은 편이라면, 먼저 오류가 없게 다시 한 번 써야 할 것이다(학급에서 함께 글을 다듬으려면 OHP 필름에 쓰고, 그룹에서나 개인적으로 글을 가다듬는다면 학생들이 각자 쓴다).

4. 처음에는, 글에서 중요한 한 두 부분만 고쳐 쓰는 것도 충분하다(예를 들면, 문장을 이어서 새로 시작하는 부분, 접속사를 사용하는 문장 연결).

5. 글을 함께 다듬을 경우에 교사와 학생들은 "교열자"의 역할을 맡아서 불분명한 부분에 대한 질문을 하고 평을 하고 자극을 준다(경우에 따라서는 모어로). 이때 교사·학생-독자가 질문과 평을 비판이 아니라 글을 다듬기 위한 도움과 제안으로 표현하는 것이 중요하다.

이런 질문과 평에는 다음과 같은 것들이 있을 수 있다.

a) **글의 내용**: 하고 싶은 말이 무엇인가?
b) **글을 쓰는 의도**: 이 글을 통해 무엇을 이루려고 하는가?
c) **표현 / 어휘 선택**:
   - 이 표현이 무슨 뜻인가?
   - 왜 그렇게 표현했는가?
   - 어떻게 더 정확하게/단순하게/다르게 말할 수 있을까?
   - 같은 뜻의 단어가 또 있을까? / 이렇게 말을 하면 어떤가?
   - 구어처럼 들린다.

d) 독자와의 관계:
- 독자인 내 마음에 별로 와닿지 않는다.
- 독자에게 더 직접 말을 할 수는 없을까?
- 더 흥미진진하게 만들 수 없을까? 어떻게 하면 될까?

e) 글의 구성:
- 글의 구성이 나에게는 분명히 보이지 않는다.
- 왜 시작을 이런 방식으로 하는가? 나라면 이렇게 시작하겠다.
- 여기서 문단을 나누는 게 좋겠다.
- 좋은 끝문장이 생각난다.

f) 문장 구조에 대해서:
- 논리 / 논증을 더 잘 보여줄 수 없을까?
- 문장을 좀 더 다양하게 할 수 없을까?

등등.

6. 이때 사용된 글이 나쁜 평가의 대상이 되어서는 안 되며, 쓰기를 배우는 과정의 중요한 한 단계로 제시되어야 한다.

7. 글 다듬기는 글에서 서술하고 표현할 수 있는 여러 가지 다양한 가능성들을 보여 주어야 한다. 사람마다 쓰는 방법이 다르며, 고쳐 쓰기와 관계된 교사의 제안도 개인적인 쓰기 방법의 표현이다.

8. 글을 다듬기 위해서는 시간을 넉넉하게 잡아야 한다.

9. 다듬은 글은 정리해서 모두가 볼 수 있는 파일에 정리하는 것이 좋다. 출발점이 된 글을 최종 결과물 앞에 같이 두면 학습효과가 더 커진다.

우리는 이 절의 제목을 '글 다듬기: 방법과 목표'라고 했다. 그 방법 몇 가지는 이미 보였지만, 목표는 내재적으로만 말했다. 다음 과제는 여러분에게 수업에서의 글 다듬기의 목적을 지금까지 말한 것에서 찾아내도록 요청한다. 그 과제의 두 번째 부분은 여러분을 이 책의 여러 장들을 추적놀이 하듯이 돌아다니게 할 것이다.

과제 134

1 외국어로서의 독일어 수업에서 학습자들이 글을 다듬는 활동의 목적을 몇 개의 단락이나 단어로 써 보시오. 무엇을 성취할 수 있고 성취해야 하는가?

2 이 책 안에서 하는 추적놀이
2.1장으로 돌아가서 거기부터 책을 한 장씩 넘기면서 거기에서 다루었던 연습들을 살펴보시오. 그 연습법 중 어떤 것들이 글 다듬기에 사용할 만 한가? 연습 주제가 무엇인지, 그리고 이 연습이 몇 장 몇 쪽에 있는지를 적으라(아니면 과제의 번호).
예를 들면
 - 2.2.1장: 문장성분의 위치와 96쪽부터와 [과제 43]
 - 2.2.2장: 접속사 연습. [과제 48]과 [과제 49]

학생들의 글을 이미 학급에서 여러 번 고쳤으면("편집했으면") 이제 학생들에게 글을 스스로 수정하라고 요구할 수도 있다. 그때는 글을 학급 내에서 서로 교환할 수도 있고 그룹에서 수정할 수도 있다("다른 사람의 눈으로 보기" 그리고 "눈이 네 개, 여섯 개, 여덟 개면 더 잘 보인다"). 아니면, 학생들이 각자 자신의 글을 고친다. 자신의 글을 "남의 눈으로" 보는 것은 좋은 연습이고, 시험 때 자신의 글을 읽어볼 때에도 도움이 된다. 자신의 글을 고치기 위해서는, 그 글과의 내적인 거리가 필요하고, 시간적으로도 거리를 두는 것이 좋다. 이 거리를 만들기 위해서는 예를 들어서 학생들이 잡지나 유명한 잡지를 만들기 위한 "저자들의 회의"를 상상하는 것도 좋다. 처음 시도를 할 때에는, 거리감을 만들기 위해 (오류를 수정한) 글을 며칠 동안 그냥 두는 것도 좋다.

자신의 글을 고치기 위해서 학생들에게 365쪽의 [과제 133/2] 해답에서 만들어 낸 "글 고치기를 위한 도움"으로 줄 수도 있다.

과제 135

> 학생들과 함께 학생들을 위한 "글 고치기를 위한 도움"을 써 보시오. 368쪽의 답안에는 우리가 만든 제안이 있다.

『Praxis Deutsch』지의 1996년 특별호에는 *Schreiben: Konzepte und schulische Praxis*라는 주제에 관해 학문적 기반을 갖춘 좋은 기고문들이 들어 있다(모어로서의 독일어 수업을 다루고 있기는 하다). 그 책에서 우리는 그룹에서 글을 다듬기에 관한 제안을 하나 찾았고 그것을 소개하고자 한다(Böttcher/Wagner 1996, 85부터): 함께 다루려는 글을 A3 용지(또는 더 큰 종이)의 가운데에 붙인다. 학생들은 각자 그 글의 복사를 받아서, 자신이 수정 제안을 주고 싶은 부분을 선택한다. 그 부분을 종이에 써서 오린다. 이 제안들은 큰 종이의 원문 옆에 붙인다. 어떤 제안을 받아들일까를 모두 함께 결정한다.

이 주제를 심화하고 마무리하기 위해 『Fehler und Fehlerkorrektur』의 3.5.장 *Die nachträgliche Besprechung von korrigierten schriftlichen Produktionen*과 3.6.장 *Wie kann man die schriftlichten Korrekturen noch effektiver machen*을 읽을 것을 권한다.

3.3 평가와 비중 두기

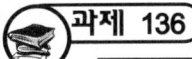

> 지금까지 말한 것을 잠깐 잊고, 다음 두 개념을 보고 생각나는 것을 적어 보시오 (혹시 이 연상망을 동료나 학생들과 함께 만들 수 있을지도 모르겠다).

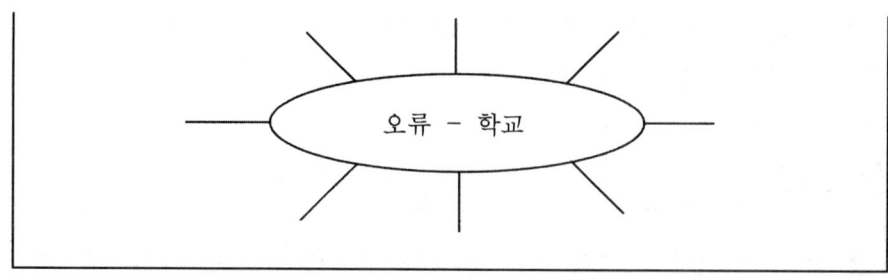

제일 먼저 생각나는 단어 중 하나가 (아니, 어쩌면 제일 먼저 생각나는 단어가) '성적', '채점'이라고 생각하는 우리의 추측이 옳은가?

성취를 성적으로 측정하기 마련인 학교 수업에서 오류와 오류 수정은 점수와 깊이 관계가 있고, 그러므로 오류의 비중을 따지는 일과도 관계가 있다.

하지만 오류의 비중과 평가는 허공에 떠 있는 절대적인 무엇이 아니라, 언제나 특정한 수업 목표, 수업 방법이라는 맥락에서 이루어진다. 의사소통적인 독일어 수업의 초기에서처럼 **성공적인 의사소통**이 의사소통이었던 때에는 문어에서의 오류보다 구어에서의 오류에 더 비중이 놓인다. 반면에, 이해할 수 있는가하는 기준과 언어적인 **정확성**이라는 일반적인 기준들은 수업목표에 따라 그 비중이 바뀐다.

독일이나 오스트리아 같은 나라의 교육체제에서는 전통적으로 문어에서의 성취가 구어에서의 성취보다 더 중시되며, 외국어 성적에서는 문어 시험의 평가가 2/3, 구어로 한 성취의 평가가 1/3 정도의 비중으로 합산된다. 그런데 이때 구어 성취가 언제나 "외국어 의사소통 능력"인 것은 아니 (수업 시간에 문법에 관한 질문에 대답하거나 숙제에 대해 이야기할 때 옳게 대답하는 것도 포함된다).

문어를 더 중시하는 것은 문어에서의 오류가 더 "증거를 남기기" 쉽고, 나중에 검토하기 쉽기 때문이기도 하다. 문어에서의 오류가 평가에서 가지는 의미 때문에 문어에서의 오류가 구어에서의 "흘러가는" 오류 때문에 더 강조되는 결과가 생기기도 한다.

이 책 전체에서 우리는 쓰기 모델(학습자의 쓰기 능력의 지속적인 발달이며 실현인 쓰기)을 이용하여, 전반적인 성취를 측정하고 평가하는 데 있어서 오류에 지나치게 많은 의미를 부여하는 것을 계속 반대하였다 — 그것이 성공이었으면 한다. 쓰기 능력의 발달에 있어 우리는 오류를 **교수학습 과정에 꼭 필요한 단계**이며 미래에 오류를 피하기 위해 꼭 필요한 도움으로 이해했다. 이 말은, **채점의 대상이 되지 않고도** 글을 많이 쓰고 오류를 많이 저지를 수도 있다는 뜻이다. 이 글들에서는 오류를 표시하고 평을 하고 또 함께 다듬지만, 이 일들은 점수나 두려움이 없는 공간에서 이루어진다. 창조적이고 자유로운 글쓰기에서는 동기, 글 쓰기에서 얻는 기쁨과 즐거움이 특히 중요하기 때문에 더욱 이런 점이 중요하다(2.5장 참조).

하지만 동시에, 평가를 받아야 하는 글쓰기가 있는 것도 사실이다. 거기에는 성취 측정을 위한 형성 평가, 점수로 평가를 받는 과제물이나 기말 시험 등이 속한다.

규칙적인 연말 시험, 중간이나 기말 시험을 위해 평가 체계가 정착되어 있는 나라들도 꽤 있다. 이 장의 처음(274쪽)에서 말한 이탈리아 교사들의 질문은 이런 것이 아닌 중간고사나 과제물들에 대한 것이다.

이와 관련하여 한 가지를 더 생각해 보자.

오류를 평가할 때 특히 중요한 것은 오류의 비중을 결정하는 일이다. 비중이란 어떤 오류를 "가볍게 여길 것인가", 성적과 관련하여 안 중요한가, 그리고 어떤 오류가 큰 문제인가 — 어느 이탈리아 선생님의 표현으로는 "심각한가" —, 즉 나쁜 성적의 원인이 될까 하는 것이다.

먼저 스스로 시험해 보시오. 우리가 가지고 있는 기본 개념, 즉 독일어 학습자들의 지속적인 능력 신장을 생각하시오.

과제 137

✏️ **다음 표에 있는 범주들을 비판해 보시오. 그리고 어느 칸이 맞는지 표시하시오.**

- 여러분은 어떤 오류 범주들에 대해 표시는 하지만 점수에는 반영하지 않거나 거의 반영하지 않을 것인가?
- 어떤 범주의 오류들이 성적에 특히 중요해서 성적에 부정적으로 반영되어야 한다고 생각하는가?
- 어떤 오류가 이 중 어느 쪽에도 안 속하는가? 이 오류들은 그냥 세기만 한다(중립적).

오류의 다른 범주도 있는가? 그렇다면 이 표에 보충하시오.

오류 범주	표시는 하지만 점수에는 반영하지 않는다	중요한 오류	중립적
이해가능성 (의사소통을 방해하는 오류)			
언어의 정확성에 관한 오류(문법, 철자법, 문장 부호)가 있지만 이해에는 문제가 없는 경우			
어휘와 형태에 대한 기본적인 오류			
통사적인 오류			
그 학습 단계에서 더 이상 저질러서는 안 되는 오류			
어떤 학생이 언제나 저지르는 오류			
어떤 학생이 "잘못 한 말" (부주의로 인한 오류)			
수업에서 자주 다루었지만 반복되는 오류 ("고질적인 오류")			
바로 전 시간에 자세히 다룬 부분에 관계된 오류			
글의 종류가 다르지만 오류는 적은 경우			
글의 구조를 알아볼 수 없지만 그 외에는 오류가 적은 경우			
문장이 서로 연결이 안 되고 학습 단계에 비해 문장이 너무 단순한 경우			
단어와 표현에 있어서 "창조적인" 오류가 여럿 있는 경우			
아주 강한 구어체			

물론 이 범주들은 서로 결합이 될 수도 있다. 예를 들어서, 이해할 수 있는가 여부+글의 구조라거나 강한 구어체+글의 종류가 다른 경우. 어느 오류에 더 비중을 둘까 하는 문제는 대상 집단, 수업 목표, 그리고 현재 수업의 강조점에 달려 있다.

어느 정도 기준이 되기 위해서는 다음과 같은 점을 생각할 수 있다.

1. 쓰기 능력에서는 맞춤법, 즉 글의 겉모습이 분명 어떤 역할을 하는데, 맞춤법 중에서도 더 심각한 오류와 덜 심각한 오류를 구별할 수 있다. 『Fehler und Fehlerkorrektur』에서 Karin Kleppin은 가벼운 오류의 기준으로 '그 부분을 낭독한다면 그 오류가 귀에 들릴까?' 하는 질문을 한다. 대문자와 소문자의 구별은 들을 수 없을 것이고, 따라서 이 기준 대로라면 가벼운 오류가 된다.

2. 의사소통을 방해하거나 어렵게 하는 오류, 즉 "이해를 할 수 없게 만드는 오류"는 독자가 이해하는 데에 아무 문제도 되지 않는 문법적인 오류보다 더 중시해야 한다. 바꾸어 말하면, (성공을 거둔) 의사소통 의도는 언어적인 정확성보다 더 중요하다.

3. 어느 학생이 자꾸 반복해서 저지르는 오류는 그 학생이 처한 단계에서 처리하기에는 너무 어려운 현상에 관한 것일수도 있다. 이런 경우에는 오류를 분리해내어 그 오류만을 집중적이고 유의미하게 (맥락 안에서) 연습하는 것이 도움이 될 수 있다.

4. 보통은 우수한 학생이 한 번 "잘못한 말"은 고질적인 오류보다 가볍게 여겨야 한다.

5. 바로 직전에 집중적으로 다루고 연습했던 내용(예를 들어 문장 부호, 문장 연결 등)에 관계된 오류는 같은 글의 다른 오류들보다 더 비중을 두어야 한다.

이 목록을 더 확장할 수도 있다. 아마 여러분은 여러분 자신의, 아니면 여러분의 학교에서 사용되는 일련의 기준들을 가지고 있을 것이다. 우리는 여기서도 『Fehler und Fehlerkorrektur』를 추천하는 정도로 그치려고 한다. 그 책 3.4장에서 평가와 비중 두기를 자세하게 다루고 있다.

짧은 시간에 개관을 읽고 싶으면 『Fremdsprache Deutsch』지 19호의 *Benoten und Bewerten*을 참조하라(Altmayer 1998).

같은 시리즈의 『Problme der Leistungsmessung, Lernfortschrittstests in der Grundstufe』에서 Sibylle Bolton은 평가의 세 영역에 대해서 이야기를 한다(Bolton 1996, 132-134와 185).

- 언어적인 정확성의 영역. 이 영역은 이해 가능성과 관련이 있다(문법, 어휘, 맞춤법 / 문장 부호)
- 의사소통적인 적절함의 영역(독자와의 연관, 효과. 편지에서는 특히 그렇지만 편지에만 해당되는 것도 아니다)
- 텍스트 구성의 차원.

우리는 네 번째 영역으로

- 수업 맥락의 차원(수업 상황과 학생 각각의 학습 단계에서 생기는 오류).

을 추가하겠다.

평가 영역으로서의 수업 맥락:
- 수업의 내용을 잘 소화했고 특히 눈에 띄는 오류가 없다(긍정적인 평가),
- 피할 수 있는, 부주의로 인한 오류 몇 개(평가에 영향을 미치지 않는다),
- 창조적인 언어 사용의 결과 재미있는 단어와 문법적인 구조를 만들어 낸다(평가에 부정적인 영향을 미치지 않는다),
- 초급 문법과 기초 어휘에 근본적으로 어긋나는, 현재의 학습단계에서 더 이상 저질러서 안 되는 오류(평가에 부정적인 영향을 미친다),

- 언제나 같은 (기본적인) 오류를 반복한다(부정적인 평가),
- 새로운 내용을 전혀/거의 소화하지 않았다(부정적이거나 아주 부정적인 평가).

맺는 말:

"쓰기 기능의 성장"이라는 틀 안에서 우리가 주된 관심을 기울이는 것은 "오류 사냥"도 아니고 채점도 아니다. 그러므로 우리는 이 영역은 전체적으로 요약만 하는 식으로 다루었고, 오류의 문제와 능력 평가를 더 자세하게 살펴보기 위해서라면 다른 출판물들을 소개하는 데에 그쳤다. 우리에게는 독일어 학습자들의 쓰기 능력을 지속적으로 향상시키려면 어떻게 작업을 해야 하는가가 중요했다.

이제 우리는 이 책의 마지막에 다다랐다. 컴퓨터로 글쓰기에 관해서는 같은 시리즈의 『Computer im Sprachunterricht』를 참조하기 바란다.

이제 여러분을 수업의 일상으로 되돌려 보내기에 앞서, Westhoff의 "읽기를 위한 부정적인 목록"을 바탕으로 Hans-Jürgen Krumm이 만든 몇 가지 도움말을 주고자 한다. 이 도움말들은 우리가 전달하고자 했던 내용에 꼭 들어맞는다.

외국어로 글을 쓰기를 방해하기 위한 규칙

1. 학생들이 모든 단어를 옳게 쓰도록 주의하십시오. 그렇게 하면 한 단어씩 생각하는 습관을 장려할 수 있고 글을 잘 못 쓰는 사람을 만들어 낼 수 있습니다.
2. 연상에 따라 글을 쓰는 것을 피하고 글 전체를 미리 계획하도록 만드십시오—그렇게 하면 이제 갓 글쓰기를 시작한 사람에게는 엄청나게 무리한 요구가 되고, 그 사람은 포기하고 그만 둡니다.
3. 학생들에게 오류는 어떻게 해서라도 피해야 한다는 인상을 주십시오. 그렇게 하면 학생들은 오류를 저지르지 않기 위해서 아주 제한적으로만 글을

쓰게 되고, 다른 상황에서라면 썼을만한 글도 다 쓰지 않게 됩니다.
4. 오류를 눈에 잘 들어오게 (예를 들면 붉은색으로) 글에 직접 수정하십시오. 그렇게 하면 학생들이 쓰기를 두려워하게 됩니다.

반대가 되는 주장:
학생들에게 자신이 외국어로 글을 쓰는 과정을 경험할 기회를 주십시오. 독일어로 글을 쓰는 경험을 많이 쌓게 하고, 이 경험을 더 늘리도록 도와 주십시오.

Krumm 1989, 7 (Westhoff 1984, 63에서 재인용)

04 Lösungsschlüssel

해답

과제 2

조금 중요하다: 117, 아주 조금 중요하다: 53, 전혀 중요하지 않다: 22

과제 5

1.

연습 1의 해답:

○ Lehmann.   □ Hallo? Wer ist da bitte?

○ Lehmann.   □ Lehmann? Ist da nicht 77 65 43?

○ Nein, meine Nummer ist 77 35 43.

                       □ Oh, Entschuldigung.

○ Bitte, bitte. Macht nichts.

연습 5의 해답:
Liebe Sabrina, nächsten Samstag feiere ich meinen Geburtstag, 2, 5, 7, 6, 8, 4, 3, 1. 2.

	연습 1	연습 2	연습 3	연습 4	연습 5
a) 목표로서의 쓰기		X	X		X
b) 연습의 목표		지시어로 쓰인 대명사	친구에게 첫 편지 쓰기: 사귀기		편지의 인사말을 알아보고 적절한 곳에 쓰기
a) 도구로서의 쓰기	X	X		X	X
b) 연습의 목표	대화의 짝을 맞추기	인칭대명사 연습		단순한 문법 연습: 비교급	문장을 옳은 순서로 정리하기

과제 6

실제적 쓰기 상황

목표로서의 쓰기	다른 목적을 위한 도구로서의 쓰기

- 편지 (학급끼리의 서신 교환, 개인적인 편지 친구)
- 엽서
- 메모
- 독일어 선생님께 드릴 결석계
- (그룹의) 일기
- 회의록
- 학습 일지
- 학급 내의 작은 공고
- 학급의 파티에 초대하는 초대장
- 축하인사
- 서식
- 방학 중의 아르바이트 자리에 지원하기
- 유스호스텔에 편지 쓰기
- 캠프장 예약
...
	- 한 두 단어로 쓰는 메모
	  (듣기를 하면서)
	  (전화 통화를 하면서)
	  (독일어 수업에서 할 발표 준비)
	  (발표를 들으며 메모하기)
	  (시험 준비)
	- 기억을 돕기 위해서
	- 시험 준비로 연습을 하기 위해
	- 어휘의 확인
	...

목표어가 사용되는 나라에서 그 언어를 학습할 경우에는 자기 나라에서 그 언어를 배울 때보다 실제적인 쓰기 상황이 더 많다.

과제 8

표 A

	연습 유형	연습의 목표	쓰기
연습 1	도표의 빈칸 채우기 (독해)	주어진 편지의 내용을 정리하기 (독해); 유도된 읽기	독일 도시 이름 쓰기 (맞춤법)
연습 2	주어진 표를 완성하기 (독해)	주어진 편지의 내용을 정리하기 (독해); 유도된 읽기	날짜를 쓰기 (베끼기), 문장 전체를 쓰기
연습 4	표에 동사형을 채워 넣기	문법의 의식화	개별적인 동사형을 쓰기
연습 5	빈칸 채우기: 대화 완성하기	주어진 동사를 적당한 문맥에 찾아 넣기	빈칸 채우기: 개별적인 단어들을 쓰기 (베끼기)
연습 7	대화 완성하기	대화의 부분들을 서로 짝맞추기	문장 전체를 쓰기
연습 17	빈칸 채우기: 편지	여러 단어가 들어갈 빈 자리를 자유롭게 채우기	문장 성분을 자유롭게 쓰기
연습 23	요약을 보고 편지 쓰기	편지의 중요한 부분들을 상당히 독자적으로 쓰기	자신이 만든 내용이 든 좀 긴 글을 독자적으로 쓰기

과제 9

표 B

	도구	무엇을 위한?	목표	어떤 목표?
연습 1	X	글의 내용 정리; 독해	?	도시 이름의 철자법
연습 2	X	글의 내용 정리와 문법(ihr / wir (2인칭 단/복수 인칭대명사, 역자 주))	?	맞춤법 연습(시각적, 운동신경적으로)
연습 4	X	문법의 의식화		
연습 5	X	이해 확인, 문법 연습 (ihr / wir)		
연습 7	X	질문과 대답을 서로 짝맞추기	?	쓰기 활동을 통한 연습(시각적, 운동신경적으로)
연습 17			X	자신이 만든 내용으로 빈칸을 채우기
연습 23			X	요약을 보고 편지 쓰기

표 C

	Themen 연습 2	Sowieso 연습 3 + 연습 5	Kontakte Deutsch
차이	연습은 낯선 어른에 대한 것이다	등장 인물들은 낯선 사람들이지만, 그래도 청소년들이다. 연습 3에서는 학생들 개개인이 참여하여 자기 자신의 편지를 쓸 수도 있다. 청소년들에게는 스스로 참여할 기회가 주어진다.	낯선 청소년들 이야기이기는 하다. 하지만 연습 전체의 목표는 마지막에 개인적인 정보를 포함한 자기 자신의 편지를 쓰는 것이다. 청소년들에게는 스스로 참여할 기회가 주어진다.
청소년들에게 적합		X	X
쓰기 기능을 기르는 데에 (특히) 적합		연습 3 적합하다.	아주 적합하다. 편지를 읽고 이해하는 데에서 출발하여 자신의 편지를 쓰는 데까지의 단계화된 연습

과제 11

	개별화 (가능성)
속도	속도가 더 빠른 학생은 더 긴 글을 쓰거나 (글에 포함시켜야 하는 정보가 다르다), 추가적인 과제를 하거나, 쓰기 연습을 마친 다음 다른 주제를 다룬다.
수준	더 잘 하는 학생은 더 어려운 과제를 받는다 (아니면 포함시킬 정보를 덜 받는다. 예를 들면, 요약을 받지 않는다). 반면에, 뒤떨어지는 학생은 도움이 되도록 더 정보를 많이 받는다 (예를 들면 요약).
관심	모든 학생들은 과제에서 주어진 정보를 벗어나지 않는 범위 내에서 자신이 특별히 관심이 있는 분야에 대해서 쓴다 (예를 들면 자신의 취미, 미래에 대한 꿈, …에 대한 생각 등). 형태: 자유로운 발화 기회 (자유로운 텍스트), 선택할 수 있는 여러 개의 주제, 자료가 되는 여러 가지 그림.
작업 형태	서로 다른 학습 유형의 배려: 시각적-운동신경적: 내용이나 어휘의 기억은 쓰기와 문자의 모양을 통해 이루어진다; 총체적-연상적: 자유로운 쓰기; 체계적-분석적: 부분 기능들의 체계적이고 단계적인 배양; 사회적-의사소통적: 그룹에서 쓰기 또는 혼자 쓰기.

과제 12

외국어로 쓰기를 해야 하는 가장 중요한 이유:
- 의사소통의 필요
- 수업에서의 필요
- 학습 심리학적인 성찰
- 정신 활동을 조직하기 위한 쓰기

과제 13

	산출물로서의 쓰기	과정으로서의 쓰기
글의 종류	예를 들면 업무용 편지, 쇼핑 리스트, 신문 기사, 연애 편지	예를 들면 편지쓰기나 메모하기
목표	정보의 전달	지식의 획득, 정신적인 활동의 구조화
특징	A가 B에게 무엇인가를 전달한다. 산출물로서의 쓰기는 정보를 전달한다. 선형적 과정	쓰는 사람은 글을 쓰면서 자신의 사고를 발전시킨다. 쓰기는 인식을 가지고 오며, 사고를 대상으로 파악하게 만들어주며, 흐름을 느리게 만든다. 동심원적 과정 (원형의 움직임)

과제 14/15

	주문장	접속사	
1a	er hat …	und aber denn doch jedoch oder sondern	er hat …
예문:	In Geislingen ist es toll	und	meine Gastfamilie ist sehr nett.
1b	er hat …	deshalb dann	hat er …

		trotzdem also da deswegen darum	
예문:	Ich habe schon viele Freunde.	Trotzdem	habe ich nachts Heimweh.

2	er hat …	weil
		obwohl
		dass
		    als
		    bevor
		    damit
		    (so) dass
		    ehe
		    nachdem
		    ob
		    wie
		    während
		    wenn
		    womit
			er … hat

예문:	Er blieb ein Jahr länger in Geislingen.	weil	es ihm dort so gut gefiel.

과제 16

1. 연상망과 단어 다발

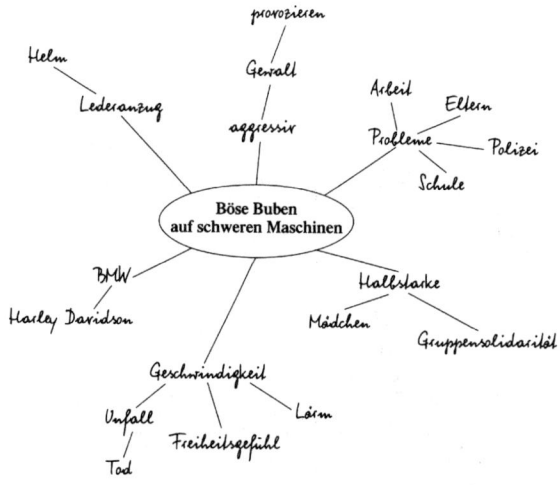

2. 짧은 문장들

Sie sind aggressiv.
Sie haben Probleme   – mit den Eltern.
                      – mit der Polizei.
                      – in der Schule.

Sie bilden Gruppen.
Man nennt sie Halbstarke.
Sie provozieren die Leute.
Sie beeindrucken die Mädchen.
Sie sind stolz auf ihre BMW-Maschine.
Sie lieben die Geschwindigkeit.
Sie fahren zu schnell.

3. – 5. 내용상의 순서결정과 첨삭:

Böse Buben auf schweren Maschinen

(sie sind noch nicht erwachsen.)

Man nennt sie Halbstarke.
In der Gruppe fühlen sie sich wohl.
Sie suchen die Gruppensolidarität.

(Sie sind stolz darauf.)

Die Eltern verstehen sie nicht.
Sie haben Probleme mit den Eltern
und mit der Polizei. Sie fahren zu schnell.
(mit ihren schweren Maschinen)
Sie sind aggressiv und gewalttätig.
wollen wirken
(Die Leute beschweren sich.)
Sie provozieren die Leute
mit Lärm, schnellem Fahren.
Sie tragen enge schwarze Lederanzüge.
Das gefällt den Mädchen
(die Mädchen dürfen mitfahren)

In ihrem Leben haben sie keine Freiheit, nur Probleme. Die Geschwindigkeit gibt ihnen ein Gefühl von Freiheit. Sie vergessen ihre Probleme. Sie fühlen sich stark.

Sie fahren zu schnell.
Sie haben schwere Unfälle.

6. "이야기": 중형 오토바이를 탄 불량청소년들

6. Böse Buben auf schweren Maschinen

Die "bösen Buben" sind (gar nicht "böse,") es sind "Halbstarke". Man nennt sie so, weil sie noch nicht erwachsen sind, aber sich stark wollen. Weil ihre Eltern sie nicht verstehen, treffen sie sich in Gruppen. Dort finden sie Solidarität. Sie sind stolz auf ihre schweren Maschinen (BMW oder Harley Davison). Mit diesen Maschinen fahren sie schnell und agressiv, um die Leute zu provozieren. Deshalb bekommen sie auch häufig Probleme mit der Polizei, denn die Leute beschweren sich über den Lärm und das schnelle rücksichtslose Fahren. Doch die Geschwindigkeit gibt ihnen ein Gefühl von Freiheit. Dann vergessen sie ihre Probleme. Obwohl sie sehr gut fahren können, gibt es immer wieder Unfälle und Tote. Dann fragen sich alle, wie das passieren konnte.

	지시를 주는 접근법	텍스트 언어학적 접근법	과정 중심의 접근법
특징	- 통제가 많다 - 재생산의 성격이 강한 편이다	- 텍스트 언어학의 질문: 무엇이 텍스트를 텍스트로 만드는가? - 의사소통적인 질문: 누가 누구를 위해 쓰는가?	- 텍스트를 쓰는 일과 쓰는 사람에 처음부터 관심의 초점을 맞추며, 가장 중요한 관심사는 글을 쓰는 과정 자체이다.
강점	- 무엇을 써야 하는지를 학생들이 정확하게 알 수 있다 - 적절한 양의 구조와 개별 요소들을 연습한다	- 무엇이 글을 만드는지, 그 자질들을 다룬다. - 텍스트 분석이 중심이 된다	- 단계적인 구성을 통해 어떻게 단어와 문장에서 글이 형성되는지를 보여준다 - 쓰기 과정에 의식적으로 접근한다 - 텍스트 전체를 본다
약점	- 대개 주어진 구조의 재생산에서 그친다 - 어떻게 재생산에서 자유로운 쓰기로 갈 수 있는지를 보여주지 않는다. - 글의 구조에 대한 연습이 없다. - 한번에 텍스트 쓰기를 요구한다.	- 텍스트에 대한 지식으로 어떻게 쓰기능력을 키울 수 있는가 하는 질문에 대한 대답을 주지 않는다.	- 부분적인 기능들이 제대로 연습되지 못할 위험이 있다. - 최종 결과물을 가지고 충분히 작업을 하지 못할 위험이 있다. (특히 중요한 점은 오류를 어떻게 다룰까 하는 점이다.)

과제 18

	연습 1	연습 2
여기서 연습하는 것은:	서식 쓰기(=실제적 글의 종류)	개인적인 편지를 쓰기 위한 연습
쓰기 과제의 종류	서식 쓰기 즉, 이미 구조가 짜인 글에 개인적인 정보를 채워 넣기	빈칸 채우기: 편지의 구조와 문장의 구조는 이미 주어져 있고, 개인적인 정보만 채워 넣으면 된다; 수용적-생산적
이 과제는 - 아주 의미가 있다 - 꽤 의미가 있다 이유:	매우 의미가 있다. 글의 종류로서 어학강좌에 참여하기 위한 장학금을 신청하는 신청서는 독일어 학습자들에게 중요하기 때문이다.	상당히 의미가 있다. 자유로운 글쓰기로의 중간 단계일 수 있기 때문이다.

과제 20

und를 가지고: **Und nun du! Udo nimmt Dosenbier!**
Blumen을 가지고: **Barbara lacht und muss einmal niesen.**
여기에서 보는 것처럼, 단어가 길수록 과제는 어려워지고 학습자들은 시간을 많이 필요로 한다.

과제 22

1. 도식이 있으면, 가족 구성원의 명칭 뿐 아니라 가족 구조 내에서의 그들 각각의 위치까지도 분명해진다.
2. 장점: 선지식을 활성화할 수 있고 어휘를 능동적으로 연습할 수 있다.
3. 대화를 통해 (말을 하는 단계에서) 학습자들은
    a) 자신이 무엇을 이미 알고 있고, 무엇을 아직 모르고 있는가를 의식하고,
    b) 단어의 의미와 친족들의 관계를 의식적으로 공부하며,
    c) 한 사람이 가지고 있는 지식은 다른 사람 모두에게 도움이 된다.

생략하기 이전의 전체적인 도식:

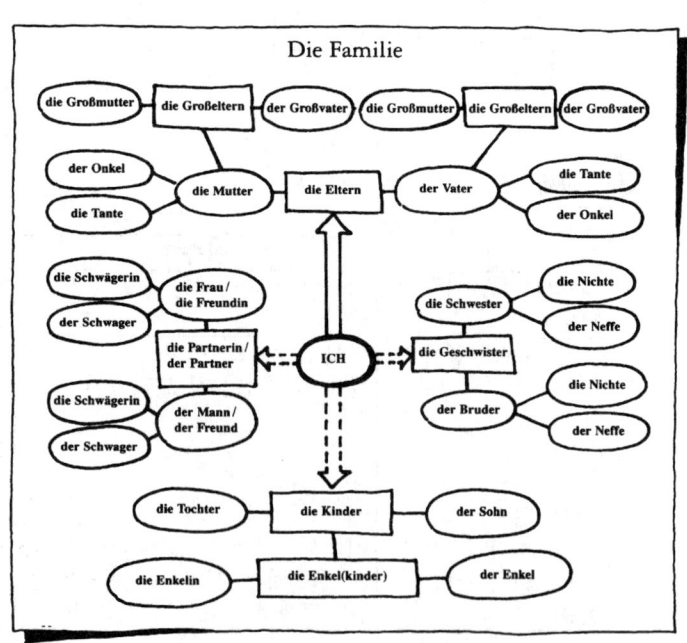

Häublein u. a. (1995), 22

과제 24

가능한 과제 한 가지: 글을 읽고 다음 표를 완성하세요.
집안에는 무엇이 있습니까?

기본적으로 필요한 물건	전시용 물건	무엇에 사용하는 물건인가?
의자	소파, 소파세트	앉기 위해
책상	밥을 먹고 글을 쓰고 놀고 일하기 위한 책상	밥을 먹고 글을 쓰고 놀기 위해
침대	침실 가구	잠을 자기 위해
장	장식장	살림살이를 위해

(학생들이 써 넣을 만한 답안)

과제 26

학급에서 단계화된 연습을 조직하는 방법:
1. 각각의 하위 주제에 관한 연습은 두 명이나 세 명씩 그룹을 지어서 한다.
2. 새로운 주제를 받기 위해 그룹들끼리 연습지를 바꾼다.
3. 단어를 이해하지 못하거나 해결책에 동의하지 않는 경우, 각각의 그룹은 학급 전체 앞에서 다른 그룹의 주제에 관한 질문을 한다. 교사는 수정을 하거나 설명을 할 수도 있다.
4. "머릿속 여행"은 각자 한다.

경고: 수업시간 내에 글까지 써야 한다면 준비하는 (단계화된) 연습에 시간을 너무 소모해서는 안 된다. 너무 길고 지루해지면 안 되기 때문이다. 연습단계가 길 경우에는 그 전 차시에 하는 것이 낫다. 그 경우에는 집에서 연습과제에 주어진 맥락 안에서 어휘를 다시 한 번 공부할 수도 있다.

음식 준비와 요리"라는 주제에 관한 예
    채소/생선/양파를 잘게 썬다
    고기/생선/계란을 볶는다/지진다
    반죽/채소를 준비한다
    식탁을 차린다/치운다/정리한다
    우유를 끓여올린다
    국/소스에 양념을/간을 한다
    음식/국/죽을 끓인다

a) baden, b) schwierig, c) zu schwierig, d) blond, e) nimmt, f) gut laufen 은 안 된다.

2. 넓적하고 둥근 코   힘있고 숱이 많은 머리
   크고 미운 코   잡티가 많은 피부
   누렇고 미운 이   둥글고 통통한 볼
   색이 흐리고 뚫어지게 바라보는 눈   둥근 턱
   부드러운 눈빛   넓은 어깨

과제 28

우리가 생각한 답:
1. 연상표:

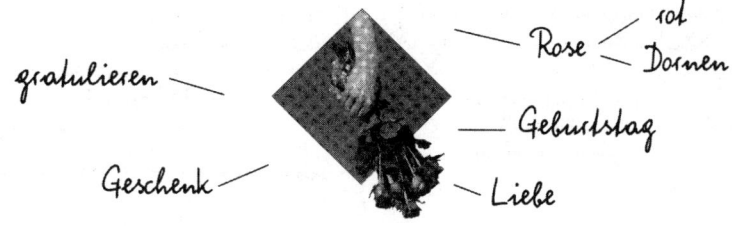

2. 글

　나는 오늘 17살이 되었다. 오후에는 친구 몇 명을 초대했었는데, 갑자기 대문에서 초인종이 울렸다. 문앞에는 슈테판이 붉은 장미꽃 한 다발을 들고 서 있었다. 그는 "생일 축하해!"하고 말하고는 꽃다발을 건넸다. (붉은 장미=사랑!)

과제 29

	연상표	브레인스토밍	마인드맵
특징	1. 개별 작업 또는 그룹 작업 2. 어떤 주제에 대해 생각나는 것을 즉시 "단어 고슴도치" 모양으로 기록한다. 3. 그 다음에는 개념들을 더 확장하거나 서로 결합시킨다.	1. 그룹 작업 2. 아이디어를 무질서하게 수집한다. 해서는 안 되는 생각이란 없다. 3. 그 다음에는 중요한 내용에 따라 정리를 하고, 상위개념에 따라 분류를 하기도 한다.	1. 개별 작업 또는 그룹 작업 2. 위계구조, 상징: 나무: 줄기와 굵고 가는 가지 3. 텍스트를 분석하거나 텍스트 산출을 위해 구성을 할 때 쓰인다.

과제 31

과제 32

1. Mir ist in der Schule mal was sehr Komisches passiert. ...
2. Ich glaub', das war in der zweiten Kasse, oder so.
3. Wir hatten hinter unserer Schule so 'nen Garten, und da haben wir oft in der Pause gespielt.
4. Einmal hab' ich da ein paar Schnecken entdeckt, und als die Pause dann rum war, hab' ich sie einfach in das Klassenzimmer mitgebracht und in meinem Pult versteckt.
5. Im folgenden Unterricht hab ich dann natürlich dauernd an meine Schnecken gedacht und als wir dann ...

과제 33

1. 깡통으로 하는 받아쓰기에서는 맞춤법을 아주 집중적으로 연습하게 된다.
   - 제대로 쓰인 텍스트를 총 세 번 읽는다(시각적으로 수용한다): 글자의 모양이 각인된다.
   - 텍스트를 기억하고 쓴다.

- 어떻게 쓸까에 대해서 짝끼리 이야기를 하고, 오류의 원인에 대해서도 이야기한다.
- 어디가 부족한가를 확인할 뿐 아니라 새로운 것을 배운다.

2. 나이가 적은 학습자들에게 적합하다.

과제 34

> Es war einmal ein kleiner Junge. Der war erkältet, denn er hatte sich nasse Füße geholt und niemand konnte begreifen, wo er sie herbekommen hatte, weil es ganz trockenes Wetter war. Nun zog seine Mutter ihn aus, brachte ihn zu Bett und dann ließ sie die Teemaschine hereinkommen, um ihm eine gute Tasse Holundertee zu machen, denn das wärmt. Im selben Augenblick kam der alte Mann zur Tür herein, der ganz oben im Haus wohnte und ganz allein lebte, denn er hatte weder Frau noch Kinder. Er hatte aber alle Kinder so gern und wußte so viele Märchen oder andere Geschichten zu erzählen, daß es eine Lust war. ...

nach: Häcker/Häcker-Oswald (1996), 36

과제 35

> „Aufstehen! Es ist schon spät!", hörte ich meine Mutter rufen. Ich antwortete: „Heute ist doch Sonntag! Warum muss ich auch heute so früh aufstehen?" „Susanne hat Recht!", rief mein Vater. „Wir bleiben heute ja zu Hause!" Meine Mutter meinte dann: „Aber das ist kein Grund, einfach faul im Bett liegen zu bleiben." „Wollen wir spazieren gehen?", fragte ich die Großmutter. „Ich weiß nicht", antwortete sie, „es ist heute so kalt." „Wenn du willst", sagte mein Bruder, „gehen wir heute Abend ins Konzert."

nach: Jenkins u. a. (1992), 113

과제 36/37.2.

2. 텍스트 B

> *Der Traum der Königstochter*
> Es war einmal ein König. Dieser König hatte eine Tochter. Die Tochter hatte jede Nacht einen Traum: Ein Drache wollte sie rauben. Der König befragte alle Psychologen in seinem Land. Aber keiner konnte die Bedeutung erklären. Die Tochter wurde immer trauriger. Eines Tages lernte sie einen jungen Psychologiestudenten kennen. Er erklärte ihr die Bedeutung des Traums. Da freute sich die Prinzessin. Sie heiratete den Studenten und studierte auch Psychologie. Sie bekam ein Kind, nachdem sie das Examen hatte. Es sieht ein bißchen aus wie ein Drache. Aber sie hat es bisher noch nicht gemerkt.

Bornebusch u. a. (1989), 209

3. 주격(주어)와 동사의 목적격 보족어(문장의 목적어)가 서로 바뀌었다.

과제 37

3. 동사의 목적격 보족어(문장의 목적어)는 새로운 정보를 담고 있다. 그리고 (대개) 문장의 처음이 아니라 문장의 마지막에 (동사보다 뒤에) 놓인다.

과제 38

상위 테마: 공주의 꿈
하위 테마 1: 왕
하위 테마 2: 왕의 딸
하위 테마 2a: 심리학 전공 학생과의 결혼과 아이

과제 39/40/41

1. 테마를 다시 거론한다. 7행: 소유격.
2.

Der Traum der Königstochter
Es war einmal ein König.
Dieser König hatte eine Tochter.
Die Tochter hatte jede Nacht einen Traum:
Ein Drache wollte sie rauben.
Der König befragte alle Psychologen in seinem Land.
Aber _keiner_ konnte die Bedeutung erklären.
Die Tochter _des Königs_ wurde immer trauriger.

```
        Eines Tages
            lernte    sie      einen jungen Psychologiestudenten kennen.
                              Es    erklärte ihr die Bedeutung des Traums.
        Da freute sich die Prinzessin.
                        Sie    heiratete den Studenten und Psychologie
            studierte   sie    auch.
                        Sie    bekam ein Kind,
            nachdem     sie    das Examen hatte.
                              Es    sieht ein bißchen aus wie ein Drache.
            Aber        sie    hat es bisher noch nicht gemerkt.
```

과제 42

글 A: 하이케

1. 과제:

이 글을 새로 써 보시오. 문장을 시작할 때마다 줄을 바꾼다.

<u>학생 답안</u>:

1. *Heike Pösche ist 16 Jahre alt und Gymnasiastin.*
2. *Sie möchte später Architektin oder Fotografin werden.*
3. *In ihrer Freizeit spielt sie intensiv Volleyball.*
4. *Sie reitet gern, spielt Klavier und freut sich im Sommer auf das Segeln.*
5. *Heike träumt von einem Bauernhof mit vielen Tieren und einer Menge Kinder.*

2. 텍스트 구조:

문장들을 보시오. 각 줄의 맨 앞, 즉 문장의 맨 처음에는 무엇이 오는가? 문장의 맨 처음에 나오는 문장 성분을 색연필로 표시해 보시오.

학생들의 답안: 테마 + 그 테마에 대해서 말해지는 내용

문장 1: 이름   하이케 픽세   테마 +
문장 2: 대명사   그녀의   + 테마 +
문장 3: 시간 표현   시간이 있을 때   + 주제
문장 4: 대명사   그녀는   테마 +
문장 5: 이름   하이케는   테마 +

동사 다음에는 무엇이 오는가? 다른 색으로 표시해 보시오.

<u>교사를 위한 도움말</u>:
　　네 개의 문장이 하이케를 지칭하는 것으로 시작한다. 하이케는 이 글의 테마이다. 각각의 문장에서는 이 테마에 대해 무엇인가가 말을 한다. 이것을 그림으로 나타낼 수도 있는데 (글 옆의 그림), 그러면 포크처럼 된다. 인물을 소개하는 글은 흔히 그렇다. 문장 3에서도 똑 같은 구조를 발견할 수 있지만 문장의 시작은 다르다.

3. 학습자들로 하여금 또 무엇에 주의를 기울이게 해야 할까?
　<u>교사를 위한 도움말</u>:
　　- 주어에 있어서 세 가지 서로 다른 형태들: 성과 이름, 이름, 인칭 대명사: 표현의 변화!
　　- 문장 3에서는 다른 문장성분이 맨 앞에 놓였다. '그녀는 시간이 있을 때 배구를 열심히 한다.'라고 말할 수도 있는가? (포크!) 있다.
　　왜 여기서는 문장이 다르게 시작할까? 변화를 주기 위해서!!! 강조를 하기 위해서. 테마, 하이케의 이름은 어디로 가는가? – 동사 다음으로 간다.

4. 산출적인 쓰기 과제:
　　자기 자신이나 다른 사람에 대하여 인물을 소개하는 글을 써 보시오. 예로 든 글에서처럼 문장의 시작을 변화시켜 보시오. (그렇게 하고 싶다면, 일단은 문장을 먼저 매번 줄을 바꾸어 가며 쓰고 언제나 똑같이 시작할

수도 있다. 그 다음에는 문장의 시작에 어떻게 변화를 줄 수 있을까를 생각해 보고 계속해서 글을 고쳐 쓴다.)

글 B: 브레넬리의 정원

1. 과제:

이 글의 처음 여섯 문장을 새로 써 보시오. 문장을 시작할 때마다 줄을 바꾼다.

<u>학생 답안:</u>

Satz 1: Vor langer, langer Zeit wohnte eine Witwe im Glarnerland.

Satz 2: Sie hatte eine große. schöne Alp auf dem Glärnisch.

Satz 3: und sie verbrachte dort jeden Summer zusammen mit ihrer Tochter Vreneli.

Satz 4: Vreneli gefiel das Leben auf der Alp sehr gut.

Satz 5: Jeden Tag half sie ihrer Mutter bei der Arbeit.

usw.

2. 텍스트 구조

a) 문장의 맨 처음에 무엇이 있는가?

<u>학생 답안:</u>

Satz 1: Vor langer, langer Zeit (Temporalangabe)

Satz 2: Sie (=eine Witwe)

Satz 3: und sie (=eine Witwe)

Satz 4: Vreneli

Satz 5: Jeden Tag (Temporalangabe)

= unterschiedliche Satzanfänge, 2 mal Temporalangabe

b) 어떤 인물에 대해 무엇인가가 말해지면 그 인물을 원으로 표시하시오 (서로 다른 빛깔로). 그 원들을 선으로 연결하시오. (인물들이 텍스트 안에서 "돌아다니는" 것을 볼 수 있다.)

c) 이제 그 글을, 구조를 알아볼 수 있도록 칠판에 쓰고 문장 3과 4 사이에 계단을 그려 보시오.

   Eine Witwe wohnte im Glarnerland.
   Sie hatte eine schöne Alp.
   Sie verbrachte dort jeden Sommer mit ihrer Tochter Vreneli.
          Vreneli gefiel das Leben auf der Alp.

3. 학습자들로 하여금 또 무엇에 주의를 기울이게 해야 할까?
   - 문장 3은 접속사로 시작한다. ― 독일어에서라면 어순에 주의해야 한다.
   - 동화에서는 문장이 시간 표현으로 시작하는 경우가 많다.
   - 두 번째 단락은 "포크"인가 "계단"인가? 학생들이 구조를 스스로 찾아내게 하시오. (해답: 문장 1-3: 포크, 문장 3-4: 계단, 문장 5: 다시 포크로 돌아오지만 문장은 시간 표현으로 시작한다.)

4. **산출적인 쓰기 과제**:
  이 이야기를 계속해서 써 보시오. 문장을 어떻게 시작할지 잘 생각해 보시오. 다른 방법 한 가지가 있는데, 학생들의 능력에 따라서는 이것이 더 쉬울 수도 있다. 교사는 문장의 구성 성분들을 학생들에게 주고, 학생들은 그것들을 이용해서 동화를 계속 쓰지만 마지막 문장은 자유롭게 쓴다. 예를 들면,

1. *traurig/war/sie/sehnte sich/denn/sie/nach dem Leben/in den Bergen*
2. *der Frühling/endlich/als/wiederkam/zogen/mit den Kühen/Vreneli und ihre Mutter/ auf die Alp*
3. *Vreneli/den ganzen Sommer über/glücklich/war*
4. *im Herbst/Vreneli/wollte/nicht/die Alp verlassen*
5. *sie/wollte/Blumen pflanzen/auf dem Berg/oben*
6. *Vrenelis Mutter/aber/nicht/ihre Tochter/alleine lassen/wollte*
7. *bie Nacht/Vreneli/stieg/auf den Berg/heimlich*
8. + 9. ...

해답: Sie war traurig, denn sie sehnte sich nach dem Leben in den Bergen. Als der Frühling endlich wiederkam, zogen Vreneli und ihre Mutter mit den Kühen auf die Alp. Vreneli war den ganzen Sommer über glücklich. Im Herbst wollte

Vreneli die Alp nicht verlassen. Sie wollte auf dem Berg oben Blumen pflanzen. Vrenelis Mutter wollte ihre Tochter aber nicht alleine lassen. Bei Nacht stieg Vreneli heimlich auf den Berg. ... (Wie die Geschichte weitergeht, erfahren Sie in Kapitel 2.2.2, S. 69).

과제 43

오른쪽에 있는 글이 원래의 텍스트이다. 그 글의 특징은 기자가 긴장을 고조시키기 위해서 문장을 매우 강조를 하며 시작한다는 점이다.

Satz 1: *Mit Schädelbrummen* ...

Satz 3: *Im selben Moment* ...

Satz 4: *Bewusstlos* ...

Satz 6: *Den Täter* ... (sehr auffällig: die Akkusativergänzung am Satzanfang)

Satz 8: *Bekleidet* ...

<u>문장 시작의 중요성을 연습하는 연습 방법</u>에는 예를 들어서 다음과 같은 것들이 있다.
- 문장을 세로로 나열하고 어떤 문장 성분이 문장의 맨 앞에 놓이는지 분석하기(독일어 문법에서는 Position 1이라고 한다)
- 과제 43의 신문기사에서처럼, 두 가지 서로 다른 형태를 대조하기. 문장의 시작을 비교하고 효과를 분석하기
- 한 글의 문장들을 각각의 구성 성분 / 문장 성분으로 분해하고 섞어놓기(왔다/그녀는/아침에...). 그 다음에 그것을 바탕으로 글을 재구한다.

과제 45

1. *obwohl*; 2. *denn*; 3. *dann*; 4. *während*; 5. *da*; 6. *doch*; 7. *weil*; 8. *und*; 9. *aber*; 10. *nachdem*; 11. *dann*; 12. *bevor*; 13. *denn*

과제 47

빈칸 채우기	이 유형의 연습은	미완성의 문장
☐	산출적이다	☒
☒	수용적-산출적이다	☐
☐	학생 중심이다	☒
☐	창조적이다	☐
☒	학습 결과를 확인하는 데 적당하다	☐

과제 48

	글 A (원문)	글 B (조작된 글)
차이	문장과 그 부분들은 접속사로 연결되어 있다.	접속사가 없다.
이해하기에 더 쉽다 / 어렵다	이해하기 쉽다. 문장 간의 논리적인 관계가 분명하게 표현된다, 예를 들면 둘째 줄에서 Als sie weitergehen wollte, knickle sie ein...	독자는 문장 간의 논리적인 관계를 스스로 구성해야 한다. 이해가 어려워진다.
문법적으로 더 단순하다 / 쉽다-왜?		문법적으로 더 단순하다. 접속사나 복잡한 부문장, 동사의 위치 등등이 필요 없기 때문이다.
더 "좋은" 것? -왜?	제대로 된 이야기이기 때문에 더 좋다. 글이 더 부드럽고, 이야기의 박자가 느려지는 부분과 긴장을 고조시키는 요소들이 번갈아 나타난다.	글을 뻣뻣하고 부자연스럽게 들린다. 느리고 빠른 변화가 없다.

과제 49

a) Er findet Regen schön.

b) Der Regen stört ihn nicht beim Spazierengehen:

  Er geht spazieren, obwohl es regnet.

c) Später beginnt es zu regnen, er will vorher noch spazieren gehen:

  Er geht spazieren, bevor es regnet.

d) Er geht spazieren, dann regnet es.

과제 50

Satzversion A

1. ⎡ Kostas war ein Student aus Griechenland.
   ⎣ Kostas machte einmal eine Reise durch Deutschland.
2. ⎡ Kostas besuchte viele Städte.
   ⎢ Kostas wollte das Leben auf dem Lande kennenlernen.
   ⎣ Kostas wanderte über Felder und Wiesen.
3. ⎡ Kostas war glücklich.
   ⎢ Das Wetter war schön.
   ⎣ Die Landschaft gefiel Kostas gut.
4. ⎡ Eines Tages kamen plötzlich viele Wolken aus dem Westen.
   ⎢ Kostas war im Schwarzwald.
   ⎣ Schon nach einer Viertelstunde war der Himmel ganz dunkel.
5. – Es begann kräftig zu regnen.
6. ⎡ Kostas näherte sich zum Glück einem Dorf.
   ⎣ Das Dorf konnte Kostas Schutz vor dem Regen bieten.

☐ Diese Sätze werden verknüpft.

Kostas immer gleiche Nennung: der Name des Studenten

Textversion A Grammatische Struktur

1. ⎡ Kostas, ein Student aus Griechenland, machte   Apposition
   ⎣ einmal eine Reise durch Deutschland. Er be-
2. ⎡ suchte viele Städte, aber er wollte auch das   Konnektor – adversativ
   ⎢ Leben auf dem Lande kennenlernen, und so   Konnektor – kopulativ + Partikel
   ⎣ wanderte er über Wiesen und Felder. Er war   →
3. ⎡ glücklich, denn das Wetter war schön und die   Konnektor – kausal
   ⎣ Landschaft gefiel ihm gut.   Konnektor – kopulativ
4. ⎡ Eines Tages, als er im Schwarzwald war, ka-   → Konnektor – temporal
   ⎢ men plötzlich viele Wolken aus dem Westen,   Konnektor – kopulativ
   ⎣ und schon nach einer Viertelstunde war der
5. – Himmel ganz dunkel. Und dann begann es   → 2 Konnektoren – kopulativ + temporal
   kräftig zu regnen. Zum Glück näherte sich   → Satzgliedumstellung
6. ⎡ Kostas gerade einem Dorf, das ihm Schutz vor   → Relativsatz
   ⎣ dem Regen bieten konnte.

☐ Der Student wird nur zweimal mit seinem Namen bezeichnet, in allen anderen Fällen wird mit Hilfe von Personalpronomen auf ihn „verwiesen" (siehe Kapitel 2.2.5).

→ Die Pfeile weisen auf die veränderte Wortstellung hin.

과제 52

C를 문장으로 쓰면 다음과 같이 될 수도 있다.

Kostas nahm einen Bleistift.

Kostas zeichnete auf eine Serviette einen Pilz.

Kostas hatte Appetit auf Pilze.

Der Wirt sah die Zeichnung.

Der Wirt nickte mit dem Kopf.

Der Wirt ging aus der Gaststube.

Kostas freute sich auf das Essen.

Kostas freute sich besonders auf die Pilze.

Kostas freute sich zu früh.

Der Wirt brachte Kostas keine Pilze.

Der Wirt brachte Kostas ... einen Regenschirm.

Dahl/Weis (1988), 867

과제 53

방법 A

- 주어진 글을 낱낱의 문장으로 쓴다.
- 학생들은 낱낱의 문장들을 원래의 글과 비교하고 차이가 무엇인지를 찾는다.
- 원문에서 낱낱의 문장들을 연결하는 접속사와 다른 요소들에 밑줄을 친다.
- 문법적인 핵심어들을 적는다.

방법 B

- 주어진 글을 낱낱의 문장으로 쓴다.

- 학생들은 낱낱의 문장들을 이용해서 텍스트를 만든다.
- 학급에서 여러 텍스트들을 비교하고 가장 좋은 것을 골라서 함께 수정한다.
- 학생들이 쓴 글을 원문과 비교하고 그것들에 대해서 이야기한다.

과제 55

2. Eine alte Dame, die auf dem Zebrastreifen steht, sieht entsetzt die Lichter des Autos auf sich zukommen.
3. Einen Augenblick später kommt das Auto kurz vor dem Zebrastreifen auf der regennassen Straße ins Schleudern.
4. Das Auto erfasst die hilflose Dame mit der Stoßstange und reißt sie zu Boden.
5. Blass vor Schreck steigt der angetrunkene Fahrer aus dem Wagen und kommt der auf dem Boden liegenden Dame zu Hilfe (um der auf dem Boden liegenden Dame zu helfen).

여러분은 아마 문장들을 서로 연결하는 데에는 여러 가지 가능성이 있음을 스스로 깨달았을 것이다.

과제 56

가능한 답안:

1. Beispiel 1 a) + b):
Ein kleines schwarzes Auto fährt kurz vor Mitternacht auf die Kreuzung.
Beispiel 2 a) + b) + d):
Eine alte Dame steht auf dem Zebrastreifen und sieht die Lichter des Autos auf sich zukommen.
Beispiel 3 a) + b):
Einen Augenblick später kommt das Auto auf der regennassen Straße ins

Schleudern.

Beispiel 4 a):

Das Auto erfasst die hilflose Dame mit der Stoßstange.

Beispiel 5 a) + c) + e):

Der angetrunkene Fahrer steigt aus dem Wagen und hilft der auf dem Boden liegenden Dame.

2. Adjektivdeklination (Beispiel 1, 2, 4, 5), Konnektor *und* (Beispiel 2, 5), Satzgliedstellung: Zeitangabe vor Ortsangabe (Beispiel 1), Subjekt nach dem Verb bei Zeitangabe am Satzanfang (Beispiel 3).

'사고/교통'이라는 주제에 관한 이런 연습은 분명히 첫 해의 끝무렵의 수업에 포함시킬 수 있을 것이다.

과제 57

1. Ein junger Mann kam gestern nachmittag auf die Polizeistation in der Herderstraße.
2. Er wollte eine schwarze Tasche, die er in der Hauptpost gefunden hatte, abgeben. (Er wollte eine in der Hauptpost gefundene schwarze Tasche abgeben.)
3. Die Polizisten öffneten die Tasche und fanden darin eine große Summe Geld.

이야기:

Gestern nachmittag kam ein junger Mann auf die Polizeistation in der Herderstraße und wollte eine schwarze Tasche, die er in der Hauptpost gefunden hatte, abgeben. Als die Polizisten die Tasche öffneten, fanden sie eine große Summe Geld.

과제 58

가능한 답안:

과제

낱낱의 문장들을 가지고 하나로 짜인 글, 사고의 보고서를 만드세요.

　A 그룹은 경찰이 쓰는 보고서를 만든다.

　B 그룹은 목격자의 관점에서 진술문을 쓴다.

　C 그룹은 사고를 당한 나이 많은 여자의 관점에서 쓴다.

　D 그룹은 운전자의 관점에서 쓴다.

예문

a) Polizeibericht: sachlich ohne persönliche Meinungsäußerung
   Kurz vor Mitternacht fuhr Herr X mit seinem Auto auf die Kreuzung …straße/…straße. Frau Y überquerte gerade die …straße auf dem Zebrastreifen. Das Auto kam auf der regennassen Straße ins Schleudern und erfasste die alte Dame. Herr X war zwar angetrunken, aber er stieg sofort aus und half der hilflosen Dame wieder auf die Beine.

b) Augenzeugenbericht: bemüht sich um Sachlichkeit, bringt sich selbst ins Spiel
   Es war kurz vor Mitternacht. Ich war gerade auf dem Nachhauseweg. Da sah ich, wie ein kleines schwarzes Auto auf die Kreuzung fuhr und plötzlich ins Schleudern kam. Auf dem Zebrastreifen überquerte gerade eine alte Dame die Straße. Ich sah, wie sie von dem Auto erfasst wurde und stürzte. Ich wollte zu ihr eilen, um ihr zu helfen. Als ich sie erreichte, hatte der Fahrer des Wagens ihr schon wieder auf die Beine geholfen.

c) Die alte Dame: persönliches Erleben, emotional
   Ich überquerte gerade die …straße, da sah ich plötzlich die Lichter eines Autos auf mich zukommen. Ich spürte einen Stoß und stürzte zu Boden. Aber da war auch schon jemand bei mir und half mir wieder auf die Beine. Ich glaube, es war der Fahrer. Zum Glück hatte ich nichts gebrochen!

d) Der Fahrer: persönliches Erleben, Rechtfertigungsversuche
   Kurz vor Mitternacht fuhr ich auf die Kreuzung …straße/…straße. Es regnete und die Sicht war schlecht. Plötzlich kam mein Wagen auf der regennassen Straße ins Schleudern und ich spürte einen Stoß. Es gelang mir, den Wagen sofort zum Halten zu bringen. Ich stieg aus und half der alten Dame wieder auf die Beine. Zum Glück hatte sie nichts gebrochen.

과제 59

1. 가능한 과제:
여기 주어진 낱낱의 문장을 이용하여, 그 문장들이 모두 포함된 문장 하나를 만드세요.

Beispiel Text 1:

1. *Machu Picchu ist eine Stadt.*
   a) Die Stadt liegt in Peru.
   b) Die Stadt ist eine alte Inka-Stadt.
   c) Die Stadt ist weltberühmt.
   → <u>가능한 답안</u>: Machu Picchu ist eine weltberühmte, alte Inka-Stadt in Peru.

2. *In Machu Picchu sollte ein Konzert stattfinden.*
   a) Es war ein Gedenkkonzert für John Lennon.
   b) John Lennon war ein Beatle-Mitglied.
   c) John Lennon wurde ermordet.
   → <u>가능한 답안</u>: In Machu Picchu sollte ein Gedenkonzert für den ermoderten John Lennon, der früher ein Beatle-Mitglied war, stattfinden.

3. *Das Konzert wurde verboten.*
   a) Die peruanischen Behörden hatten Angst.
   b) Viele Menschen wurden erwartet.
   c) Die Ruinen von Machu Picchu werden beschädigt.
   → <u>가능한 답안</u>: Weil die Behörden Angst hatten, dass die vielen Menschen die Ruinen von Machu Picchu beschädigen würden, wurde das Konzert verboten.

Beispiel Text 2:

1. *Ein Mann fand einen Goldklumpen.*

   a) Der Mann war Goldsucher.

   b) Der Mann lebte in Ausstralien.

   c) Es war kurz vor Weihnachten.

   d) Er fand das Gold mit Hilfe eines Metalldetektors.

   → 가능한 답안: Ein Goldsucher in Australien fand mit Hilfe eines Metalldetektors kurz vor Weihnachten einen Goldklumpen.

2. *Das Gold ist viel wert.*

   a) Das Gold wiegt 2150 Gramm.

   b) Es lag unter einer Erdschicht.

   c) Die Erdschicht war 5 Zentimenter dick.

   d) Das Gold hat einen Wert von 50 000 DM.

   → 가능한 답안: Das Gold, das 2150 Gramm wiegt und einen Wert von 50 000 DM hat, lag unter einer 5 Zentimeter dicken Erdschicht.

Beispiel Text 3:

1. *Amrita Jhaveri ist ein indisches Fotomodell.*

   a) Sie präsentiert ein Halskollier.

   b) Das Kollier ist aus dem 17. Jahrhundert.

   c) Es stammt aus dem Besitz eines Maharadschahs.

   → 가능한 답안: Das indische Fotomodell Amrita Jhaveri präsentiert ein Halskollier aus dem 17. Jahrhundert, das aus dem Besitz eines Maharadschas stammt. .

2. *Das Kollier soll versteigert werden.*

   usw.

2. 변화시킬 수 있는 가능성:
   - 더 학습 진전이 빠른 학생에게는 이렇게 만들어낸 복합적인 문장으로 신문기사를 써 보라고 할 수도 있다. (그 다음 그 신문기사를 원문과 비교한다.)
   - 주어지는 정보의 양을 줄이거나 늘릴 수 있다.

Zum Beispiel Text 2:

주어지는 정보의 양을 늘이기:

1. *Ein Mann fand einen Goldklumpen.*
   - Der Mann war 50 Jahre alt.
   - Der Mann war Vater.
   - Der Mann hatte 5 Kinder.
   - Die Frau des Mannes war vor einem Jahr gestorben.
   - Der Mann lebte von der Sozialhilfe.
   - → 가능한 답안: Ein 50-jähriger australischer Goldsucher, Vater von 6 Kindern, dessen Frau vor einem Jahr gestorben war und der von der Sozialhilfe lebte, fand ...

usw.

주어지는 정보의 양을 줄이기:

1. *Ein Mann fand einen Goldklumpen.*
   a) Der Mann war Goldsucher.
   b) Der Mann lebte in Australien.
   → 가능한 답안: Ein Goldsucher in Australien fand einen Goldklumpen.

과제 60

Variante 1: Ich bin in Lindau, einer Stadt in Süddeutschland, gewesen. Dort bin ich in eine Sprachschule gegangen, weil ich Deutsch lernen wollte.

Meine Freundin Gynn und ich sind drei Wochen da gewesen.

Variante 2: Ich bin drei Wochen mit meiner Freundin Gynn in Lindau, einer Stadt in Süddeutschland, gewesen. Dort sind wir auf eine Sprachschule gegangen, um Deutsch zu lernen. Wir sind zwar jeden Tag zur Schule gegangen, aber ich weiß nicht, ob wir so viel gelernt haben.

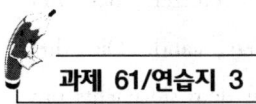
과제 61/연습지 3

연습 1:

   a) <u>Hans</u>   <u>Inge</u>
      ihm   sie
      er   ihr

   b) Hans möchte den ganzen Tag mit Inge, die ihm sehr gut gefällt, zusammen sein. Oder: Hans möchte den ganzen Tag mit Inge zusammen sein, weil sie ihm sehr gut gefällt.

연습 2:

   a) <u>ich</u>   <u>Freundin</u>
      meine   Conny
      ich   sie

   b) Das ist meine Freundin Conny, die ich sehr lieb habe.

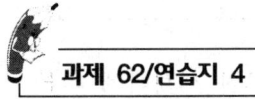
과제 62/연습지 4

1. a)

| *drei holländische Soldaten* |
| sie |
| ihrer |

b) Einen 100-Kilometer-Ausflug mit einem Panzer machten am Wochenende drei holländische Soldaten von ihrer Kaserne in Bergen nach Hamburg.

2. a)

Soldaten	Panzer
drei Ausflügler	er
sie	ihm
ihrem	Leopard II

b) Zum Beispiel: Polizisten fanden die Soldaten im Panzer, der mit eingeschalteter Warnblinkanlage auf einem Parkstreifen stand. Die drei Ausflügler schliefen seelenruhig in ihrem Leopard II, mit dem sie nachts um 3 nach Hamburg losgebraust waren.

3. a)

Soldaten	Militärpolizei
sie	die
ihnen	

b) Sie wurden der holländischen Militärpolizei übergeben, die mit ihnen zurück in die Kaserne fuhr.

과제 63/65

K 씨	어떤 사람	설계
Sie	ihm	er?
Sie	er?	ihm
Ich	ihm?	Wer?
	Wer?	

밑줄이 쳐진 대명사들은 옳다. 브레히트는 독자와 그의 세계관에 의문을 던지기 위해 다른 대명사들을 사용하고 있다.

과제 64

문법적인 형태가 이렇게 분류될 수도 있고 저렇게 분류될 수도 있기 때문이다. 세상에 대한 지식, 즉 어떤 사람과 비슷한 설계를 만들 수는 있어도 그 반대로 설계에 따라 그와 비슷한 사람을 만들 수는 없다는 지식이—한 순간 망설이고 생각을 해야겠지만—올바른 이해를 가능하게 해 준다.

과제 66

Der Löwe, der fliegen wollte

Es war einmal ein Löwe, der beneidete einen Adler um seine Flügel. Er ließ den Adler zu sich bitten, und als der Adler in der Löwenhöhle erschien, sagte der Löwe: "Gib mir deine Flügel, und ich will dir dafür meine Mähne geben."

"Wo denkst du hin, Bruder", erwiderte der Adler. "Ohne Flügel kann ich ja nicht mehr fliegen."

"Na wennschon", meinte der Löwe. "Ich kann auch nicht fliegen, und trotzdem bin ich der König der Tiere. Und warum bin ich der König der Tiere? Weil ich eine so prachtvolle Mähne habe."

"Gut", sagte der Adler, "einverstanden. Aber zuerst gib mir die Mähne."

"Komm her und nimm sie mir ab", forderte der Löwe ihn auf.

Der Adler ging näher heran, und der Löwe drückte ihn blitzschnell mit seiner großen Pranke zu Boden. "Her mit den Flügeln", knurrte er.

So raubte der Löwe dem Adler die Flügel, behielt jedoch seine Mähne. Der Adler war recht verzweifelt, bis er schließlich auf eine List verfiel.

과제 67

Liebe Barbara,

du hast morgen Geburtstag, Ich habe dich nicht vergessen. Deshalb habe ich dir ein neues Kleid gekauft. Ich bringe dir das Kleid morgen. Heute habe ich leider keine Zeit. Herzlichen Glückwunsch zum Geburtstag und alles Gute, deine Tante Inge.

과제 68

Herr Vogd	_de erste Mensch_
seiner	der
Er	einen jungen Mann
ihm	der
er	sein
Ich	Sie
unser Spaßvogel	Der Gefragte
mir	mir
den komischen Vogel	ich
Ihnen	Ich

과제 69

가능한 과제:

이 글은 "레오"에 관한 글입니다 (레오는 영화 타이타닉의 주인공 레오나르도 디 카프리오이다). 글에서는 "레오"가 여러 가지 이름으로 불립니다. 그 명칭들을 적어 보세요.

해답: Leo – von ihm – der süßeste Junge – er – Seine (Augen) – sein (Lächeln) – er – ihn – als Schauspieler – als Mensch

과제 70

1. 빈 칸에 옷에 관한 단어를 써넣어 보세요.
2. 원문에서는 a) *billiges Zeug*; b) *Markenkleidung*; c) *Kleider*.

과제 71

Lösungsvorschlag:

Die Frau, nenen wir sie Hanna, ist etwa 45 Jahre alt, aber sie sieht älter aus, denn sie hat ein schweres Leben gehabt. Sie lebt allein und ist sehr einsam. Ihr Mann ist schon gestorben und die Witwe arbeitet nun 7 Stunden am Tag als Putzfrau in einem großen Krankenhaus. *Dort* verdient sie gut, und sie hat enug zum Leben. Die Kinder sind schon verheiratet und leben im Ausland. Hanna ist im Alter religiös geworden und geht jeden Sonntag in die Kirche. *Jeden Abend* denkt die Mutter von drei Kindern an die Vergangenheit, an die Zeit, als sie mit ihrer ganzen Familie zusammenlebte und glücklich war. *Vor kurzem* hat die 45-Jährige eine Anzeige in der Zeitung aufgegeben: *nun* hofft sie auf ein Lebenszeichen ihrer Kinder.

(Die eingezeichneten Linien zeigen, wie Inhaltliches im weiteren Text in der Benennung aufgegriffen wird. Weisen Sie gegebenenfalls auch auf die (hier kursiv hervorgehobenen) Satzanfänge hin, die den Text stilistisch verbessern.

과제 72

	그 단어는 여기서 무엇을 가리키는가	지시어	원래 무엇을 가리키려는 의도인가
텍스트 1	zu den Soldaten verpflichten kann ich die Verpflichtung noch …	das	jetzt werde ich Vater
텍스트 2	Liebhaber den Liebhaber dann zu heiraten	ihn	Ehemann
텍스트 3	– weil das Schwein geschlachtet wird, kann meine Tochter …	das Schwein	meine Tochter

과제 73

어휘: 외모, 소습, 신체 부위, 때에 따라서는 의복에 관한 것
문법: 현재시제, 접속사 (그리고, 그러나, 그런데), 대명사, 어순에 관계된 단순한 규칙들, 문장 시작

과제 74

과제 a: 더 쉽다. 유도된 연습. 전체적인 틀과 언어적인 도구를 제공한다.
과제 b: 더 자유로운 과제. 요점과 글의 개략적인 구성 요소들은 스스로 만들어 내어야 한다. 표현 수단도 주어지지 않으며 학습자의 세계와 관련된다(인물의 선택)

과제 75

1~5단계의 예
역할: 짜증이 난 이웃 사람, 친구

1단계: 이웃 사람은 밤에 잠을 못 자서 피곤하고, 이웃 여자는 밤 12시에 목욕을 하며 노래를 했으며, 친구는 이웃이 노래하는 것을 아주 좋게 생각한다.

2단계: 대화	3단계: 대화의 성격
A: 아니, 무슨 일 있어? 왜 얼굴이 그래?	걱정스러움
B: 말도 마! 밤새 잠을 하나도 못 잤어!	투덜거림
A: 아니, 왜?	호기심, 관심
B: 왜, 우리 옆집 여자 있잖아. 그 금발 여자. 글쎄 한밤중에 욕조에서 노래를 하지 뭐야!	짜증
A: 그래? 좋지! 한밤중에 욕조에서 노래라. 무슨 노래를 하는데?	경탄, 큰 관심
B: 나는 사랑밖에 몰라요……	스스로 노래를 부른다
A: 나, 그 여자 좀 만나게 해 주면 안 될까?	요구를 한다

4단계: 우베가 친구 콘라트에게 걱정스럽게 물었다. "아니, 무슨 일 있어? 왜 얼굴이 그래?" 콘라트가 투덜거렸다. "말도 마! 밤새 잠을 하나도 못 잤어!" "아니, 왜?"하고 우베가 아주 궁금해하며 물었다. 그는 호기심에 차서 얼른 대답을 듣고 싶어했다. 하지만 콘라트는 짜증을 내며 대답했다. "왜, 우리 옆집 여자 있잖아…"

5단계: 아침 7시. 우베와 콘라트는 벌써 인쇄소의 컴퓨터 앞에 앉아 있다. 우베는 집중해서 일을 한다. 그런데 가끔씩 친구인 콘라트가 투덜거리는 소리가 들린다. 그는 걱정스럽게 친구를 향해서 묻는다. "아니, 무슨 일 있어?..." …

과제 76

1. 빈 자리가 있는 이야기를 완성하기
2. 이야기를 계속 이어서 쓰기
3. 이야기를 끝나기 바로 전에 중단하고 다른 사람에게 결말을 쓰게 하기
4. 글의 연결 부분(예를 들면 한 장에서 다른 장으로 넘어가는 곳)을 쓰기
5. 이야기의 첫 문장과 마지막 문장만 주기

과제 77

원문은 다음과 같다.

Ärztin schrieb gesunde Schülerinnen krank

Bayreuth – Ein "Geheimtipp" war monatelang bei Schülerinnen eine 40 Jahre alte Ärztin. <u>Sie schrieb nämlich gesunde Schülerinnen krank</u>. So konnten die Schülerinnen "offiziell" die Schule schwänzen. <u>Der Direktor einer Schule schöpfte Verdacht</u>, Er informierte die Kriminalpolizei. <u>Der Polizei erzählten die Mädchen alles</u>. Zum Beispiel, dass das Wartezimmer der Ärztin oft voll von Schülerinnen war. <u>Die Ärztin wurde angeklagt</u>, Ein Bayreuther Richter verurteilte sie zu 20 000 Mark Geldstrafe.

과제 78

한 스페인 학생은 다음과 같은 이야기를 썼다.

Sophie auf halbem Weg

Als erstes ließ Sophie sich ihre langen Haare abschneiden, obwohl ihre Eltern dagegen waren. Sie hatte ihre kurzen Haare grün gefärbt und nur schwarze Kleidung getragt. Außerdem ließ sie sich einige Löchelin auf ihrem Körper machen, um Ohrringe zu tragen: acht auf ihrem linken Ohr und eins auf ihrem Nabel. Ihre Eltern waren ganz dagegen, aber sie tat es jedenfalls, es war ihre Haare und ihrer Körper. Sophie's Eltern wollten sie ihre Schwester als Beispiel beizubringen. Ihre Schwester, Olga, war perfekt: sie war klug, hübsch und hatte schon Jura an der Universität beendet. Sophie war nie eine gute Studentin. Sie bestehte immer alle Prüfungen aber hatte immer schlechte Noten als ihre Schwester gekriegt. Sie dachte, daß sie nie die Abitur bestehen würde. Sie hatte genug von ihrer Eltern und ihrer perfekten Schwester, und darüber hinaus veränderte sie sich, aber nur physisch, weil sie noch studieren wollte. Sophie wollte an der Universität Kunstgeschichte lernen, aber dafür brauchte sie die Abitur zu bestehen.

Nach zwei Jahren in Gymnasium bestandte sie die Abitur und könnte sie an der Universität anzufangen.

Fünf Jahre sind seitdem schon vorbei, und heutzutage ist sie in einer moderne Kunstgalerie als Verkaufsleiterin gestellt. Obwohl sie noch ihre Ohrringe und schwarze Kleidung trägt, sie will etwas mit ihrer Haare machen. Neuerdings will sie sich die Haare wieder wachsen lassen. Obwohl die Eltern dafür sind.

© Saskia Bachmann (1997)

과제 79_연습지 6

누가?	최면사 카셀라
무엇을?	소년을 도와주었다
언제?	어제
어디서?	팔레르모에서
어떻게?	전화로
왜?	소년이 최면에 걸렸기 때문에

과제 80_연습지 7

이 과제를 다음과 같이 풀 수도 있다.

누가?	한스 슈툭
무엇을?	혈청을 운송했다.
언제?	겨울, 아침 6시
어디서?	알프스, 올론에서 토리노까지
어떻게?	빨리, 승용차로
왜?	아이를 구하기 위해서

과제 81

<u>가능한 답안:</u>

Serum kam rechtzeitig
Rennfahrer Hans Stuck fuhr um das Leben eines Kindes

Der berühmte Rennfahrer Hans Stuck fuhr gestern mit seinem Privatwagen von Montreux nach St. Moritz, als er wegen eines Bergrutsches einen Umweg über den St. Bernhard machen musste. In einer tollkühnen Fahrt brachte er eine Frau aus Turin, die für ihr todkrankes Kind in Montreux ein Serum geholt hatte, noch rechtzeitig ans Bett ihres Kindes.

Hans Stuck wollte gestern im Privatwagen mit seinem Mechaniker von Montreux zum Rennen nach Cuneo fahren. Plötzlich war wegen eines Bergrutsches die Straße gesperrt, so dass er einen Umweg von zweihundert Kilometern über den großen St. Bernhard fahren musste. Da keine Züge mehr fuhren, nahm er in Ollon eine weinende Frau mit, die in Montreux das rettende Serum für ihr todkrankes Kind bekommen hatte. Das Kind musste dieses Serum innerhalb von sechs Stunden bekommen. Die vierhundertzwölf Kilometer quer durch die schnee - und eisbedeckten Berge musste Stuck in einer rasenden Fahrt in nur 6 Stunden zurücklegen. Der Rennfahrer fuhr, wie er selber sagte, die gefährlichste Fahrt seines Lebens, ohne sich und die mitfahrer zu schonen. Kurz vor Ablauf der sechs Stunden erreichten sie gerade noch rechtzeitig das Haus der Familie, wo der Arzt und der Vater des Kindes schon verzweifelt warteten. Das Kind wurde gerettet.

과제 82

6하원칙으로는
1. 주된 정보를 가려낼 수 있고
2. 핵심어를 찾을 수 있으며
3. 중요한 것과 중요하지 않은 것을 구별할 수 있고
4. 글을 구조화할 수 있다.

과제 83

2. 이 이야기는 전지적인 서술자의 관점에서 쓰였다.

과제 84_연습지 8

4. 구조 스케치
   판사가 과오의 목록을 말한다.
   선생님이 수업을 빼먹고
   학생에게 따귀를 때리고
   허가 없이 서평 강좌를 운영하고
   여학생들에게 추근거렸다.
등등.

한 편의 반응	다른 편의 반응
교사:	학교 협의회:
연금을 받으려고 하고 아무 말도 안 한다.	교사를 해직시키려고 한다.
교사의 변호사:	
이 교사가 아프다고 한다.	교사는 아프지 않다.
심리적인 장애가 있다.	연금을 받을 수 없다.

여러분의 호기심을 충족시키기 위해서:
여러분도 이 선생님을 따라 하지 않도록, 재판의 결과를 공개하겠다. 이 교사는 해직을 당했다.

과제 85

이 기사의 흐름도 전체

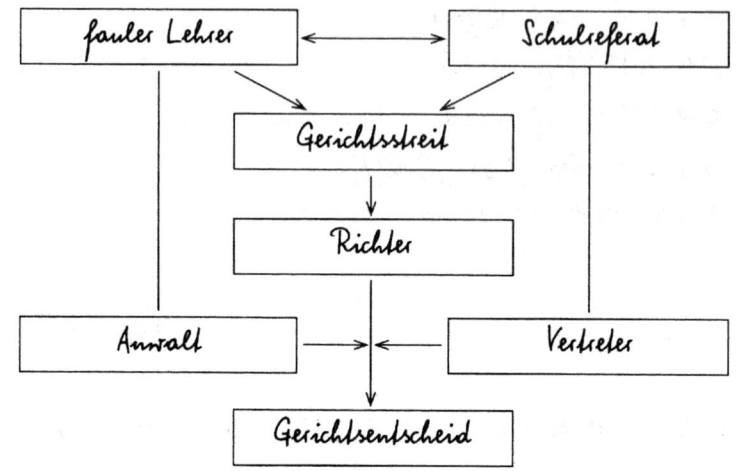

과제 86

1. <u>중요한 것과 중요하지 않은 것을 가려내는 기술</u>
    a) 테마가 되는 단어, 즉 앞에서 나온 단어에 밑줄치기
    b) 주된 정보를 담고 있는 단어에 밑줄치기
    c) 덜 중요한 것은 지우기
    d) 6하 원칙의 질문에 대한 대답에 밑줄치기
2. <u>내용을 줄이는 기술</u>
    a) 범주로 묶기
    b) 추상화 하기: 상위개념을 찾기
    c) 예는 인용만 하기 "예를 들어서" "등등"

과제 87

1. 말풍선은 이런 말로 채울 수 있다.
    그림 1: 아버지: *Hans, was schaust du dir denn da an? Das ist doch nichts für dich.*
    한스: *Doch, das ist spannend. Erst küssen sie sich, dann schießen sie ...*
    그림 2: 아버지: *Nein, wir schauen uns ein anderes Programm an, da kommt die Sportschau, Bayern München spielt.*
    한스: *Du immer mit deiner blöden Sportschau. Die verlieren ja doch!*
    그림 3: 이런 식으로 계속.

과제 88

어휘를 도입하는 방법에 대한 제안:
 - 그림 1과 3을 OHP로 보여준다. 그리고 내용에 관한 자극을 준다 (연상망):
   아이들 ─────────▶ 텔레비전 ◀───────── 부모
 - 그림을 묘사하게 한다.
 - 그림들 사이에 무슨 일이 일어났는가?
 - 어떤 방송을 두고 갈등이 생겼을까?
 - 단어와 아이디어들을 연상망에 채워 넣는다.

과제 90

이 이야기를 쓰려면 학생들은 다음과 같은 언어적 도구를 알고 있어야 한다.

접속사: weil, als, nachdem ...

그림에 관계된 언어적 도구:

a) *Hungen/Durst haben*

b) *Wo kann man ... ? Gibt es ... ?*

c) *immer geradeaus an ... vorbei den Weg zeigen*

d) *Taxi nehmen zum Flughafen erstaunt sein*

e) *große Augen machen kein Wort sagen*

f) *landen in*

g) *wunderbares Essen bestes Restaurant*

h) *sich bedanken sich verabschieden*

i) *um die Ecke*

j) *der Bratwurstverkäufer das Brötchen die Bratwurst*

k) *sich schnell bücken sich verstecken*

과제 91

1. 계획; 2. 쓰기; 3. 고쳐 쓰기

과제 92

a) 2. 질문;

3. 대답, 한 가지 경우/영역으로 제한하기;

4. 이야기, 예;

5. 결과;

6. 질문;

7. "대답"

과제 93

1. 글의 모형: 인물 묘사를 포함하는 사람을 찾는 글

이 소년을 아는 분을 찾습니다	질문: 현재시제	도입
Gestern fiel ... und redete kein Wort.	짧은 보고: 과거시제	본문
Der Junge ist ... Marke Adidas.	인물묘사: 현재시제	
In einer Plastiktüte ... Max Frisch.	보고: 과거시제	예상치 못한 결말

사람을 찾는 내용의 이 글에는 두 가지 종류의 글이 섞여 있고, 그 두 가지 종류의 글은 각각 그 글의 종류의 특성을 가지고 있다. 보고는 과거형으로, 인물 묘사는 현재형으로 되어 있다.

2. 같은 구조를 가진 다른 글: Gestern kam der neue Deutschlehrer zum ersten Mal in die Klasse. Er hatte einen riesigen Rucksack dabei mit Deutsch-Materialien. Er sieht lustig aus ...

과제 94

텍스트 1

1. 글의 종류: 신문 기사
2. 제목, 부제, 6하원칙, 뉴스/보고
3. 신문기사는 대개 이미 일어난 일에 대한 것이다. 그러므로 대개는 과거시제이다.
4. 누가? 언제? 무엇을? 어디서? 어떻게? 왜? (순서는 바뀔 수도 있다.)
5. 3인칭 단수. "이탈리아 최면술사…카셀라는…"
6. 저자는 일어난 일을 스스로 개입함이 없이 사실적으로 기술한다.
7. 신문기사에서는 사실적이고 객관적인 보도라는 인상을 주기 위해서 대개 간접화법을 사용한다(선정적인 신문에서는 흔히 직접인용을 사용한다).

과제 95

텍스트 2

1. 글의 종류: 개인적인 경험담

2. 대략적인 개요:
   - 일인칭 서술자와 처음 상황이 소개된다 (의도, 장소).
   - "발단이 되는 상황", 즉 그 다음 행동의 원인이 되는 상황이 기술된다 ('여섯 시간 안에 토리노에 가야 해요'). 긴장이 점점 고조된다(경찰의 통제, 얼음, 눈에 덮인 길).
   - 행복한 결말.

   부가 설명: 이렇게 단선적이고 긴장을 고조시키며 (행복한 결말을 향해) 서술되는 이야기는 사건의 극적인 효과를 눈에 보이게 해 주는 구조 스케치를 그리면서 그 구성을 자세히 조사해 보기에 적합하다. 여러분은 학습자들에게, 텍스트 산출을 계획하고 구성할 때 때로는 이런 구조 스케치를 만들어 보라고 권할 수도 있다(2.4장 참조). "슈툭 텍스트"의 구조 스케치를 어떻게 그릴까 하는 제안 하나는 이 과제의 마지막에도 하나 들어 있다.

3. 경험담은 대개 과거 시제로 되어 있다. 한스 슈툭의 글도 과거 시제로 시작했다가, 극적 효과를 높이고 독자가 직접 경험을 한다는 느낌을 받도록 하기 위해서 현재 시제로 (넷째 줄) 전환된다. 이 글 전체에서 서술자는 계속해서 현재 시제와 과거 시제를 번갈아 사용한다.

4. 일인칭 단수 ('나도 내가 하는 말을…'). 그럼으로써 [독자는] 서술자와 자신을 더 강하게 동일시할 수 있게 된다.

5. 서술자는 직접, 간접적으로 평가를 한다: 나도 내가 하는 말을 안 믿었다. (17째 줄), 나자신도 깜짝 놀랄만한 (30째 줄), 내 일생 최고의 운전 (36째 줄), 더 많은 땀을 두려움 때문에 흘렸다 (46째 줄).

6. 이 글의 3분의 1은 직접화법으로 되어 있다. 그 결과 현장감과 극적 긴장이 고조되고 글에 생명이 생긴다.

한스 슈툭의 글의 짜임을 상세하게 보이기 위한 구조 스케치의 안:

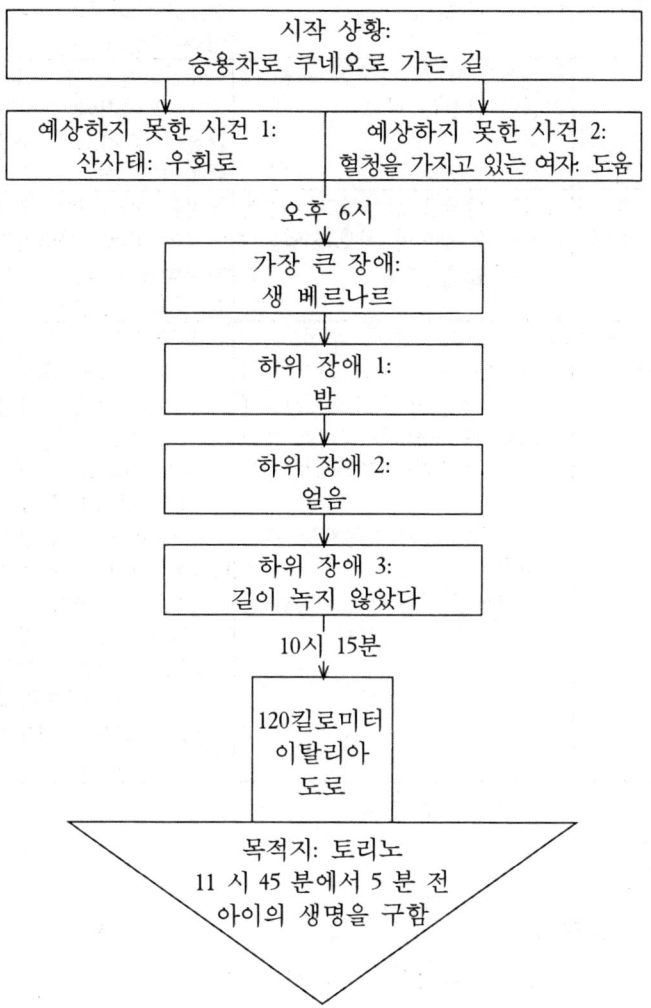

 **과제 96**

	신문 기사	경험담
이 글의 종류에서는 무엇이 주가 되는가?	사실의 보도: 사물, 상태, 인물, 행위와 과정	어떤 특정한 사건, 과정, 행위의 서술, 또는 허구의 상황, 인물, 사건이나 경험의 서술
이 글의 기능은 무엇인가? 글을 쓰는 사람의 의도는 무엇인가?	독자에게 사실적인 정보 제공. 개인적인 관점은 제외	- 사실적인 서술, 또는 - 개인적이거나 감정적인 가치 평가를 서술하고 독자에게 영향을 미치려고 한다.
글은 독자에게 어떤 영향을 미치는가?	독자는 사물을 상상하고 과정을 파악할 수 있으며, 정보를 얻는다는 느낌을 받는다.	독자는 호기심이 생기고, 저자가 이끄는 대로 따라가거나 오락을 제공받으며, 긴장감, 동정심, 안도감 등을 경험한다.
글은 어떻게 구성되어 있는가? a) 구조: b) 문체: c) 시제:	a) 조직적이고 (누가? 무엇을? 언제? 어디서?) 시간 순서에 따른다. 밖에서 안으로, 전면에 드러나는 중요한 것에서 배경으로, 전체적인 인상에서 세부로 b) 사실적이고 짧고 경제적. 간접화법 c) 과거시제: 객관적인 인상을 준다. "사실이 이랬다."	a) 흔한 순서는 역시 6하원칙, 또는 시간 순서에 따라. 도입 (시작하기 위한 위치 확인: 인물, 장소, 시간) 본문 (사건의 전개, 긴장 고조) 결말 (마지막의 핵심, 긴장을 가라앉히는 종결, 평가) b) 생생하고 글에 장식이 있으며 감정적, 극적이다. 직접화법 c) 시제가 바뀐다. 흔히는 과거 시제로 시작해서 현재로 바뀌기도 하고 완료 시제로 바뀌기도 한다. 거리감과 감정적인 현장감이 교차된다

 과제 98

a) 문단들의 원래 순서

도입	D	엘케의 장래 희망: 이유
첫째 단락	A	구체화
둘째 단락	C	부모님의 의견: 아버지
셋째 단락	E	어머니의 의견
결말	B	부모님의 의견이 갖는 의미: 이유

b) 단락들은 주제상으로도 언어적으로도 서로 연관되어 있다. 주제상의 연관에 관해서는 a)를 보시오. 언어적인 연관성: 엘케 - 그녀의 꿈 - 엘케의 부모님: 아버지 - 어머니 - …기 때문에 부모님의 의견은….

글 전체:

Tischlerin will sie werden

Elke ist sechzehn und steht kurz vor dem Hauptschulabschluss. Sie weiß genau, was sie werden will: Tischlerin. Schon als kleines Mädchen hat sie mit dem Großvater viel gebastelt und in seiner Tischlerwerkstatt hübsche Holzarbeiten gemacht.

Ihr Traum ist es, einmal Holzmöbel zu bauen. Sie möchte später eine eigene Werkstatt haben und selbstständig sein. Vorher muss sie aber in die Lehre gehen und die Meisterprüfung bestehen! Ein langer Weg!

Ihre Eltern finden das gar nicht gut. "Ein schöner Büroberuf ist doch viel besser für dich", sagt der Vater. "Die Ausbildung dauert nicht so lange, und du machst dich nicht so schmutzig."

"Ja", sagt die Mutter, "und im Büro hast du auch immer Gelegenheit, einen netten Mann kennen zu lernen. Tischlerin! Das ist doch kein Beruf für ein Mädchen: den ganzen Tag im Arbeitsanzug, mit Schwielen an den Fingern!"

Die Meinung der Eltern ist wichtig, denn sie müssen ja den Ausbildungsvertrag mit der Firma unterschreiben.

"Außerdem", sagt die Mutter, "bist du als Tishlerin den ganzen Tag nur mit Männern zusammen – da wirst du einiges hören müssen!" Das weiß Elke, denn sie hat schon ein Praktikum in einer Tischlerwerkstatt gemacht. Sie weiß aber auch, dass die Männer bald wieder vernünftig werden, wenn sie sich nicht um das dumme Gerede kümmert.

"Welcher Mann wird schon eine Tischlerin heiraten?", fragt die Mutter triumphierend.

Elke lacht: "Das lass mal meine Sorge sein! Mit sechzehn mache ich mir darüber noch keine Gedanken." Sie ist ganz sicher: Tischlerin will sie werden!

---

nach: Bieler/Weigmann (1994), 21

과제 99

텍스트에 문단을 표시하기

FRAGEN SIE DR. BERGEDORFER

1. Ich bin im letzten Schuljahr und bereite mich auf mein Abitur vor. In sechs Wochen sind die schriftlichen Klausuren, und deshalb brauche ich Ihren Rat.

2. Nach den Sommerferien hat es angefangen. Ich wurde immer nervös, wenn ich an das Abitur dachte. Obwohl ich bis dahin zu den Besten in der Klasse gehört habe, war ich auf einmal öfter unkonzentriert und konnte auch manchmal Fragen nicht beantworten, obwohl ich zu Hause alles gewusst hatte. In der letzten Mathematik-Arbeit habe ich nur 7 Punkte bekommen, obwohl mein Durchschnitt bei 12 Punkten, also 2+, liegt.

3. Ich hatte (immer mehr) das Gefühl, dass meine Mitschüler Konkurrenten oder sogar Feinde waren. Es kam mir so vor, als ob sie sich hinter meinem Rücken über mich unterhalten würden. Deshalb bin ich auch allgemein unsicherer geworden.

4. (Dann) kamen diese schrecklichen Träume nachts. Ich saß z. B. in einer Mathematik-Klausur und mir fiel keine einzige Formel mehr ein. Dann habe ich versucht, von meinem Nachbarn abzuschreiben, aber der Lehrer hat das gemerkt und hat mir die Prüfungsblätter weggenommen und gesagt: "Jetzt hast du keine Chance mehr."

5. Mein Vater und mein Großvater sind Ärzte, und mein Vater möchte unbedingt, dass ich später seine Praxis übernehme. Aber wenn ich keine guten Noten im Abitur bekomme, kann ich auch nicht Medizin studieren.

6. Können Sie mir helfen?

Ute B., Darmstadt

Vorderwülbecke (1988), 73

각 문단의 주제:

a) 1. 들어가는 말; 2. 도입: 주제, 첫 번째 이유: 주의력 부족; 3. 경쟁자들에 대한 두려움; 4. 밤에 꾸는 심한 악몽; 5. 강제적인 직업 선택; 6. 도움의 요청

b) 이 문단들은 주제상으로도 서로 연관되어 있고 언어적으로도 이들을 서로 연결짓는 요소들로 서로 이어져있다.

주제상의 연결:

이 편지의 <u>주된 주제</u>는 졸업시험을 준비하며 겪는 문제들이다. 두 번째 문단에서는 <u>하위 주제</u>, 즉 주의력 부족이 이야기되며, 세 번째 문단에서는 또 하나의 <u>하위 주제</u>, 즉 같은 반 친구들에 대한 두려움을 이야기한다. 네 번째 문단에서는 그 다음 <u>하위 주제</u>로 악몽에 대해서 예를 들어가며 말하고 있다. 다섯 번째 문단에서는 이 문제들의 원인이 제시되고, 그렇게 해서 <u>주된 주제</u>로 돌아간다.

<u>문단 간의 언어적인 연관</u> 두 번째 문단과 세 번째 사이에는 'immer mehr', 세 번째와 네 번째 문단 사이에는 'Dann'

과제 100

1. 각각의 문단에는 전체 주제의 일부인 하위 주제 ("미시 주제")가 포함되어 있다.
2. 각각의 문단은 그 앞의 문단과 내용상 그리고/또는 언어적으로 연관되어 있다. 한 문단은 그 다음 문단에 미시 주제들을 "넘겨준다": 동시에 주된 주제가 하나하나의 문단을 거치며 점차적으로 전개된다.
3. 각 문단을 도입하는 문장이 그 문단의 내용을 결정한다. 그 문장에서 시간, 장소와 행위의 주체가 칭해지는 경우가 많다. 그 다음에 나오는 문장들은 (때로는 예를 들어 가며) 앞에서 나온 생각을 계속 이어가며, 마지막 문장은 미시 주제를 끝맺음한다.

과제 101

<u>글의 종류에 다른 텍스트의 특성을 다루는 절차</u>

1. 한 글의 종류에 속한 글을 다른 종류로 바꾸어 쓰게 하기.

2. 주어진 글에서 글의 모형을 찾아내게 하기. 그 다음 학습자들은 그 모형에 따라 자신들의 글을 쓴다.
3. 모어와 목표어로 쓰인 글을 비교하여 문화의 영향으로 서로 다른 글의 모형 간의 차이를 찾아내게 하기.
4. 같은 정보(이야기)를 서로 다른 글의 종류로 쓰게 하기.

과제 102

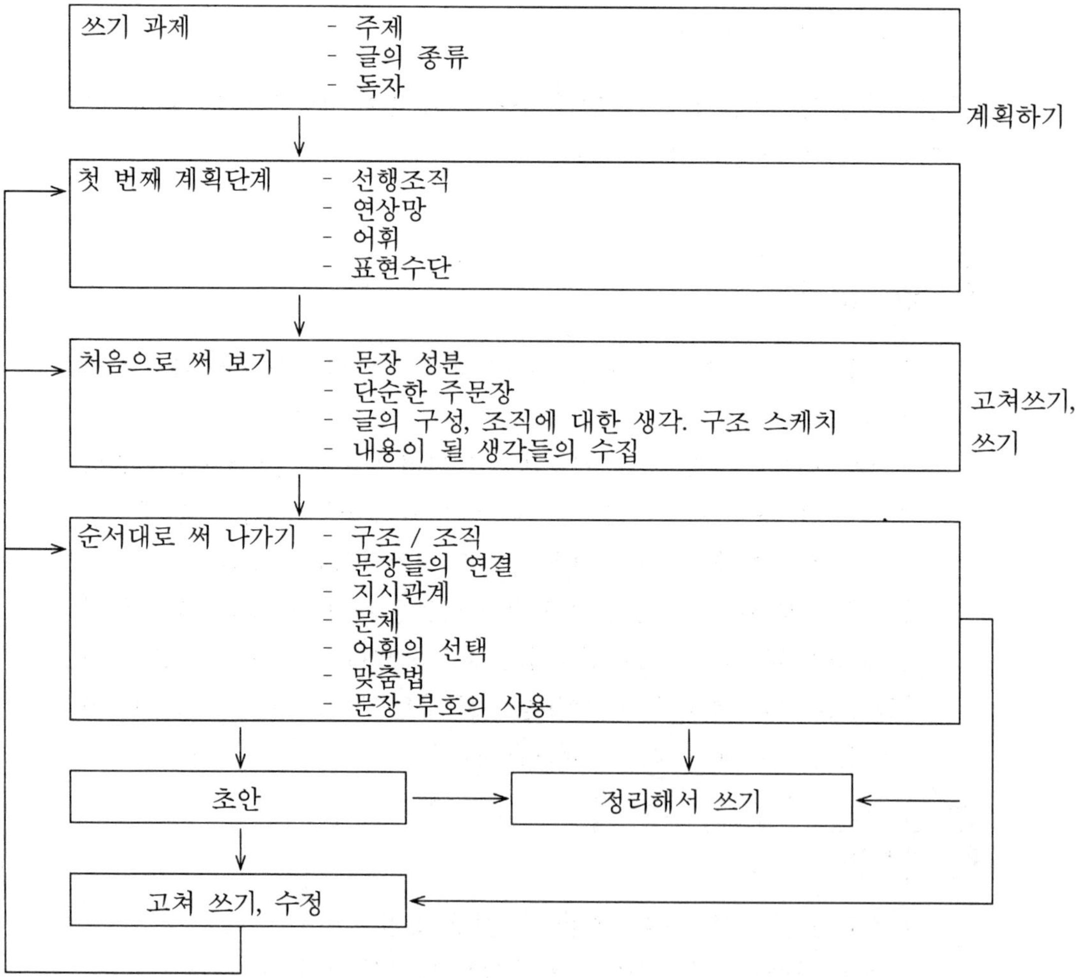

쓰기 과제	- 주제 - 글의 종류 - 독자	계획하기
첫 번째 계획단계	- 선행조직 - 연상망 - 어휘 - 표현수단	
처음으로 써 보기	- 문장 성분 - 단순한 주문장 - 글의 구성, 조직에 대한 생각. 구조 스케치 - 내용이 될 생각들의 수집	고쳐쓰기, 쓰기
순서대로 써 나가기	- 구조 / 조직 - 문장들의 연결 - 지시관계 - 문체 - 어휘의 선택 - 맞춤법 - 문장 부호의 사용	

초안 → 정리해서 쓰기

고쳐 쓰기, 수정

학생들에게 줄 만한 지시:
이 그림(이야기, 일기, 대화, 신문 기사, 레포타쥬, 인터뷰…)을 보고 아무 것이나 적어 보세요. 우선 자유롭게 이리 저리 생각을 해 보세요.
종이의 가운데에 원을 하나 그리세요. 제일 먼저 생각나는 단어는 무엇인가요? 그 단어를 원 안에 써 넣으세요. 그림을 자세히 보고 다른 단어와 숙어들을 이 단어를 중심으로 모아 보세요. 서로 연결된 생각들, 계속 이어지는 생각들을 찾을 수 있나요? 그런 관계는 선과 화살표로 표시해 보세요.

다른 형태: 원을 두 개 그릴 수도 있어요. 원 하나의 가운데에는 '고속도로'라고 쓰고 다른 원의 가운데에는 '공룡'이라고 써 보세요(=환상적인 이항식).

상상력이 "시동이 걸리도록" 도와주는 작은 도움말들:
- "시간"이라는 요소: 바로 그 전에-현재 상황-바로 그 다음에
- 관점을 바꿔 보기: 공룡, 자동차에 타고 있는 사람
- 어디에서 왔나요? / 어디로 가나요?
- 이 그림에서 누가 무엇을 하고 있나요?
- 이들은 누구인가요?

글을 쓸 때, 문맥에 들어맞는 클러스터만 사용하고 다른 것들은 그냥 버리세요.

과제 108

다음 시는 산드라(14세)가 Musealp-Express지에 쓴 것이다(1993년 여름, 5호).
Morgens kann ich nicht essen,
weil ich dich liebe.

Abends kann ich nicht essen,
weil ich dich liebe.
Mittags kann ich nicht essen,
weil ich dich liebe.
Nachts kann ich nicht schlafen,
weil ich Hunger habe.

과제 110

협력을 통한 글쓰기가 성공적이 되려면 충족되어야 할 조건:
- 동기를 유발하는 주제 (또는 그림으로 된 자극). 그룹 구성원들은 그 주제에 대해 아는 것이 있어야 한다.
- 갈등을 처리할 수 있는 능력
- 팀을 이루어 작업할 수 있는 능력
- 어느 정도의 성숙
- 서로 잘 알아야 하고 같이 일할 수 있어야 한다.
- 협동적인 분위기
- 스스로 참여하는 정신, 다른 사람 뒤에 숨으려고 하지 않는 태도

과제 111

집단적인 대화를 통해 협력하며 글을 쓸 때의 장점:
- 아무도 글 전체에 대해 책임을 지지 않아도 된다. 하지만 그룹 구성원 모두가 여러 개의 글에 동시에 저자로서 참여한다.
- 글을 함께 쓰면 재미가 있는데, 그 이유 중 하나는 학생들 각자가 매번 지금껏 몰랐던 글과 마주치기 때문이기도 하다. 학생들은 그 글을 읽고 그 글의 산출에 참여해야 한다.
  학생들은 지금까지 배운 것을 부담없이 자유롭게 활용한다: 대용어 (앞의 말에 대해 반응할 때), 접속사 등

과제 114

누가? (글 쓰는 사람의 역할)	누구에게? (의사소통 상대자의 역할)	어떤 상황에서? (동기)	어떤 목적으로? (의도/목표)
편지 친구	편지 친구	첫 접촉	서로 자신을 소개하기; 처음 사귀기
학생	독일어 선생님	선생님이 병원에 입원	글로 인사 전하기
정보를 구하고자 하는 사람	하이델베르크 유스호스텔의 관리자	독일에서 휴가를 지낼 계획을 짤 때	7월에 하이델베르크의 유스호스텔에 빈 자리가 아직 있는지 알려고 한다
편지 친구	편지 친구	- 서로를 더 잘 알기 위해서: 예를 들면 우표 모으기 같은 취미 - 독일 방문: 공항에 데리러 나오기 (또는 편지 친구의 방문)	- 우표 교환 - 공항에서 알아보기 위한 상세한 인물 묘사
정보를 구하고자 하는 사람	- X시의 관광안내소 - 연방 정부 홍보실 - "독일 숲" 보호 단체	수업에서의 프로젝트	- X시 - 독일 연방 공화국 - 임야의 피해 상황에 대한 보고서(를 청하기)
청소년 도서의 독자	청소년 도서의 작가	독일어 수업에서 읽을 서적	책과 관련된, 작가를 향한 질문
학생	독일어 교사	독일어 교사의 오스트리아 체류	학급에 대해서 이야기하기

과제 115

2. a) 여러분은 여러분처럼 독일어를 배우는 편지 친구에게 편지를 씁니다. 여러분의 반과 학교에 대해서 이야기해 보세요.

   b) 여러분 반 학생들은 파티를 하면서 독일어 선생님을 초대하려고 합니다. 파티는 친구인 …네 집에서 합니다. 초대장을 써 보세요.
   - 언제 파티를 해요?

- 어디에서 파티를 해요?
- 그 집에 어떻게 가요?

선생님이 오시면 좋겠다는 말도 쓰세요.

과제 116

2. 학급: 학생 수, 하루에/일 주일에 수업이 몇 시간인지, 무슨 요일에 수업이 있는지, 오후에는 어떤 수업이 있는지, 무슨 과목이 있는지, 무슨 과목이 좋은지.
3. 독일어 수업: 일주일에 몇 시간인지, 독일어 교과서, 독일어 선생님, 숙제, 시험.

과제 117

예: 하루 일과

1. <u>독일어를 배우는 첫째 해의 학생들을 위한 제안</u>
편지 친구에게 편지를 써 보세요. 그리고 어제 한 일을 이야기해 보세요.
   - 몇 시에 일어났어요? 언제 학교에 갔어요? 시간표에 무슨 과목이 있었어요? 오후에는 무엇을 했어요 (숙제했어요, 친구를 만났어요)? 몇 시에 잤어요?
   - 친구에게 어제 무엇을 했는지 물어보세요.
   - 처음과 끝에 인사하는 것을 잊지 마세요.

덧붙이는 말: 완전한 문장으로 질문을 써 주면 학생들에게 글의 개략적인 내용과 구조를 주는 것이 된다.

2. <u>두 번째 해를 위한 제안</u>
여러분은 편지 친구에게 편지를 씁니다. 하루 일과에 대해서 써 보세요. 예를 들면,

- 일어난 시간
- 학교에 언제 갔는지
- 무슨 요일에 오후 수업이 있는지
- 그 밖에 무슨 일을 하는지 (예를 들어 숙제, 운동, 음악수업, 친구 만나기, 디스코, …)
- 보통 저녁 몇 시에 자는지

덧붙이는 말: 내용을 대략 주지만 학습자들은 동사의 과거형을 스스로 만들어내야 한다.

3. <u>세 번째 해를 위한 제안</u>

여러분은 편지 친구에게 편지를 씁니다. 하루 일과에 대해서 써 보세요. 예를 들면,
- 오전: 기상, 학교, 수업시간
- 오후: 숙제, 자유시간
- 저녁: …? …

덧붙이는 말: 내용에 대해서는 조금도 알려 주지 않고 핵심어만 준다. 학생들은 자유롭게 편지를 구성한다.

과제 120

생일: Herzlichen Glückwunsch/Alles Gute zum Geburtstag! Ich wünsche dir/Ihnen Gesundheit und viel Glück im neuen Lebensjahr.

결혼: Herzlichen Glückwünsch zur Vermählung!

시험: Herzlichen Glückwunsch zum bestandenen Examen!

성탄: Frohes Fest! Frohe/Fröhliche Weihnachten! Ich wünsche euch/Ihnen ein schönes(, gesenetes) Weihnachtsfest.

설날: Alles Gute zum neuen Jahr!

과제 122

편지 A:

Lieber Peter,

ich habe dich angerufen, aber du warst nicht da. Deshalb schreibe ich dir diesen Brief. Hast du Lust, am Samstag mit mir ins Kino zu gehen? Das wäre toll.

Herzliche Grüße

deine Inge

편지 B:

Sehr geehrter Herr Professor,

leider kann ich Sie telefonisch nicht erreichen. Deshalb schreibe ich Ihnen diesen Brief. Das von Ihnen gesuchte Buch erscheint in der nächsten Woche.

Es kostet DM 36,00.

Mit freundlichen Grüßen

Horst Braun

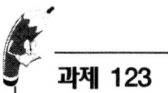
과제 123

1. a) Lieber Herr .../ Liebe Frau ...,
   b) Mit freundlichen Grüßen/Herzliche Grüße
2. a) Lieber .../ Liebe ..., Hallo, ...,
   b) Tschüs/Herzliche Grüße
      dein/deine
3.+4. a) Sehr geehrte Damen und Herren,
   b) Mit freundlichen Grüßen
5. a) Sehr geehrter Herr Müller,
   b) Mit freundlichem Gruß/Mit freundlichen Grüßen
6. a) Sehr geehrter Herr Direktor,

        b) Mit freundlichem Gruß

7.   a) An den Leiter des Auslandsamts der Universität Frankfurt
       b) Mit freundlichem Gruß

누가?	마리아 실바
무엇을?	선글라스를 (더 자세하게 묘사)
언제?	(찾아서 써야 한다)
어디에서?	25호실 아니면 식당에서 잃어버렸다
다른 의문문들:	선글라스를 보낼 곳은 어디인가? 어떤 비용이 발생할 수 수 있는가?

원래의 편지는 이렇게 생겼었을 수도 있다.

Maria da Silva
Rua Lisboa 5
Coimbra/Portugal

An den
Steigenberger Frankfurter Hof
Kaiserplatz
D-60311 Frankfurt am Main   *Coimbra, den 12.8.92*

Sehr geehrte Damen und Herren,

vom 31.7. bis 2.8. hatte ich in Ihrem Hotel ein Zimmer gemietet. Jetzt stelle ich fest, dass ich am Abreisetag entweder in meinem Zimmer (Nr. 25) oder im Frühstücksraum meine Sonnenbrille habe liegen lassen Sie ist von der Firma Soniblend, hat grünes Spiegelglas und grüne Bügel.

Wenn Sie die Brille gefunden haben, wäre ich Ihnen dankbar, wenn Sie sie mir an meine Adresse schicken würden, Anfallende Unkosten übernehme ich gerne.
Vielen Dank und freundliche Grüße

Maria da Silva

2. c, b, a, b, c (또는 b)

수업 계획:

1. 우선 학습자들의 경험과 연결을 짓는다. 어떤 경우에, 어떤 이유로 불평을 할 수 있는지 학습자들의 경험이나 상상을 모아서 칠판에 적어 본다.

2. 불평을 하는 편지에는 무엇이 포함되어야 할 지를 학급에서 함께 생각하고 모아 본다. 왼쪽 칸에는 이 내용상의 요점들을 적는다. 그러면 이렇게 될 수 있다.

   불평하는 편지
   a) 상황: 장소, 일자
   b) 불평의 동기, 이유
   c) 편지를 쓰는 사람이 겪은 부정적인 영향
   d) 책임자에 대한 요구

3. 견본이 될 편지를 OHP로 보여준다. 내용상의 요점이 어디에 있는지, 그것들이 어떻게 표현되었는지를 찾아낸다.

4. 학습자들은 견본 편지의 내용상의 요점들을 오른쪽 칸에 적는다.

5. 학습자들은 견본 편지에서, 불평하는 편지에 잘 쓰이는 표현과 구조들을 적는다. 아까 말했던 다른 이유들로 불평을 할 때에는 어떤 대안들이 있는지를 이야기한다.
   '…라는 약속을 받았습니다…'; '하지만 정반대였습니다' / '…지 않았습니다'; '그러나; 결과적으로; 더구나, …기는 했지만; 거기다가 …'; '대단히

지장을/방해를 받았다고 생각합니다'; '…의 배상/수리를 요구합니다'; '…지 않을 경우에는 제 변호인에게 이 일을 맡길 수밖에' / '재판을 걸 수밖에' / '제 비용을 요구할 수밖에 없다고 생각합니다…'

6. 학생들은 자신들이 선택한 상황을 생각하고 불평하는 편지를 쓴다. (자신들의 경험을 바탕으로 하는 것이 가장 좋다.)

7. 상상으로 지어낸, 비현실적인 상황에 대해 불평하는 편지를 쓸 수도 있다. 예를 들어서, 예고 없이 파업에 들어간 커피 끓이는 기계 때문에 쓰는 편지, 여러분의 멋진 차를 망가뜨렸거나 조망권을 빼앗아간 129 페이지의 공룡, 등등.

과제 128

<u>*상담에 응하는 편지의 특징:*</u>
1. 주제, 그리고 특수한 어휘가 포함된 글이 처음부터 주어져 있다.
2. 주어진 상담 편지는 학습자들에게 글을 이끌어 나가는 핵심을 정해 준다. 따라서 시작 조건과 해결책들을 서로 비교하는 것이 가능해진다.
3. 이런 편지에는 개인적인 반응과 의사표현이 요구된다. 학생들은 자신들의 경험, 자신들의 지식을 끌어들일 수 있다.
4. 두 가지 기능이 함께 연결된다: 읽기 – 이해 – 쓰기.

과제 129

1. 디아네에게 소년들의 행동을 설명하려고 해 본다.
2. 디아네는 어떤 반응을 보이는 것이 좋을까?
3. 여자친구들은 어떻게 디아네를 도와줄 수 있을까?
4. 이 소년들은 혼이 나야 할까?

과제 130

졸업 여행 찬반 토론 회의록 주제	
장소: D 교실	시간과 장소
날짜: 1998년 3 월 15 일	
시작: 15 시	
끝: 15 시 30 분	
참가자: 9B 반 학생들 리히터 선생님 (담임)	참가자
빠진 사람: 페터, 크리스티나	
의장: 울라 (반장)	회의 주재
기록: 제니	기록자
(본문)	
1998년 3 월 13 일 제니	날짜와 서명

과제 132

수정 표시	오류의 유형 / 범주	효과적인 처리 활동
A	표현	+
Art	관사	−
Bez	통사적, 의미적 상호관계	+
Gen	성	−
I	내용	+
K	격	−
Konj	접속사	+
M	서법	+
mF	형태적 오류	−
Mv	화법 조동사	+/−
Präp	전치사	−
Pron	대명사	+

R	맞춤법	—
Sb	문장 구조	+
St	어순	+
Stil	문체	+
T	시제	+
W	어휘 선택	+
Z	잘못 되었거나 빠진 문장 부호	/
✓	어느 요소의 결여	?
⊢	필요 없는, 지워야 할 요소	?
⌒	순서 바꾸기	+
첨가: Ref	지시어	+
Sa	문장의 연결	+
E	부분들이 연결되지 않고 서로 낱낱이 떨어져 있음	+
TA	글의 구성	+
LB	독자와의 관련	+
TI	글의 의도	+
VW	어휘의 다양성	

Kleppin(1998:58-59)

과제 133

1. 단어와 문장 차원의 오류 수정

Liebe Peter

Gen

T, V Art   Ich habe seit zwei Wochen in China geblieben. Tong-ji Universität liegt in Shanghai. Hier   bin ... in China. Die
mF, K, V Art   ist alles für mich neuig. Ich habe eines neue Leben angefangen. chinesische Sprache ist   neu, ein neues, Die ...
K   viel schwieriger zu lernen als andere Fremdsprache. ... Trotzdem habe ich schon viele   Fremdsprachen
K, Präp   Freunden, die sehr freundlich für mich sind. ... Im Unterricht habe ich nicht genug   Freunde ... zu mir
M   verstanden, weil meine chinesische Sprache nicht sehr gut ist. Deshalb habe ich nach   muss
Z, V, Pron, R, K dem Unterricht sehr fleißig Chinesisch zu lernen. ... Ich habe sehr eilig. Nächste mal   Chinesisch lernen, es; Nächste
V, Präp   werde ich ausführlich das Leben in China schreiben.   über

Viele Grüße von

K   Dein Ei-zhong Xu   deinem

2. 텍스트 차원의 글 다듬기

Lieber Peter,

ich bin seit zwei Wochen in China, und zwar in Shanghai. Dort besuche ich die Tong-ji Universität.

Hier ist alles neu für mich, und ich habe das Gefühl, ein neues Leben anzufangen. Die chinesische Sprache ist viel schwieriger zu lernen als andere Fremdsprachen. Obwohl ich noch nicht gut Chinesisch kann, habe ich schon viele nette Freunde. Im Unterricht verstehe ich nicht alles, weil mein Chinesisch noch nicht so gut ist. Deshalb muss ich nach dem Unterricht fleißig Chinesisch lernen.

Im Augenblick habe ich es sehr eilig, nächstes Mal werde ich ausführlich über das leben in China berichten.

Und du? Wie geht es dir? Schreib mir mal!

Viele Grüße

von deinem ...

과제 134

1. 학습자들이 글을 다듬는 활동의 목적:
학습자들이 오류를 수정만 하는 것은 충분하지 못하다. 자신들의 글을 더 다듬으면서 학생들은 자신들의 글쓰기 능력을 지속적으로 개발해야 한다. 이때 학생들은 같은 내용을 표현하는 여러 가지 언어적인 수단들, 예를 들면 어휘를 익히고 이들이 다른 사람들, 즉 다른 학생들이나 교사들에게 어떤 효과를 내는가를 시험해 보게 된다. 글을 다듬으며 학생들은 자신의 글에서 거리를 두고 글을 다른 사람의 눈으로 보는 것을 배우게 된다. 글을 다듬으며 학생들은, 글에는 완성이라는 것이 없으며 언제나 발전되는 중이라는 것을 깨닫게 된다. 이들은 글을 다시 읽고 고치는 것이 의미가 있음을 경험하게 된다. 학생들 자신의 글을 수업에서 다듬을 때에는 학생들이 잘 쓰는 표현들을 주제로 삼고 이들에 대해 이야기하며 이들을 강화하거나 수정한다. 이 과정을 통해 장기적으로 능력을 향상시킬 수 있다.

2. <u>추적놀이</u>: 글 다듬기를 위해 사용할 수 있는 다른 연습들은 다음과 같다.
   - 2.2.1장, [과제 27]: 특정한 주제와 관련된 어휘 연습, 단어들의 자연스러운 조합에 관한 연습
   - 2.2.2장, 70쪽: 자신이 쓴 글의 내용상의 구조를 분석하고 고치기 위해, 글을 쓴 다음에 마인드맵을 그리기
   - 2.2.2장 [과제 50]: 문장으로 된 글과 텍스트로 된 글의 비교
   - 2.2.2장 [과제 51]: 낱낱의 문장들을 하나로 짜인 텍스트로 만들기
   - 2.2.3장 [과제 55]: 문장의 결합, 여러 개의 문장을 하나의 문장으로 만들기
   - 2.2.4장: 문장들의 결합
   - 2.2.5장: 지시관계와 "대치물"에 관한 연습
   - 2.2.6장, 138쪽: 텍스트의 비교
   - 2.3.3장, 148쪽부터: [과제 79-82]: "6하 원칙"으로 하는 활동
   - 2.3.8장, 글의 종류를 검토하기; 177쪽부터: 자신의 글을 분석하고 수정하기 위해 글의 견본을 사용하기
   - 2.3.8장, 181쪽부터: 텍스트를 문단으로 구성하기
   - 2.4장, 188쪽부터: 독자를 배려하기 등등.

과제 135

학생들을 위한 "글 고치기를 위한 도움"을 어떻게 만들까에 관한 제안: 질문의 형태로 이런 도움을 제공할 수 있다.

내용	- 하려고 하던 말을 다 했는가?

글의 구성 / 짜임	- 도입부분?
	- 본문?
	  결말?
	  다른 구성 원칙들?
	- 문단이 있는가?

글의 종류	- 글의 종류를 알아볼 수 있는가? - 특징들이 들어맞는가?
독자의 배려	- 가상의 독자는 누구인가? - 그 독자를 글에 참여시키고 그에게 말을 걸었는가? - 나에게는 도달하고자 하는 바가 있는가? 어떻게 도달할 것인가?
문장	- 주문장만 사용하는가? - 논리적인 관계가 문장들을 연결하는 요소들(접속사들)로 명시되는가? - 분명하지 못하고 너무 긴 문장도 있는가?
문장의 시작	- 문장이 언제나 똑같이 시작하는가 (언제나 주어로 시작하는가), 아니면 변화가 있는가? 어순이 적절한가 (알려진 정보 / 새 정보)?
지시관계	- 여러 가지 지시어를 사용하는가?
어휘 선택	- 같은 사물/사람을 지시하기 위해서 똑 같은 단어만 사용하는가? 더 변화를 줄 수 있는가?
시제	- 시제를 올바르게 사용하고 있는가? (현재형, 과거형, 완료형, 대과거)
언어 사용	- 내가 사용하고 있는 것이 문어인가, 아니면 구어를 사용하고 있는가?

과제 137

이렇게 할 수 있겠다고 생각한다.

오류 범주	표시는 하지만 점수에는 반영하지 않는다	중요한 오류	중립적
이해가능성 (의사소통을 방해하는 오류)		X	
언어의 정확성에 관한 오류(문법, 철자법, 문장 부호)가 있지만 이해에는 문제가 없는 경우			X
어휘와 형태에 대한 기본적인 오류		X	
통사적인 오류			X
그 학습 단계에서 더 이상 저질러서는 안 되는 오류		X	
어떤 학생이 언제나 저지르는 오류			X
어떤 학생이 "잘못 한 말" (부주의로 인한 오류)	X		
수업에서 자주 다루었지만 반복되는 오류 ("고질적인 오류")		X	
바로 전 시간에 자세히 다룬 부분에 관계된 오류		X	
글의 종류가 다르지만 오류는 적은 경우			X
글의 구조를 알아볼 수 없지만 그 외에는 오류가 적은 경우			X
문장이 서로 연결이 안 되고 학습 단계에 비해 문장이 너무 단순한 경우			X
단어와 표현에 있어서 "창조적인" 오류가 여럿 있는 경우	X		
아주 강한 구어체		X	

05 Glossar

용어 설명

6하 원칙 die 6 W (148쪽): 의문사로 시작하는 여섯 가지 질문: 누가? 무엇을? 언제? 어디서? 어떻게? 왜?

간섭 Interferenz(en), die (202쪽): 외국어의 학습과 정확한 사용에 (흔히는 부정적으로) 영향을 미치는 외국어와 모어 간의 (구조, 어휘, 발음, →글의 모형) 차이.

개별화 Binnendifferenzierung (24쪽): 서로 다른 학습유형(→), 서로 다른 관심, 서로 다른 능력수준을 고려하여 그룹 내의 학생들에게 서로 다른 수업을 제공한다.

과잉일반화 Übergeneralisierung, die (277쪽): 과잉일반화란 외국어의 한 범주나 규칙을 그것이 적용되지 않는 현상에까지 확장하는 것, 예를 들면 어떤 개념의 한 부분을 (Sport treiben) 그것이 사용되지 않는 맥락에서까지 (Musik machen 대신 Musik treiben) 적용하는 것이다.

과정 중심의 접근법 prozessorientierte Ansätze (Pl.) (22쪽): 산출물(완성된 글)이 아니라 쓰기 과정이 중심이 되는 쓰기 교수법상의 접근법. (→ 지시 위주의 접근법, →텍스트 언어학적인 접근법, →쓰기 과정).

과정으로서의 쓰기 Schreiben als Prozess (27쪽): (→)쓰기 과정

그림을 보고 하는 연습 bildgesteute Übungen (58쪽): 연습이나 과제를 진행하기 위해 그림이 주어진다.

(글을 이끌어 나가는) 핵심 (inhaltliche) Leitpunkte (Pl.) (245쪽): 어떻게 텍스트 / 편지를 써야 하는가 하는 정보.

글의 모형 Textmuster, das (172쪽): 특정한 (→)글의 종류에 속한 (→)글의 특성의 총합.

글의 설계도 Textbauplan, der (86쪽): 1. 특정한 (→)글의 종류의 (→)글의 모형; 2. (개별적으로 만들어진) 글의 구성.

글의 응집력 Textkohärenz, die (89쪽): 텍스트 언어학의 용어. 문장들이 텍스트를 이루기 위한 상호 결합. 문장 단위를 넘어서는 모든 종류의 문법적이고 의미론적인 관계를 포함한다.

글의 종류 Textsorte, die (170쪽): 공통의 (→)글의 특성을 지닌 텍스트들의 무리. 글의 특성은 (→)글의 종류에 관한 관습과 텍스트의 목적 설정 등에 의해 결정된다. 예를 들면 이력서, 진정서, 기차역 안내 방송, 강연, 신문 보도(사실문 또는 실용문), 동화, 신문 문예란, 르포르타주 등이 있다(문학적이거나 문학에 가까운 글의 종류들).

글의 종류에 관계된 textsortenspezifisch (47쪽): (→)글의 종류에 따른

글의 종류에 관한 관습 Textsortenkonventionen (Pl.) (85쪽): 특정 언어 / 문화권에서 유효한 전통적인 (→)글의 모형. 예를 들면 지원서, 학술 논문, 사실문이나 실용문을 쓸 때 관여하는, 문화의 영향을 받은 글쓰기 전통.

글의 종류의 목록 Textsortenkatalog, der (171쪽): 교과과정, 교수요목이나 어떤 시험을 위한 전제조건으로서 수업에서 다루어야 하는 여러 가지 (→)글의 종류의 리스트.

글의 특성 Textmerkmal(e), das (171쪽): 어느 (→)글의 종류에 고유한 특징. 예를 들면 편지 — 날짜, 시작하는 인사말과 끝내는 인사말; 신문 기사 — 제목, 부제, 주요한 내용의 요약 (굵은 활자), 본문. 여러 가지 글의 특성들이(→)글의 모형을 만들어낸다.

단어 고슴도치/문장 고슴도치 Wortigel, der / Satzigel, der (69쪽): (→) 연상표.

단어 다발 Wortbündel, das (38쪽): (→) 클러스터링.

단어 거미, 문장 거미 Wortspinne, die / Satzspinne, die (69쪽): (→) 연상표.

뇌 반구 이론 Hemisphärenmodell, das (206쪽): 70년대와 80년대의 뇌 연구에서는 뇌의 두 반구에 서로 다른 인지 전략과 정보처리 전략이 있다고 생각했다 (두뇌분할이론). 좌반구: 이성적, 분석적; 우반구: 감정적, 통합적.

대용어 Verweismittel, das (11쪽) (→)지시어

대용형 Proformen (Pl.) (122쪽): (→)지시어

도치 Inversion, die (35쪽): 예를 들어서 시간 부사어가 문장의 처음에 위치했을 때, 주어와 동사의 순서가 바뀌는 현상. Er kommt morgen. Morgen kommt er bestimmt.

동심원적인 과정 Konzentrischer Prozess (27쪽): (→) 쓰기 과정

레마 Rhema, das (88쪽): (→) 테마 레마 구조

레이아웃 Lay-out, das (150쪽): 텍스트와 그림의 디자인. 개별적인 (→)글의 종류, 예를 들어 신문 기사나 전보, 편지 등에는 특징적인 레이아웃이 있다.

마인드맵 Mind-map, die (70쪽): (영어에서 mind=이해력, 정신; map=지도) 사고와 중심 개념을 위계적으로 정리한다 ("수형도") (→ 연상표, → 브레인스토밍).

목표로서의 능력 Zielfertigkeit, die (8쪽): (→) 쓰기.

문장을 연결하는 장치 Satzknüpfer, der (97쪽): (→) Konnektor 접속사

부분적인 기능 Teilfertigkeit, die (13쪽): 언어 능력을 점차적으로 이루어 갈 때에는 우선 여러 가지 부분적인 기능들을 먼저 따로 떼어내어 연습한다. 쓰기 기능에서 예를 들면 철자법, 어순과 문장 배열, 문장 시작하기, (→)지시

어, (→) 접속사 등.

브레인스토밍 Brainstorming, das (70쪽): (영어에서 brain=뇌; storm=폭풍). 그룹에서 활용될 때: 어떤 주제에 관해 생각나는 모든 것을 일단은 질서 없이 수집한 후 범주로 나누어 정리한다(→ 연상표 Assoziogramm, → Clustering, → Mind map).

사용규칙 Gebrauchsregel, die (37쪽): 어떤 문법적인 형태가 어떤 문맥에서 사용될 수 있는지를 기술한다.

사회적인 행위로서의 언어 Sprache als soziales Handeln (28쪽): 화용론(사회언어학)에서 생겨난 언어에 대한 개념: 언어를 통해 우리는 다른 사람들과 접촉을 하며, 서로 의사소통을 하고, 영향을 미치려고 시도한다. 우리가 그것을 구체적으로 어떤 방식으로 하는가는 누구와, 어디서, 왜, 무슨 목적으로 우리가 말을 하거나 글을 쓰는가와 관련이 있다. 언어에 대한 이런 개념이 (→)의사소통 중심의 외국어 수업의 기반이 된다.

사회화 Sozialisation, die (174쪽): 출생시부터 인간을 아주 특정한 방식으로 형성하는 모든 영향(예를 들어 부모, 교육체계, 사회적으로 보통 받아들여지는 규범이나 가치관 등을 통한 교육)의 총합.

선지식 Vorwissen, das (253쪽): 학습자가 이미 수업에 가지고 왔거나 수업 중에 습득한 지식. 선지식은 과제를 이해하고 해결하는 데에 도움이 된다(→ 선행 조직자).

선행 조직자 advance organizer, der (영어) (190쪽): 학습자의 선지식(→)을 활성화하기 위한 자료나 활동.

수용미학 Rezeptionsästhetik, die (47쪽): (라틴어에서 recipere=받다). 수용미학은 문학 텍스트의 의미는 미리 결정된 ("내재된") 것이 아니라 독자가 ─ 독자의 기대, 시간적, (문화)공간적 수용조건을 텍스트와 하나로 만들어 ─ 의미를 생성해 낸다고 생각한다.

시각-문자-운동신경을 이용하는 기억유형 optisch-graphomotorischer Gedächtnistyp, der (26쪽): 문자의 모습(시각적 요소)와 운동(글씨를 쓸 때의 손의 움직임)이 결합되면 기억력이 향상된다(→ 학습유형).

실수/오류 Fehler, der
  간섭으로 인한 오류 Interferenzfehler (274쪽): 모어에서 외국어로 잘못 옮기

기 때문에 생긴다 (어휘, 발음, 구조 등을)

오류 Kompetenzfehler (285쪽): 언제나 생겨나는 끈질긴 잘못으로, 학습자가 스스로 알아채지 못한다.

실수 Performanzfehler (255쪽): 부주의로 인해 틀리는 것. 학습자가 스스로 알아챌 수 있고, 정정할 수도 있다.

실제 상황에서의 의사소통 Kommunikation in Realsituationen, die (227쪽) (→실제적인 글쓰기 상황). 사람들이 서로 접촉을 하는, 생활 중에서의 의사소통. 수업 밖에서의 예: "길에서 사람을 만나서 어떻게 지내는지 묻기", "휴가를 떠나서 부모님께 엽서를 쓰기". 수업 중에는: "지각한 이유를 말하기", "외국어 단어의 뜻을 묻기" 등.

실제적 글쓰기 상황 Schreibsituation, reale (Pl.) (12쪽/24쪽): 여기서는 특별히 교실 밖에서 독일어 학습자들이 독일어 문어로 의사소통을 해야 하는 (또는 하고 싶어 하는) 상황을 말한다. 예를 들어, 독일 편지 친구와 편지 쓰기, 방학 중에 열리는 어학강좌에 대해 서신으로 문의하기, 독일어 선생님에게 방학 때 편지쓰기 등.

쓰기 Schreiben, das

도구로서의 쓰기 / 목표로서의 쓰기 Schreiben als Mittlerfertigkeit / Schreiben als Zielfertigkeit (8쪽): 쓰기는 (그리고 말하기도) 언어수업에서 흔히 다른 목적을 위한 도구이다. 예: 문법형태를 정착시키기 위해서 글로 쓰는 문법 연습을 한다 = 도구로서의 기능. 반면에, 문어 표현을 더 나아지게 하기 위한 쓰기 연습 = 목표로서의 기능. 빈칸채우기를 할 때도 쓰기는 도구로서의 기능일 수 있다. 예를 들어 문법형태에 관한 문제로 "형용사 어미"를 연습하는 경우.

자유로운 글쓰기 freies Schreiben (21쪽/126쪽): (또는 freier schriftlicher Ausdruck 자유로운 문어 표현). 어떤 주제에 대해 (내용에 대해 간단한 몇 마디 말로 도움을 좀 받는다고 하더라도) 글로 자유롭게 표현하기. 창조적인 글쓰기와 같은 의미로 쓰일 때도 있다.

유도된 글쓰기 gelenktes Schreiben (21쪽): 부분적인 기능을 위한 쓰기 과제. 예를 들어 각각의 문장을 접속사로 연결하기, 주어진 견본을 보고 글을 구성하기, 같은 구조의 글을 쓰기.

의사소통을 지향하는 글쓰기 kommunikativ orientiertes Schreiben (139쪽): (소통 중심의 글쓰기라고도 한다). 무언가 할 말이 있는 독자에게 글, 예를 들어 편지, 메모나 축하인사를 쓰기.

창조적인 글쓰기 kreatives Schreiben (41쪽 / 126쪽): 자유로운 글쓰기. 흔히 어떤 사물이나 그림이나 언어가 자극이 되어, 또는 문학적인 견본을 보고 쓰게 된다(→ 연상표, → 브레인스토밍, → Clustering, → 마인드맵). 개인적인 쓰기: 전문서적에서는, 학습자가 자신이나 다른 사람에게 스스로에 대해 알리는 글을 가리킨다(예를 들어 편지 쓰기나 창조적인 글쓰기).

쓰기 과정/(동심원적인) 과정으로서의 쓰기 Schreibprozess, der/Schreiben als (konzentrischer) Prozess (27쪽): (동심원적인=원을 그리며 한 점을 향해 가는). 산출물(편지, 경험을 이야기하는 글 등)이 아니라 쓰는 과정(그리고 쓰는 사람)이 중심이 된다. 사고의 발전과 구조화, 적절한 단어와 효과적인 표현을 찾는 일, 텍스트 언어학적인 요소들의 조직, 고쳐쓰는 여러 가지 과정.

쓰기 과정의 순환성과 불연속성 Rekursivität und Diskontinuität des Schreibprozesses (196쪽): 쓰기 과정의 특징은 이미 계획하거나 쓴 것을 다시 돌아보는 성찰 기간과 (즉 순환적이다) 중단, 중지, 새로운 시작이다 (즉 불연속적이다).

쓰기 기능 Fertigkeit Schreiben, die (3쪽): 네 가지 "(언어)기능" (듣기, 읽기, 말하기, 쓰기) 중 한 가지. 듣기와 읽기를 흔히 "수용적인" 기능이라고 일컫는 반면, 말하기와 쓰기는 "산출적인" 기능이라고 한다. 외국어 수업에서는 (→)"수단으로서의 쓰기"와 (→) "목적으로서의 쓰기"를 구분한다.

쓰기 능력 Schreibkompetenz, die (8쪽): 외국어로 된 글로 자신이 전달하고자 하는 의도를 표현하며 동시에 철자법, 표현 수단, 문법적인 구조, (→) 글의 특성Textmerkmale, 글의 응집성 (→)Textkohärenz 등등을 통제하는 학습자의 능력.

어간 원칙 Stammprinzip, das (75쪽): 같은 단어 부류에 속하는 단어들은 어간이 같다. 예를 들면, er gestand – Geständnis – geständnig (그는 자백을 했다 – 자백 – (잘못을) 인정하는). 새 맞춤법에서는 Stange – Stängel (Stengel이 아니라) (막대기 – 줄기).

언어사용역 Register, das (13쪽): 서로 다른 청자와 상황에 따른 언어 변이체: 누구에게 무엇을 어떻게 말하는가. 가까운 동료에게는 "담배 펴도 상관 없지?"라고 말하겠지만 공식적인 회의 중에는 "담배 좀 피워도 되겠습니까?"하고 말할 것이다. 언어 사용역의 차이는 쓰기에서도 중요한 역할을 한다. 예를 들어서, (→)형식적인 편지와 (→)비형식적인 편지에도 서로 다르다.

언어지식 Sprachwissen, das (37쪽): 언어에 대한 지식. 예를 들어 규칙에 대한 지식, 어휘 지식 등등. 그와 대치되는 개념은 언어(사용)능력 Sprachkönnen, 즉 구체적인 상황에서의 언어 사용이다.

역할 Rolle, die (243쪽): 다양한 언어행위 영역에서 우리는 고객 / 점원, 손님 / 주인 같은 여러 가지 사회적인 역할을 번갈아가며 맡는다.

연상망 Assoziogramm, das (38쪽): (→Wortspinne 단어 거미, →Wortigel 단어 고슴도치라고도 함) 어떤 "자극"(표제어, 그림, 주제)에 대해 아이디어, 떠오르는 생각, 연상을 즉흥적으로 모은다 (→ 브레인스토밍, → 클러스터링, → 마인드맵).

연어 Kollokationen (Pl.) (63쪽): 어떤 언어에서, 흔히 함께 나타나는 단어들. 예를 들어서 Hund+bellen, Wolf+heulen (개+짖는다, 늑대+운다.)

오버레이 Overlay, das (237쪽): 겹쳐서 위에 얹는 필름. 여러 장의 [OHP (역자주)] 필름을 겹쳐놓는다.

의미론적 semantisch (105쪽): (의미에 관계된; 의미론 Semantik, die). 언어 기호의 의미에 관한 학문.

의사소통 중심의 교재 kommunikative Lehrwerke (Pl.) (3쪽): (→)의사소통 중심의 외국어수업을 위한 교재.

의사소통 중심의 외국어수업, 의사소통적 교수법 kommunikativer Sprachunterricht, der (1쪽): 외국어(구어와 문어)로 자신이 뜻하는 바를 전달하고 그 언어를 이해하는 능력이 중심이 되는 수업.

의사소통 중심의 접근법 kommunikativer Ansatz, der (5쪽): (→)의사소통 중심의 외국어 수업의 수업 방법.

의사소통의 틀 kommunikativer (situativer) Rahmen, der (244쪽): 일반적으로: (구어와 문어로) 의사소통이 이루어지는 상황적 배경의 전체: 상황, 시간, 공간, 의사소통 상대자들의 전달하려는 의도, 인간적인 관계, 사회적인 위치 등등 (누가 어디서 언제 어떻게 누구와 무슨 목적으로?). 외국어 수업에서의 편지쓰기에 있어서는: 써야 할 편지의 상황적, 의사소통적 배경에 대한 정확한 정보 (발신인, 수신인, 상황, 쓰는 목적 등).

의사소통적인 연습 kommunikative Übungen (Pl.) (147쪽): 일반적으로: 실제 의사소통 상황과 의사소통에 대한 필요성을 모의 상황으로 ("…인 척") 만들어서 하는 연습으로, 그런 절차를 통해 학습자들을 수업 밖에서 일어나는 실제 의사소통을 할 수 있도록 준비시킨다(독일어로 진짜 편지를 쓰기). 좁은 의미로: 실제 의사소통을 교실 내에서 만들어내어 하는 연습 (예를 들면, 학급끼리 편지를 교환하기 위한 사전준비, 학습에 관한 대화).

음소 Phonem, das (26쪽): (그리스어에서 phonema = 소리). 한 언어의 음운체계에서, 의미를 변별하는 가장 작은 단위. 예를 들어서 Ass – aß에서 /a/ – /aa/, Gasse – Klasse에서 /g/ – /k/, 소리 – 보리에서 /ㅅ/ – /ㅂ/. (→ Graphem 자소).

입력 가설 Input-Hypothese, die (106쪽): Stephen Krashen은(1985)은 "이해 가능한 입력", 즉 학습자가 듣거나 읽으면서 받아들이는 언어적 재료가 외국어 학습의 진전을 위한 유일한 요인이라고 생각했다.

자소 Graphem, das (26쪽): (그리스어에서 graphein = 쓰다). 한 언어의 문자체계에서 의미를 구별할 수 있는 최소의 단위. 예를 들어서 Haus ('집') – Maus('생쥐')에서 h와 m, Schuss – Kuss에서 Sch와 k (→ 음소).

전지적 서술자 Erzähler, der (auktoriale / allwissende) (150쪽): (3인칭 서술자라고도 함). 자신이 만들어낸 허구의 세계보다 상위에 위치하며 "모든 것을 안다" (등장인물의 내적, 외적 세계).

접속사 Konjunktionen, der (105쪽): 주문장들을 서로 연결한다(und, oder, denn 등). (→ 종속 접속사)

접속사 Konnektor, der (13쪽): 문장의 부분들(und, oder, denn, aber 등), 또는 여러 가지 문장들(weil, darum , obwohl, bis, dass 등) 사이의 내용적이거나 논리적인 관계를 표현하는 단어들. 접속사들의 기능은 다양하다.
    순접 표현 접속사 Koordinativ/kopulativ (104쪽): 동등한 것들을 연결(und, sowie)
    역접 표현 접속사 adversativ (104쪽): 반대가 되는 것을 연결(jedoch, aber)
    원인 표현 접속사 kausal (104쪽): 이유대기(weil)
    목적 표현 접속사 final (104쪽): 동기, 목적을 말하기(damit)
    조건 표현 접속사 konditional (104쪽): 조건을 말하기(falls)
    양보 표현 접속사 konzessiv (104쪽): "…에도 불구하고"의 의미(obgleich)
    시제 표현 접속사 temporal (104쪽): 시간관계를 표현(nachdem, während)

정동사형 finites Verb, das (35쪽): 동사의 활용 형태: 인칭, 시제, 태; 부정형: 부정사, 분사.

종속접속사 Subjunktion, die (104쪽): (Subjunktor라고도 한다). 주문장과 부문장을, 부문장과 부문장을 연결한다. (weil, damit, obgleich 등). (→ 등위 접속사).

지시어 Referenzmittel, das (=지시 Referenz, =→대용어 Verweismittel, =→대용형 Proformen) (86쪽): 앞이나 뒤에서 언급된 것과 어느 방향으로건 연결되며 글 안에서 관계를 만들어내는 언어적인 요소들. 전에 언급된 것과 연결되는 예: Der Mann, den du auf dem Bild siehst, ist mein Vater. Er ist vor drei Jahren gestorben. 다른 지시방법으로는 folgend 같은 단어도 있다 (나중에 나올 것을 지시한다). Am folgenden Beispiel kann man zeigen, wie ... 또는 부사: Der Mann kam ins Krankenhaus. Dort ...

지시 위주의 접근법 direktive Ansätze (Pl.) (42쪽): 쓰기를 미리 구체적으로 제한을 줌으로써 유도하는 쓰기 교수법 상의 접근법. (→ 텍스트 언어학적 접근법, → 과정 중심의 접근법).

초급 Grundstufe, die (3쪽): 1. 기본적인 기능과 구조를 익히기까지의, 언어수업 초기에 구체적으로 정의되지 않은 기간을 일반적으로 가리키는 말. 2. 언어에 대한 지식이 전혀 없는 상태에서부터 괴테 인스티투트 Goethe-Institut와 평생학습기관에서 초급을 마치는 시험인 Zertifikat Deutsch(독일어 기초학력 증명시험)까지에 이르기까지의 학습 단계의 명칭. 3. 성인교육기관에서 어학강좌의 특정한 단계를 부르는 이름 (초급 I, II, 경우에 따라서는 III) (평생학습기관이나 괴테 인스티투트 Goethe-Institut에서).

클러스터링 Clustering, das (207쪽): (영어에서 cluster = 뭉치, 무더기). Clustering 에서는 연상한 것들을 아이디어의 망으로 (단어들의 뭉치로) 묶는다 (= 단어 다발). (→ 연상표).

텍스트의 테마-레마 구성 Thema-Rhema-Gliederung von Texten, die (92쪽): 문장의 경계를 넘어서는 텍스트 내에서의 내용의 구조 (의사소통의 구성 kommunikative Gliederung): 테마 = 보통은 이미 알려진 내용. 레마 = 보통은 새로 도입되는 내용.

텍스트 능력 Textkompetenz, die (106쪽): 텍스트의 구조에 대한 지식.

텍스트언어학적 접근법 textlinguistische Ansätze (Pl.) (45쪽): (대명사를 이용한 연

결, 논리적 연결, 논증의 방식, 독자와의 관계 같은) 텍스트의 구조를 분석하고 그에 따른 쓰기 과제로 연습하는 쓰기 교수법의 접근법. (→ 부분적인 기능, → direktive Ansätze, → 과정중심의 접근법).

패러다임의 변화 Paradigmenwechsel, der (47쪽): (Paradigma = 체계, 견본); 체계의 변화. 아주 새로운 관찰 방법 / 접근 방법.

편지 Brief, der

> **형식적인 편지** formeller (24쪽): 특정한 형태상의 또는 표현상의 모범을 따라가도록 요구되는 공적인 편지. 예를 들어서 상용 편지, 지원서, 해고 통지서 등. 이런 규칙을 지키지 않으면 심각하거나 또한 조금은 덜 심각한 (법적, 개인적 등) 결과를 가져올 수 있다.
>
> **어느 정도 형식적인 편지** halbformeller (252쪽): 예를 들어서 업체, 기관이나 공무원에게 무엇을 물을 때 쓰는 편지. 여기에도 어느 정도 형식이나 문체에 관한 규칙이 있지만, 그 규칙을 지키지 않는다고 부정적인 결과가 생기지는 않는다.
>
> **비형식적인 편지** informeller (24쪽): 개인적인 편지.

학습유형 Lerntyp, der (25쪽): 배우는 방식은 사람마다 다르다. 시각적인 학습유형은 그림으로 나타낸 것을 보면서, 모방적·청각적인 학습유형은 들음으로써 가장 학습을 잘 하며, 체계를 좋아하는 사람은 분석적으로 접근하기를 좋아한다. 대부분의 사람들은 여러 방법을 조합해서 학습한다 (여러 "통로"를 통해).

함의 Konnotation, die (67쪽): 어떤 단어에 전통적으로 덧붙여진 의미. 예를 들어 Kerzenlicht (촛불)=낭만적, 아늑함.

화용론적인, 화용론 pragmatisch / Pragmatik, die (28쪽): 화용론은 구체적인 사용 상황에서의 언어 발화의 기능이 무엇인지를 묻는다. (→ 사회적인 행위로서의 언어).

환원 Reduktion, die (277쪽): (→) 과잉일반화

흐름도 Flussdiagramm, das (155쪽): 텍스트의 구조를 도표로 나타내 보일 수 있는 도식.

06 Literaturhinweise

참고문헌

(6장에 실린 제목들 중에는 모어로서의 독일어 교육 상황을 바탕으로 하는 것들도 몇 있다. 하지만 그 자료에도 외국어로서의 독일어 수업에 받아들일 만한 자극과 아이디어들이 들어 있다.)

6.1 인용된 정기간행물들의 약호

BH   = *Der Bunte Hund*. Magazin für Kinder in den besten Jahren. Weinheim und Basel: Beltz.

DD   = *Der Deutschunterricht*. Beiträge zu seiner Praxis und wissenschaftlichen Grundlegung. Seelze: Friedrich Verlag in Zusammenarbeit mit Klett.

DaF   = *Deutsch als Fremdsprache*. Zeitschrift für Theorie und

Praxis des Deutschunterrichts für Ausländer. Berlin/München: Langenscheidt.

DfU = *Der fremdsprachliche Unterricht*. Grundlagen, Unterrichtsvorschläge, Materialien. Seelze: Friedrich Verlag in Zusammenarbeit mit Klett.

FD = *Fremdsprache Deutsch*. Zeitschrift für die Praxis des Deutschunterrichts. München: Klett Edition Deutsch/Goethe-Institut.

Info DaF = *Informationen Deutsch als Fremdsprache*. Hrsg. vom Deutschen Akademischen Austauschdienst in Zusammenarbeit mit dem Fachverband Deutsch als Fremdsprache. München: iudicium.

OBST = *Osnabrücker Beiträge zur Sprachtheorie*. Hrsg. von Jürgen Erfurt und Angelika Redder.

PD = *Praxis Deutsch*. Zeitschrift für Deutschunterricht. Seelze: Friedrich Verlag in Zusammenarbeit mit Klett.

ZD = *Zielsprache Deutsch*. Zeitschrift für Unterrichtsmethodik und angewandte Sprachwissenschaft. Ismaning: Hueber.

6.2 쓰기라는 주제에 관련된 이론적이거나 실용적인 참고 문헌들

ABBEGG, Brigit (1977): *100 Briefe Deutsch für Export und Import. Langenscheidt Musterbriefe*. Berlin/München: Langenscheidt.

ABEL, Brigitte u.a. (1989): *Sprachbrücke 1*, Arbeitsheft, Lektionen 8-15. München: Klett Edition Deutsch.

ALBERS, Hans Georg/BOLTON, Sibylle (1995): *Testen und Prüfen in der Grundstufe, Einstufungstests und Sprachstandsprüfungen*, Fernstudieneinheit 7. Berlin/München: Langenscheidt.

ALTMEYER, Axel (1998): Benoten und Bewerten. In: FD, H. 19/1998.

AUFDERSTRASSE, Hartmut u.a. (1993 a): *Themen neu 1*, Lehrerhandbuch, Teil A. Unterrichtspraktische Hinweise. Ismaning: Hueber.

AUGST, Gerhard (1988): *Schreiben als Überarbeiten — Writing ist(!) rewriting oder Hilfe! Wie kann ich den Nippel durch die Lasche ziehen?*. In: DD, H. 3/1988: „Theorie des Schreibens", S. 51-62.

AUGUSTIN, Vikor/HAASE, Klaus (1980): *Blasengeschichten*. Frankfurt/M.: Pädagogische Arbeitsstelle des Deutschen Volksschul-Verbandes (Holzhausenstr. 21, D-60322 Frankfurt/M., Bestellnr. 425 und 426).

BACHMANN, Saskia u.a. (1996 a): *Sichtwechsel Neu 2*. München: Klett Edition Deutsch.

BACHMANN, Saskia u.a. (1996 b): *Sichtwechsel Neu 3*. München: Klett Edition Deutsch.

BAURMANN, Jürgen/LUDWIG, Otto (1996): *Texte und Formulierungen überarbeiten*. In: PD, H. 137/1996: „Schreiben: Texte und Formulierungen überarbeiten", S. 13-21.

BAUSCH, Karl-Richard/RAABE, Horst (1978): *Zur Frage der Relevanz von kontrastiver Analyse, Fehleranalyse und Interimsprachenanalyse für den Fremdsprachenunterricht*. In: WIERLACHER, Alois (Hrsg.): *Jahrbuch Deutsch als Fremdsprache*, Bd. 4, Heidelberg: Julius Groos, S. 56-75.

BEREITER, Carl (1980): Development in writing. In: GREGG/STEINBERG (Hrsg.) 1989, S. 73-93.

BLISSENER, Ulrich (1987): Summary Writing. Ein Übungselement in der Schreiberziehung. In: DfU, H. 2/1987, S. 5-8.

BOCK, Heiko/MÜLLER, Jutta (1990): Grundwortschatz Deutsch. Berlin/München: Langenscheidt.

BOHN, Rainer (1987): *Schreiben — eine sprachliche Haupttätigkeit im Unterricht Deutsch als Fremdsprache*. In: DaF, H.4/1987, Leipzig: Herder-Institut, S. 233-238.

BOHN, Rainer (1999): *Probleme der Wortschatzarbeit*, Fernstudieneinheit 22. Berlin/München: Langenscheidt.

BOLTON, Sibylle (1996): *Probleme der Leistungsmessung, Lernfortschrittstests in der*

Grundstufe. Fernstudieneinheit 10. Berlin/München: Langenscheidt.

BÖRNER, Wolfgang/VOGEL, Klaus (Hrsg.) (1992): *Schreiben in der Fremdsprache. Prozeß und Text, Lehren und Lernen*. Bochum: AKS-Verlag (Bd. 10 der Reihe: Fremdsprachen in Lehre und Forschung).

BÖSEKE, Harry (1986): *Vier neue Schreibspiele. Schreibarbeit als emanzipatorische Arbeit*. In: BUNDESVEREINIGUNG KULTURELLE JUGENDBILDUNG (Hrsg.) (1996), S. 14-18.

BÖTTCHER, Ingrid/WAGNER, Monika (1996): *Kreative Texte bearbeiten*. In: PD: Sonderheft „Schreiben: Konzepte und schulische Praxis", S. 84-87.

BRANDI, Marie-Luise (1988): *Bild als Sprechanlaß. – Sprechende Fotos*. Paris: München/Goethe-Institut.

BRENNER, Gerd (1990): *Kreatives Schreiben: Ein Leitfaden für die Praxis. Mit Texten Jugendlicher*. Frankfurt/M.: Scriptor.

BUNDESVEREINIGUNG KULTURELLE JUGENDBILDUNG (Hrsg.) (1996): *Ich geb's Dir schriftlich. Junge Leute schreiben*. Aktionen, Werkstätten, Wettbewerbe. Bundesvereinigung kulturelle Jugendbildung: Remscheid.

BURGER, Hermann (1986): *Die allmähliche Verfertigung der Idee beim Schreiben*. Frankfurter Poetik-Verlesung. Frankfurt/M.:S. Fischer (Collection Band 48).

BUTZKANN, Wolfgang (1989): Psycholinguistik des Fremdsprachenunterrichts. Natürliche Künstlichkeit: Von der Muttersprache zur Fremdsprache. Tübingen: Francke (UTB 1505).

COOPER, Thomas (1988): *Schreiben als Prozeß, oder „Zurück zur Natur" in der Didaktik des Schreibens im DaF-Unterricht*. In: LIEBER/POSSET, S. 163-175.

CORDER, Pit (1973): *Introducing Applied Linguistics*. Harmondsworth: Penguin Books.

DAHL, Johannes/WEIS, Brigitte (1988): *Handbuch Grammatik im Unterricht*. München: Goethe-Institut.

Das Zertifikat Deutsch als Fremdsprache (1992). Hrsg. vom Deutschen Volksschul-

Verband und vom Goethe-Institut.

DRÄXLER, Hans-Dieter (1997): *Handlungsorientierung im Fortgeschrittenenunterricht. Oder: Wie lässt sich Fortgeschrittenenunterricht curricular planen?*. In: FD, H. 16/1997 „Deutschunterricht mit fortgeschrittenen Jugendlichen", S. 12-16.

DUDDE, Ebba-Maria (1997): *„Man merkt, dass man mehr kann, als man glaubt." Deutsch lernen durch Freude am kreativen Schreiben*. In: FD, H. 16/1997, S. 56 f.

DURAS, Marguerite (1994): *Schreiben*. Frankfurt/M.: Suhrkamp.

EHLERS, Swantje (1992): *Lesen als Verstehen*, Fernstudieneinheit 2. Berlin/München: Langenscheidt.

EHLERS, Swantje (1988): *Zusammenfassen literarischer Texte im Fremdsprachenunterricht*. In: LIEBER/POSSET (1988), S. 251-271.

EHLERS, Swantje/KAST, Bernd: *Arbeiten mit literarischen Texten*. Unveröffentliches Manuskript.

EIGLER, Gunther (1985): *Textverarbeiten und Textproduzieren. Entwicklungstendenzen angewandter kognitiver Wissenschaft*. In: Unterrichtswissenschaft. Zeitschrift für Lernforschung in Schule und Weiterbildung, H. 4/1985, Ismaning: Hueber, S. 301-318.

ENGEL, Ulrich (1988): *Deutsche Grammatik*. Heidelberg: Julius Groos.

ESA, Mohammed/GRAFFMANN, Heinrich (1993): *Grammatikarbeit am Text. Einige textlinguistische Ansätze im Deutschunterricht*. In: FD, H. 9/1993 „Lebendiges Grammatiklernen", S. 25-34.

ESSER, Ruth (1997): *„Etwas ist mir geheim geblieben am deutschen Referat". Kulturelle Geprägtheit wissenschaftlicher Textproduktion und ihre Konsequenzen für den universitären Unterricht von Deutsch als Fremdsprache*. München: iudicium.

FAISTAUER, Renate (1997): *Wir müssen zusammen schreiben! Kooperatives Schreiben im fremdsprachlichen Deutschunterricht*. Innsbruck/Wien: Studien Verlag (Reihe: Theorie und Praxis-Österreichische Beiträge zu Deutsch als

Fremdsprache, Bd. 1).

Fremdsprache Deutsch, H. 19/1988: „Benoten und bewerten".

FRICK, René/MOSIMANN, Werner (1996): *Lernen ist lernbar. Eine Anleitung zur Arbeits- und Lern technik*. Aarau: Verlag für Berufsausbildung/Sauerländer.

FUNK, Hermann/KOENIG, Michael u.a. (1995): *Sowieso*, Lehrerhandbuch 1. Berlin/München: Langenscheidt.

GERDES, Mechthild u.a. (1984): *Themen 1*, Lehrerhandbuch 1. Berlin/München: Langenscheidt.

GIESE, Heinz (1979): *Zur Erklärung des Schriftspracherwerbs - Aneignung sprachlicher Handlungsmuster*. In: OBST 11, S. 84-94.

GÖTZE, Lutz (1996): *Was muss ich über die neue Rechtschreibung der deutschen Sprache wissen? Informationen, Regeln, Diktate*. Ismaning: Verlag für Deutsch.

GRÄTZ, Ronald (1998): Kunst und Musik im Deutschunterricht. In: FD, H. 17/1997 „Kunst und Musik im Deutschunterricht", S. 4-8.

GREGG, Lee/STEINBERG, Erwin (Hrsg.) (1989): *Cognitive Processes in Writing*. Lawrence Erlbaum Associates, New York: Hilldale.

GRÜNER, Margit/HASSERT, Timm (1999): *Computer im Deutschunterricht*, Fernstudieneinheit 14. Berlin/München: Langenscheidt.

HÄCKER, Ronald/HÄCKER-OSWALD, Renate (1996): Neue Schreibung leicht gelernt. Arbeitsheft zur Rechtschreibreform. Stuttgart: Klett.

HASLER, Herbert (1991): *Lehren und Lernen der geschriebenen Sprache* (Bd. 272 der Reihe: Erträge der Forschung). Darmstadt: Wissenschaftliche Buchgesellschaft.

HAYES, John/FLOWER, Linda (1980). *Identifying the Organization of Writing Process*. In: GREGG/STEINBERG (Hrsg.) (1989), S. 3-20.

HEBEL, Franz (1989): *Der Brief. Beiträge zum Deutschunterricht an beruflichen Schulen*. Unterrichtsvorschläge. Fuldatal: HILF.

HEID, Mandfred (Hrsg.) (1989): *Die Rolle des Schreibens im Unterricht Deutsch als Fremdsprache. Dokumentation eines Kolloquiums im Juli 1988 in Grossau (obb.)*. München: iudicium.

HERINGER, Hans-Jürgen (1987): Wege zum verstehenden Lesen. Lesegrammatik für Deutsch als Fremdsprache. Ismaning: Max Hueber.

HERMANNS, Franz (1988): *Personales Schreiben. Argument für das Schreiben im Unterricht der Fremdsprache Deutsch*. In: LIEBER/POSSET (1988), S. 45-67.

Info DaF 5/1995.

KAMINSKI, Diethelm (1987): *Bildergeschichten*. Aufgaben und Übungen. Literarische Texte im Unterricht. München: Goethe-Institut.

KAMMANN, Petra (1993): *Variationen über ein Thema* (Interview mit Irene Dische). In: *Buchjournal* 4. Frankfurt/M.: Buchhändler-Vereinigung, S. 14-17.

KAST, Bernd (1989 a): *Schreiben im Anfängerunterricht*. In: HEID (Hrsg.) (1989), S. 118-148.

KAST, Bernd (1989 b): *Vom Wort zum Satz zum Text. Methodisch-didaktische Überlegungen zur Schreibfertigkeit im Anfängerunterricht*. In: FD, H. 1/1989 „Schreiben", S. 9-16.

KAST, Bernd (1994): *Literatur im Anfängerunterricht*. In: FD, H. 11/1994, „Literatur im Anfängerunterricht", S. 4-13.

KAST, Bernd/MITZSCHKE, Matthias (1988): *Klassenkorrespondenz*. In: *Spracharbeit*, H. 2/1988. München: Goethe-Institut, S. 19-31.

KLEIST, Heinrich von (1959): *Über die allmähliche Verfertigung der Gedanken beim Reden. In: Sämtliche Werke*. München/Zürich: Droemersche Verlagsanstalt Th. Knaur, S. 784-788.

KLEPPIN, Karin (1997): *Fehler und Fehlerkorrektur*, Fernstudieneinheit 19. Berlin/München: Langenscheidt.

KÖSTER, Diethard (1994): *Lehrmaterial für Mediotheken. Beispiel Schreibfertigkeit*. In: ZD, H. 4/1994, S. 188-200.

KRAMSCH, Claire (1993): *Context and Culture in Language Teaching*. Oxford: Oxford University Press.

KRASHEN, Stephen (1985): *The input hypothesis*. London: Longman.

KRINGS, Hans (1992): *Empirische Untersuchungen zu fremdsprachlichen*

Schreibprozessen. Ein Forschungsüberblick. In: BÖRNER/VOGEL (Hrsg.) (1992), S. 44-77.

KRÜCK, Brigitte (1982): *Entwicklung des Schreibens als Bestandteil des kommunikativen Könnens im Englischunterricht.* In: FU H. 8/9/1982, S. 390-396.

KRUMM, Hans-Jürgen (1989): *Thema „Schreiben".* In: FD, H. 1/1989, S. 5-8.

KRUMM, Hans-Jürgen (1990): *„Ein Glück, daß Schüler Fehler machen!" Anmerkungen zum Umgang mit Fehlern im lehrnerorientierten Fremdsprachenunterricht.* In: LEUPOLD, Eynar, PETTER, Yvonne (Hrsg.): *Interdisziplinäre Sprachforschung und Sprachlehre. Festschrift für Albert Raasch zum 60. Geburtstag.* Tübingen: Narr, S. 99-105.

KRUMM, Hans-Jürgen (1996): *Keine Weile − nicht als Eile? Die neue Rechtschreibung im Deutsch als Fremdsprache-Unterricht.* In: FD, H. 15/1996. „Redewendungen und Sprichwörter", S. 68/69.

KUHN, Barbara/OTTE, Susanne (1995): *Fremdperspektive als Lehrziel. Am Beispiel von Bewerbungsunterlagen aus der Mongolei.* In: Info DaF, H. 5/1995, S. 525-531.

KUNKEL, Roland (1994): *Schreibexperimente − Handreichung zum phantasiegeleiteten, literarischen Schreiben.* Wiesbaden: Hessisches Institut für Bildungsplanung und Schulentwicklung (HIBS).

KWIATKOWSKI, Gerhard u.a. (Hrsg.) (1989): *Schülerduden. Die Literatur.* Ein Sachlexikon der Literatur. Mannheim: Bibliographisches Institut.

LENOIR, Astrid/LANGER, Jürgen (1995): Briefe nach Berlin. Ein vergnügliches Projekt im Anfängerunterricht einer High School. In: FD, H. 13/1995: „Die ersten Stunden und Wochen in Deutschunterricht", S. 45-49.

LIEBNAU, Ulrich (1995): *EigenSinn. Kreatives Schreiben. Anregungen und Methoden.* Frankfurt/M.: Moritz Diesterweg.

LIEBER, Maria/POSSET, Jürgen (1988): *Texte schreiben im Germanistik-Studium.* (Bd. 7 der Reihe: Studium Deutsch als Fremdsprache − Sprach-Didaktik).

München: iudicium.

LIST, Gudula (1995). *Zwei Sprachen und ein Gehirn. Befunde aus der Neuropsychologie und Überlegungen zum Zweitspracherwerb.* In: FD, Sondernummer 1995: „Fremdsprachenlerntheorie", S. 27-35.

LOHFERT, Walter (1983): *Werbung und Anzeigen.* Texte zur Landeskunde im Unterricht. München: Goethe-Institut.

LOHFERT, Walter/SCHWECKENDIEK, Jürgen (1989): *Werbung und Anzeigen.* Arbeitsbuch – Texte zur Landeskunde im Unterricht. München: Goethe-Institut.

LUDWIG, Otto (1988): *Zur Frage von Autonomie und Abhängigkeit geschriebener Sprache, erörtert am Beispiel schriftlicher Textformen.* In: NERIUS/AUGST (Hrsg.) (1988), S. 36-51.

LUDWIG, Otto/SPINNER, Kaspar (1992): *Schreiben zu Bildern.* In: PD, H. 113/1992, „Schreiben zu Bildern", S. 11-16.

LUNDIN KELLER, Siri (1997): *Klassenunterricht Adieu? Oder: Wie man fortgeschrittenen Jugendlichen helfen kann, ihre sprachliche Kompetenz weiterzuentwickeln.* In: FD, H. 16/1997: „Deutschunterricht mit fortgeschrittenen Jugendlichen", S. 26-30.

MELIEF, Ko (1989): Klassenkorrespondenz: spannend, lehrreiche, motivierend. In: FD, H. 1/1989: „Schreiben", S. 24-26.

MISSLER, Bettina u.a. (1995): *Der Lebenslauf: Eine Textsorte im interkulturellen Vergleich.* In: GAL Bulletin 23/1995. Wuppertal: Bergische Universität /Gesamthochschule Wuppertal, S. 5-21.

MOSLER, Bettina/HERHOLZ, Gerd (Hrsg.) (1992): *Die Musenkussmischmaschine. 128 Schreibspiele für Schulen und Schreibwerkstätten.* Essen: Neue Deutsche Schule Verlagsgesellschaft.

MÜLLER, Bernd-Dietrich (1994): *Wortschatzarbeit und Bedeutungsvermittlung.* Fernstudieneinheit 8. Berlin/München: Langenscheidt.

MÜLLER, Dorothea (1989): *Einige Fragen des Schreibens im Russischunterricht.* In:

DfU, H. 2/1989, S. 33-37.

MÜLLER, Karin (1988): *„Schreibe, wie du sprichst!" – Eine Maxime im Spannungsfeld von Mündlichkeit und Schriftlichkeit. Eine historisch-systematische Problemskizze.* In: NERIUS/AUGST (Hrsg.) (1988), S. 52-64.

MUMMERT, Ingrid (1989 a): *Nachwuchspoeten. Jugendliche schreiben literarische Texte im Fremdsprachenunterricht Deutsch.* München: Klett Edition Deutsch/Goethe-Institut.

MUMMERT, Ingrid (1989 b): *Freies Schreiben mit Phantasie. Literarisches Schreiben im Deutschunterricht.* In: FD, H. 1/1989, „Schreiben", S. 17-22.

Musealp-Express. CH-6385 Niederrickenbach. Musealp Verlag AG. (In diesem Magazin werden unzensiert und ohne Qualitätsauswahl alle von Jugendlichen eingesandten Texte und Fotos veröffentlicht.)

NERIUS, Dieter/AUGST, Gerhard (Hrsg.) (1988): *Probleme der geschriebenen Sprache.* Beiträge zu Problemen der geschriebenen Schriftlinguistik auf dem XIV. Internationalen Linguistenkongreß 1987 in Berlin (Bd. 173 der Reihe: Linguistische Studien, Reihe A: Arbeitsberichte). Akademie der Wissenschaften der DDR. Berlin: Zentralinstitut für Sprachwissenschaft.

NEUNER, Gerhard (1990/92/93): *Schreiben macht Spaß*, Heft 1/2/3. München: Klett Edition Deutsch.

PIEPHO, Hans-Eberhard (1988): *Schreiben im Unterricht Deutsch als Fremdsprache.* In: LIEBERT/POSSET (1988), S. 383-392.

PIEPHO, Hans-Eberhard (1989): *Vier Buchstaben zum Diktat. Rechtschreibung im Deutschunterricht.* In: FD, H. 1/1989: „Schreiben", S. 38/39.

PINCAS, Anita (1982): *Teaching English Writing.* London: Mac Millan.

POMMERIN, Gabriele u.a. (1996 a): *Kreatives Schreiben. Handbuch für den deutschen und interkulturellen Sprachunterricht in den Klassen 1-10.* Weinheim und Basel: Beltz Verlag.

POMMERIN, Gabriele u.a. (1996 b): *Tanzen die Wörter in meinem Kopf. Kreatives Schreiben für den DaF-Unterricht.* Ismaning: Hueber.

PORTMANN, Paul (1991): *Schreiben und Lernen. Grundlagen der fremdsprachlichen Schreibdidaktik*. Tübingen: Max Niemeyer. (Reihe: Germanistische Linguistik, 122).

RAU, Hans Arnold (1988): *Schreibspiele und kreatives Schreiben mit chinesischen Germanistik-Studenten − 15 Schreibanregungen*. In: LIEBER/POSSET (1988), S. 453-468.

RICO, Gabriele (1984): *Garantiert schreiben lernen. Sprachliche Kreativität methodisch entwickeln − Ein Intensivkurs auf der Grundlage der modernen Gehirnforschung*. Reinbek bei Hamburg: Rowohlt.

RIVERS, Wilga (1968): *Teaching foreign language skills*. Chicago: Chicago University Press.

RODARI, Gianni (1992): *Grammatik der Phantasie. Die Kunst, Geschichten zu erfinden*. Leipzig: Reclam. (Bd. 1431).

ROEDER, Erik (1997): *Wie schreibt man das?* Schülerheft zur neuen Rechtschreibung. Lichtenau: AOL-Verlag.

SACHS, Rudolf (1991): *Deutsche Handelskorrespondenz. Der Briefwechsel von Export und Import*. Ismaning: Hueber.

SANCHEZ, Karin Vilar (1995): *Text(sorten)kompetenzerweiterung im Deutschunterricht für Ausländer: Formale und fiktionale Analyse sowie Gegenüberstellung verschiedener Textsorten*. In: ZD, H. 4/1995, S. 180-194.

SCHMIDT, Roland/LÖRSCHER, Marlies (1997): *Brainstorming und Mind-Mapping. Arbeitstechniken für Schule, Beruf und Studium*. In: FD, H. 16/1997: „Deutschunterricht mit fortgeschrittenen Jugendlichen", S. 52-54.

SCHERLING, Theo/SCHUCKALL, Hans-Friedrich (1992): *Mit Bildern lernen. Handbuch für den Fremdsprachenunterricht*. Berlin/München: Langenscheidt.

SCHLEMMINGER, Gerald (1985): *Der freie Text. Konzeption eines lehrbuchunabhängigen Fremdsprachenunterrichts*. In: MÜLLER, Bernd-Dietrich (Hrsg.): Textarbeit − Sachtexte. München: iudicium, S. 205-247.

SCHWEIKLE, Günther/SCHWEIKLE, Irmgard (Hrsg.) (1990): *Metzler*

Literaturlexikon. Begriffe und Definitionen. Stuttgart: Metzlersche Verlagsbuchhandlung.

SCHWERDTFEGER, Inge Christine (1998): *Gruppenarbeit und innere Differenzierung.* Fernstudieneinheit 29 (Erprobungsfassung). München: Goethe-Institut.

SERENA, Silvia (1992): *Ihre Lieferung haben wir dankend erhalten... Handelskorrespondenz im Deutschunterricht – ein Modell für die Praxis.* In: FD, Sondernummer 1992: „Berufsbezogener Deutschunterricht mit Jugendlichen", S. 30-36.

SPIER, Anne (mit Zeichnungen von Wiebke Wagenführ) (1981): *Mit Spielen Deutsch lernen.* Frankfurt/M.: Scriptor (Reihen: Lernen mit Ausländern. Unterrichtsmaterialien.)

UR, Penny/Wright, Andrew (1995): *111 Kurzrezepte für den Deutsch-Unterricht (DaF). Interaktive Übungsideen für zwischendurch.* Übersetzt und bearbeitet von Barbara Huter und Susanne Scharf. Stuttgart/Dresden: Klett.

VORDERWÜLBECKE, Anne/VORDERWÜLBECKE, Klaus (1995/1996): *Stufen international*, Lehr- und Arbeitsbuch, Bd. 1 und 2. Stuttgart: Klett.

WAAS, Margit/Waas, Emil (Hrsg.) (1973): *Es fängt damit an, daß am Ende der Punkt fehlt. Stilblüten aus amtlichen und privaten Schreiben.* München: Deutscher Taschenbuch Verlag (dtv 962).

WAAS, Margit/Waas, Emil (Hrsg.) (1976): *Sehr geehrte Frau Firma! Stilblüten aus amtlichen und privaten Schreiben.* München: Deutscher Taschenbuch Verlag (dtv 1160).

WEINRICH, Harald u.a. (1993): *Textgrammatik der deutschen Sprache.* Mannheim u.a.: Dudenverlag.

WELSH, Renate (1988): *„Gelt, wir haben Glück, daß ich da bin!" Erfahrungen mit Schreibwerkstätten.* In: ide. Informationen zur Deutschdidaktik. Zeitschrift für den Deutschunterricht in Wissenschaft und Schule. H. 4/1988: „Schreiben". Hrsg. von der Arbeitsgemeinschaft für Deutschdidaktik am Institut für Germanistik der Universität für Bildungswissenschaften Klagenfurt. Wien:

VWGÖ-Verlag, S. 64-71.

WERDER, Lutz von (1990): *Lehrbuch des kreativen Schreibens*. Berlin: Institut für Interdisziplinäre Forschung und Kommunikation e.V.

WESTHOFF, Gerard (1984): *Arbeit mit Texten. Psychologische Einsichten und das Lesen im Deutsch-als-Fremdsprache-Unterricht*. Tübingen: DIFF.

WESTHOFF, Gerard (1997): *Fertigkeit Lesen*, Fernstudieneinheit 17. Berlin/München: Langenscheidt.

WICKE, Rainer Ernst (1995): *Kontakte knüpfen*, Fernstudieneinheit 9. Berlin/München: Langenscheidt.

WICKE, Rainer Ernst (1995): *Materialienbörse: Adressen und Hinweise*. In: FD, H. 13/1995. „Die ersten Stunden und Wochen Deutschunterricht", S. 28-30.

WOLFF, Dieter (1992): *Zur Förderung der zweitsprachlichen Schreibfähigkeit*. In: BÖRNER/VOGEL (Hrsg.) (1992), S. 110-134.

Zielsprache Deutsch, H. 4/1995.

Zentrale Mittelstufenprüfung (1996): „Prüfungsziele". Testbeschreibung. München: Goethe-Institut.

ZOPFI, Christa/ZOPFI, Emil (1995): *Wörter mit Flügeln. Kreatives Schreiben*. Bern: Zytglogge Verlag.

07 Quellenangaben

출처

(부지런히 찾았음에도 불구하고 글과 그림에 대한 권리가 누구에게 있는지를 찾을 수 없을 때가 있었다. 저작권자를 찾는 데 도움을 받을 수 있다면 감사하겠다.)

ABEL, Brigitte u.a. (1989): *Sprachbrücke 1*, Arbeitsheft, Lektionen 8 - 15. München: Klett Edition Deutsch, S. 4.

AUFDERSTRASSE, Hartmut u.a. (1993 a): *Themen neu 1*, Lehrerhandbuch, Teil A. Unterrichtspraktische Hinweise. Ismaning: Hueber, S. 6.

AUFDERSTRASSE, Hartmut u.a. (1993 b): *Themen neu 2*, Arbeitsbuch. Ismaning: Hueber, S. 44.

AUGUSTIN, Vikor/HAASE, Klaus (1980): *Blasengeschichten*. Frankfurt/M.: Pädagogische Arbeitsstelle des Deutschen Volkshochschul-

Verbandes (Holzhausenstr. 21, D-60322 Frankfurt/M., Bestellnr. 425 und 426).

AZ (Abendzeitung) vom 1.12.1988 und 24.1.1996.

BACHMANN, Saskia u.a. (1996 a): *Sichtwechsel Neu 2*. München: Klett Edition Deutsch, S. 42/43.

Bazar. Wiener Kleinnazeigen (1998).

BIELER, Karl-Heinz/WEIGMANN, Jürgen (1994): *Konzepte Deutsch 1*. Berlin: Cornelsen, S. 21.

BOCK, Heiko u.a. (1992): *Themen neu 1*, Arbeitsbuch. München: Hueber, S. 11/12.

BOLTON, Sibylle (1996): *Probleme der Leistungsmessung, Lernfortschrittstests in der Grundstufe*. Fernstudieneinheit 10. Berlin/München: Langenscheidt, S. 81.

BORNEBUSCH, Herbert u.a. (1998): *Sprachbrücke 1*, Arbeitsbuch Brasilien. São Paolo: E.P.U., S. 185, 209.

BRANDI, Marie-Luise (1988): *Bild als Sprechanlaß. −Sprechende Fotos*. Paris:München/ Goethe-Institut, S. 54.

Bravo Girl! Nr: 5/1998, S. 22.

BRECHT, Bertold (1971): *Geschite vom Herrn Keuner*. Frankfurt/M.: Suhrkamp, S. 33.

DAHL, Johannes/WEIS, Brigitte (1988): *Handbuch Grammatik im Unterricht*. München: Goethe-Institut, S. 856, 865-867, 869, 870.

DERLATH, Volker (1991): Frau mit Revolver am Steuer. In: Voller Ernst. Komische Fotos. Berlin: Voller Ernst (Katalog Nr. 1).

dpa/WAZ 279 vom 19.11.1990.

DRÄXLER, Hans-Dieter (1997): *Handlungsorientierung im Fortgeschrittenenunterricht. Oder: Wie lässt sich Fortgeschrittenenunterricht curricular planen?*. In: FD, H. 16/1997 „Deutschunterricht mit fortgeschrittenen Jugendlichen", S. 14.

EISMANN, Volker u.a. (1993): *Die Suche*, Textbuch 1. Berlin/München: Langenscheidt, S. 115.

EISMANN, Volker u.a. (1994): *Die Suche*, Arbeitsbuch 1. Berlin/München: Langenscheidt, S. 115.

ENGEL, Ulrich (1988): *Deutsche Grammatik*. Heidelberg: Julius Groos, S. 122.

FAISTAUER, Renate (1997): *Wir müssen zusammen schreiben! Kooperatives Schreiben im fremdsprachlichen Deutschunterricht*. Innsbruck/Wien: Studien Verlag (Reihe: Theorie und Praxis-Österreichische Beiträge zu Deutsch als Fremdsprache, Bd. 1), S. 176 f., 205/207.

FISCHER-MITZIVIRIS, Anni/JANKE-PAPANIKOLAOU, Silvia (1995): Blick. Mittelstufe Deutsch für Jugendliche und junge Erwachsene, Lehrbuch Bd 1, Ismaning: Hueber, S. 93.

FRICK, René/MOSIMANN, Werner (1996): *Lernen ist lernbar. Eine Anleitung zur Arbeits- und Lern-technik*. Aarau: Verlag für Berufsausbildung/Sauerländer, S. 52.

FUHRMANN, Eike u.a. (1988): *Sprachbrücke 1*, Arbeitsbuch, Lektionen 1-7. München: Klett Edition Deutch, S. 91.

FUNK, Hermann u.a. (1994): *Sowieso*, Arbeitsbuch 1. Berlin/München: Langenscheidt.

FUNK, Hermann/KOENIG, Michael u.a. (1995): *Sowieso*, Lehrerhandbuch 1. Berlin/München: Langenscheidt.

Frankfurter Rundschau vom 17.12.1996.

FRIEDRICH, Caspar David (1817): *Zwei Männer am Meer bei Mondaufgang*. In FD, H. 1/1997 „Deutsch mit fortgeschrittenen Jugendlichen", S. 45.

GOETZ, Dieter u.a. (Hrsg.) (1998): *Langenscheidts Großwörterbuch Deutsch als Fremdsprache*. Berlin/München: Langenscheidt, S. 89, 90, 439.

GRAU, Helmut u.a. (1991): *Wegweiser*. Ein Lehrbuch für Jugendliche, Bd. 1. Santiago de Chile: Goethe-Institut, S. 46.

HÄCKER, Ronald/HÄCKER-OSWALD, Renate (1996): *Neue Schreibung leicht gelernt*. Arbeitsheft zur Rechtschreibreform. Stuttgart: Klett, S. 36.

HÄUBLEIN, Gernot u.a. (1995): *MEMO: Wortschatz- und Fertigkeitstraining zum Zertifikat Deutsch als Fremdsprache*. Berlin/München: Langenscheidt, S. 12, 22, 62, 85.

HÄRTLING, Peter (1989): *Fränze*. Weinheim und Basel: Beltz, S. 31/32.

HECK-SAAL, Elisabeth/MÜHLENWEG, Regina (1990): *Deutsch 1*. Buenos Aires: Goethe-Institut, S. 122, 147.

HOPPER, Edward (1931): *Hotelzimmer*; © 1985, Collection Thyssen-Bornemiza.

JEAN, Georges (1991): *Die Geschichte der Schrift*. Ravensburg: Otto Maier, S. 84.

JENKINS, Eva-Maria u.a. (1992): *Sprachbrücke 2*, Arbeitsheft, Lektionen 6-10. München: Klett Edition Deutsch, S. 96, 113.

JUMA. Das Jugendmagazin, H. 3/1996. Mönchengladbach: Schwann.Bagel, S. 15/16.

KAST, Bernd (1989 b): *Vom Wort zum Satz zum Text. Methodisch-didaktische Überlegungen zur Schreibfertigkeit im Anfängerunterricht*. In: FD, H. 1/1989 „Schreiben", S. 15/16.

KLEPPIN, Karin (1997): *Fehler und Fehlerkorrektur*, Fernstudieneinheit 19. Berlin/München: Langenscheidt, S. 49, 57-59.

KÖSTER, Diethard (1994): *Lehrmaterial für Mediotheken. Beispiel Schreibfertigkeit*. In: ZD, H. 4/1994, S. 188, 195, 196.

KRUMM, Hans-Jürgen (1989): *Thema „Schreiben"*. In: FD, H. 1/1989, S. 5, 7.

LACKAMP, Monika/PORTIUS-PRADELLI, Helga (1994): *Die Schreibschule 1 und 2*. Frankfurt/M.: Diesterweg, S. 29, 122.

LARSON, Gary (1988): Far Side Collection. Unter Büffeln. München: Goldmann, S. 51.

LENOIR, Astrid/LANGER, Jürgen (1995): *Briefe nach Berlin. Ein vergnügliches Projekt im Anfängerunterricht einer High School*. In: FD, H. 13/1995: „Die ersten Stunden und Wochen in Deutschunterricht", S. 48/49.

LIEBNAU, Ulrich (1995): *EigenSinn. Kreatives Schreiben. Anregungen und Methoden*. Frankfurt/M.: Moritz Diesterweg, S. 58f.

LUNDIN KELLER, Siri (1997): *Klassenunterricht Adieu? Oder: Wie man fortgeschrittenen Jugendlichen helfen kann, ihre sprachliche Kompetenz weiterzuentwickeln*. In: FD, H. 16/1997: „Deutschunterricht mit fortgeschrittenen Jugendlichen", S. 27.

MANZONI, Carlo (1983): *100 x Signor Veneranda*. München: Heyne, S. 132-134.

MARBUN, Eva-Maria u.a. (1993): *Kontakte Deutsch 1*, Lehrbuch. Bahasa jerman untuk sekolah menengah umum. Jakarta: Depdikbud, S. 18/19, 20-22, 84, 126.

MATTICCHIO, Franco. In: *Der bunte Hund*. Magazin für Kinder in den besten Jahren, Nr. 15/1986. Weinhei, und Basel: Beltz, S. 5.

Musealp-Express (1993), S. 5. CH-6385 Niederrickenbach. Musealp Verlag AG.

NEUNER, Gerhard (1990/1992): *Schreiben macht Spaß*, Heft 1, Nr. 6, 40 und Heft 2,Nr. 3, Nr. 3, 14. München: Klett Edition Deutsch.

NODARI, Claudio u.a. (1994): *Kontakt 1*, Textbuch. Zürich: Lehrmittelverlag des Kantons Zürich, S. 72, 73.

PAPAN (1980): Bildergeschichte. In: AUGUSTIN, Vikor/HAASE, Klaus (1980): *Blasengeschichten*. Frankfurt/M.: Pädagogische Arbeitsstelle des Deutschen Volksschul-Verbandes (Holzhausenstr. 21, D-60322 Frankfurt/M., Bestellnr. 425 und 426), S. 19.

PERLMANN-BALME, Michaela/SCHWALB, Susanne (1997): *em. Hauptkurs*. Ismaning: Hueber, S. 56.

QUINO, (Joaquin Lavado) (1990): *Guten Appetit!* Cartoons von Quino. Oldenburg: Lappan.

REICHMUTH, Giuseppe, ohne Titel, Öl auf Leinwand, 80 x 110 cm.

RICO, Gabriele (1984): *Garantiert schreiben lernen. Sprachliche Kreativität methodisch entwickeln — Ein Intensivkurs auf der Grundlage der modernen Gehirnforschung.* Reinbek bei Hamburg: Rowohlt, S. 35.

RODARI, Gianni (1992): *Grammatik der Phantasie. Die Kunst, Geschichten zu erfinden.* Leipzig: Reclam. (Bd. 1431), S. 22.

SCHMIDT, Roland/LÖRSCHER, Marlies (1997): *Brainstorming und Mind-Mapping. Arbeitstechniken für Schule, Beruf und Studium.* In: FD, H. 16/1997: „Deutschunterricht mit fortgeschrittenen Jugendlichen", S. 54.

SIMON-PELANDA, Hans (Hrsg.) (1994): *Materialien zur Landeskunde „Felsen und Burgen am Rhein"*. München: Goethe-Institut, S. 7.

Süddeutsche Zeitung vom 2.10.1997, 4./5.10.1997., 22./23.11.1997, © Foto: Karlheinz Egginger.

THURBER, James (1967): *75 Fabeln für Zeitgenossen*. Reinbek bei Hamburg: Rowohlt, S. 12.

VAN EUNEN, Kees u.a. (1989): *Deutsch aktiv neu*, Lehrbuch 1 C. Berlin/München: Langenscheidt, S. 14.

VON DER GRÜN, Max (1985): *Friedrich und Friederike*. Geschichten. Darmstadt/euwied: Hermann Luchterhand, S. 31/32.

VORDERWÜLBECKE, Anne/VORDERWÜLBECKE, Klaus (1989): *Stufen*, Bd. 3: *Informationsaustausch*. München: Klett Edition Deutsch.

VORDERWÜLBECKE, Anne/VORDERWÜLBECKE, Klaus (1991): *Stufen*, Bd. 4: *Information und Diskussion*. München: Klett Edition Deutsch, S. 9, 50.

VORDERWÜLBECKE, Anne/VORDERWÜLBECKE, Klaus (1995/1996): *Stufen international*, Lehr- und Arbeitsbuch, Bd. 1 (S. 123) und 2 (S. 16). Stuttgart: Klett.

WAAS, Margit/Waas, Emil (Hrsg.) (1973): *Es fängt damit an, daß am Ende der Punkt fehlt. Stilblüten aus amtlichen und privaten Schreiben*. München: Deutscher Taschenbuch Verlag, o. S.

WAAS, Margit/Waas, Emil (Hrsg.) (1976): *Sehr geehrte Frau Firma! Stilblüten aus amtlichen und privaten Schreiben*. München: Deutscher Taschenbuch Verlag, o.S.

WAHRIG, Gerhard (1986): *Deutsches Wörterbuch*. München: Mosaik Verlag, S. 596, 924.

◉ 저자 소개

Bernd Kast는 네덜란드 위트레흐트의 사범대학에서 18년간 독일어/독일문학을 가르쳤으며 1987년에는 뮌헨의 괴테인스티투트 본부로 옮겨왔다. 전문분야는 외국어로서의 독일어 교수법이다.

◉ 역자 약력

안 미 란
서울대학교 사범대학 국어교육과, 독일 킬 대학교 언어학과 졸업, 철학박사
배재대학교 외국어로서의 한국어학과, 배재대학교 한국어교육원, 서울 주한 독일문화원 강사

최 정 순
서강대학교 대학원 국어국문학과 졸업, 문학박사
배재대학교 외국어로서의 한국어학과 교수, 배재대학교 한국어교육원장